I0839974

Wilhelm Maximilian Wundt

Grundriss der Psychologie

e-artnow 2018

Sigmund Freud
Das Ich und das Es

Ewald Hecker
Psychologie des Lachens und des Komischen

Georg Simmel
Zur Psychologie des Geldes

John Henry Mackay
Der Freiheitssucher

Sigmund Freud
Das Unbehagen in der Kultur

Edmund Husserl
Phänomenologische Psychologie

Theodor Lipps
Komik und Humor

Theodor Lipps
Der Streit über die Tragödie (Theorien & Psychologische Modelle)

Alfred Adler
Alfred Adler: Heilen und Bilden

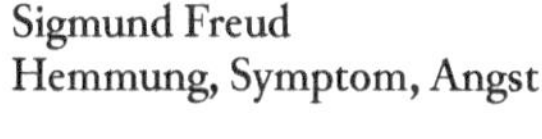
Sigmund Freud
Hemmung, Symptom, Angst

Wilhelm Maximilian Wundt

Grundriss der Psychologie

e-artnow, 2018
Kontakt: info@e-artnow.org

ISBN 978-80-268-6122-5

Inhaltsverzeichnis

VORWORT

Dies Buch ist zunächst aus dem Wunsche hervorgegangen, meinen Zuhörern einen kurzen, die Vorlesungen über Psychologie ergänzenden Leitfaden in die Hand zu geben. Zugleich hat es sich jedoch das weitere Ziel gesteckt, dem allgemeineren Leserkreis wissenschaftlich Gebildeter, denen die Psychologie teils um ihrer selbst, teils um ihrer Anwendungen willen von Interesse ist, einen systematischen Überblick über die prinzipiell wichtigen Ergebnisse und Anschauungen der neueren Psychologie zu verschaffen. Dieser doppelte Zweck brachte es mit sich, daß ich mich in der Mitteilung der einzelnen Tatsachen auf das Wichtigste oder auf möglichst einfache erläuternde Beispiele beschränkte, und daß ich auf die Veranschaulichung der in die Vorlesung gehörenden Hilfsmittel der Demonstration und des Experiments gänzlich verzichtete. Wenn ich außerdem dieser Darstellung diejenigen Anschauungen zugrunde gelegt habe, die ich selbst in langjähriger Beschäftigung mit dem Gegenstand als die richtigen erkannt zu haben glaube, so bedarf dies wohl keiner besonderen Rechtfertigung. Doch habe ich nicht unterlassen, auf die hauptsächlichsten Richtungen, die von der hier vertretenen abweichen, durch eine kurze allgemeine Charakteristik (Einleitung § 2) sowie durch Andeutungen im einzelnen hinzuweisen.

Aus diesen Bemerkungen ergibt sich die Stellung, die dieses Buch zu meinen früheren psychologischen Werken einnimmt. Indem die "Grundzüge der physiologischen Psychologie" die Hilfsmittel der naturwissenschaftlichen, besonders der physiologischen Forschung der Psychologie dienstbar zu machen und die experimentelle psychologische Methodik, die sich in den letzten Jahrzehnten ausgebildet hat, nebst ihren Hauptergebnissen kritisch darzustellen suchen, läßt diese besondere Aufgabe notwendig die allgemeinen psychologischen Gesichtspunkte verhältnismäßig zurücktreten. Die zweite, neubearbeitete Auflage der "Vorlesungen über die Menschen- und Tierseele" aber (die erste ist heute längst veraltet) sucht in mehr populärer Weise über Wesen und Zweck der experimentellen Psychologie Auskunft zu geben, um dann von dem Standpunkt derselben aus solche psychologische Fragen, die zugleich von allgemeinerer philosophischer Bedeutung sind, zu erörtern. Ist demnach der Gesichtspunkt der Behandlung in den Grundzügen hauptsächlich von den Beziehungen zur Physiologie, in den Vorlesungen von philosophischen Interessen bestimmt worden, so sucht der Grundriß die Psychologie in ihrem eigensten Zusammenhang und in derjenigen systematischen Anordnung, die nach meiner Ansicht durch die Natur des Gegenstandes geboten ist, zugleich aber unter Beschränkung auf das Wichtigste und Wesentliche, vorzuführen. So hoffe ich denn, daß dieses Buch auch denjenigen Lesern, denen jene früheren Werke sowie die Ausführungen über die "Logik der Psychologie" in meiner Logik der Geisteswissenschaften (Logik, 2. Aufl., II, 2. Abt.) bekannt sind, als eine nicht ganz unwillkommene Ergänzung erscheinen möchte.

Leipzig, im Januar 1896.

W. Wundt.

AUFGABE DER PSYCHOLOGIE

l. Zwei Begriffsbestimmungen der Psychologie sind in der Geschichte dieser Wissenschaft die vorherrschenden. Nach der einen ist die Psychologie "Wissenschaft von der Seele": die psychischen Vorgänge werden als Erscheinungen betrachtet, aus denen auf das Wesen einer ihnen zugrunde liegenden metaphysischen Seelensubstanz zurückzuschließen sei. Nach der andern ist die Psychologie "Wissenschaft der inneren Erfahrung". Nach ihr gehören die psychischen Vorgänge einer besonderen Art von Erfahrung an, die ohne weiteres daran zu unterscheiden sei, daß ihre Objekte der "Selbstbeobachtung" oder, wie man diese auch im Gegensatze zur Wahrnehmung durch die äußeren Sinne nennt, dem "inneren" Sinne gegeben seien.

Keine dieser Begriffsbestimmungen genügt jedoch dem heutigen Standpunkt der Wissenschaft. Die erste, die metaphysische Definition, entspricht einem Zustande, der für die Psychologie länger als für andere Gebiete bestanden hat, der aber auch für sie endgültig vorüber ist, nachdem sie sich zu einer mit eigentümlichen Methoden arbeitenden empirischen Disziplin entwickelt hat, und seitdem die Geisteswissenschaften als ein großes, den Naturwissenschaften gegenüberstehendes Wissenschaftsgebiet anerkannt sind, das eine selbständige, von metaphysischen Theorien unabhängige Psychologie als seine allgemeine Grundlage fordert.

Die zweite, die empirische Definition, die in der Psychologie eine "Wissenschaft der inneren Erfahrung" sieht, ist deshalb unzulänglich, weil sie das Mißverständnis erwecken kann, als habe sich diese mit Gegenständen zu beschäftigen, die von denen der sogenannten "äußeren Erfahrung" durchgängig verschieden seien. Nun ist es zwar richtig, daß es Erfahrungsinhalte gibt, die der psychologischen Untersuchung zufallen, während sie unter den Objekten und Vorgängen derjenigen Erfahrung, mit der sich die Naturforschung beschäftigt, nicht vorkommen; so unsere Gefühle, Affekte, Willensentschlüsse. Dagegen gibt es keine einzige Naturerscheinung, die nicht auch unter einem veränderten Gesichtspunkte Gegenstand psychologischer Untersuchung sein könnte. Ein Stein, eine Pflanze, ein Ton, ein Lichtstrahl sind als Naturerscheinungen Objekte der Mineralogie, Botanik, Physik usw. Aber insofern diese Naturerscheinungen zugleich Vorstellungen in uns sind, bilden sie außerdem Objekte der Psychologie, die über die Entstehungsweise dieser Vorstellungen und über ihr Verhältnis zu andern Vorstellungen sowie zu den nicht auf äußere Gegenstände bezogenen Vorgängen, den Gefühlen, Willensregungen usw., Rechenschaft zu geben sucht. Einen "inneren Sinn", der als Organ der psychischen Wahrnehmung den äußeren Sinnen als den Organen der Naturerkenntnis gegenübergestellt werden könnte, gibt es demnach überhaupt nicht. Die Vorstellungen, deren Eigenschaften die Psychologie zu erforschen sucht, sind dieselben wie diejenigen, von denen die Naturforschung ausgeht; und die subjektiven Regungen, die bei der naturwissenschaftlichen Auffassung der Dinge außer Betracht bleiben, die Gefühle, Affekte, Willensakte, sind uns nicht mittels besonderer Wahrnehmungsorgane gegeben, sondern sie verbinden sich für uns unmittelbar und untrennbar mit den auf äußere Gegenstände bezogenen Vorstellungen.

2. Hieraus ergibt sich, daß die Ausdrücke äußere und innere Erfahrung nicht verschiedene Gegenstände, sondern verschiedene Gesichtspunkte andeuten, die wir bei der Auffassung und wissenschaftlichen Bearbeitung der an sich einheitlichen Erfahrung anwenden. Diese Gesichtspunkte werden aber dadurch nahegelegt, daß sich jede Erfahrung unmittelbar in zwei Faktoren sondert: in einen Inhalt, der uns gegeben wird, und in unsere Auffassung dieses Inhalts. Wir bezeichnen den ersten dieser Faktoren als die Objekte der Erfahrung, den zweiten als das erfahrende Subjekt. Daraus entspringen zwei Richtungen für die Bearbeitung der Erfahrung. Die eine ist die der Naturwissenschaft: sie betrachtet die Objekte der Erfahrung in ihrer von dem Subjekt unabhängig gedachten Beschaffenheit. Die andere ist die der Psychologie: sie untersucht den gesamten Inhalt der Erfahrung in seinen Beziehungen zum Subjekt und in den ihm von diesem unmittelbar beigelegten Eigenschaften. Demnach läßt sich auch der naturwissenschaftliche Standpunkt, insofern er erst aus einer Abstraktion von den in jeder wirklichen

Erfahrung enthaltenen subjektiven Faktoren hervorgeht, als der Standpunkt der mittelbaren Erfahrung, der psychologische, der diese Abstraktion und alle aus ihr entspringenden Folgen geflissentlich wieder aufhebt, als derjenige der unmittelbaren Erfahrung bezeichnen.

3. Die so entspringende Aufgabe der Psychologie als einer allgemeinen, der Naturwissenschaft koordinierten und sie ergänzenden empirischen Wissenschaft findet ihre Bestätigung in der Betrachtungsweise der sämtlichen Geisteswissenschaften, denen die Psychologie als Grundlage dient. Alle diese Wissenschaften, Philologie, Geschichte, Staats- und Gesellschaftslehre, haben zu ihrem Inhalt die unmittelbare Erfahrung, wie sie durch die Wechselwirkung der Objekte mit erkennenden und handelnden Subjekten bestimmt wird. Alle Geisteswissenschaften bedienen sich daher nicht der Abstraktionen und hypothetischen Hilfsbegriffe der Naturwissenschaft; sondern die Vorstellungsobjekte und die sie begleitenden subjektiven Regungen gelten ihnen als unmittelbare Wirklichkeit, und sie suchen die einzelnen Bestandteile dieser Wirklichkeit aus ihrem wechselseitigen Zusammenhange zu erklären. Dies Verfahren der psychologischen Interpretation in den einzelnen Geisteswissenschaften muß demnach auch das Verfahren der Psychologie selbst sein.

3a. Die obige Gebietsscheidung zwischen Naturwissenschaft und Psychologie gründet sich auf die zum erstenmal von Galilei klar ausgesprochene Forderung, die Naturlehre habe aus ihren Untersuchungen alles auszuscheiden, was von den scheinbaren Eigenschaften der Dinge nicht den Gegenständen der Außenwelt selbst zukomme, sondern von unsern Empfindungen, Gefühlen und sonstigen subjektiven Affektionen abhängig sei. Es bleiben dann, wie er hervorhebt, nur die "mathematischen Eigenschaften" der Gegenstände, Raum, Zeit, Bewegung, Zahl, Größe, für die physikalische Untersuchung übrig, wogegen die qualitativen Eigenschaften der Empfindungen, wie Schwarz, Weiß, Blau, Warm, Kalt, ein Ton, ein Geruch usw., und ebenso die an die Einwirkung der Dinge auf uns gebundenen subjektiven Reaktionen, wie Lust, Unlust, Freude, Leid, sowie die als Folgen solcher subjektiver Zustände auftretenden Willensregungen, ganz und gar aus dem Gebiet der Naturlehre auszuscheiden sind. Speziell in bezug auf die Sinnesempfindungen kann man diese Forderung auch in dem Satze aussprechen: die Sinnesempfindungen sind für den Physiker, insofern sie auf äußere Einwirkungen bezogen werden müssen, Zeichen der Dinge, nicht die Dinge selbst. Daraus ergeben sich zunächst zwei Folgerungen. Erstens ist die Erkenntnisweise der Naturlehre keine unmittelbare, sondern eine mittelbare, insofern sie jene Zeichensprache der Sinnesempfindungen in ihre objektive Bedeutung zu übertragen hat. Zweitens kann die Naturerklärung, eben weil sie auf Rückschlüssen aus unsern Empfindungen auf ihre objektiven Substrate beruht, hypothetische Voraussetzungen, die sich auf das nach Elimination unserer subjektiven Empfindungen übrigbleibende Substrat der Naturerscheinungen beziehen, nicht entbehren. Neben diesen zwei Folgerungen, die sich auf den Gegenstand der Naturwissenschaft selbst beziehen, ergibt sich aber aus jener von Galilei erhobenen Forderung noch eine dritte. Obgleich die Naturlehre die Sinnesempfindungen bloß als subjektive Zeichen betrachtet und die Gefühle, Affekte usw. überhaupt ignoriert, bewahren doch beide ebensowohl für unsere unmittelbare Erfahrung wie für unser praktisches Handeln ihren vollen Wert. Auch stehen alle diese subjektiven Vorgänge untereinander in einem Zusammenhang, der eine selbständige Untersuchung erheischt, die grundsätzlich von der naturwissenschaftlichen verschieden ist, eben darum aber zu ihr die notwendige Ergänzung bildet. Die Aufgabe einer solchen Untersuchung weisen wir der Psychologie zu. Sie hat demnach nicht bloß diejenigen subjektiven Zustände und Vorgänge, die die Naturwissenschaft überhaupt unberücksichtigt läßt, sondern auch jene, die sie als Zeichen objektiver Vorgänge betrachtet, in ihren unmittelbaren Eigenschaften, sowie in den Verbindungen, in die sie miteinander treten, zu ihrem Inhalt. Darin liegt aber zugleich ausgesprochen, daß die gesamte unmittelbare Erfahrung den Gegenstand der Psychologie bildet. Indem daher diese die von der Naturwissenschaft zu ihren Zwecken erforderlichen Eliminationen und Abstraktionen wieder aufhebt, um die gesamte Erfahrung in den Zusammenhängen ihrer unmittelbaren Wirklichkeit zu betrachten, ergänzt sie einerseits die Naturwissenschaft und ist sie anderseits die Grundlage der Geisteswissenschaften, die sich überall nur mit Teilen dieser unmittelbaren Wirklichkeit beschäftigen. Wenn es unverhältnismäßig langer Zeit bedurft hat, bis sich diese Aufgabe der Psychologie, obgleich sie in dem seit der Renaissancezeit festgehaltenen Prinzip der naturwissenschaftlichen Forschung stillschweigend enthalten war, durchsetzen konnte, so entsprang dies vornehmlich daraus, daß die Psychologie von dem gleichen Zeitpunkte an unter die Herrschaft der Metaphysik geriet, die sowohl in ihrer spiritualistischen wie in ihrer materialistischen Richtung der Erkenntnis dieser selbständigen Aufgabe der Psychologie im Wege stand. Denn während jene im Sinne des von ihr gelehrten Dualismus von Körper und Seele eine spezifische Verschiedenheit der sogenannten äußeren und inneren Erfahrung annahm, suchte diese umgekehrt das Psychische aus naturwissenschaftlichen Voraussetzungen abzuleiten. Daran änderte auch die grundsätzlich der Metaphysik abgeneigte empirische Psychologie im wesentlichen nichts, da sie zwar den metaphysischen Seelenbegriff beseitigte, dagegen die mit diesem verbundene Scheidung der beiden Erfahrungsgebiete, des äußeren und des inneren, beibehielt.

ALLGEMEINE RICHTUNGEN DER PSYCHOLOGIE

l. Die Auffassung der Psychologie als einer Erfahrungswissenschaft, die es nicht mit einem spezifischen Erfahrungsinhalt, sondern mit dem unmittelbaren Inhalt aller Erfahrung zu tun hat, begegnet noch in der heutigen Wissenschaft widerstreitenden Anschauungen, die im allgemeinen als Überlebnisse früherer Entwicklungsstufen anzusehen sind und je nach der Stellung, die sie der Psychologie zur Philosophie und zu andern Wissenschaften anweisen, selbst wieder einander bekämpfen. Als die beiden Hauptrichtungen der Psychologie lassen sich hiernach, im Anschluß an die oben (§ 1, 1) angeführten verbreitetsten Begriffsbestimmungen, die der metaphysischen und der empirischen Psychologie unterscheiden.

Die metaphysische Psychologie legt im allgemeinen auf die empirische Analyse und die kausale Verknüpfung der psychischen Vorgänge nur geringen Wert. Indem sie die Psychologie als einen Teil der philosophischen Metaphysik behandelt, ist ihre Hauptabsicht darauf gerichtet, eine Begriffsbestimmung vom "Wesen der Seele" zu gewinnen, die mit der gesamten Weltanschauung des metaphysischen Systems, in das diese Psychologie eingeht, im Einklange steht. Aus dem so aufgestellten metaphysischen Begriff der Seele wird dann erst der wirkliche Inhalt der psychologischen Erfahrung abzuleiten versucht. Das Unterscheidungsmerkmal der metaphysischen von der empirischen Psychologie besteht daher darin, daß jene die psychischen Vorgänge nicht aus andern psychischen Vorgängen, sondern aus einem von ihnen gänzlich verschiedenen Substrat, sei es nun aus den Handlungen einer besonderen Seelensubstanz, sei es aus Eigenschaften oder Vorgängen der Materie, ableitet. Hiernach scheidet sich die metaphysische Psychologie wieder in zwei Richtungen. Die spiritualistische Psychologie betrachtet die psychischen Vorgänge als die Wirkungen einer spezifischen Seelensubstanz, die entweder als wesentlich verschieden von der Materie (dualistisches System) oder als ihr wesensverwandt (monistisches oder monadologisches System) angesehen wird. Die materialistische Psychologie führt dagegen die psychischen Vorgänge auf das nämliche materielle Substrat zurück, das die Naturwissenschaft hypothetisch der Erklärung der Naturerscheinungen zugrunde legt. Die psychischen sind ihr daher ebenso wie die physischen Lebensvorgänge, an bestimmte Gruppierungen der materiellen Stoffelemente und ihre physischen Eigenschaften gebunden. Zu diesem Zweck wird entweder der Inhalt der seelischen Erfahrung auf eine verworrene, ungenaue Auffassung mechanischer Molekularvorgänge im Gehirn zurückgeführt (mechanischer Materialismus); oder es wird die Empfindung als eine ursprüngliche Eigenschaft, sei es der materiellen Elemente überhaupt, sei es speziell der Gehirnmolekeln, jeder zusammengesetzte psychische Vorgang aber als ein Summationsphänomen solcher Empfindungen gedeutet, das aus den entsprechenden physischen Gehirnprozessen erklärt werden müsse (psycho-physischer M.). Demnach sind alle diese metaphysischen Richtungen darin einig, daß sie nicht die psychologische Erfahrung aus sich selbst zu interpretieren, sondern aus irgendwelchen Voraussetzungen über hypothetische Vorgänge eines metaphysischen Substrats abzuleiten suchen.

2. Aus der Bekämpfung dieses letzteren Verfahrens ist die empirische Psychologie hervorgegangen. Überall, wo sie folgerichtig durchgeführt wird, ist sie daher bemüht, die psychischen Vorgänge entweder auf Begriffe zurückzuführen, die dem Zusammenhang dieser Vorgänge direkt entnommen sind, oder bestimmte, und zwar in der Regel einfachere psychische Vorgänge zu benutzen, um aus ihrem Zusammenwirken andere, verwickeltere Vorgänge abzuleiten. Die Grundlagen einer solchen empirischen Interpretation können nun aber mannigfaltige sein, und die empirische Psychologie zerfällt deshalb wieder in verschiedene Richtungen. Unter ihnen betrachtet die gewöhnlich als Psychologie der inneren Erfahrung oder auch des inneren Sinnes bezeichnete Richtung die psychischen Vorgänge als Inhalte eines besonderen Erfahrungsgebiets, das der durch die äußeren Sinne vermittelten, naturwissenschaftlichen Erfahrung koordiniert, aber durchgängig von ihr verschieden sei. Ihr gegenüber erkennt die für uns maßgebende, in der Naturlehre der Renaissancezeit bereits vorbereitete, aber erst in der Gegenwart zur Geltung gelangte Richtung der Psychologie der unmittelbaren Erfahrung eine reale Verschiedenheit innerer und äußerer Erfahrung nicht an, sondern sie sieht den Unterschied nur in der Verschieden-

heit der Gesichtspunkte, von denen aus hier und dort die an sich selbst einheitliche Erfahrung betrachtet wird, und vermöge deren dann allerdings zugleich die Naturwissenschaft nur den objektiven Teil der Erfahrung, die Psychologie dagegen die gesamte unmittelbare Erfahrung, ihre objektiven Bestandteile, die Vorstellungen, ebenso wie die mit diesen stets verbundenen subjektiven, die Gefühle, Affekte usw., zu ihrem Inhalte hat.

Von diesen beiden Gestaltungen der empirischen Psychologie ist die erste die ältere. Sie ist zunächst aus dem Streben hervorgegangen, gegenüber den Übergriffen der Naturphilosophie die Selbständigkeit der psychologischen Beobachtung zur Geltung zu bringen. Indem sie infolgedessen Naturwissenschaft und Psychologie einander koordiniert, sieht sie die Gleichberechtigung beider Gebiete vor allem in der durchgängigen Verschiedenheit ihrer Objekte und der Formen der Wahrnehmung dieser Objekte begründet. Diese Anschauung hat auf die empirische Psychologie in doppelter Weise eingewirkt: erstens dadurch, daß sie die Meinung begünstigte, die Psychologie habe sich zwar empirischer Methoden zu bedienen, diese Methoden seien aber, wie die psychologischen Erfahrungen selbst, grundsätzlich verschieden von denen der Naturwissenschaft; und sodann dadurch, daß sie dazu drängte, zwischen jenen beiden vermeintlich verschiedenen Erfahrungsgebieten irgendwelche Verbindungen herzustellen. In ersterer Beziehung ist es hauptsächlich die Psychologie der inneren Erfahrung gewesen, welche die Methode der reinen Selbstbeobachtung kultivierte (§ 3, 2). In letzterer Beziehung führte die Annahme einer Verschiedenheit der physischen und der psychischen Erfahrungsinhalte notwendig wieder zur metaphysischen Psychologie zurück. Denn von dem gewählten Standpunkt aus ließ sich über die Beziehungen der inneren zur äußeren Erfahrung oder über die sogenannten "Wechselwirkungen zwischen Leib und Seele" nur mittels metaphysischer Voraussetzungen Rechenschaft geben.

3. Indem die Psychologie auf ihrem gegenwärtigen Standpunkt eine "Wissenschaft der unmittelbaren Erfahrung" für den gesamten Umfang der Erfahrung sein will, kann sie nun auch eine prinzipielle Verschiedenheit der psychologischen und der naturwissenschaftlichen Methoden nicht mehr anerkennen. Sie hat daher in erster Linie experimentelle Methoden auszubilden gesucht, die eine ähnliche, nur dem veränderten Standpunkt Rechnung tragende exakte Analyse der psychischen Vorgänge zustande bringen sollen, wie eine solche in bezug auf die Naturerscheinungen die erklärenden Naturwissenschaften unternehmen. Indem aber weiterhin die einzelnen Geisteswissenschaften, die sich mit den konkreten geistigen Vorgängen und Schöpfungen beschäftigen, überall auf dem nämlichen Boden einer wissenschaftlichen Betrachtung unmittelbarer Erfahrungsinhalte stehen, ergibt sich daraus notwendig, daß außerdem die psychologische Analyse der allgemeinsten geistigen Erzeugnisse, wie der Sprache, der mythologischen Vorstellungen, der Normen der Sitte, der Psychologie teils als eine notwendige Ausdehnung ihres Gebiets auf die Vorgänge des gemeinsamen seelischen Lebens, teils als ein Hilfsmittel für das Verständnis der verwickelteren psychischen Vorgänge überhaupt zufällt. Nach diesen Hilfsmitteln scheidet sich daher die Psychologie der Gegenwart wieder in eine experimentelle und in eine völkerpsychologische Richtung.

Auf dem so gewonnenen Standpunkte der Psychologie kommt nun aber die Frage nach dem Verhältnis der psychischen zu den physischen Objekten selbstverständlich überhaupt in Wegfall. Beide sind ja in Wahrheit gar nicht verschiedene Gegenstände, sondern ein und derselbe Inhalt, der nur das eine Mal, bei der naturwissenschaftlichen Untersuchung, unter Abstraktion von dem Subjekt, das andere Mal, bei der psychologischen Untersuchung, in seiner unmittelbaren Beschaffenheit und in seinen durchgängigen Beziehungen zu dem Subjekt betrachtet wird. Denn alle metaphysischen Hypothesen über dieses Verhältnis sind unter diesem Gesichtspunkte Lösungen eines Problems, das auf einer falschen Fragestellung beruht. Muß die Psychologie im Zusammenhang der psychischen Vorgänge selbst, weil diese unmittelbare Erfahrungsinhalte sind, auf metaphysische Hilfshypothesen verzichten, so steht es ihr dagegen, da innere und äußere Erfahrung einander ergänzende Betrachtungsweisen einer und derselben Erfahrung sind, frei, überall, wo der Zusammenhang der seelischen Vorgänge Lücken bietet, auf die physische Betrachtungsweise derselben zurückzugehen, um nachzuforschen, ob unter diesem veränderten, der Naturwissenschaft entlehnten Gesichtspunkte die vermißte Kontinuität herzustellen sei. Das nämliche gilt dann aber in umgekehrter Richtung auch für die Lücken, die in dem Zusammenhang unserer physiologischen Erkenntnisse bestehen. Auch diese pflegt man in der Tat eventuell durch Glieder zu ergänzen, die sich nur der psychologischen Betrachtung der Erfahrungsinhalte darbieten. So ist es erst auf Grund einer solchen, beide Erkenntnisweisen in ihr richtiges Verhältnis setzenden Anschauung möglich, daß die Physiologie ebenso zur wahren Hilfswissenschaft der Psychologie werde, wie umgekehrt mit demselben Recht diese tatsächlich vielfach schon, namentlich im Gebiete der Sinneslehre, eine Hilfswissenschaft der Physiologie ist.

4. Innerhalb der älteren, ausschließlich auf die unmittelbare Selbstbeobachtung gegründeten empirischen Psychologie hat sich die oben bezeichnete Aufgabe der heutigen Psychologie vorbereitet, indem in der Entwicklung dieser Erfahrungspsychologie nacheinander zwei Betrachtungsweisen hervorgetreten sind: wir bezeichnen sie als die der "Vermögenspsychologie" und der "Assoziationgpsychologie".

Die Vermögenspsychologie entspricht einem deskriptiven Standpunkt der Betrachtung. Indem man die verschiedenen psychischen Vorgänge beschreibend zu unterscheiden suchte, entstand zunächst das Bedürfnis einer zweckmäßigen Klassifikation derselben. Es wurden daher Gattungsbegriffe gebildet, unter die man die verschiedenen Vorgänge ordnete. Dem Interpretationsbedürfnis, das sich immerhin auch hier bereits geltend machte, suchte man zu genügen, indem die Bestandteile eines zusammengesetzten Prozesses den auf sie anwendbaren Allgemeinbegriffen subsumiert wurden. Solche Begriffe sind z. B. Empfindung, Erkenntnis, Aufmerksamkeit, Gedächtnis, Einbildungskraft, Verstand, Wille u. dgl. Sie entsprechen den aus der unmittelbaren Auffassung der Naturerscheinungen hervorgegangenen physikalischen Allgemeinbegriffen wie Schwere, Wärme, Schall, Licht usw. Wenn sie nun auch, ebenso wie diese, zur ersten Ordnung der Tatsachen dienen können, so sind sie doch nicht geeignet, irgend etwas zum Verständnis derselben beizutragen. Nichtsdestoweniger hat sich die Vermögenspsychologie, die in verschiedenen Wandlungen von Aristoteles zum Teil bis auf unsere Zeit herabreicht, vielfach dieser Verwechslung schuldig gemacht. In diesem Sinne betrachtete sie jene Gattungsbegriffe als psychische Kräfte oder Vermögen, aus deren bald wechselnder, bald gemeinsamer Betätigung sie die psychischen Vorgänge erklärte. Dem gegenüber bemühte sich die Assoziationspsychologie, die gesamten seelischen Vorgänge auf die Gesetze der Aufeinanderfolge der Vorstellungen zurückzuführen. Indem diese zuerst von der neueren englischen Psychologie begründete Richtung von vornherein einen explikativen Standpunkt einnahm, machte sie zum erstenmal den Versuch, die Psychologie zu einer exakten, einigermaßen der Naturlehre ebenbürtigen Gesetzeswissenschaft zu erheben. So verdienstlich diese Bemühungen waren, so mußten sie doch ihr Ziel verfehlen, da jene Gesetze der Verbindung der Vorstellungen bei weitem nicht die Gesamtheit der seelischen Vorgänge umfaßten, und da sie überdies durchaus die Regelmäßigkeit und Ausnahmslosigkeit vermissen ließen, die den Naturgesetzen eigen ist. Indem die Assoziationspsychologie die gesamte innere Erfahrung auf Gesetze des Vorstellungsverlaufs zurückzuführen sucht, die diesen den Charakter einer eigenartigen, aber in der Notwendigkeit des Verlaufs den mechanischen Naturvorgängen ähnlichen psychischen Mechanik verleihen, trifft sie übrigens mit einem letzten Ausläufer der metaphysischen Psychologie zusammen: mit Herbarts Versuch, die Psychologie auf eine "Mechanik der Vorstellungen" zurückzuführen. Beide unterscheiden sich im wesentlichen nur dadurch, daß die Assoziationspsychologie in den Assoziationsformen die letzten, nicht weiter abzuleitenden Gesetze des psychischen Geschehens erblickt, während Herbart das Wesen des Vorstellens selbst, ebenso wie die Gesetze seines Verlaufs aus metaphysischen Voraussetzungen über die Seele und ihr Verhältnis zu den andern einfachen Substanzen, an die sie im Körper gebunden ist, abzuleiten sucht.

5. Die Richtungen der Vermögens- und der Assoziationspsychologie mit Einschluß der Psychomechanik Herbarts sind im allgemeinen darin einig, daß sie auf die objektiven Inhalte der seelischen Erfahrung den Hauptwert legen und die subjektiven Bestandteile, die Gefühle, Affekte usw., als untergeordnete oder erst aus den Empfindungen und Vorstellungen abzuleitende Erscheinungen betrachten. Da nun die Vorstellungen und ihre Verbindungen an den Prozessen des Erkennens vorzugsweise beteiligt sind, so pflegt man diese den älteren Richtungen der Psy-

chologie gemeinsame Tendenz als die des Intellektualismus zu bezeichnen. Sie ist in der Vermögenspsychologie noch am wenigsten ausgeprägt, wie die hier meist angenommene Gliederung des Seelenlebens in Erkenntnis-, Gefühls- und Begehrungsvermögen zeigt. Sie ist aber immerhin schon darin angedeutet, daß das Erkenntnisvermögen als das vorherrschende betrachtet wird, indem man das Fühlen und das Begehren nicht selten als dunkle Erkenntnisakte zu deuten sucht. Dies hängt mit der weiteren, eine spezifische Form des Intellektualismus bildenden Eigenschaft der Vermögenspsychologie zusammen, daß sie überall, wo sie neben der Unterordnung unter die Vermögensbegriffe eine Interpretation irgendwelcher Vorgänge zu geben sucht, diese in Akte einer bewußten oder unbewußten logischen Reflexion überträgt. So ist die Vermögenspsychologie in der Regel zugleich Reflexionspsychologie. Insofern das Wesen der letzteren darin besteht, die eigenen Reflexionen des Psychologen über die Tatsachen in diese selbst zu verlegen, schließt sie sich der populären Interpretationsweise der seelischen Vorgänge am nächsten an. Im Gegensatze zu dieser logischen Richtung schließt nun die Assoziationspsychologie samt der ihr verwandten Vorstellungsmechanik eine reflexionsmäßige Interpretation eigentlich aus. Da sich jedoch die hier zugrunde liegende Annahme einer der Naturkausalität verwandten Gesetzmäßigkeit nicht strenge durchführen läßt, und überdies die populäre psychologische Reflexion fortwährend einen gewissen Einfluß ausübt, so ist in mehr oder minder großem Umfang die Tendenz zu einer Übertragung der wirklichen psychischen Vorgänge in subjektive Reflexionen über dieselben ein gemeinsames Erbteil aller Richtungen des Intellektualismus geblieben. Mit dieser pflegt sich dann noch eine zweite Tendenz zu verbinden, die besonders innerhalb der Assoziationspsychologie und der ihr verwandten Psychomechanik Herbarts die Auffassung des seelischen Lebens beeinträchtigt hat. Sie besteht in der falschen Verdinglichung der Vorstellungen. Indem man nämlich die Vorstellungen als die Bilder der Objekte selbst betrachtet, ist man geneigt, die Eigenschaften dieser auf die Vorstellungen zu übertragen. Man nimmt also an, diese seien, gerade so wie die Außendinge, auf die sie von uns bezogen werden, relativ beharrende Gegenstände, die aus dem Bewußtsein verschwinden und unverändert wieder in dasselbe eintreten könnten. Zwar sollen sie, je nachdem sie unmittelbar durch äußere Sinneseindrücke entstehen oder als bloße Erinnerungsbilder auftreten, bald stärker und deutlicher, bald schwächer und undeutlicher von uns wahrgenommen werden: aber in ihrer qualitativen Beschaffenheit sollen sie im allgemeinen konstant bleiben.

6. Sobald nun die Auffassung zur Geltung gelangt, daß die sogenannte "innere Erfahrung", mit deren Untersuchung sich die Psychologie beschäftigt, nichts anderes ist als die gesamte Erfahrung in ihrer unmittelbaren subjektiven Wirklichkeit, so wird damit zunächst die falsche Verdinglichung der subjektiven Vorstellungen hinfällig, da die Vorstellungen ebenso wenig relativ ruhende Objekte sind, wie die Affekte und Willenshandlungen, sondern genau wie diese stetig sich verändern, so daß sich alle diese psychischen Erlebnisse als ein fortwährend fließendes Geschehen darstellen, dessen einzelne Bestandteile überdies innig aneinander gebunden sind. Nicht minder erscheint aber diesem Gesamtinhalt der unmittelbaren Erfahrung gegenüber der Intellektualismus selbst, insofern er von allen psychischen Erfahrungsinhalten nur die Vorstellungen berücksichtigt, als eine unzulängliche, offenbar noch immer unter den Nachwirkungen des metaphysischen Intellektualismus älterer Zeit stehende Richtung der empirischen Psychologie. Indem sich in dieser die Überzeugung durchsetzt, daß die innere Erfahrung nichts anderes als die unmittelbare Erfahrung in der Fülle ihrer Erscheinungen ist, müssen aber notwendig die subjektiven Bestandteile durchaus als gleichwertig den auf Objekte bezogenen Inhalten, den Vorstellungen, anerkannt werden. Insofern nun unter allen diesen Inhalten der Erfahrung nur der Willensvorgang in seiner entwickelten Form alle übrigen Gefühle, Empfindungen, Vorstellungen in sich schließt, in diesem Sinne also ein in einen einzigen Verlauf zusammengefaßtes Bild der komplexen Beschaffenheit des Seelenlebens überhaupt ist, hat man diese Richtung auch als die voluntaristische oder, zum Unterschiede von gewissen metaphysischen Lehren, die den Willen zum letzten Grund des Seins erheben, als den psychologischen Voluntarismus bezeichnet. Dieser Ausdruck will demnach keineswegs sagen, alles psychische Geschehen gehe auf Willensvorgänge zurück, sondern er will nur einerseits das für die Willenshandlungen allgemein

anerkannte Prinzip des fortwährenden Flusses der Erscheinungen als gültig für alle psychischen Inhalte hervorheben; und er will anderseits die Gleichberechtigung der sämtlichen in einem komplexen Willensvorgang enthaltenen subjektiven und objektiven Bestandteile anerkennen, mögen sie nun wirklich in einem solchen oder aber außerhalb desselben als relativ selbständige Inhalte vorkommen.

Stellt sich durch diese allseitige Berücksichtigung der psychischen Elemente die Psychologie der unmittelbaren Erfahrung in einen Gegensatz zu jeder Art intellektualistischer Psychologie, so berichtigt sie nun aber die Einseitigkeit speziell der Assoziationspsychologie noch in zwei Beziehungen. Erstens weist sie den Schematismus der sogenannten Assoziationsformen, wie Ähnlichkeit, Gegensatz, Gleichzeitigkeit usw., als eine künstliche Begriffsgliederung nach, die mit der falschen Verdinglichung der Vorstellungen von selbst hinfällig wird, um einer Auffassung Platz zu machen, die in den Assoziationen die komplexen Produkte einer Fülle zusammenwirkender Empfindungs- und Gefühlsprozesse sieht (§ 16). Zweitens führt die allseitige Berücksichtigung der Erfahrungsinhalte, die die Psychologie der unmittelbaren Erfahrung fordert, unvermeidlich zu der Erkenntnis, daß die Beschränkung aller psychischen Erfahrung auf den Mechanismus der Assoziationen bei der Interpretation gerade der wichtigsten psychischen Vorgänge, der von der Vermögenspsychologie sogenannten Phantasie- und Verstandestätigkeiten, durchaus unzulänglich bleibt, indem sie hier überall nur die Komponenten der psychischen Erzeugnisse berücksichtigt, die Resultanten dieser höheren Bewußtseinsvorgänge aber unbeachtet läßt. Indem nun diese psychischen Resultanten in den Akten der Apperzeption, wie wir nach dem Vorgange von Leibniz diese in elementarer Form bei der Einstellung der Aufmerksamkeit, in einer verwickelteren bei der Bildung des Selbstbewußtseins wirksamen Prozesse nennen, zum Ausdruck gelangen, läßt sich schließlich die so entstandene Richtung auch als Apperzeptionspsychologie der Vermögens- und der Assoziationspsychologie gegenüberstellen. Natürlich darf aber dieser Ausdruck wiederum nicht so gedeutet werden, als wolle diese Richtung alles psychische Geschehen auf Apperzeptionsprozesse zurückführen. Das will sie ebenso wenig, wie der psychologische Voluntarismus das Wollen zum einzigen Inhalt des Bewußtseins macht. Vielmehr sucht gerade die Apperzeptionspsychologie überall nachzuweisen, wie die Apperzeptionsprozesse und die an sie gebundenen höheren seelischen Bildungen die Resultanten elementarer Faktoren sind, die in einem berichtigten und verallgemeinerten Sinne als elementare Assoziationsprozesse betrachtet werden können. Der Ausdruck "Apperzeptionspsychologie" soll also nur andeuten, daß diese Richtung auf die komplexen Produkte des Seelenlebens mehr Wert legt als auf seine elementaren Bedingungen, so sehr auch das Bemühen der Psychologie überall darauf gerichtet sein muß, jene aus diesen herzuleiten. (Über die Apperzeption und die apperzeptiven Prozesse vgl. unten § 15 und 17.)

7. Die leitenden Prinzipien der folgenden Betrachtungen können wir hiernach in drei Sätze zusammenfassen:

1) Die innere oder psychologische Erfahrung ist kein besonderes Erfahrungsgebiet neben andern, sondern sie ist die unmittelbare Erfahrung überhaupt.

2) Diese unmittelbare Erfahrung ist kein ruhender Inhalt, sondern ein Zusammenhang von Vorgängen; sie besteht nicht aus Objekten, sondern aus Prozessen, nämlich aus den allgemeingültigen menschlichen Erlebnissen und ihren gesetzmäßigen Wechselbeziehungen.

3) Jeder dieser Prozesse hat einerseits einen objektiven Inhalt und ist anderseits ein subjektiver Vorgang, und er schließt auf diese Weise die allgemeinen Bedingungen alles Erkennens sowohl wie aller praktischen Betätigungen des Menschen in sich.

Diesen drei Bestimmungen entspricht eine dreifache Stellung der Psychologie zu andern Wissensgebieten:

1) Als Wissenschaft der unmittelbaren Erfahrung ist sie gegenüber den Naturwissenschaften, die infolge der bei ihnen obwaltenden Abstraktion von dem Subjekt überall nur den objektiven, mittelbaren Erfahrungsinhalt zum Gegenstand haben, die ergänzende Erfahrungswissenschaft. Nach ihrer vollen Bedeutung kann irgendeine einzelne Erfahrungstatsache strenggenommen

immer erst gewürdigt werden, wenn sie die Probe der naturwissenschaftlichen und der psychologischen Analyse bestanden hat. In diesem Sinne sind daher auch ebensowohl Physik und Physiologie Hilfswissenschaften der Psychologie, wie diese hinwiederum eine Hilfsdisziplin der Naturforschung ist.

2) Als Wissenschaft von den allgemeingültigen Formen unmittelbarer menschlicher Erfahrung und ihrer gesetzmäßigen Verknüpfung ist sie die Grundlage der Geisteswissenschaften. Denn der Inhalt der Geisteswissenschaften besteht überall in den aus unmittelbaren menschlichen Erlebnissen hervorgehenden Handlungen und ihren Wirkungen. Insofern die Psychologie die Untersuchung der Erscheinungsformen und Gesetze dieser Handlungen zu ihrer Aufgabe hat, ist sie selbst die allgemeinste Geisteswissenschaft und zugleich die Grundlage aller einzelnen, wie der Philologie, Geschichte, Nationalökonomie, Rechtswissenschaft usw.

3) Da die Psychologie die beiden fundamentalen Bedingungen, die dem theoretischen Erkennen wie dem praktischen Handeln zugrunde liegen, die subjektiven und die objektiven, gleichmäßig berücksichtigt und in ihrem Wechselverhältnis zu bestimmen sucht, so ist sie unter allen empirischen Disziplinen diejenige, deren Ergebnisse zunächst der Untersuchung der allgemeinen Probleme der Erkenntnistheorie wie der Ethik, der beiden grundlegenden Gebiete der Philosophie, zustatten kommen. Wie die Psychologie gegenüber der Naturwissen-schaft die ergänzende, gegenüber den Geisteswissenschaften die grundlegende, so ist sie daher gegenüber der Philosophie die vorbereitende empirische Wissenschaft.

7a. Gehen wir von der Scheidung der Psychologie in die beiden freilich besonders in älterer Zeit vielfach ineinander greifenden Gegensätze der metaphysischen und der empirischen Psychologie aus, so lassen sich nach der obigen Entwicklung die Hauptrichtungen beider in dem folgenden Schema überblicken:

Metaphysische Psychologie

Spiritualismus   Materialismus

Dualismus   Monismus   Mechanischer   Psychophysischer
(Monadologische Systeme)

Empirische Psychologie

Vermögenspsychologie   Assoziationspsychologie   Apperzeptionspsychologie

Intellektualismus   Psychologischer Voluntarismus

Die geschichtliche Entwicklung dieser Richtungen ist vielfach eine gleichzeitige; doch ist sie im ganzen so erfolgt, daß die auf der linken Seite verzeichneten Anschauungen denen der rechten vorangingen, also innerhalb der metaphysischen Systeme die dualistischen den monistischen und der mechanische dem psychophysischen Materialismus, in der empirischen Psychologie die Vermögenslehre der Assoziations- und diese der Apperzeptionspsychologie. Das älteste Werk, welches die Psychologie als selbständige Wissenschaft behandelt, des Aristoteles Schrift "über die Seele", gehört metaphysisch dem Dualismus an (die Seele ist das belebende Prinzip des Körpers), empirisch der Vermögenspsychologie (die Seele hat die drei Grundvermögen: Ernährung, Empfindung und Denken). Die neuere spiritualistische Psychologie geht von dem Dualismus Descartes' (1596-1650) aus, der die Seele als das denkende und nicht ausgedehnte Wesen der ausgedehnten, nicht denkenden Materie gegenüberstellt und annimmt, sie sei mit dieser in einem bestimmten Punkte des menschlichen Gehirns (der Zirbeldrüse) verbunden. Der neuere Materialismus hat in Thomas Hobbes (1588-1679) seinen Begründer (der alte dualistische des Demokrit hat den prinzipiellen Unterschied von dem dualistischen Spiritualismus noch nicht ausgebildet). Er und im 18. Jahrhundert Lamettrie, Holbach vertreten einen mechanischen, Diderot, Helvétius einen psycho-physischen Materialismus, welch letzterer auch noch in neuester Zeit Anhänger zählt. Der spiritualistische Monismus ist in der Leibnizschen Monadologie (1646-1716) zur Ausbildung gelangt, an welche in neuerer Zeit Herbart (1776-1841) und seine Schule, Lotze u. a. anknüpfen. Als der Begründer der Psychologie des inneren Sinnes kann John Locke (1632-1704) gelten. In neuerer Zeit haben teilweise Kant, besonders aber Ed. Beneke (1798-1854), K. Fortlage u. a. diese Auffassung stark betont. Die moderne Vermögenspsychologie schließt sich an Chr. Wolff an (1679-1754), der als die Hauptvermögen Erkennen und Begehren unterschied. Häufiger werden seit Tetens (1736-1805), wie schon bei Plato, drei angenommen: Erkennen, Fühlen und Begehren; so auch von Kant. Unter den diese Richtungen begleitenden psychologischen Interpretationsweisen ist der logische Intellektualismus die älteste. Er entspricht der vulgären Interpretation der psychischen Vorgänge (Vulgärpsychologie). Bei den älteren Empirikern, z. B. bei Locke und selbst bei Berkeley (1684-1753), der wegen seiner Untersuchungen über die "Theorie des Sehens" ein Vorläufer der neueren experimentellen Psychologie ist, herrscht diese Betrachtungsweise vor. In der Gegenwart ist sie namentlich in den psychologischen Erörterungen physiologischer Autoren, z. B. in der Behandlung der Sinneswahrnehmung, zu finden. Unter den Philosophen vertritt diesen Standpunkt logischer Reflexion in neuerer Zeit, an die Scholastik anknüpfend, besonders Franz Brentano mit seiner Schule, in der übrigens besonders A. Meinong selbständige Wege einschlägt. Die Assoziationspsychologie ist ungefähr gleichzeitig von David Hartley (1704-1757) und David Hume (1711-1776) begründet worden. Beide verfolgen dabei bereits verschiedene Richtungen derselben, die bis in die Gegenwart fortdauern: eine physiologische, die den Assoziationsvorgang auf physische Bedingungen zurückführt (Hartley), und eine psychologische, die ihn als einen psychischen Vorgang auffaßt (Hume). Die erstere huldigt demnach zugleich dem psychophysischen Materialismus: so unter den neueren Psychologen Herbert Spencer. Der psychologischen Richtung der Assoziationslehre verwandt ist die Psychologie Herbarts, dessen Statik und Mechanik der Vorstellungen ebenfalls streng intellektualistisch ist (Fühlen, Wollen u. dgl. läßt er nur als Zustände der Vorstellungen gelten), und auch in der mechanischen Grundauffassung des Seelenlebens mit der Assoziationspsychologie wesentlich übereinstimmt; doch sucht H. durch verschiedene hypothetische Voraussetzungen der Lehre eine exakte mathematische Form zu geben. Zu einer Apperzeptionspsychologie finden sich bei den Psychologen der "reinen Selbstbeobachtung" sowie bei den Assoziationspsychologen manche Anfänge. Grundsätzlich hat diesen Standpunkt der Verf. des vorliegenden Grundrisses in seinen psychologischen Arbeiten zur Geltung gebracht. Dabei lassen sich übrigens innerhalb der Entwicklung der neueren Apperzeptionspsychologie wieder eine induktive und eine deduktive Richtung unterscheiden. Die erstere, die von dem Verf. vertreten wird, ist von der experimentellen Analyse der Bewußtseinsvorgänge ausgegangen. Sie ist daher eine streng empirische und sucht demgemäß im Sinne der Auffassung der Psychologie als einer Wissenschaft der gesamten subjektiven Erfahrung zunächst aus den Elementen des Seelenlebens die Entstehung der einfacheren psychischen Gebilde und dann aus dem Zusammenhang dieser die Apperzeptionsvorgänge zu begreifen. Die deduktive Richtung der Apperzeptionspsychologie wird in der Gegenwart hauptsächlich von Th. Lipps vertreten. In ihr wirken gewisse metaphysische Richtungen der Vergangenheit, besonders die Ichphilosophie Fichte's und der Seelenbegriff Herbart's, nach. Sie geht, im Gegensatz zu der vorigen Richtung, von der Apperzeption oder, was in diesem Fall sogleich an deren Stelle tritt, von dem "Ich" aus und sucht nun die gesamten seelischen Vorgänge teils als bewußte, teils aber auch als unbewußte Tätigkeiten des Ich oder der mit dem Ich identisch gedachten Seele darzustellen. Die Methode dieser Richtung ist demnach, wie namentlich die neueren Werke von Lipps zeigen, in denen sie deutlicher zur Ausbildung gelangt ist, eine wesentlich spekulative und dialektische, während das Experiment mehr zur eventuellen Bestätigung der Betrachtungen herbeigezogen wird. Vorzugsweise mit der induktiven dieser beiden Richtungen verbindet sich, im Gegensatz zu den verschiedenen Formen des Intellektualismus, der psychologische Voluntarismus. Dabei ist übrigens dieser durchaus von dem metaphysischen Voluntarismus zu scheiden, wie ihn z. B. Schopenhauer entwickelt hat. Geht der letztere auf einen transzendenten "Urwillen" zurück, der jenseits der Erscheinungswelt als Grundlage der letzteren gedacht wird, so betrachtet der psychologische Voluntarismus den empirischen Willensvorgang mit seiner Zusammensetzung aus Gefühlen, Empfindungen und Vorstellungen als das typische Beispiel eines Bewußtseinsvorgangs überhaupt. Ihm ist also das Wollen selbst ein zusammengesetztes Geschehen, das gerade der Beteiligung der verschiedensten psychischen Elemente an ihm seine typische Bedeutung verdankt.

Literatur. Zur Psychologie des inneren Sinnes: Locke, An essay concerning human understanding, 1690. Ed. Beneke, Psychologische Skizzen, 2 Bde. 1825-1827. Lehrbuch der Psychologie als Naturwissenschaft, 1833, 4. Aufl. 1877. K. Fortlage, System der Psychologie, 2 Bde. 1855. Zur Vermögenspsychologie: Chr. Wolff, Psychologia empirica, 1732. Psychologia rationalis, 1734. Vernünftige Gedanken von Gott, der Welt, der Seele des Menschen usw., 1719. Nik. Tetens, Philosophische Versuche über die menschliche Natur, 1776-1777. Kant, Anthropologie, 1798 (eine praktische Psychologie, wegen ihrer zahlreichen feinen Beobachtungen noch heute lesenswert). Zur Assoziationspsychologie: Hartley, Observations on man, 1749. Priestley, Hartleys Theory of human mind, 1775. Hume, Treatise on human nature, 1739 bis 1740. Enquiry concerning human understanding, 1748. James Mill, Analysis of the human mind, 1829, neu herausgeg. mit Anm. von Bain, John Stuart Mill u. a. 1869. Alex. Bain, The senses and the intellect, 1855. The emotions and the will, 1859. Herbart Spencer, Psychology 2 vol., 1855. (Nach der 3. Aufl. übers. von B. Vetter, 1882). Herbart, Psychologie als Wissenschaft, 2 Bde., 1824-1825. Lehrbuch zur Psychologie, 1816. (Bd. 5 und 6 der ges. Werke.) Als Werke, welche die experimentelle Richtung der Psychologie vorbereiten, sind zu nennen: Herm. Lotze, Medizinische Psychologie, 1852. Gust. Theod. Fechner, Elemente der Psychophysik, 2 Bde., 1860. Von den umfassenderen Darstellungen neuester Zeit gehören der Herbartschen Schule an: W. F. Volkmann, Lehrbuch der Psychologie, 2 Bde., 4. Aufl. 1894. M. Lazarus, Leben der Seele in Monographien, 3. Aufl., 3 Bde., 1883. Der Assoziationspsychologie (meist zugleich mit Hinneigung zum psychophys. Materialismus) folgen: Osw. Külpe, Grundriß der Psychologie, 1893 Herm. Ebbinghaus, Grundzüge der Psychologie, Bd. 1, 1897-1902. 2. Aufl., 1906. Bd. 2, 1908-1913. Th. Ziehen, Leitfaden der physiologischen Psychologie, 10. Aufl., 1914. Münsterberg, Grundzüge der Psychologie, 1. (einziger) Band, 1900. Alfr. Lehmann, Grundzüge der Psychophysiologie, 1912. Eine vermittelnde Stellung zwischen Assoziations- und voluntaristischer Psychologie halten inne: Höffding, Psychologie, 5. Aufl., 1914. W. Jerusalem, Lehrbuch der empirischen Psychologie, 2. Aufl., 1900. Einen in der Methode der Scholastik verwandten Intellektualismus vertreten: F. Brentano, Psychologie vom empirischen Standpunkte, 1. (einziger) Bd., 1874. Meinong, Psychologisch-ethische Untersuchungen zur Werttheorie, 1894. Untersuchungen zur Gegenstandstheorie und Psychologie, 1904. Der spekulativen Richtung der Apperzeptionspsychologie, zugleich mit zunehmender Neigung zu dialektischer Begriffszergliederung gehören an: Th. Lipps, Grundtatsachen des Seelenlebens, 1883. Leitfaden der Psychologie, 1903, 3. Aufl. 1909. Vom Fühlen, Wollen und Denken. 2. Aufl. 1907. Eine induktive Apperzeptionspsychologie im oben ausgeführten Sinne, unter besonderer Berücksichtigung der experimentellen Methoden und ihrer Ergebnisse vertritt der Verf. dieses Grundrisses in seinen Grundzügen der physiologischen Psychologie, 3 Bde., 6. Aufl., 1908-1911, der Einführung in die Psychologie, 1911, 2. Aufl. 1912, und den Vorlesungen über die Menschen- und Tierseele, 5. Aufl., 1911. Dazu kommen für die komplexen psychischen Funktionen des Verf.'s Völkerpsychologie, Bd. 1 u. 2 Sprache 3. Aufl., Bd. 3 Kunst 2. Aufl., Bd. 4 Mythus und Religion 1. Teil, 2. Aufl. 1909, 2. Teil 1910, dazu als zusammenfassende Darstellung des ganzen Gebiets: Elemente der Völkerpsychologie 1912. Bearbeitungen mit vorwaltender philosophischer Kritik der psychologischen Grundbegriffe bieten: Uphues, Psychologie des Erkennens, 1. (bis jetzt einziger) Band, 1893. J. Rehmke, Lehrbuch der allgemeinen Psychologie, 1894, 2. Aufl., 1906. Natorp, Einleitung in die Psychologie, 1888. Th. Ziehen, Die Grundlagen der Psychologie, 2 Bde., 1915. Vom empirischen Standpunkte aus, zugleich mit Rücksicht auf die neuere experimentelle Psychologie Fr. Jodl, Lehrbuch der Psychologie, 3. Auf L, 2 Bde., 1908. Th. Elsenhans, Lehrbuch der Psychologie, 1912. Hieran schließen sich die Schriften über angewandte Psychologie, besonders W. Stern, Die differentielle Psychologie in ihren methodischen Grundlagen, 1912. Die der englisch-amerikanischen sowie der französischen Literatur angehörenden Darstellungen folgen meistens der Assoziationspsychologie. Oft neigen sie überdies dem psychophysischen Materialismus oder auch dem dualistischen Spiritualismus, andere, wie besonders James, dem Voluntarismus zu. Aus der großen Zahl amerikanischer Werke über Psychologie seien hier genannt: W. James, Principles of Psychology, 2 vol., 1890. Ladd, Psychology, descriptive and explanatory, 1884. Baldwin, Handbook of Psychology, 1889. E. W. Scripture, The new Psychology, 1897. E. B. Titchener An Outline of Psychology, 1896. Text-Book of Psyohology. 2 vol. 1909. Deutsch von 0. Klemm, 1910-1912. M. Stratton, Experimental Psychology and its Bearing upon Culture, 1903. Aus der französischen Literatur sind Th. Ribot's Monographien über die verschiedenen Teile der Psychologie bemerkenswert (Attention, Maladies de la mémoire et de la volonté, Mal. de la personnalité, Sentiments, Idées générales, Imagination créatrice), sowie die Arbeiten von Alfr. Fouillée, L'évolutionisme des idées-forces, 1890, Psychologie des idées-forces, 1893, der einen dem deutschen Voluntarismus verwandten, dabei aber stark metaphysischen, zum Teil von platonisierenden Ideen beeinflußten Standpunkt einnimmt. Als Schriften zur Geschichte der Psychologie sind besonders zu nennen: H. Siebeck, Geschichte der Psychologie, Tl. l, 1880-1884, dazu Arch. f. Gesch. d. Philos., Bd. L–3 (Altertum und Mittelalter). 0. Klemm, Geschichte der Psychologie, 1911. F. Alb. Lange, Geschichte des Materialismus, 2 Bde., 5. Aufl., 1896. Max Dessoir, Geschichte der neueren deutschen Psychologie, 2. Aufl., 1902, l. (bis jetzt einziger) Band. Abriß einer Geschichte der Psychologie, 1912. B. Sommer, Grundzüge einer Geschichte der deutschen Psychologie und Ästhetik von Wolff-Baumgarten bis Kant-Schiller, 1892. Th. Ribot, Psychologie anglaise contemp., 2me édit., 1875. Psychologie allemande contemp., 2me édit., 1885. W. Wundt, Psychologie, in: Die Philosophie im Beginn des 20. Jahrh. (Festschrift für Kuno Fischer) 2. Aufl., 1906.

METHODEN DER PSYCHOLOGIE

l. Da die Psychologie nicht spezifische Erfahrungsinhalte, sondern die allgemeine Erfahrung in ihrer unmittelbaren subjektiven Beschaffenheit zu ihrem Gegenstand hat, so kann sie sich auch keiner andern Methoden bedienen als solcher, wie sie von den Erfahrungswissenschaften überhaupt zur Feststellung von Tatsachen sowie zur Analyse und kausalen Verknüpfung derselben angewandt werden. Insbesondere kann der Umstand, daß die Naturwissenschaft von dem Subjekt abstrahiert, während die Psychologie dies nicht tut, zwar Modifikationen in der Anwendungsweise, nicht aber solche in der wesentlichen Beschaffenheit der von beiden angewandten Methoden begründen.

Nun benutzt die Naturwissenschaft, die hier als das früher ausgebildete Forschungsgebiet der Psychologie zum Vorbilde dienen kann, zwei Hauptmethoden: das Experiment und die Beobachtung. Das Experiment besteht in einer Beobachtung, die sich mit der willkürlichen Einwirkung des Beobachters auf die Entstehung und den Verlauf der zu beobachtenden Erscheinungen verbindet. Die Beobachtung im engeren Sinn untersucht die Erscheinungen ohne derartige Einwirkungen, so wie sie sich in dem Zusammenhang der Erfahrung von selbst dem Beobachter darbieten. Wo überhaupt eine experimentelle Einwirkung möglich ist, da pflegt. man diese in der Naturwissenschaft stets anzuwenden, weil es unter allen Umständen, auch wenn die Erscheinungen an und für sich schon einer zureichend exakten Beobachtung zugänglich sind, von Vorteil ist, Eintritt und Verlauf derselben willkürlich bestimmen oder auch einzelne Teile einer zusammengesetzten Erscheinung willkürlich isolieren zu können. Zugleich aber hat sich in der Naturwissenschaft eine Scheidung dieser beiden Methoden nach gewissen Gebieten vollzogen, insofern man im allgemeinen für bestimmte Probleme die experimentelle Methode für unentbehrlicher hält als für andere, bei denen der gewünschte Zweck nicht selten bereits durch die bloße Beobachtung erreicht werden kann. Diese beiden Gattungen von Problemen richten sich, von wenigen durch besondere Verhältnisse bedingten Ausnahmen abgesehen, nach der allgemeinen Unterscheidung der Naturerscheinungen in Naturvorgänge und in Naturgegenstände.

Irgendein Naturvorgang, z.B. eine Licht-, eine Tonbewegung, eine elektrische Entladung, eine Muskelzuckung, fordert zum Behuf der exakten Feststellung seines Verlaufs und der Analyse seiner Bestandteile stets experimentelle Einwirkungen. In der Regel sind diese schon deshalb wünschenswert, weil sich genaue Beobachtungen nur anstellen lassen, wenn man den Augenblick des Eintritts der Erscheinungen selbst zu bestimmen vermag. Sodann aber sind sie unerläßlich, um die verschiedenen Bestandteile einer komplexen Erscheinung voneinander zu sondern. Denn dies kann zumeist nur dadurch geschehen, daß man willkürlich gewisse Bedingungen wegläßt oder hinzufügt, oder auch in ihrer Größe verändert. Anders verhält sich dies mit den Naturgegenständen. Da sie relativ konstante Objekte sind, die jederzeit dem Beobachter zur Verfügung stehen und der Betrachtung desselben standhalten, so ist bei ihnen eine experimentelle Untersuchung meist nur dann erforderlich, wenn man die Prozesse ihrer Entstehung oder ihrer Veränderungen erforschen will. Wo es sich dagegen nur um die tatsächliche Beschaffenheit von Naturgegenständen handelt, da reicht im allgemeinen die bloße Beobachtung aus. In diesem Sinne sind z. B. die Mineralogie, Botanik, Zoologie, Anatomie, Geographie u. a. reine Beobachtungswissenschaften, solange nicht, was freilich häufig vorkommt, physikalische, chemische, physiologische, kurz solche Probleme in sie hineingetragen werden, die auf gewisse Naturvorgänge zurückgehen.

2. Wendet man diese Gesichtspunkte auf die Psychologie an, so springt in die Augen, daß sie durch ihren Inhalt direkt auf die Wege derjenigen Gebiete hingewiesen wird, in denen eine exakte Beobachtung nur in der Form der experimentellen Beobachtung möglich ist. Den Inhalt der Psychologie bilden ausschließlich Vorgänge, nicht dauernde Objekte. Um den Eintritt und den Verlauf dieser Vorgänge, ihre Zusammensetzung aus verschiedenen Bestandteilen und die Wechselbeziehungen dieser Bestandteile exakt zu untersuchen, müssen wir vor allem jenen Eintritt willkürlich herbeiführen und die Bedingungen desselben nach unsrer Absicht variieren, was hier wie überall nur auf dem Wege des Experiments geschehen kann. Zu die-

sem allgemeinen kommt aber bei der Psychologie noch ein besonderer Grund, der bei den Naturerscheinungen als solchen nicht in gleicher Weise besteht. Indem wir nämlich bei diesen geflissentlich von dem wahrnehmenden Subjekt abstrahieren, kann es unter Umständen auch der bloßen Beobachtung, namentlich wenn sie, wie in der Astronomie, durch die Regelmäßigkeit der Erscheinungen begünstigt wird, gelingen, den objektiven Inhalt der Vorgänge mit zureichender Sicherheit festzustellen. Da hingegen die Psychologie grundsätzlich von dem Subjekt nicht abstrahieren darf, so würden bei ihr immer nur dann die Bedingungen der zufälligen Beobachtung zureichend günstige sein, wenn in oft wiederholten Fällen die nämlichen objektiven Bestandteile der unmittelbaren Erfahrung mit dem nämlichen Zustande des Subjekts zusammenträfen. Daß dies jemals der Fall sein würde, ist bei der großen Verwicklung der psychischen Vorgänge um so weniger zu erwarten, als insbesondere die Absicht der Beobachtung, die bei jeder exakten Untersuchung vorhanden sein muß, Eintritt und Verlauf der psychischen Vorgänge wesentlich verändert. Da nun die Hauptaufgabe der Psychologie gerade in der genauen Ermittelung der Entstehungs- und Verlaufsweise der subjektiven Vorgänge besteht, so muß hier jene Absicht der Beobachtung, wenn sie in der Form der gewöhnlichen, nicht durch experimentelle Hilfsmittel unterstützten Selbstbeobachtung ausgeführt wird, entweder die zu beobachtenden Tatsachen wesentlich verändern oder ganz und gar unterdrücken. Dagegen ist die Psychologie schon durch die natürliche Entstehungsweise ihrer Prozesse, ebensogut wie die Physik und die Physiologie, auf das experimentelle Verfahren angewiesen. Eine Empfindung entsteht unter den für die Beobachtung günstigen Bedingungen, wenn sie durch einen äußeren Sinnesreiz erregt wird. Die Vorstellung eines Gegenstandes wird ursprünglich stets durch ein mehr oder minder verwickeltes Zusammenwirken von Sinnesreizen hervorgebracht. Wollen wir die psychologische Bildungsweise einer Vorstellung studieren, so werden wir daher keinen andern Weg wählen können als den, daß wir diese natürliche Entstehung derselben nachahmen, wodurch wir zugleich den großen Vorteil genießen; durch willkürlich veränderte Kombination der zusammenwirkenden Eindrücke die Vorstellung selbst zu verändern und so über den Einfluß, den jede einzelne Bedingung auf das entstehende Produkt ausübt, Aufschluß zu erhalten. Erinnerungsvorstellungen werden zwar nicht direkt durch äußere Sinneseindrücke hervorgerufen, sondern sie folgen solchen erst nach kürzerer oder längerer Zeit. Aber auch über ihre Eigenschaften läßt sich ein einigermaßen sicherer Aufschluß erst dann gewinnen, wenn man sich nicht auf ihren zufälligen Eintritt verläßt, sondern solche Erinnerungen benutzt, die in einer experimentell geregelten Weise durch vorangehende Eindrücke veranlaßt werden. Nicht anders verhält es sich schließlich mit den Gefühlen, den Willensvorgängen: Man wird sie in der für eine exakte Untersuchung geeignetsten Beschaffenheit herstellen, wenn man willkürlich diejenigen Einwirkungen hervorbringt, die erfahrungsgemäß regelmäßig mit Gefühls- und Willensreaktionen verbunden sind. Demnach gibt es keinen der fundamentaleren psychischen Vorgänge, auf den nicht die experimentelle Methode anwendbar, und deshalb zugleich keinen, bei dessen Untersuchung sie nicht aus logischen Gründen gefordert wäre.

3. Dagegen ist die reine Beobachtung, wie sie in vielen Gebieten der Naturwissenschaft möglich ist, innerhalb der individuellen Psychologie im exakten Sinne nach dem Charakter des psychischen Geschehens ausgeschlossen. Sie wäre nur denkbar, wenn es ähnliche beharrende und von unserer Aufmerksamkeit unabhängige psychische Objekte gäbe, wie es relativ beharrende und durch unsere Beobachtung nicht zu verändernde Naturobjekte gibt. Nichtsdestoweniger stehen auch der Psychologie Tatsachen zu Gebote, die, obgleich nicht wirkliche Gegenstände, doch insofern den Charakter psychischer Objekte besitzen, als ihnen eben jene Merkmale der relativ beharrenden Beschaffenheit und der Unabhängigkeit von dem Beobachter zukommen, während sie zugleich einer experimentellen Einwirkung im gewöhnlichen Sinne unzugänglich sind. Diese Tatsachen sind die geschichtlich entstandenen geistigen Erzeugnisse, wie die Sprache, die mythologischen Vorstellungen, die Sitten. Ihr Ursprung und ihre Entwicklung beruhen überall auf allgemeinen psychischen Bedingungen, auf die sich aus ihren objektiven Eigenschaften zurückschließen läßt. Alle solche Geistserzeugnisse von allgemeingültiger Beschaffenheit setzen übrigens die Existenz einer geistigen Gemeinschaft vieler Individuen voraus, wenn auch

selbstverständlich ihre letzten Quellen die schon dem einzelnen Menschen zukommenden psychischen Eigenschaften sind. Wegen dieser Gebundenheit an die Gemeinschaft, speziell an die Volksgemeinschaft, pflegt man das ganze Gebiet dieser psychologischen Untersuchung der Geisteserzeugnisse als Völkerpsychologie zu bezeichnen und der individuellen oder, wie sie nach der in ihr vorherrschenden Methode auch genannt werden kann, experimentellen Psychologie gegenüberzustellen. Obgleich nun bei dem heutigen Zustand der Wissenschaft diese beiden Teile der Psychologie zumeist noch in getrennten Darstellungen behandelt werden, so bilden sie doch nicht sowohl verschiedene Gebiete, als vielmehr verschiedene Methoden, wobei die sogenannte Völkerpsychologie der Methode reiner Beobachtung entspricht, nur dadurch ausgezeichnet, daß in diesem Fall geistige Erzeugnisse die Objekte der Beobachtung sind. Die Gebundenheit dieser Erzeugnisse an geistige Gemeinschaften, die der Völkerpsychologie ihren Namen gegeben hat, entspringt aber aus der Nebenbedingung, daß die individuellen Geisteserzeugnisse von allzu veränderlicher Beschaffenheit sind, um sie einer objektiven Beobachtung zugänglich zu machen, und daß hier die Erscheinungen erst dann die erforderliche Konstanz annehmen, wenn sie zu Kollektiv- oder Massenerscheinungen werden.

Demnach verfügt die Psychologie, ähnlich der Naturwissenschaft, über zwei exakte Methoden: die erste, die experimentelle Methode, dient der Analyse der einfacheren psychi-schen Vorgänge; die zweite, die Beobachtung der allgemeingültigen Geisteserzeugnisse, dient der Untersuchung der höheren psychischen Vorgänge und Entwicklungen.

3a. Da die Anwendung der experimentellen Methode in der Psychologie ursprünglich aus den in der Physiologie, namentlich der Physiologie der Sinnesorgane und des Nervensystems geübten Verfahrungsweisen hervorgegangen ist, so pflegt man die experimentelle wohl auch als "physiologische Psychologie" zu bezeichnen, und den Darstellungen der letzteren werden dann in der Regel auch noch diejenigen physiologischen Hilfskenntnisse aus der Physiologie des Nervensystems und der Sinnesorgane zugewiesen, die zwar an sich nur der Physiologie angehören, dabei aber doch eine Behandlung wünschenswert machen, die dem psychologischen Interesse besonders Rechnung trägt. Demnach besitzt die "physiologische Psychologie" den Charakter einer Übergangsdisziplin, die jedoch, wie ihr Name andeutet, der Hauptsache nach Psychologie ist, und die, abgesehen von jenen physiologischen Hilfskenntnissen, wesentlich mit der "experimentellen Psychologie" in dem oben definierten Sinne zusammenfällt. Wenn daher von einigen Seiten versucht wurde, zwischen eigentlicher Psychologie und physiologischer Psychologie in der Weise zu unterscheiden, daß nur der ersten die psychologische Interpretation der inneren Erfahrung, der zweiten aber die Ableitung derselben aus physiologischen Vorgängen obliege, so ist eine solche Grenzbestimmung als unstatthaft zurückzuweisen. Es gibt nur eine Art psychologischer Kausalerklärung, und diese besteht in der Ableitung komplexerer psychischer Vorgänge aus einfacheren, in welche Interpretationsweise vermöge des oben festgestellten Verhältnisses der naturwissenschaftlichen zur psychologischen Erfahrung physiologische Zwischenglieder immer nur aushilfsweise eingehen können (§ 2, 11).

Literatur. Zur Methodik im allgemeinen das Kapitel "Logik der Psychologie" in meiner Logik, 3. Aufl., Bd. 3, 1908, Abschn. I, Kap. 3. Zur experimentellen Methodik: Phil. Stud. I, l. Psychol. Stud. III, S. 301ff. Sanford, Course in experimental Psychology, 1897-1898. E. B. Titchener, Experimental Psychology, a manual of laboratory practice, 2 vol., 1900. B. Sommer, Lehrbuch der psycho-patholog. Untersuchungsmethoden, 1899.

ALLGEMEINE ÜBERSICHT DES GEGENSTANDES

1. Die unmittelbaren Erfahrungsinhalte, die den Gegenstand der Psychologie bilden, sind unter allen Umständen Vorgänge von zusammengesetzter Beschaffenheit. Wahrnehmungen äußerer Gegenstände, Erinnerungen an solche, Gefühle, Affekte, Willensakte sind nicht nur fortwährend in der mannigfaltigsten Weise miteinander verbunden, sondern jeder dieser Vorgänge ist regelmäßig selbst wieder ein mehr oder weniger zusammengesetztes Ganzes. Die Vorstellung eines äußeren Körpers z. B. besteht aus den Partialvorstellungen seiner Teile. Einen noch so einfachen Ton verlegen wir in irgendeine räumliche Richtung; wir bringen ihn also in Verbindung mit der selbst wieder höchst zusammengesetzten Vorstellung des äußeren Raumes. Ein Gefühl, ein Wollen beziehen wir auf irgendeine Empfindung, die das Gefühl erregt, auf ein Objekt, das gewollt wird, usw. Einem derartig komplexen Tatbestand gegenüber hat nun die wissenschaftliche Untersuchung drei Aufgaben nacheinander zu lösen. Die erste besteht in der Analyse der zusammengesetzten Vorgänge, die zweite in der Nachweisung der Verbindungen, welche die durch diese Analyse aufgefundenen Elemente miteinander eingehen, die dritte in der Erforschung der Gesetze, die bei der Entstehung solcher Verbindungen wirksam sind.

2. Unter diesen drei Aufgaben ist es vor allem die zweite, synthetische, die wieder eine Reihe von Problemen in sich schließt. Zunächst verbinden sich nämlich die psychischen Elemente zu zusammengesetzten psychischen Gebilden, die sich in dem fortwährenden Fluß des Geschehens relativ selbständig voneinander sondern. Solche Gebilde sind z. B. die Vorstellungen, mögen sie nun direkt auf äußere Eindrücke oder Objekte bezogen, oder von uns als Erneuerungen früher wahrgenommener Eindrücke und Objekte gedeutet werden, ferner die zusammengesetzten Gefühle, die Affekte, die Willensvorgänge. Weiterhin stehen dann aber diese psychischen Gebilde untereinander in den mannigfaltigsten Zusammenhängen. So verbinden sich die Vorstellungen teils zu größeren gleichzeitigen Vorstellungskomplexen, teils zu regelmäßigen Vorstellungsfolgen. Nicht minder bilden die Gefühls- und Willensvorgänge sowohl untereinander wie mit den Vorstellungsprozessen Verbindungen. Auf diese Weise entsteht der Zusammenhang der psychischen Gebilde als eine Klasse synthetischer Vorgänge zweiter Stufe, die sich auf den einfacheren Verbindungen erhebt. Indem ferner einzelne psychische Zusammenhänge selbst wieder umfassendere Verbindungen miteinander bilden, die in der Ordnung ihrer Bestandteile ebenfalls eine bestimmte Regelmäßigkeit erkennen lassen, gehen hieraus Verbindungen dritter Stufe hervor, die wir mit dem allgemeinen Namen der psychischen Entwicklungen bezeichnen. Sie lassen sich in Entwicklungen verschiedenen Umfangs unterscheiden. Entwicklungsvorgänge beschränktester Art sind solche, die sich auf eine einzelne psychische Richtung, z. B. auf die Entwicklung der intellektuellen Funktionen, des Willens, der Gefühle, oder auch etwa bloß eines besonderen Bestandteils dieser Funktionsformen, wie der ästhetischen, der moralischen Gefühle u. dgl., beziehen. Daran schließt sich dann die aus einer Menge solcher Partialentwicklungen bestehende Gesamtentwicklung der einzelnen psychischen Individualität. Indem sich aber schon das tierische Individuum und in höherem Maße noch der einzelne Mensch in fortwährenden Wechselwirkungen mit Wesen gleicher Art befindet, erheben sich endlich über diesen individuellen die generellen psychischen Entwicklungen. Diese mannigfachen Zweige der psychischen Entwicklungsgeschichte bilden teils die psychologischen Grundlagen anderer Wissenschaften, wie der Erkenntnistheorie, Pädagogik, Ästhetik, Ethik, und werden darum zweckmäßiger im Zusammenhang mit diesen behandelt; teils haben sie sich zu besonderen psychologischen Wissenschaften entwickelt: so die Psychologie des Kindes, die Tier- und Völkerpsychologie. Es werden daher im folgenden nur die für die allgemeine Psychologie wichtigsten Ergebnisse der drei letztgenannten Gebiete erörtert werden.

3. Auf die Untersuchung der sämtlichen Verbindungen verschiedener Stufe, der Verbindungen der Elemente zu Gebilden, der Gebilde zu Zusammenhängen, der Zusammenhänge zu Entwicklungen gründet sich schließlich die Lösung der letzten und allgemeinsten psychologischen Aufgabe: die Ermittlung der Prinzipien und der allgemeinen Gesetze des psychischen Geschehens. Lehrt uns die Untersuchung der psychischen Verbindungen die tatsächliche Beschaffen-

heit der psychischen Vorgänge kennen, so lassen sich die Eigenschaften der in diesen Vorgängen zum Ausdruck kommenden psychischen Kausalität nur den Gesetzen entnehmen, auf welche die Verbindungsformen der psychischen Erfahrungsinhalte und ihrer Bestandteile zurückweisen.

Hiernach werden wir im folgenden betrachten:

1) die psychischen Elemente,

2) die psychischen Gebilde,

3) den Zusammenhang der psychischen Gebilde,

4) die psychischen Entwicklungen,

5) die Prinzipien und Gesetze der psychischen Kausalität.

I. DIE PSYCHISCHEN ELEMENTE

HAUPTFORMEN UND ALLGEMEINE EIGENSCHAFTEN DER PSYCHISCHEN ELEMENTE

1. Da alle psychischen Erfahrungsinhalte von zusammengesetzter Beschaffenheit sind, so sind psychische Elemente im Sinne absolut einfacher und unzerlegbarer Bestandteile des psychischen Geschehens die Erzeugnisse einer Analyse und Abstraktion, die nur dadurch möglich wird, daß die Elemente tatsächlich in wechselnder Weise verbunden sind. Befindet sich ein Element a in einem ersten Falle zusammen mit $b, c, d \ldots$, in einem zweiten mit $b', c', d' \ldots$ usw., so kann eben deshalb, weil keines der Elemente $b, b', c, c' \ldots$ konstant an a gebunden ist, von ihnen allen abgesehen werden. Wenn wir z. B. einen einfachen Ton hören, so kann derselbe bald nach dieser, bald nach jener Richtung des Raumes verlegt, und es kann bald dieser, bald jener andere Ton zugleich gehört werden. Weil es aber weder eine konstante räumliche Richtung noch einen konstanten Begleitton gibt, so läßt sich von diesen variabeln Bestandteilen abstrahieren, so daß der einzelne Ton allein als psychisches Element zurückbleibt.

2. Der Tatsache, daß die unmittelbare Erfahrung zwei Faktoren enthält, einen objektiven Erfahrungsinhalt und das erfahrende Subjekt (§ 1, 2), entsprechen zwei Arten psychischer Elemente, die sich als Produkte der psychologischen Analyse ergeben. Die Elemente des objektiven Erfahrungsinhalts bezeichnen wir als Empfindungselemente oder schlechthin als Empfindungen: z.B. einen Ton, eine bestimmte Wärme-, Kälte-, Lichtempfindung usw., wobei jedesmal alle Verbindungen dieser Empfindung mit andern, sowie nicht minder die räumliche und zeitliche Ordnung derselben außer Betracht bleiben. Die subjektiven Elemente bezeichnen wir als Gefühlselemente oder als einfache Gefühle. Beispiele solcher sind: das Gefühl, das eine Licht-, Schall-, Geschmacks-, Geruchs-, Wärme-, Kälte-, Schmerzempfindung begleitet, oder das Gefühl beim Anblick eines wohlgefälligen oder mißfälligen Objekts, die Gefühle im Zustand der Aufmerksamkeit, im Moment eines Willensaktes usw. Diese einfachen Gefühle sind wieder in doppelter Beziehung Produkte der Abstraktion: jedes Gefühl ist nämlich nicht nur mit Vorstellungselementen verbunden, sondern es bildet auch einen Bestandteil eines in der Zeit verlaufenden psychischen Prozesses, während dessen es sich von einem Zeitpunkt zum andern verändert.

3. Da die wirklichen psychischen Erfahrungsinhalte stets aus mannigfachen Verbindungen von Empfindungs- und Gefühlselementen bestehen, so liegt der spezifische Charakter der einzelnen psychischen Vorgänge zum größten Teile durchaus nicht in der Beschaffenheit jener Elemente, sondern in ihren Verbindungen zu zusammengesetzten psychischen Gebilden begründet. So sind z. B. eine räumliche Vorstellung, ein Rhythmus, ein Affekt, ein Willensvorgang eigenartige Formen psychischer Erfahrung, die als solche mit den Empfindungs- und Gefühlselementen keineswegs schon gegeben sind. Ein psychisches Gebilde verhält sich vielmehr in dieser Beziehung einigermaßen analog wie eine chemische Verbindung, deren Eigenschaften ja ebenfalls keineswegs dadurch bestimmt werden können, daß man die Eigenschaften der chemischen Elemente aufzählt, aus denen sie besteht. Spezifische Beschaffenheit und elementare Natur psychischer Vorgänge sind daher völlig verschiedene Begriffe. Jedes psychische Element ist ein spezifischer Erfahrungsinhalt, aber nicht jeder spezifische Inhalt ist zugleich ein psychisches Element. So sind namentlich die räumlichen, die zeitlichen Vorstellungen, die Affekte, die Willenshandlungen spezifische, aber nicht elementare Prozesse.

4. Die Empfindungen und die einfachen Gefühle zeigen nun sowohl gemeinsame Eigenschaften wie charakteristische Unterschiede. Eine gemeinsame Eigenschaft ist es, daß jedem Element zwei Bestimmungsstücke zukommen: Qualität und Intensität. Jede einfache Empfindung, jedes einfache Gefühl hat eine bestimmte qualitative Beschaffenheit; diese ist aber immer zugleich in irgendeiner Stärke (Intensität) gegeben. Unsere Benennungen der psychischen Elemente richten sich ausschließlich nach der Qualität derselben: so unterscheiden wir Empfindungen als blau, gelb, warm, kalt u. dgl., oder Gefühle als ernst, heiter, traurig, düster, wehmütig usw. Dagegen drücken wir die Intensitätsunterschiede der Elemente in allen Fällen durch überein-

stimmende Größenbezeichnungen aus, wie schwach, stark, mäßig stark, sehr stark. In beiden Fällen sind diese Ausdrücke Klassenbegriffe, die einer ersten oberflächlichen Ordnung der Elemente dienen, und deren jeder daher im allgemeinen eine unbegrenzt große Zahl konkreter Elemente umfaßt. Verhältnismäßig am vollständigsten hat die Sprache diese Klassenbegriffe für die Qualitäten der einfachen Empfindungen, namentlich für die Farben und die Töne, entwickelt. Dagegen sind die Benennungen der Gefühlsqualitäten und der Intensitätsstufen weit zurückgeblieben. Zuweilen werden neben der Qualität und Intensität auch noch die Klarheit oder Dunkelheit sowie die Deutlichkeit oder Undeutlichkeit unterschieden. Da diese Eigenschaften aber, wie sich unten (§ 15, 4) zeigen wird, immer erst aus dem Zusammenhange der psychischen Gebilde hervorgehen, so können sie nicht als Eigenschaften der psychischen Elemente selbst betrachtet werden.

5. Infolge seiner Zusammensetzung aus den zwei Bestimmungsstücken der Qualität und der Intensität besitzt jedes psychische Element innerhalb der ihm zukommenden Qualität einen bestimmten Intensitätsgrad, den man sich in einen beliebigen andern Intensitätsgrad des nämlichen qualitativen Elements durch stetige Abstufung übergeführt denken kann. Hierbei ist aber eine solche Abstufung immer nur nach zwei Richtungen möglich, deren eine wir als Zunahme, und deren andere wir als Abnahme an Intensität bezeichnen. Die Intensitätsgrade jedes qualitativen Elements bilden also eine einzige Dimension, in der man sich von jedem Punkt nach zwei entgegengesetzten Richtungen bewegen kann, ähnlich wie von einem beliebigen Punkt einer geraden Linie aus. Man kann dies in dem Satze ausdrücken: die Intensitätsgrade jedes psychischen Elements bilden ein geradliniges Kontinuum. Die Endpunkte dieses Kontinuums nennen wir bei den Empfindungen Minimal- und Maximalempfindung, bei den Gefühlen Minimal- und Maximalgefühl.

Dagegen besitzen die Qualitäten wechselnde Eigenschaften. Zwar läßt sich auch jede Qualität in ein bestimmtes Kontinuum derart einordnen, daß man von einem bestimmten Punkt eines solchen zu jedem beliebigen andern Punkte desselben durch stetige Übergänge gelangen kann. Aber diese Kontinua der Qualitäten, die sich als Qualitätssysteme bezeichnen lassen, zeigen Unterschiede sowohl in der Mannigfaltigkeit ihrer Abstufungen wie in der Zahl der in ihnen möglichen Richtungen. In ersterer Hinsicht können wir gleichförmige und mannigfaltige, in letzterer Hinsicht eindimensionale und mehrdimensionale Qualitätssysteme unterscheiden. So gibt es z. B. qualitativ nur eine Druck-, Kälte- und Schmerzempfindung, während jede dieser Qualitäten in sehr verschiedenen Intensitätsgraden möglich ist. Daraus ist nicht zu schließen, daß es in jedem dieser Systeme wirklich nur eine Qualität gebe. Vielmehr scheint es, daß in solchen Fällen die Mannigfaltigkeit der Qualitäten entweder nur eine beschränktere ist, oder daß uns bloß in der Sprache die Ausdrücke zur Bezeichnung der vorhandenen Unterschiede mangeln. Wollten wir uns also ein solches System räumlich versinnlicht denken, so würde es wahrscheinlich niemals völlig auf einen Punkt reduziert werden. So zeigen z. B. die Druckempfindungen der verschiedenen Hautstellen geringe qualitative Unterschiede, die immerhin groß genug sind, daß wir daran jede Hautstelle von einer andern hinreichend von ihr entfernten unterscheiden können. Dagegen sind solche Unterschiede wie die bei der Berührung eines spitzen oder stumpfen, rauhen oder glatten Körpers nicht zu den Qualitätsunterschieden zu rechnen, da sie auf einer größeren Zahl gleichzeitig vorhandener Empfindungen beruhen, aus deren verschiedener Verbindung zu zusammengesetzten psychischen Gebilden erst jene Eindrücke hervorgehen.

Von diesen gleichförmigen unterscheiden sich die mannigfaltigen Qualitätssysteme darin, daß sie eine größere Zahl deutlich unterscheidbarer Elemente umschließen, zwischen denen stetige Übergänge möglich sind. Hierher gehören unter den Empfindungssystemen das Tonsystem, das Farbensystem, die Systeme der Geruchs- und der Geschmacksqualitäten, unter den Gefühlssystemen jedenfalls diejenigen, die die subjektiven Komplemente jener Empfindungssysteme bilden, die Systeme der Tongefühle, der Farbengefühle usw., außerdem aber wahrscheinlich zahlreiche Gefühle, die zwar objektiv an zusammengesetzte Eindrücke gebunden, als Gefühle aber von einfacher Beschaffenheit sind, wie z. B. die den verschiedenen Tonverbindungen entsprechenden mannigfaltigen Harmonie- und Disharmoniegefühle. Die Unterschiede der Dimensionszahl lassen sich jedoch mit Sicherheit bis jetzt nur bei gewissen Empfindungssystemen feststellen. So ist z. B. das Tonsystem ein eindimensionales, das gewöhnliche Farbensystem, welches die Farben samt ihren Übergängen zu Weiß umfaßt, ein zweidimensionales System; das vollständige System der Lichtempfindungen, welches auch noch die dunkeln Farbentöne und die Übergänge zu Schwarz enthält, ist endlich ein dreidimensionales Empfindungssystem.

6. Zeigen in den bisher erwähnten Beziehungen die Empfindungs- und die Gefühlselemente im allgemeinen ein übereinstimmendes Verhalten, so unterscheiden sich nun aber beide in einigen wesentlichen Eigenschaften, die mit der unmittelbaren Beziehung der Empfindungen auf die Objekte und der Gefühle auf das Subjekt zusammenhängen.

l) Die Empfindungen bieten, wenn sie bloß in ihrer Intensität innerhalb einer und derselben Qualität verändert werden, im allgemeinen reine Intensitätsunterschiede dar, die von der Empfindung Null an stetig in einer Richtung bis zu einer Maximalempfindung E zunehmen (o E Fig. l). Dagegen verändern sich die Gefühle von einem gefühlsfreien Zustande Null an stets nach zwei einander entgegengesetzten Richtungen, wobei sie in kontrastierende Gefühle, wie Lust und Unlust, übergehen (ebd. G' G''). Ebenso zeigen die Empfindungen, wenn sie bloß in ihrer Qualität, aber in einer und derselben Qualitätsdimension verändert werden, reine Qualitätsunterschiede, die immer zugleich Unterschiede gleicher Richtung sind und schließlich zu Maximalunterschieden werden. So sind z. B. in der Reihe der Farben Rot und Grün oder Blau und Gelb, in der Reihe der Töne der tiefste und der höchste hörbare Ton Maximalunterschiede, und sie sind zugleich reine Qualitätsunterschiede (E' E'' Fig. l). Jedes Gefühlselement dagegen geht auch hier, wenn es in seiner Qualität stetig abgestuft wird, durch einen gefühlsfreien Null- oder Indifferenzpunkt (o) in ein Gefühl von entgegengesetzter Qualität über (wie der untere Pfeil zwischen G' G'' in Fig. l andeutet). Am deutlichsten ist dies bei denjenigen Gefühlen, die regelmäßig mit bestimmten Empfindungen verbunden sind, z. B. bei den Ton- und Farbengefühlen. Ein hoher und ein tiefer Ton sind als Empfindungen Unterschiede, die sich mehr oder weniger den Maximalunterschieden der Tonempfindung nähern; die entsprechenden Tongefühle sind aber Gegensätze. Allgemein also werden die Empfindungsqualitäten durch größte Unterschiede, die Gefühlsqualitäten durch größte Gegensätze begrenzt. Die stets zwischen diesen Gegensätzen liegende Indifferenzzone ist übrigens häufig deshalb nicht nachzuweisen, weil bei dem Verschwinden bestimmter Gefühle andere Gefühlsqualitäten fortbestehen oder neu entstehen können. Letzteres kommt namentlich dann vor, wenn der Übergang des Gefühls in die Indifferenzzone von einer Empfindungsänderung abhängt. So verschwinden z. B. bei den mittleren Tönen der musikalischen Skala die den hohen und tiefen Tönen entsprechenden Gefühle; aber den mittleren Tönen selbst kommt eine Gefühlsqualität zu, die nun erst deutlich auftritt. Dies erklärt sich daraus, daß das einer bestimmten Empfindungsqualität entsprechende Gefühl in der Regel Bestandteil eines zusammengesetzten Gefühlssystems ist, in welchem es gleichzeitig verschiedenen Gefühlsrichtungen angehört. So liegt die Gefühlsqualität eines Tones von bestimmter Höhe nicht bloß in der Dimension der Höhengefühle, sondern auch in der der Intensitätsgefühle, und endlich in den verschiedenen Dimensionen, nach denen sich der Klangcharakter der Töne ordnen läßt. Ein Ton von mittlerer Höhe und Stärke kann sich also in bezug auf die Höhen- und die Intensitätsgefühle in der Indifferenzzone befinden, während doch das Klanggefühl bei ihm sehr ausgeprägt sein kann. Direkt beobachten läßt sich daher die Bewegung der Gefühle durch die Indifferenzzone überhaupt nur, wenn man gleichzeitig auf eine Abstraktion von andern begleitenden Gefühlselementen Bedacht nimmt.

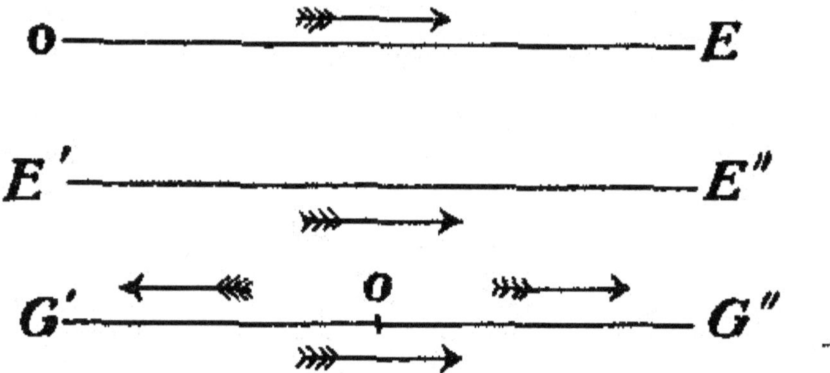

Fig. 1. Verhalten der Empfindungen und Gefühle bei stetigen Intensitäts- und Qualitätsänderungen.

2) Gefühle von spezifischer und zugleich von einfacher, unzerlegbarer Qualität kommen nicht bloß als subjektive Komplemente einfacher Empfindungen, sondern auch als charakteristische Begleiter zusammengesetzter Vorstellungen oder gelbst verwickelter Vorstellungsprozesse vor. So gibt es z. B. nicht bloß ein einfaches Tongefühl, welches sich mit der Höhe und der Intensität der Töne ändert, sondern auch ein Harmoniegefühl, das, als Gefühl betrachtet, durchaus ebenso unzerlegbar ist und nach dem Charakter der Zusammenklänge wechselt. Weitere Gefühle, die wieder von sehr mannigfaltiger Art sein können, entstehen durch die melodische Klangfolge, und auch hier erscheint jedes einzelne Gefühl, in einem bestimmten Moment für sich allein betrachtet, als eine unzerlegbare Einheit. Hieraus folgt, daß die einfachen Gefühle viel mannigfaltiger und zahlreicher sind als die einfachen Empfindungen.

3) Die Mannigfaltigkeit der reinen Empfindungen zerfällt in eine Anzahl voneinander getrennter Systeme, zwischen deren Elementen keine qualitativen Übergänge stattfinden. Empfindungen, die verschiedenen Systemen angehören, werden daher als disparate bezeichnet. In diesem Sinne sind ein Ton und eine Farbe, aber auch eine Wärme- und eine Druckempfindung disparat. Nach diesem Kriterium repräsentiert jeder der vier Spezialsinne (Geruch, Geschmack, Gehör und Gesicht) ein in sich geschlossenes, gegen jedes andere Sinnesgebiet disparates, aber mannigfaltiges Empfindungssystem, während der allgemeine Sinn (Tastsinn) selbst schon vier gleichförmige Empfindungssysteme (Druck-, Wärme-, Kälte-, Schmerzempfindungen) enthält. Im Gegensatz hierzu bilden nun alle einfachen Gefühle eine einzige zusammenhängende Mannigfaltigkeit, insofern es kein Gefühl gibt, von dem aus man nicht durch Zwischenstufen und Indifferenzzonen zu irgendeinem andern Gefühle gelangen könnte. Obgleich darum auch hier gewisse Systeme unterschieden werden können, deren Elemente näher miteinander zusammenhängen, wie z. B. das der Farbengefühle, Tongefühle, Harmoniegefühle, rhythmischen Gefühle u. dgl., so sind doch diese Systeme nicht absolut in sich abgeschlossen, sondern es finden überall Beziehungen teils der Verwandtschaft, teils des Gegensatzes zu andern Systemen statt. So zeigen sich z. B. das angenehme Gefühl bei einer mäßigen Wärmeempfindung, das Gefühl der Tonharmonie, das Gefühl befriedigter Erwartung u. a., so groß ihre qualitative Verschiedenheit auch sein mag, doch darin verwandt, daß wir auf sie alle die allgemeine Bezeichnung "Lustgefühle" anwendbar finden. Noch nähere Beziehungen finden sich zwischen gewissen einzelnen Gefühlssystemen, z. B. zwischen den Ton- und Farbengefühlen, wo tiefe Töne den dunkeln, hohe den hellen Lichtqualitäten verwandt erscheinen. Wenn man hierbei meist den Empfindungen selbst eine Verwandtschaft zuschreibt, so beruht das wahrscheinlich durchaus nur auf einer Übertragung der begleitenden Gefühle.

Dieses dritte Unterscheidungsmerkmal weist darauf hin, daß der Ursprung der Gefühle ein einheitlicher ist, gegenüber den auf einer Mehrheit verschiedener, zum Teil voneinander isolierbarer Bedingungen beruhenden Empfindungen. Wahrscheinlich steht dieser Unterschied mit der Beziehung der Gefühle auf das einheitliche Subjekt und der Empfindungen auf eine Vielheit von Objekten in unmittelbarem Zusammenhang.

6a. Die Bezeichnungen "Empfindung" und "Gefühl" haben erst in der neueren Psychologie die ihnen in den obigen Begriffsbestimmungen angewiesene Bedeutung gewonnen. In der älteren psychologischen Literatur werden sie teils mangelhaft unterschieden, teils sogar miteinander vertauscht; ebenso werden von den Physiologen noch jetzt gewisse Empfindungen, nämlich die des Tastsinns und der inneren Organe, als Gefühle und darum auch der Tastsinn selbst als der "Gefühlssinn" bezeichnet. Mag dies aber auch der ursprünglichen Wortbedeutung Fühlen = Tasten entsprechen, so sollten doch, nachdem einmal jene Differenzierung der Bedeutungen eingetreten ist, derartige Vermengungen vermieden werden. Ferner wird das Wort Empfindung selbst von Psychologen nicht bloß für einfache, sondern auch für zusammengesetzte Qualitäten, wie z. B. für Zusammenklänge, für räumliche und zeitliche Vorstellungen, gebraucht. Da wir für diese zusammengesetzten Gebilde ohnehin schon die vollkommen geeignete Bezeichnung "Vorstellungen" besitzen, so ist aber die Einschränkung des Begriffs auf die psychologisch einfachen Sinnesqualitäten zweckmäßiger. Zuweilen hat man endlich auch den Begriff "Empfindung" auf solche Erregungen beschränkt, die direkt von äußeren Sinnesreizen herrühren. Da für die psychologischen Eigenschaften der Empfindung dieser Umstand gleichgültig ist, so ist jedoch eine solche Begrenzung des Begriffs nicht zu rechtfertigen.

Die konkrete Unterscheidung der Empfindungs- und Gefühlselemente wird durch die Existenz der Indifferenzzone der Gefühle wesentlich unterstützt. Zugleich hängt es mit diesem Verhältnis der Abstufung zwischen Unterschieden und der Abstufung zwischen Gegensätzen zusammen, daß die Gefühle sehr viel variablere Elemente unserer unmittelbaren Erfahrung sind. Auf dieser wechselnden Beschaffenheit, die es kaum gestattet, einen Gefühlszustand unveränderter Qualität oder Stärke festzuhalten, beruhen dann auch die größeren Schwierigkeiten, denen die exakte Untersuchung der Gefühle begegnet.

Da die Empfindungen jedem unmittelbaren Erfahrungsinhalt zukommen, die Gefühle aber vermöge ihrer Oszillationen durch eine Indifferenzzone in gewissen Grenzfällen verschwinden können, so ist es begreiflich, daß wir zwar bei den Empfindungen von den begleitenden Gefühlen, niemals jedoch umgekehrt bei diesen von jenen zu abstrahieren vermögen. Hierdurch entsteht dann leicht entweder die falsche Auffassung, die Empfindungen seien die Ursachen der Gefühle, oder die andere, die Gefühle seien eine besondere Spezies der Empfindungen. Die erste dieser Meinungen ist deshalb unzulässig, weil die Gefühlselemente nie aus den Empfindungen als solchen, sondern nur aus dem Verhalten des Subjekts abzuleiten sind, daher auch unter verschiedenen subjektiven Bedingungen eine und dieselbe Empfindung von verschiedenen Gefühlen begleitet sein kann. Die zweite Meinung ist unhaltbar, weil teils die unmittelbare Beziehung der Empfindungen auf den objektiven Erfahrungsinhalt, der Gefühle auf das Subjekt, teils die Eigenschaften der Abstufung zwischen größten Unterschieden und zwischen größten Gegensätzen beide wesentlich unterscheiden. Demnach sind, vermöge der zu jeder psychologischen Erfahrung gehörigen objektiven und subjektiven Faktoren, Empfindungen und Gefühle als reale und gleich wesentliche Elemente des psychischen Geschehens anzusehen, die aber in durchgängigen Beziehungen zueinander stehen. Da sich zugleich in diesen Wechselbeziehungen die Empfindungselemente als die konstanteren erweisen, die allein unter Mithilfe der Beziehung auf ein äußeres Objekt durch Abstraktion isoliert werden können, so muß bei der Untersuchung der Eigenschaften beider notwendig von den Empfindungen ausgegangen werden. Einfache Empfindungen, bei deren Betrachtung von den begleitenden Gefühlselementen abstrahiert wird, bezeichnet man aber als reine Empfindungen.

Literatur. Kant, Anthropologie, 2. Buch. Herbart, Lehrbuch zur Psychologie, § 68 u. 95 (Unterscheidung der Begriffe Empfindung und Gefühl im heutigen Sinne). A. Horwicz, Psychologische Analysen auf physiolog. Grundlage, 2 Bde., 1872-1878. Physiol. Psych.[6], Bd. 2, Kap. VII. Zur Lehre von den Gemütsbewegungen, Kleine Schriften Bd. 2.

DIE REINEN EMPFINDUNGEN

1. Der Begriff der "reinen Empfindung" setzt nach § 5 eine doppelte Abstraktion voraus: 1) die Abstraktion von den Vorstellungen, in denen die Empfindung vorkommt, und 2) die Abstraktion von den einfachen Gefühlen, mit denen sie verbunden ist. Die in diesem Sinne definierten reinen Empfindungen bilden eine Reihe disparater Qualitätssysteme; und jedes dieser Systeme, wie das der Druckempfindungen, der Ton-, der Lichtempfindungen, ist entweder ein gleichförmiges oder ein mannigfaltiges Kontinuum (§ 5, 5), das, in sich abgeschlossen, keinerlei Übergänge zu einem der andern Systeme erkennen läßt.

2. Die Entstehung der Empfindungen ist, wie uns die physiologische Erfahrung lehrt, regelmäßig an gewisse physische Vorgänge gebunden, die teils in der unsern Körper umgebenden Außenwelt, teils in bestimmten Körperorganen ihren Ursprung haben, und die wir mit einem der Physiologie entlehnten Ausdruck als die Sinnesreize oder Empfindungsreize bezeichnen. Besteht der Reiz in einem Vorgang der Außenwelt, so nennen wir ihn einen physikalischen; besteht er in einem Vorgang in unserm eignen Körper, so nennen wir ihn einen physiologischen. Die physiologischen Reize lassen sich dann wieder in periphere und zentrale unterscheiden, je nachdem sie in Vorgängen in den verschiedenen Körperorganen außerhalb des Gehirns oder in solchen im Gehirn selbst bestehen. In zahlreichen Fällen ist eine Empfindung von diesen dreierlei Reizungsvorgängen begleitet: so wirkt z.B. ein äußerer Lichteindruck als physikalischer Reiz auf das Auge; in diesem und in dem Sehnerven entsteht dann eine periphere physiologische Reizung, endlich in den in gewissen Teilen des Mittelhirns (Vierhügeln, Kniehöcker) und in der hinteren Region der Großhirnrinde (Okzipitalhirn) gelegenen Optikusendigungen eine zentrale physiologische Reizung. In vielen Fällen kann aber der physikalische Reiz fehlen, während der physiologische in seinen beiden Formen vorhanden ist: so z.B., wenn wir infolge einer heftigen Bewegung des Auges einen Lichtblitz wahrnehmen; und in andern Fällen kann sogar der zentrale Reiz allein vorhanden sein: so z. B., wenn wir uns an irgendeinen früher gehabten Lichteindruck erinnern. Demnach ist der zentrale Reiz der einzige, der konstant die Empfindung begleitet; der periphere muß sich aber mit dem zentralen, und der physikalische muß sich sowohl mit dem peripheren wie mit dem zentralen verbinden, wenn Empfindung entstehen soll.

3. Die physiologische Entwicklungsgeschichte macht es wahrscheinlich, daß die Scheidung der verschiedenen Empfindungssysteme sich zum Teil erst im Laufe der generellen Entwicklung ausgebildet hat. Das ursprünglichste Sinnesorgan ist nämlich die äußere Körperbedeckung mit den ihr zugeordneten empfindungsfähigen inneren Organen. Die Organe des Geschmacks, des Geruchs, des Gehörs, des Gesichts dagegen entstehen erst später als Differenzierungen der Körperbedeckung. Man darf daher vermuten, daß auch die jenen speziellen Sinnesorganen entsprechenden Empfindungssysteme aus den Systemen des allgemeinen Sinnes, den Druck-, Wärme- und Kälteempfindungen, durch allmähliche Differenzierung entstanden sind; und es ist denkbar, daß bei den niederen Tieren einzelne der jetzt streng geschiedenen Qualitätssysteme einander noch näher stehen. Physiologisch spricht sich die ursprünglichere Natur des allgemeinen Sinnes überdies darin aus, daß bei ihm entweder gar keine oder nur sehr einfache Einrichtungen zur Übertragung der Sinnesreize auf die Sinnesnerven vorhanden sind. Denn die Druck-, Temperatur- und Schmerzreize können von Hautstellen aus, an denen trotz sorgfältiger Nachforschungen bis jetzt keine besonderen Endapparate nachgewiesen werden konnten, Empfindungen auslösen. An den für Druckempfindungen empfindlichsten Stellen gibt es allerdings besondere Aufnahmeapparate (Tastkörper, Fig. 2 *A*, Endkolben *B,* Vatersche Körper); aber die Beschaffenheit dieser Apparate macht es wahrscheinlich, daß sie nur die mechanische Übertragung der Druckreize auf die Nervenendigungen begünstigen. Spezielle Aufnahmeapparate für Wärme-, Kälte- und Schmerzreize sind endlich überhaupt noch nicht aufgefunden worden.

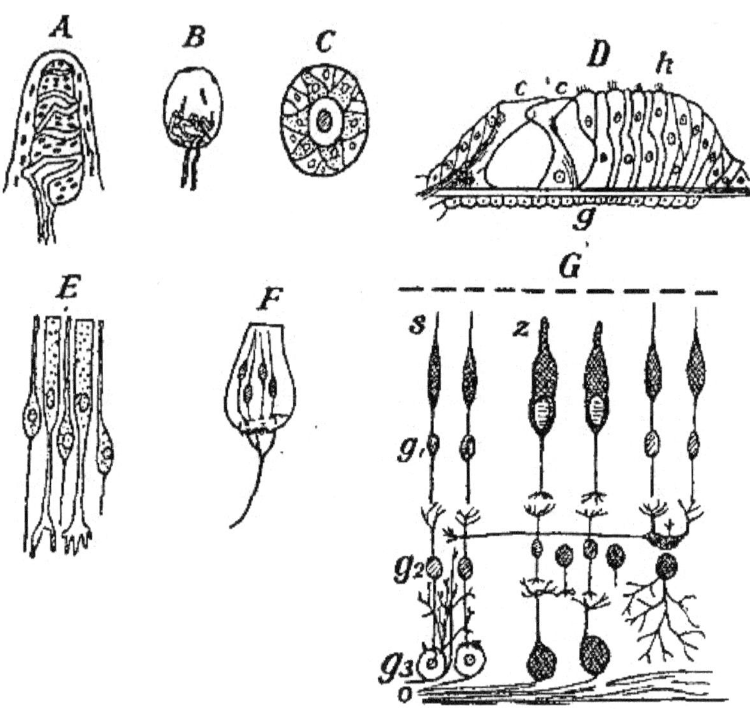

Fig. 2. Sinnesnervenendigungen. A Tastkörper. B Endkolben. C Gehörbläschen. D Schema des Cortischen Organs der Schnecke: cc Cortische Bogen, h Haarzellen, g Grundmembran mit Nervenfasern. E Riechnervenendigung. F Schmeckbecher aus der Zunge. G Retinaschichten: s, z Stäbchen und Zapfen (innere Schicht der Retina), g1, g2 kleinere, g3 große Nervenzellen, o Optikusfasern (äußere Schicht der Retina).

Dagegen treffen wir in den höher entwickelten speziellen Sinnesorganen überall umfangreiche Einrichtungen, welche nicht bloß eine Übertragung der Reize auf die Sinnesnerven, sondern im allgemeinen auch physiologische Transformationen der Reizungsvorgänge vermitteln, die für die Entstehung der eigentümlichen Qualitäten der Empfindungen unerläßlich zu sein scheinen. Doch bieten die einzelnen Sinne in dieser Beziehung wieder ein verschiedenes Verhalten dar.

Namentlich scheinen in dem Gehörorgan die Aufnahmeapparate nicht die nämliche Bedeutung zu besitzen, wie in dem Geruchs-, Geschmacks- und Gesichtsorgan. Auf ihrer niedersten Entwicklungsstufe fallen nämlich die Gehörorgane morphologisch wie funktionell mit statischen oder tonischen Sinnesapparaten zusammen, welche, die Lage- und Bewegungsempfindungen des Körpers vermittelnd, vielleicht als innere Dependenzen des allgemeinen Tastsinns betrachtet werden können, während sie möglicherweise zugleich, als primitive Gehörorgane, durch Schallwellen erregbar sind. Ein primitives Organ dieser Art besteht im allgemeinen aus einem Bläschen, das mit einem oder mit einigen kleinen Steinchen (Otolithen) gefüllt ist, und in dessen Wänden ein Nervenbündel sich ausbreitet (*C.*) Werden die Gehörsteinchen durch die Eigenbewegungen des Körpers oder durch starke Schalleindrücke in Oszillationen versetzt, so wirken diese, wie wir annehmen dürfen, als eine rasche Folge schwacher Druckreize auf die Fasern des Nervenbüschels ein. Bei den Wirbeltieren scheidet sich dann der tonische Apparat von dem Gehörorgan. Gleichwohl bleiben beide auch bei ihnen noch räumlich nahe verbunden, indem das sogenannte Bogenlabyrinth die Funktionen eines tonischen Organs, die Schnecke die des Gehörorgans übernimmt. Doch so verwickelt auch das Gehörorgan bei den höheren Tieren und beim Menschen gebaut ist, so erinnert es in seinen wesentlichen Einrichtungen immer noch an jenen einfachsten Typus. In der Schnecke durchsetzen die Hörnerven die von zahlreichen feinen Kanälen durchbohrte Spindel und treten dann durch die nach dem Hohlraum der Schnecke gekehrten Poren, um sich in einer diesen Hohlraum in spiraligen Windungen durchziehenden, straff gespannten und durch besondere starre Pfeiler (die Cortischen Bogen) beschwerten Membran auszubreiten (*D*). Da diese Membran, die Grundmembran genannt, nach akustischen Gesetzen in Mitschwingungen geraten muß, sobald Schallschwingungen das Ohr treffen, so spielt dieselbe, wie es scheint, hier die nämliche Rolle, wie sie den Hörsteinchen bei der niedersten, noch undifferenzierten Form eines Gehörorgans zukommt. Aber dabei ist noch eine andere Veränderung eingetreten, die die große Mannigfaltigkeit der Tonempfindungen begreiflich macht. Die Grundmembran der Schnecke hat nämlich in ihren verschiedenen Teilen einen wechselnden Querdurchmesser, indem sie von der Basis zur Spitze des Schneckenkanals immer breiter wird. Sie verhält sich also wie ein System gespannter Saiten von verschiedener Länge. Wie bei einem solchen unter sonst gleichen Bedingungen die längeren Saiten auf tiefere, die kürzeren auf höhere Töne abgestimmt sind, so läßt sich daher das gleiche auch für die Teile der Grundmembran annehmen. Während wir hiernach vermuten dürfen, daß das den einfachsten mit Otolithen versehenen Gehörorganen entsprechende Empfindungssystem ein gleichförmiges und zum Teil sogar noch von den Druckempfindungen nicht deutlich geschiedenes sei, macht die Differenzierung dieses Apparats in der Schnecke der höheren Tiere die Entwicklung jenes ursprünglich gleichförmigen zu einem überaus mannigfaltigen Empfindungssystem begreiflich. Gleichwohl bleibt die Beschaffenheit des Aufnahmeapparates insofern eine ähnliche, als derselbe zwar hier wie dort zu einer möglichst vollkommenen Übertragung des physikalischen Reizes auf die Sinnesnerven, nicht aber zu einer Transformation dieses Reizes geeignet erscheint.

Von diesem Verhalten unterscheiden sich nun wesentlich der Geruchs-, der Geschmacks- und der Gesichtssinn. Bei ihnen finden sich physiologische Einrichtungen, die eine direkte Einwirkung der Reize auf die Sinnesnerven unmöglich machen, indem zwischen beide eigentümliche Apparate eingeschaltet sind, in denen der äußere Sinnesreiz Veränderungen hervorbringt, die dann erst als die eigentlichen, die Sinnesnerven erregenden Reize wirken. Diese Apparate sind in den drei genannten Organen eigentümlich metamorphosierte Oberhautzellen, sogenannte Sinneszellen, deren eines Ende dem Reize zugekehrt ist, während das andere in einen Nervenfaden übergeht. In der Riechmembran der Nase finden sich diese durch ihre schmalen, fibrillenartigen Enden ausgezeichneten Zellen zwischen indifferenten, breiteren Zellen zerstreut (*E*). In der Zunge bilden sie, dicht beisammenstehend, knospenartige Gebilde, sogenannte Schmeckbecher (*F*). Im Auge endlich bilden sie, aus dickeren, hauptsächlich in der Mitte gelagerten Elementen, den Zapfen, und schmäleren, die äußeren Teile einnehmenden, den Stäbchen, bestehend, mit ihren Fortsetzungen in die Nervenfasern eine eigene Membran, die Netzhaut oder Retina (*G*). Alles spricht dafür, daß hier die Aufnahmeapparate nicht bloße Übertragungs-, sondern Transformationsapparate der Reize sind. Dabei ist wahrscheinlich in diesen drei Fällen die Transformation eine chemische, indem bei dem Geruchs- und Geschmackssinn äußere chemische Einwirkungen, bei dem Gesichtssinn Lichteinwirkungen in den Sinneszellen chemische Zersetzungen hervorrufen, die dann als die eigentlichen Sinnesreize wirken.

Hiernach lassen sich diese drei als die chemischen Sinne dem Druck- und dem Gehörssinn als den mechanischen Sinnen gegenüberstellen. In welche dieser Klassen die Kälte- und die Wärmeempfindungen zu stellen seien, läßt sich noch nicht mit Sicherheit bestimmen. Ein Symptom der direkteren Beziehung zwischen Reiz und Empfindung bei den mechanischen, gegenüber der indirekten bei den chemischen Sinnen besteht übrigens darin, daß bei den ersteren die Empfindung nur eine sehr kurze Zeit den äußeren Reiz zu überdauern pflegt, während bei den letzteren diese Nachdauer eine viel längere ist. So kann man z. B. bei einer raschen Folge von Druck- und namentlich von Schallreizen die einzelnen noch deutlich voneinander unterscheiden; Licht-, Geschmacks- und Geruchseindrücke dagegen fließen schon bei mäßiger Geschwindigkeit ihrer Aufeinanderfolge zusammen. Die Temperaturreize der Haut scheinen in dieser Beziehung den chemischen Reizen zu gleichen, daher man auch bei ihnen vielleicht an eine indirekte Reizwirkung denken darf.

4. Da die Reize regelmäßige physische Begleiterscheinungen der psychischen Elementarprozesse, der Empfindungen, sind, so wurde der Versuch nahegelegt, bestimmte Beziehungen zwi-

schen diesen beiderlei Vorgängen festzustellen. Die Physiologie pflegte hierbei die Empfindungen als die Wirkungen der physiologischen Reize aufzufassen, nahm aber zugleich an, daß in diesem Fall eine eigentliche Erklärung der Wirkung aus ihrer Ursache unmöglich sei, sondern daß man sich darauf beschränken müsse, die Konstanz der Beziehungen zwischen bestimmten Reizursachen und bestimmten Empfindungswirkungen festzustellen. Nun findet sich, daß in vielen Fällen verschiedene Reize, sobald sie nur auf dieselben physiologischen Aufnahmeapparate einwirken, qualitativ gleiche Empfindungen auslösen: so beobachtet man z.B. auch bei mechanischer oder elektrischer Reizung des Auges Lichtempfindungen. Indem man dieses Resultat verallgemeinerte, gelangte man zu dem Satze, jedes einzelne Aufnahmeelement eines Sinnesorgans und jede einzelne sensible Nervenfaser samt ihrer zentralen Endigung sei nur einer einzigen Empfindung von fest bestimmter Qualität fähig, und die Mannigfaltigkeit der Empfindungsqualitäten sei daher lediglich durch die Mannigfaltigkeit jener physiologischen Elemente von spezifisch verschiedener Energie verursacht. Dieser Satz, den man als das "Gesetz der spezifischen Energie" zu bezeichnen pflegt, ist aber, abgesehen davon, daß er die Ursachen der mannigfaltigen Empfindungsunterschiede bloß auf eine qualitas occulta der physiologischen Sinnes- und Nervenelemente zurückführt, aus drei Gründen unhaltbar.

1) Er steht im Widerspruch mit der physiologischen Entwicklungsgeschichte der Sinne. Wenn, wie wir nach dieser annehmen müssen, die mannigfaltigen Empfindungssysteme aus ursprünglich einfacheren und gleichförmigeren hervorgegangen sind, so müssen auch die physiologischen Sinneselemente veränderlich sein; das ist aber nur möglich, wenn sie durch die Reize, die auf sie einwirken, modifiziert werden können. Darin liegt eingeschlossen, daß die Sinneselemente überhaupt erst in sekundärer Weise, nämlich infolge der Eigenschaften, die sie durch die ihnen zugeführten Reizungsvorgänge annehmen, die Empfindungsqualität bestimmen. Erfahren nun die Sinneselemente im Laufe längerer Zeit tiefgreifende Veränderungen, die von der Beschaffenheit der sie treffenden Reize abhängen, so ist das wiederum nur möglich, wenn überhaupt der physiologische Reizungsvorgang in den Sinneselementen in irgendeinem Grade mit der Qualität des Reizes variiert.

2) Der Begriff der spezifischen Energie widerspricht der Tatsache, daß in zahlreichen Sinnesgebieten der Mannigfaltigkeit der Empfindungsqualitäten eine analoge Mannigfaltigkeit der physiologischen Sinneselemente durchaus nicht korrespondiert. So können von einem einzigen Punkte der Netzhaut aus alle möglichen Licht- und Farbenempfindungen erregt werden. So finden wir ferner im Geruchs- und Geschmacksorgan gar keine deutlich verschiedenen Formen von Sinneselementen; trotzdem können selbst beschränkte Teile dieser Sinnesflächen eine Mannigfaltigkeit von Empfindungen vermitteln, die namentlich beim Geruchssinn ausnehmend groß ist. In solchen Fällen, wo man allen Grund hat, anzunehmen, daß wirklich qualitativ verschiedene Empfindungen in verschiedenen Sinneselementen entstehen, wie beim Gehörssinn, weisen aber die Einrichtungen des Sinnesapparats darauf hin, daß diese Verschiedenheit nicht durch irgendeine Eigenschaft der Nervenfasern oder sonstiger Sinneselemente zustande kommt, sondern daß sie in der besonderen Lagerungsweise dieser ihren ursprünglichen Grund hat. Sind in der Schnecke des Gehörorgans die einzelnen Teile der Grundmembran auf verschiedene Töne abgestimmt, so werden natürlich auch verschiedene Hörnervenfasern durch verschiedene Tonwellen gereizt. Aber dies ist nicht durch eine ursprüngliche, rätselhafte Eigenschaft der einzelnen Hörnervenfasern, sondern nur durch die Art ihrer Verbindung mit den Aufnahmeapparaten bedingt.

3) Die Sinnesnerven und die zentralen Sinneselemente können deshalb keine ursprüngliche spezifische Energie besitzen, weil durch ihre Reizung nur dann die entsprechenden Empfindungen entstehen, wenn mindestens zuvor während einer zureichend langen Zeit die peripheren Sinnesorgane den adäquaten Sinnesreizen zugänglich gewesen sind. Den Blind- und den Taubgeborenen fehlen, soviel man weiß, auch wenn die Sinnesnerven und Sinneszentren ursprünglich ausgebildet waren, die Licht- und die Tonqualitäten vollständig.

Alles spricht demnach dafür, daß die Verschiedenheit der Empfindungsqualität durch die Verschiedenheit der in den Sinnesorganen entstehenden Reizungsvorgänge bedingt ist, und daß die letzteren in erster Linie von der Beschaffenheit der physikalischen Sinnesreize und erst in zweiter von der durch die Anpassung an diese Reize entstehenden Eigentümlichkeit der Aufnahmeapparate abhängen. Infolge dieser Anpassung kann es dann aber auch geschehen, daß selbst dann, wenn statt des adäquaten, die ursprüngliche Anpassung der Sinneselemente bewirkenden physikalischen Reizes ein andrer Reiz einwirkt, die dem adäquaten Reiz entsprechende Empfindung entsteht. Doch gilt dies weder für alle Sinnesreize, noch für alle Sinneselemente. So kann man z. B. mit Wärme- oder Kältereizen weder Druckempfindungen in der Haut noch irgendeine andere Empfindungsqualität in den speziellen Sinnesorganen auslösen; mechanische und elektrische Reize rufen nur, wenn sie die Netzhaut, nicht wenn sie den Sehnerven treffen, Lichtempfindungen hervor; ebenso lassen sich durch mechanische und elektrische Reize keine Geruchs und Geschmacksempfindungen bewirken, es sei denn, daß der elektrische Strom eine chemische Zersetzung erzeugt, bei der adäquate chemische Reize entstehen.

5. Der Natur der Sache nach ist es unmöglich, aus der Beschaffenheit der physikalischen und physiologischen Reizungsvorgänge die Beschaffenheit der Empfindungen abzuleiten, da die Reizungsvorgänge der naturwissenschaftlichen oder mittelbaren, die Empfindungen dagegen der psychologischen oder unmittelbaren Erfahrung angehören, beide also unvergleichbar miteinander sind. Wohl aber besteht insofern ein Wechselverhältnis zwischen den Empfindungen und den physiologischen Reizungsvorgängen, als verschiedenen Empfindungen stets verschiedene Reizungsvorgänge entsprechen. Dieser Satz von dem Parallelismus der Empfindungsunterschiede und der physiologischen Reizungsunterschiede ist ein wichtiges Hilfsprinzip sowohl der psychologischen wie der physiologischen Empfindungslehre. In der ersteren wendet man ihn an, um mittels willkürlicher Variation der Reize bestimmte Veränderungen der Empfindung hervorzubringen; in der letzteren bedient man sich desselben, um aus der Gleichheit oder Verschiedenheit der Empfindungen auf die Gleichheit oder Verschiedenheit der physiologischen Reizungsvorgänge zurückzuschließen. Das nämliche Prinzip bildet überdies die Grundlage sowohl unserer praktischen Lebenserfahrung wie unserer theoretischen Erkenntnis der Außenwelt.

5a. Das Prinzip der "spezifischen Energie" liegt zwar schon vielen älteren physiologischen Arbeiten stillschweigend zugrunde, ist aber zuerst von Johannes Müller präzis formuliert worden. Später hat es namentlich Helmholtz für die Theorie der Ton- und Lichtempfindungen verwertet. Dabei wurde die ursprüngliche Fassung insofern etwas abgeändert, als man sich in der Regel nicht mehr an die Nervenfasern, sondern an die peripheren Sinneselemente (Stäbchen und Zapfen der Netzhaut, Akustikusendigungen in der Schnecke usw.), zuweilen auch an die Nervenzellen der Sinneszentren oder an beide zugleich die spezifische Energie gebunden dachte, während die Nerven selbst meist als indifferente Leiter galten. Die so entwickelten Vorstellungen sind jedoch durchaus hypothetisch. Unsere Kenntnis der Prozesse in den Sinneselementen und Nervenzellen, ja zum Teil sogar die anatomische Kenntnis dieser Elemente ist noch viel zu unvollkommen, um darauf Schlüsse gründen zu können. Es bleiben also nur die Erscheinungen der Erregung gleicher Empfindungen durch verschiedenartige Reize, die aber, wie oben bemerkt, dem Prinzip keineswegs eine allgemeine Geltung sichern, während sie innerhalb der Grenzen, in denen sie zutreffen, viel angemessener aus dem allgemeinen Prinzip der Anpassung der Sinneselemente an die Reize abgeleitet werden können.

Literatur. J. Müller, Lehrbuch der Physilogie des Menschen, 4. Aufl., I, 1844, 667. Helmholtz, Physiologische Optik, 2. Aufl., 233. Lehre von den Tonempfindungen, Abschn. III und IV. Goldscheider, Ges. Abhandlungen I, 1898, l. Weinmann, Die Lehre von den spezifischen Sinnesenergien, 1895. W. Nagel, Allg. Einleitung zur Physiologie der Sinne in: Handbuch der Physiol. des Menschen, III, 1905. Phys. Ps.[6], I, Kap. 8, [4].

6. Der Begriff des "allgemeinen Sinnes" hat eine zeitliche und eine räumliche Bedeutung. Der Zeit nach ist der allgemeine Sinn derjenige, der allen andern vorangeht und deshalb allein allen beseelten Wesen zukommt. Räumlich hat er die ausgebreitetste den Reizen zugängliche Sinnesfläche. Er umfaßt nicht bloß die ganze äußere Haut mit den an sie angrenzenden Schleimhautteilen der Körperhöhlen, sondern auch eine große Zahl innerer Organe, wie die Gelenke, Muskeln, Sehnen, Knochen usw., in denen sich sensible Nerven ausbreiten, und die entweder fortwährend oder, wie z. B. die Knochen, zeitweise und unter besonderen Bedingungen Reizen zugänglich sind.

Der allgemeine Sinn umfaßt vier spezifisch voneinander verschiedene Empfindungssysteme: Druck-, Kälte-, Wärme- und Schmerzempfindungen. Nicht selten erregt ein einzelner Reiz mehrere dieser Empfindungen. Dann wird aber die Empfindung ohne weiteres als eine gemischte erkannt, deren einzelne Komponenten verschiedenen Systemen, z. B. dem der Druck- und der Wärmeempfindungen, der Druck- und der Schmerz-, der Wärme- und der Schmerzempfindungen usw., angehören. Ebenso entstehen infolge der räumlichen Ausbreitung des Sinnesorgans sehr häufig Mischungen verschiedener Qualitäten eines und desselben Systems, z. B. bei der Berührung einer ausgedehnten Hautstelle qualitativ verschiedene Druckempfindungen.

Die vier Empfindungssysteme des allgemeinen Sinnes sind sämtlich gleichförmige Systeme (§ 5, 5); auch dadurch gibt sich dieser Sinn gegenüber den andern, deren Systeme sämtlich mannigfaltige sind, als der genetisch tiefer stehende zu erkennen. Die durch die äußere Haut vermittelten sowie die durch die Spannungen und Bewegungen der Muskeln, der Gelenke und Sehnen entstehenden Druckempfindungen samt den Wärme-, Kälte- und Schmerzempfindungen der Haut faßt man unter dem Namen Tastempfindungen zusammen und stellt ihnen die sämtlichen Empfindungen in inneren Organen (Magen, Darm, Lungen usw.) als Gemeinempfindungen gegenüber. Die Tastempfindungen lassen sich dann wieder in die äußeren und die inneren unterscheiden, wobei man unter den ersteren die Empfindungen der äußeren Haut, unter den letzteren die bei den Tastbewegungen in den Gelenken, Muskeln und Sehnen entstehenden Druckempfindungen versteht. Diese werden wohl auch nach ihrem physiologischen Sitz als Gelenkempfindungen und Muskelempfindungen, nach ihren Entstehungsbedingungen als Bewegungs- oder Kontraktionsempfindungen und als Spannungs- oder Kraftempfindungen unterschieden.

7. Die Fähigkeit der verschiedenen Teile des allgemeinen Sinnesorganes, Reize aufzunehmen und Empfindungen auszulösen, läßt sich nun mit zureichender Genauigkeit nur an der äußeren Haut prüfen. Rücksichtlich der inneren Teile kann man bloß feststellen, daß die Gelenke in sehr hohem, die Muskeln und Sehnen in geringerem Maße für Druckreize empfindlich sind, während Wärme-, Kälte- und Schmerzempfindungen überhaupt nur ausnahmsweise, und in auffallenderem Grade nur unter abnormen Bedingungen in inneren Organen entstehen. Auf der äußeren Haut dagegen und den unmittelbar an sie grenzenden Schleimhautbedeckungen gibt es keinen Punkt, der nicht gleichzeitig für Druck-, Wärme-, Kälte- und Schmerzreize empfindlich wäre. Doch variiert der Grad der Empfindlichkeit an den verschiedenen Hautstellen, und zwar so, daß die Punkte größter Druck-, Wärme- und Kälteempfindlichkeit im allgemeinen nicht zusammenfallen. Nur die Schmerzempfindlichkeit verhält sich überall ziemlich gleichförmig, höchstens darin abweichend, daß der Schmerzreiz an einzelnen Punkten schon oberflächlich wirkt, während er an andern tiefer eindringen muß. Dagegen zeigen sich für die Druck-, die Wärme- und die Kältereize einzelne annähernd punktförmige Hautstellen, die man deshalb als Druck-, Wärme- und Kältepunkte bezeichnet hat, besonders bevorzugt. Sie sind über die verschiedenen Hautgebiete in sehr verschiedener Menge zerstreut. Punkte verschiedener Qualität fallen zwar nicht zusammen; doch können die Temperaturpunkte immer zugleich Druck- und Schmerzempfindungen vermitteln, und an den Kältepunkten bewirken mäßige Wärmereize in der Regel ebenfalls Wärmeempfindungen, während intensivere Hitzegrade wieder Kälteempfindungen (sogenannte "paradoxe" Empfindungen) hervorrufen, und die Wärmepunkte auf Kälte

nicht selten mit "kühl" (sog. "konträre" Empfindung) niemals aber mit "warm" reagieren. Endlich entstehen sowohl an den Wärme- wie an den Kältepunkten auch auf lokal beschränkte mechanische und elektrische Reize in der Regel die adäquaten Empfindungen.

8. Von den genannten vier Qualitäten bilden die Druck- und die Schmerzempfindungen in sich abgeschlossene Systeme, die weder zueinander noch zu den beiden Systemen der Temperaturempfindung Beziehungen darbieten. Dagegen pflegen wir die letzteren in das Verhältnis eines Gegensatzes zu bringen, indem wir Wärme und Kälte nicht bloß als verschiedene, sondern als kontrastierende Empfindungen auffassen. Wahrscheinlich hat diese Auffassung ihre Quelle teils in den Bedingungen der Entstehung dieser Empfindungen, teils in den sie begleitenden Gefühlen. Während sich nämlich die übrigen Qualitäten beliebig miteinander verbinden und Mischempfindungen bilden können, z. B. Druck und Wärme, Druck und Schmerz, Kälte und Schmerz usw., pflegen Wärme und Kälte vermöge der Bedingungen ihrer Erzeugung einander auszuschließen, so daß also an einer gegebenen Hautstelle nur entweder Wärme- oder Kälteempfindung oder keine von beiden entsteht. Außerdem sind aber an Wärme und Kälte elementare Gefühlsgegensätze geknüpft, zwischen denen der Punkt, wo beide Empfindungen verschwinden, als der Indifferenzpunkt erscheint.

Noch in einer andern Beziehung verhalten sich endlich die beiden Systeme der Temperaturempfindung eigenartig. Sie sind nämlich in hohem Grade von den wechselnden Bedingungen der Reizeinwirkung auf das Sinnesorgan abhängig, indem eine erhebliche Erhöhung über seine Eigentemperatur als Wärme, eine Vertiefung unter dieselbe als Kälte empfunden wird. Zugleich paßt sich die Eigentemperatur selbst, die dieser Indifferenzzone zwischen beiden Empfindungsarten entspricht, in ziemlich weiten Grenzen verhältnismäßig rasch der gerade bestehenden Außentemperatur an. Da sich auch in dieser Hinsicht die beiden Empfindungen gleichartig verhalten, so begünstigt dies weiterhin die Auffassung ihrer Zusammengehörigkeit und ihres Gegensatzes.

Literatur. E. H. Weber, Tastsinn und Gemeingefühl. Handwörterb. d. Physiol. III, 2. Blix, Zeitschr. f. Biologie 20, 21. Goldscheider, Archiv f. Physiol., 1885, 1886 u. 1887 u. Ges. Abhandlungen 1898, I (Druck-, Wärme-, Kältepunkte), Ges. Abhandl. II (Muskelsinn). Kiesow, Phil. Stud. Bd. 9-14. von Frey, Ber. der sächs. Ges. d. Wiss., Bd. 46 u. 47 und Abhandl. der math.-phys. Kl., Bd. 23. von Frey u. Kiesow, Zeitschr. f. Psychol., Bd. 20. Alrutz, Skandin. Archiv f. Physiol., Bd. 7 u. 10. Thunberg, ebenda, Bd. 11 und Nagels Handb. der Physiol., III, 8. 647ff. Phys. Psych.[6], II, Kap. 18. M. u. T.[5] Vorl. 5.

B. DIE SCHALLEMPFINDUNGEN

9. Wir besitzen zwei voneinander unabhängige, aber infolge der Mischung der Eindrücke in der Regel verbundene Systeme von Schallempfindungen: das der Geräusch- und das der Tonempfindungen.

Einfache Geräuschempfindungen können wir nur unter Bedingungen hervorbringen, unter denen die gleichzeitige Entstehung von Tonempfindungen ausgeschlossen ist: so namentlich, wenn Schallwellen während zu kurzer Zeit auf das Ohr einwirken, als daß eine Tonempfindung entstehen könnte. Die auf solche Weise erzeugten einfachen Geräuschempfindungen können sich nach ihrer Intensität beträchtlich unterscheiden. Dagegen scheinen sie qualitativ relativ gleichförmig zu sein. Zwar ist es möglich, daß geringe Qualitätsunterschiede je nach den Entstehungsbedingungen des Geräusches existieren; doch sind sie jedenfalls zu klein, als daß sie durch Unterschiede der Bezeichnung fixiert werden könnten. Die gewöhnlich so genannten Geräusche sind Vorstellungsverbindungen, die aus jenen einfachen Geräuschempfindungen und aus sehr zahlreichen und unregelmäßigen Tonempfindungen zusammengesetzt sind. (Vgl. § 9, 7.) Das gleichförmige System der einfachen Geräusche ist nun wahrscheinlich entwicklungsgeschichtlich das ursprünglichere. Die einfachen, mit Otolithen versehenen Gehörbläschen der niederen Tiere können schwerlich andere als solche einfache Geräuschempfindungen erzeugen. Viele dieser Organe haben aber entweder gleichzeitig oder sogar ausschließlich die Bedeutung innerer Tastorgane, sogenannter tonischer Sinnesorgane, welche Empfindungen vermitteln, die mit den Stellungen und Bewegungen des Körpers veränderlich sind. Bei den höheren Wirbeltieren und dem Menschen scheiden sich dann diese Funktionen: der Vorhof mit den Bogengängen des Labyrinths funktioniert hier wahrscheinlich nur noch als tonisches Organ (vgl. § 10, 12), die Schnecke nur als Gehörorgan. Diese Verhältnisse weisen zugleich deutlich auf den genetischen Zusammenhang des Gehörs mit dem Tastsinne hin.

10. Das System der einfachen Tonempfindungen bildet eine stetige Mannigfaltigkeit von einer Dimension. Wir bezeichnen die Qualität der einzelnen einfachen Tonempfindung als Tonhöhe. Die eindimensionale Beschaffenheit dieses Systems findet darin ihren Ausdruck, daß wir von einer gegebenen Tonhöhe aus stets nur nach zwei einander entgegengesetzten Richtungen die Qualität ändern können: in der Richtung der Erhöhung und in der der Vertiefung des Tons. In der wirklichen Erfahrung ist uns eine einfache Tonempfindung niemals vollkommen rein für sich allein gegeben, sondern teils verbindet sie sich mit andern Tonempfindungen, teils auch mit begleitenden einfachen Geräuschempfindungen. Aber indem diese begleitenden Elemente nach dem früher (§ 5) gegebenen Schema beliebig wechseln können und in vielen Fällen im Vergleich mit einem einzelnen Ton verhältnismäßig schwach sind, ist schon die praktische Anwendung der Tonempfindung in der Kunst der Musik zur Abstraktion der einfachen Tonempfindungen gelangt. Mit den Symbolen *c, cis, des, d* usw. bezeichnen wir einfache Töne, obgleich die Klänge musikalischer Instrumente oder der menschlichen Singstimme, mittels deren wir diese Tonhöhen hervorbringen, immer noch von andern, schwächeren Tönen und häufig auch von Geräuschen begleitet sind. Da sich übrigens die Bedingungen der Entstehung solcher Begleittöne willkürlich derart variieren lassen, daß sie sehr schwach werden, so ist es auch der akustischen Technik gelungen, wirklich einfache Töne in nahezu vollendeter Reinheit herzustellen. Das einfachste Mittel dazu besteht darin, daß man Stimmgabeln in Verbindung mit Resonanzräumen bringt, die auf die Grundtöne der Stimmgabeln abgestimmt sind. Da der Resonanzraum nur den Grundton verstärkt, so sind beim Ausklingen der Stimmgabel die sonstigen begleitenden Töne so schwach, daß man die Empfindung in der Regel als eine einfache, unzerlegbare auffaßt. Untersucht man die einer solchen Tonempfindung entsprechenden Schallschwingungen, so entsprechen diese zugleich der einfachsten überhaupt möglichen Schwingungsbewegung, nämlich der pendelartigen Schwingung, so genannt, weil dabei die Oszillationen der Luftteilchen nach demselben Gesetz erfolgen, nach welchem die Schwingungen eines in sehr kleinen Amplituden sich bewegenden Pendels stattfinden[1]). Daß diese relativ einfachen Schallschwingungen einfachen Tonempfindungen entsprechen, und daß wir sogar aus Verbindungen solcher Empfindun-

gen einzelne heraushören können, läßt sich auf Grund der Einrichtungen des Schneckenapparats aus den Gesetzen des Mitschwingens ableiten. Da nämlich die die Schnecke durchziehende Membran, in der die Endigungen des Hörnerven sich augbreiten, die "Grundmembran" (membrana basilaris), von unten nach oben stetig in ihrer Breite zunimmt, so kann man annehmen, daß sie in ihren verschiedenen Teilen auf verschiedene Tonhöhen abgestimmt sei. Nach dieser zuerst von Helmholtz aufgestellten "Resonanzhypothese" wird demnach, wenn eine einfache pendelartige Schallschwingung das Ohr trifft, nur der auf sie abgestimmte Teil mitschwingen; und wenn dieselbe Schwingungsgeschwindigkeit in irgendeiner zusammengesetzten Schallbewegung vorkommt, so wird jene nur den auf sie abgestimmten Teil, die übrigen Bestandteile der Schallbewegung werden aber andere, ihnen in gleicherweise entsprechende Abschnitte der Grundmembran mitschwingen lassen. (Vgl. § 9, 7a.)

11. Das System der Tonempfindungen erweist sich als eine stetige Mannigfaltigkeit, da man von einer bestimmten Tonhöhe c zu irgendeiner andern c^I stets durch kontinuierliche Empfindungsänderung gelangen kann (Fig. 3). Daß die Musik aus diesem Kontinuum einzelne Empfindungen herausgreift, die durch größere Intervalle getrennt sind, und auf diese Weise die Tonlinie durch die Tonskala (*c d e f g* ...) ersetzt, beruht auf willkürlichen Feststellungen, die aber allerdings ihren Grund in Verhältnissen der Tonempfindungen selbst haben, auf die wir später (§ 9) bei der Betrachtung der aus diesen Empfindungen entstehenden Vorstellungsgebilde zurückkommen werden.

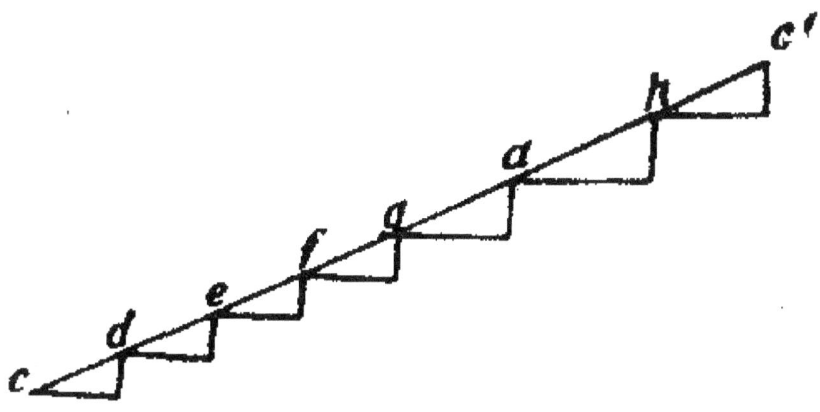

Fig. 3. Tonlinie und Tonskala (G-Dur-Skala)

Bei den verschiedenen Tonleitern unserer Musiksysteme fallen übrigens die Intervalle der Töne jedesmal wieder mit andern Punkten der stetigen Tonlinie der Empfindungen zusammen. Unsere Instrumente mit fester Stimmung der Einzeltöne, wie z. B. das Klavier, suchen daher durch die Einschaltung der fünf halben Töne in die Oktave zwar nicht ganz, aber annähernd den Wechsel zwischen den verschiedenen Tonleitern unseres Musiksystems (C-Dur, H-Moll, B-Dur usw.) zu ermöglichen (sogenannte Stimmung nach gleichschwebender Temperatur).

Die ganze Tonlinie hat schließlich zwei Endpunkte, die physiologisch durch die Grenzen der Reizbarkeit des Gehörapparats bedingt sind: den tiefsten und den höchsten Ton, von denen jener einer Schwingungsbewegung von 12-16, dieser einer solchen von 40000-50000 Doppelschwingungen in der Sekunde entspricht. Doch ist die letztere Grenze einigermaßen zweifelhaft, da ebensowohl die subjektive Erkennung der Intervalle wie die objektive Bestimmung der Schwingungszahlen tönender Körper (Stimmgabeln oder Pfeifen) in dieser Höhe unsicher wird. In den mittleren Lagen der Tonlinie (zwischen 200 und 1000 Schw.) können wir sukzessiv angegebene

Töne schon bei einem Unterschied von etwa 1/5 Schw. in der Sek. nach ihrer Höhe unterscheiden, und dabei bleibt zugleich in diesem Falle der absolute Betrag dieses Unterschieds innerhalb der angegebenen Grenzen bei den verschiedenen Tonhöhen der gleiche. Damit stimmt überein, daß, wenn wir nach dem unmittelbaren Eindruck der Tonhöhen irgendeine Tonstrecke $t\,h$ halbieren, also zu dem tieferen Ton t und dem höheren h denjenigen mittleren Ton m bestimmen, der gleichweit von beiden entfernt zu sein scheint, bei allen, auch bei ganz unharmonischen Intervallen, der Ton m nach seiner objektiven Schwingungszahl in der Mitte zwischen t und h liegt. Doch sind solche Vergleichungen, wie bei allen Empfindungen, nur möglich, solange die Distanzen nicht allzu groß sind; bei Tönen z. B. dürfen sie den Umfang einer Oktave nicht erheblich überschreiten. Bei tieferen und noch mehr bei höheren Tönen nimmt übrigens die Unterschiedsempfindlichkeit beträchtlich ab. Ebenso ist sie für die Intensität von Tönen und Geräuschen eine sehr unvollkommene. Sie ist aber hier auch insofern eine abweichende, als die Empfindlichkeit nicht für gleiche absolute, sondern für gleiche relative Unterschiede der Schallstärke konstant ist, indem jeweils die eben unterscheidbare Differenz zweier sukzessiv gehörter Schalleindrücke etwa = 1/10 der objektiven Schallstärke gefunden wird.

Literatur. Helmholtz, Lehre von den Tonempfindungen, Abschn. I, IV und IX. Hensen, Physiol. des Gehörs, in Hermanns Handbuch der Physiol., III, 2(1880). Stumpf, Tonpsychologie, II (1890), §28 (Geräusch und Klang). Zeitschr. f. Psychologie, Bd. 75. K. L. Schaefer, Art. Gehörssinn in Nagels Handbuch der Physiol., Bd. III. Phys. Psych.[6], II. Kap. 10. M. u. T.[5] Vorl. 5. – Preyer, Die Grenzen der Tonwahrnehmung, 1876. Luft, Unterscheidung von Tonhöhen, Phil. Studien, Bd. 4. Schischmanow, U. von Intervallen, ebenda, Bd. 5. Lorenz, Einteilung von Tonstrecken, ebenda, Bd. 6. Sander, Ansteigen der Schallerregung, Psychol. Stud., Bd. 6. Klemm, Schallokalisation, ebenda Bd. 8. Über Unterschiedsempfindlichkeit für Schallstärken vgl. § 17, [10]. Über Grenzen der Tonempfindung und schwächste empfindbare Töne: Schwendt, Archiv f. Ohrenheilkunde, Bd. 49. Zwaardemaker-Quitt, Arch. f. Physiol., 1902. Suppl. M. Wien, Pflügers Archiv, Bd. 97. Weitere Literatur zur Tonwahrnehmung siehe § 9.

C. DIE GERUCHS- UND GESCHMACKSEMPFINDUNGEN

12. Die Geruchsempfindungen bilden ein mannigfaltiges System von bisher noch unbekannter Anordnung. Wir wissen nur, daß es eine sehr große Anzahl verschiedener Geruchsqualitäten gibt, zwischen denen sich alle möglichen stetigen Übergänge vorfinden. Hiernach ist es zweifellos, daß das System eine mehrdimensionale Mannigfaltigkeit ist.

12a. Als ein Hinweis auf eine dereinst vielleicht mögliche Reduktion der Geruchsempfindungen auf eine kleinere Anzahl von Hauptqualitäten läßt sich die Tatsache betrachten, daß man die Gerüche in gewisse Klassen ordnen kann, deren jede solche Empfindungen enthält, die mehr oder weniger verwandt sind. Derartige Klassen sind z. B. die ätherischen, aromatischen, balsamischen, moschusartigen, brenzligen Gerüche usw. Einzelne Beobachtungen lehren, daß gewisse Qualitäten, die durch bestimmte Geruchsstoffe entstehen, auch durch Mischung anderer Geruchsstoffe erzeugt werden können. Aber diese Erfahrungen reichen bis jetzt nicht aus, um die große Menge von Einzelgerüchen, die jede der erwähnten Klassen enthält, auf eine begrenzte Anzahl von Hauptqualitäten und deren Mischungen zurückzuführen. Endlich hat man noch beobachtet, daß sich manche Geruchsreize, in den geeigneten Intensitätsverhältnissen angewandt, in der Empfindung kompensieren; und zwar geschieht dies nicht nur bei solchen Stoffen, die sich, wie z. B. Essigsäure und Ammoniak, chemisch neutralisieren, sondern auch bei solchen, die, wie z. B. Kautschuk und Wachs oder Tolubalsam, außerhalb der Riechzellen chemisch nicht aufeinander einwirken. Da jedoch diese Kompensation auch dann stattfindet, wenn die beiden Gerüche auf ganz verschiedene Riechflächen, der eine auf die rechte, der andere auf die linke Nasenschleimhaut einwirken, so handelt es sich hier wahrscheinlich nicht um eine dem unten (22) zu besprechenden Komplementarismus der Farben analoge Erscheinung, sondern möglicherweise um eine zentrale wechselseitige Hemmung der Empfindungen. Gegen jene Analogie spricht außerdem die Beobachtung, daß eine und dieselbe Geruchsqualität mehrere ganz verschiedene Qualitäten, ja zuweilen solche, die sich selbst wieder neutralisieren, kompensieren kann, während der Komplementa-rismus der Farben stets auf zwei einander fest zugeordnete Qualitäten beschränkt ist.

13. Etwas näher erforscht sind die Geschmacksempfindungen, insofern wir bei ihnen vier miteinander unvergleichbare Hauptqualitäten unterscheiden können, zwischen denen alle möglichen Übergänge, die wir als Mischempfindungen auffassen, vorkommen. Diese vier Hauptqualitäten sind: sauer, süß, bitter und salzig. Neben ihnen betrachtet man zuweilen noch laugenhaft (alkalisch) und metallisch als selbständige Qualitäten: unter diesen aber zeigt das Laugenhafte eine unverkennbare Verwandtschaft mit dem Salzigen, das Metallische mit dem Saueren; beide sind daher vielleicht Misch- oder Übergangsempfindungen (das Alkalische zwischen salzig und süß, das Metallische zwischen sauer und salzig). Von den genannten vier Hauptqualitäten stehen süß und salzig insofern in einem gegensätzlichen Verhältnis, als die eine dieser Empfindungen durch die andere, wenn diese die geeignete Stärke hat, zu einer neutralen (gewöhnlich "fade" genannten) Mischempfindung aufgehoben wird, auch ohne daß die Geschmacksreize, die sich in dieser Weise wechselseitig neutralisieren, eine chemische Verbindung miteinander eingehen. Hiernach ist das System der Geschmacksempfindungen wahrscheinlich als eine zweidimensionale Mannigfaltigkeit aufzufassen, die geometrisch etwa durch ein Viereck dargestellt werden kann, dessen Ecken die vier Hauptqualitäten einnehmen, während die Seitenlinien und die übrige Fläche von den verschiedenen Mischempfindungen eingenommen werden.

13a. In diesen Eigenschaften der Geschmacksqualitäten scheint das Grundschema für das Verhalten eines chemischen Sinnes gegeben zu sein. In dieser Beziehung bildet der Geschmackssinn vielleicht eine Vorstufe zu dem Gesichtssinn. Der offenbare Zusammenhang mit der chemischen Natur des Reizungsvorganges macht es nämlich schon hier wahrscheinlich, daß die wechselseitige Neutralisation gewisser Empfindungen, mit der vielleicht die mehrdimensionale Beschaffenheit des Empfindungssystems zusammenhängt, nicht in den Empfindungen als solchen, sondern, ähnlich wie bei den Wärme- und Kälteempfindungen, in den Verhältnissen der physiologischen Reizung begründet ist. Den chemischen Wirkungen bestimmter Stoffe kommt bekanntlich sehr allgemein die Eigenschaft zu, daß sie durch die Wirkungen bestimmter anderer Stoffe neutralisiert werden können. Nun wissen wir nicht, welches die chemischen Veränderungen sind, die durch die Geschmacksreize in den Schmeckzellen hervorgebracht werden. Aber aus der Kompensation der Empfindungen süß und salzig können wir nach dem Prinzip des Parallelismus der Empfindungs- und Reizungsunterschiede schließen, daß sich auch die chemischen Reaktionen, welche die süßen und die salzigen Geschmacksstoffe in den Sinneszellen erzeugen, aufheben. Rücksichtlich der physiologischen Bedingungen der Geschmacksreizung läßt sich aus diesen Verhältnissen nur das eine schließen, daß die solchen sich neutralisierenden Empfindungen entsprechenden chemischen Reizungsvorgänge wahrscheinlich in den gleichen Sinneszellen stattfinden. Natürlich ist aber die Möglichkeit nicht ausgeschlossen, daß in den nämlichen Gebilden mehrere durch entgegengesetzte Reaktionen neutralisierbare Vorgänge entstehen können. Die anatomischen Befunde und die physiologischen Versuche mit distinkter Reizung einzelner Geschmackspapillen geben hierüber keine sichere Entscheidung. Ob es sich bei den erwähnten Kompensationserscheinungen um einen eigentlichen, dem der Farben entsprechenden Komplementarismus (s. unten 22) handelt, ist übrigens auch hier noch zweifelhaft.

Literatur. Über Geruch: Zwaardemaker, Physiologie des Geruchs, 1895. Archiv f. Anat. u. Physiol., 1908. Henning, Zeitschr. f. Psychologie, Bd. 73-75. Geschmack: W. Nagel, Bibl. zool. 18, 1894, u. Pflügers Arch. f. Physiol., Bd. 54. Oehrwall, Skandin. Archiv f. Physiol., Bd. 2. Kiesow, Philos. Studien, Bd. 9, 10 u. 12. Haenig, ebenda, Bd. 17.

D. DIE LICHTEMPFINDUNGEN

14. Das System der Lichtempfindungen besteht aus zwei Partialsystemen, den farblosen Empfindungen und den Farbenempfindungen, zwischen deren Qualitäten aber alle möglichen stetigen Übergänge stattfinden können.

   Die farblosen Empfindungen bilden, für sich allein betrachtet, ein System von einer Dimension, die sich, analog der Tonlinie, zwischen zwei Grenzpunkten erstreckt. Die dem einen dieser Grenzpunkte naheliegenden Empfindungen nennen wir Schwarz, die dem andern naheliegenden Weiß; zwischen beide schalten wir das Grau in seinen verschiedenen Nuancen (Dunkelgrau, Grau, Hellgrau) ein. Dieses eindimensionale System hat die Eigenschaft, daß es, abweichend von der Tonlinie, gleichzeitig ein Qualitäts- und ein Intensitätssystem ist, indem jede Qualitätsänderung in der Richtung von Schwarz nach Weiß zugleich als Intensitätszunahme, und jede Qualitätsänderung in der Richtung von Weiß nach Schwarz als Intensitätsabnahme empfunden wird. Jede auf solche Weise qualitativ und intensiv bestimmte Stufe des Systems nennt man die Helligkeit der farblosen Empfindung. Hiernach kann man auch das ganze System als das der reinen Helligkeitsempfindungen bezeichnen, wobei in diesem Falle der Zusatz "rein" die Abwesenheit farbiger Empfindungen andeutet. Das System der reinen Helligkeitsempfindungen ist demnach ein absolut eindimensionales in dem Sinne, daß bei ihm Qualitäts- und Intensitätsabstufungen in eine und dieselbe Dimension fallen, wesentlich verschieden von der Tonlinie, bei der jeder Punkt nur eine Qualitätsstufe bezeichnet, zu der dann noch in ebenfalls linearer Abstufung der Intensitätsgrad hinzukommt. Während also die einfachen Tonempfindungen, sobald man ihre qualitativen und intensiven Eigenschaften gleichzeitig in Betracht zieht, ein zweidimensionales Kontinuum bilden, bleibt das System der reinen Helligkeitsempfindungen unter Berücksichtigung beider Bestimmungsstücke eindimensional (Fig. 4). Das ganze System läßt sich daher auch als eine stetige Reihe von Helligkeitsgraden auffassen, wobei die niederen Grade ihrer Qualität nach als schwarz, ihrer Intensität nach als schwach, die höheren Grade ihrer Qualität nach als weiß, ihrer Intensität nach als stark bezeichnet werden. Unsere Empfindlichkeit für Helligkeitsunterschiede ist namentlich bei mittleren Graden sehr groß, indem sie 1/100 - 1/150 der vorhandenen Helligkeit beträgt, dabei aber wieder, wie für die Schallstärken (s. o.), in ihrem relativen Werte konstant ist (Webersches Gesetz, § 17, 10).

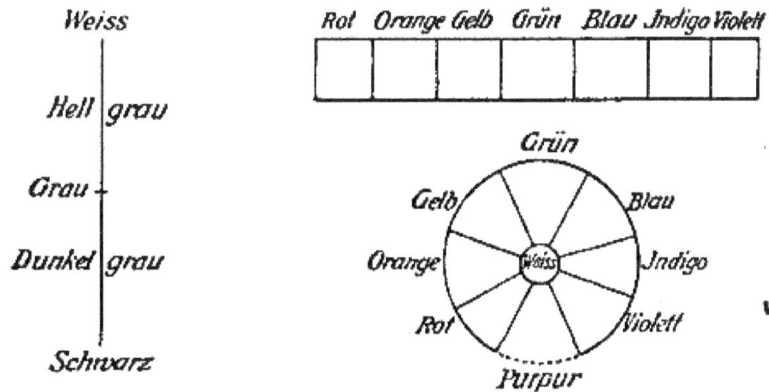

Fig. 4. System der Helligkeitsempfindungen.
Fig. 5. Farbenspektrum und reinen Farbenkreis.

15. Die Farbenempfindungen bilden, wenn man bloß ihre Qualität berücksichtigt, ebenfalls ein eindimensionales System. Dasselbe hat aber, im Unterschiede von den reinen Helligkeitsempfindungen, die Eigenschaft, daß es, von welchem Punkte man auch ausgehen möge, in sich

zurückläuft, indem man zunächst allmählich zu einer Qualität größter Differenz, dann von dieser aus wieder zu ähnlicheren Qualitäten und schließlich zum Ausgangspunkte zurückkommt. Das durch die Brechung des Sonnenlichts in einem Prisma gewonnene oder das am Regenbogen gesehene Farbenspektrum zeigt bereits diese Eigenschaft, wenngleich nicht vollständig. Geht man nämlich von dem roten Ende dieses Spektrums (s. Fig. 5) aus, so gelangt man zunächst zu Orange, dann zu Gelb, Gelbgrün, Grün, Grünblau, Blau, Indigoblau bis zu Violett, welches letztere wieder dem Rot ähnlicher ist als alle zwischenliegenden Farben mit Ausnahme der ihm nächsten, des Orange. Wenn diese Linie der Farben des Spektrums nicht ganz in sich zurückläuft, so hat dies aber darin seinen Grund, daß sie überhaupt nicht alle in unserer Empfindung vorhandenen Farben enthält. Es fehlen nämlich im Spektrum die purpur-roten Farbentöne, die man physikalisch durch Mischung roter und violetter Strahlen erhalten kann. Ergänzt man die Reihe der Spektralfarben durch diese, so wird das System der wirklichen Farbenempfindungen erst vollständig; und dann bildet es tatsächlich eine bis zu ihrem Ausgangspunkt zurückkehrende Linie. Es läßt sich demnach am einfachsten durch eine Kreislinie, den Farbenkreis, darstellen (Fig. 5).

Da man nun in diesem Kreise von jeder gegebenen Farbe durch allmähliche Änderungen der Empfindung zunächst zu den ihr ähnlichen, dann zu den von ihr verschiedensten und endlich wieder zu den in anderer Richtung ihr ähnlichen gelangen kann, so ist jeder Farbe eine bestimmte andere Farbe zugeordnet, die dem Maximum des Empfindungsunterschieds entspricht (§ 5 Fig. 1 E ' E"). Diese Farbe kann man als die Gegenfarbe bezeichnen; und bei der Darstellung des Farbensystems durch eine Kreislinie verlegt man je zwei einander zugeordnete Gegenfarben an die entgegengesetzten Endpunkte eines Kreisdurchmessers. So sind z. B. Purpurrot und Grün, Gelb und Blau, Gelbgrün und Violett usw. Gegenfarben, d. h. sie sind größte qualitative Empfindungsunterschiede. Die Empfindlichkeit für absolute wie relative Werte objektiver Unterschiede der Lichtschwingungen ist übrigens eine inkonstante, von einem Punkt zum andern der Farbenlinie stetig veränderliche. Sie ist im allgemeinen am größten im Gelb und im Blau, am kleinsten im Rot und Violett, hat aber auch zwischen Gelb und Blau, im Grün, ein drittes relatives Minimum. Irgendeine Regelmäßigkeit, wie für die Tonqualitäten oder auch für die reinen Helligkeitsgrade, ist also hier nicht nachzuweisen.

Die durch die Einordnung in den Farbenkreis bestimmte Qualität der Empfindung nennt man, zur Unterscheidung von andern qualitativen Bestimmungen, mit einem den Tonqualitäten entnommenen bildlichen Ausdruck den Farbenton. Neben ihm besitzt aber jede Farbenempfindung noch zwei Eigenschaften, von denen wir die eine den Farbengrad oder auch die Sättigung der Farbe, die andere die Helligkeit nennen. Von diesen ist der Farbengrad den Farbenempfindungen eigentümlich, während die Helligkeit ihnen mit den farblosen Lichtempfindungen gemeinsam zukommt.

16. Unter Farbengrad oder Sättigung versteht man die Eigenschaft der Farbenempfindungen, in beliebigen Übergängen zu farblosen Empfindungen vorzukommen, so zwar, daß von jeder Farbe zu jeder Stufe in der Reihe der farblosen Empfindungen, zu Weiß, Grau, Schwarz, stetige Übergänge möglich sind. Der Ausdruck "Sättigung" ist hierbei der gewöhnlichen objektiven Herstellungsweise dieser Übergänge, der Sättigung eines farblosen Lösungsmittels mit Farbstoffen entnommen. Da nun der Endpunkt in einer Reihe stetig abnehmender Sättigungen einer beliebigen Farbe stets eine farblose Empfindung ist, so läßt sich der Farbengrad als eine allen Farbenempfindungen zukommende Bestimmung betrachten, durch die zugleich das System der Farbenempfindungen mit dem der farblosen in Verbindung gebracht wird. Die sämtlichen Farbengrade, die als Übergänge von einer bestimmten Farbe zu einer bestimmten farblosen Empfindung, Weiß, Grau oder Schwarz, vorkommen, werden nämlich offenbar, wenn man die letztere durch einen Punkt repräsentiert denkt, der mit dem Mittelpunkt des Farbenkreises zusammenfällt, durch denjenigen Halbmesser des Kreises dargestellt werden können, der jenen Mittelpunkt mit der betreffenden Farbe verbindet. Denkt man sich die den stetigen Übergängen zu einer farblosen Empfindung entsprechenden Sättigungsgrade aller Farben auf diese Weise räumlich dargestellt, so nimmt daher das so gewonnene System der Farbengrade die Form einer

Kreisfläche an, deren Peripherie dem System der einfachen Farbentöne, und deren Mittelpunkt einer farblosen Empfindung entspricht (Fig. 5). Hierbei kann man aber jeden beliebigen Punkt aus dem geradlinigen Kontinuum der farblosen Empfindungen wählen, um ein System von Farbengraden zu konstruieren, solange nur die Bedingung erfüllt ist, daß das Weiß nicht zu hell, oder das Schwarz nicht zu dunkel sei, weil sonst sowohl die Sättigungs- wie die Farbenunterschiede verschwinden. Sobald man nun dies für alle möglichen Punkte ausführt, so wird damit von selbst das System der Farbengrade durch das der Helligkeitsgrade ergänzt.

17. Die Helligkeit ist eine der Farbenempfindung ebenso notwendig wie der farblosen Empfindung zukommende Eigenschaft, die dort wie hier eine qualitative und eine intensive zugleich ist. Geht man nämlich von einer bestimmten Helligkeitsstufe aus, so nähert sich jede Farbe, wenn man ihre Helligkeit zunehmen läßt, in ihrer Qualität dem Weiß, während gleichzeitig die Intensität der Empfindung wächst; und wenn man ihre Helligkeit abnehmen läßt, so nähert sie sich in ihrer Qualität dem Schwarz, während gleichzeitig die Intensität der Empfindung sinkt. Die Helligkeitsgrade jeder einzelnen Farbe bilden also ein den farblosen oder reinen Helligkeitsempfindungen analoges System intensiver Qualitäten, nur daß an die Stelle der zwischen Weiß und Schwarz sich bewegenden farblosen Qualitätsabstufungen hier die entsprechenden Sättigungsgrade getreten sind, wobei aber von dem Punkte größter Sättigung aus zwei einander entgegengesetzte Richtungen abnehmender Sättigung existieren: die positive in der Richtung des Weiß, die intensiv mit Zunahme der Empfindung verbunden ist, und die negative in der Richtung des Schwarz, der eine Abnahme der Empfindung entspricht. Als Grenzpunkte beider Sättigungsabstufungen ergeben sich dort die reine Empfindung Weiß und hier die reine Empfindung Schwarz, von denen jene zugleich ein Maximum, diese ein Minimum der Empfindungsintensität darstellt. Daraus folgt, daß es eine gewisse mittlere Helligkeit für eine jede Farbe gibt, bei der ihre Sättigung am größten ist, und von der aus diese bei Zunahme der Helligkeit in positiver Richtung (nach Weiß), bei Abnahme der Helligkeit in negativer Richtung (nach Schwarz) abnimmt. Dieser für die Sättigung günstigste Helligkeitswert ist nicht für alle Farbenempfindungen der nämliche, sondern er stuft sich von Rot nach Blau derart ab, daß er für Rot am höchsten, für Blau am niedrigsten liegt. Daraus erklärt sich die Erscheinung, daß in der Dämmerung, also bei schwacher Helligkeit, die blauen Farbentöne z. B. an Gemälden noch deutlich empfunden werden, während die roten schon schwarz aussehen. (Purkinjesches Phänomen.)

18. Sieht man von dieser etwas verschiedenen Lage der Punkte maximaler Sättigung in der Linie der Helligkeitsgrade jeder einzelnen Farbe ab, so läßt sich nun der Beziehung, in welche durch den allmählichen Übergang in Weiß einerseits und in Schwarz anderseits das System der farbigen Helligkeitsempfindungen zu dem der reinen oder farblosen Helligkeitsempfindungen tritt, offenbar am einfachsten in folgender Weise Ausdruck geben. Denkt man sich das System der reinen Farbentöne oder der Farben im Maximum ihrer Sättigung wie oben (Fig. 5) als Kreislinie, und denkt man sich in dem Mittelpunkt der zu dieser Linie gehörigen Kreisfläche die Linie der reinen Helligkeitsempfindungen (Fig. 4) als senkrechte Grade derart aufgetragen, daß in den Mittelpunkt des Kreises die zu ihm gehörige farblose Empfindung fällt, so werden sich in analoger Weise die Farbensysteme zunehmender und abnehmender Helligkeit oben und unten von jenem Kreise größter Farbensättigung in der Form von Kreisen auftragen lassen. Dabei ist dann aber hier wie dort die allmähliche Abnahme der Sättigung durch den immer mehr abnehmenden Halbmesser der kontinuierlich aneinander gefügten Farbenkreise auszudrücken, bis endlich an den beiden Endpunkten der Linie der reinen Helligkeitsempfindungen die Kreise ganz verschwinden, entsprechend dem Satze, daß für jede Farbe das Maximum der Helligkeit der Empfindung Weiß, und ihr Minimum der Empfindung Schwarz entspricht[2]). Das gesamte System der Farben- und Helligkeitsempfindungen läßt sich daher durch ein in sich geschlossenes körperliches Gebilde von der Form eines Doppelkegels darstellen, dessen beide Hälften sich mit ihrer Basis berühren (Fig. 6), oder auch in der Form einer Kugel, deren einer Pol dem dunkelsten Schwarz, und deren anderer dem hellsten Weiß entspricht. In dieser geometrischen Versinnlichung ist die Tatsache ausgedrückt, daß das System der Lichtempfindungen

ein dreidimensionales und in sich geschlossenes Kontinuum darstellt. Die dreidimensionale Beschaffenheit entspringt hier aus der Zusammensetzung einer jeden konkreten Lichtempfindung aus drei Bestimmungsstücken, Farbenton, Sättigung und Helligkeit, wobei man die reine oder farblose Helligkeitsempfindung und die Farbenempfindung vom Maximum der Sättigung als die beiden Grenzfälle in der Abstufung der Farbengrade zu betrachten hat. Die in sich geschlossene Form ergibt sich aus der in sich geschlossenen Beschaffenheit der Farbenempfindungen und aus der Begrenzung des Systems der farblosen Helligkeiten durch die Endpunkte der reinen Helligkeitsempfindungen. Eine besondere Eigentümlichkeit des Systems ist es endlich, daß nur die Veränderungen in den zwei Dimensionen der Farbentöne und ihrer Sättigungsgrade reine Qualitätsänderungen sind, daß dagegen jede Verschiebung in der dritten Dimension, in der der Helligkeitsempfindungen, gleichzeitig eine qualitative und eine intensive Veränderung ist. Infolge dieses Umstandes ist zwar das ganze dreidimensionale System erforderlich, um die Qualitäten der Lichtempfindung erschöpfend darzustellen, dieses System umfaßt nun aber zugleich die Intensitäten der Empfindung.

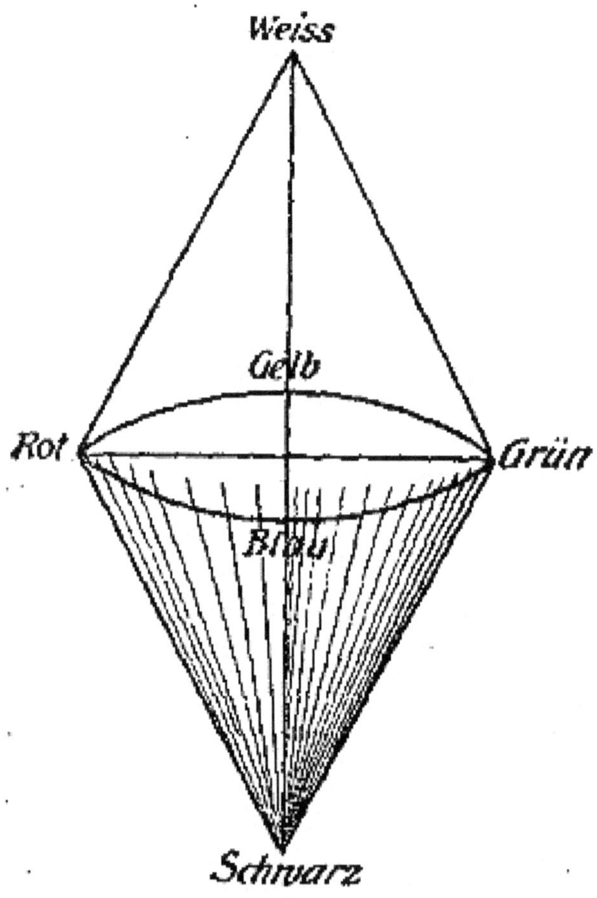

Fig. 6. Farbenkegel

19. In dem System der Lichtempfindungen nehmen gewisse Hauptempfindungen eine bevorzugte Stelle ein, weil wir sie als Orientierungspunkte zur Einordnung aller übrigen benutzen.

Solche Hauptempfindungen sind in der farblosen Reihe Weiß und Schwarz, unter den Farbenempfindungen die vier, zuerst von Leonardo da Vinci hervorgehobenen Hauptfarben Rot, Gelb,
Grün und Blau. Nur für diese sechs Empfindungen hat die Sprache verhältnismäßig frühe schon
scharf geschiedene Bezeichnungen geschaffen. Alle andern wurden dann teils mit Rücksicht auf
sie, teils sogar unter Benutzung der für sie gebrauchten Wörter gebildet. So fassen wir Grau als
eine in der farblosen Reihe zwischen Weiß und Schwarz liegende Zwischenstufe auf. Die verschiedenen Sättigungsgrade bezeichnen wir je nach ihrem Helligkeitswert als weißliche oder
schwärzliche, helle oder dunkle Farbentöne, und für die zwischen den Hauptfarben gelegenen
Farben wählen wir meist Übergangsbezeichnungen, wie purpurrot, orangegelb, gelbgrün usw.,
Namen, die in ihrer Bildungsweise schon ihre relativ späte Entstehung verraten.

19a. Aus dieser größeren Ursprünglichkeit der sprachlichen Bezeichnungen für die genannten sechs Empfindungsqualitäten hat man geschlossen, sie seien in dem Sinne Grundqualitäten
des Gesichtssinns, daß jede andere aus ihnen oder aus einzelnen von ihnen zusammengesetzt sei.
Grau erklärte man also für eine Mischempfindung aus Schwarz und Weiß, Violett und Purpurrot für eine solche aus Blau und Rot usw. Nun ist es aber psychologisch nicht zutreffend, daß
irgendwelche dieser Lichtempfindungen im Vergleich mit andern als zusammengesetzt bezeichnet werden könnten. Grau ist ebensogut eine einfache Empfindung wie Weiß oder Schwarz;
Orange, Purpurrot u. dgl. sind gerade so gut einfache Empfindungen wie Rot, Gelb usw., und
irgendeine Sättigungsstufe, die wir in dem System zwischen eine reine Farbe und Weiß einordnen, ist deshalb keineswegs eine zusammengesetzte Empfindung. Wohl aber bringt es die
in sich geschlossene und stetig zusammenhängende Beschaffenheit des Empfindungssystems
mit sich, daß die Sprache, der es unmöglich ist, eine unbegrenzte Zahl von Bezeichnungen zu
schaffen, gewisse besonders ausgeprägte Unterschiede herausgreift, nach denen dann alle andern
Empfindungen geordnet werden. Daß für die farblose Reihe Schwarz und Weiß als solche Orientierungspunkte gewählt wurden, ist selbstverständlich, da sie die größten Unterschiede bezeichnen; sind sie aber einmal gegeben, so müssen wegen der stetigen Vermittelung dieser Unterschiede durch alle möglichen Helligkeitsstufen alle andern farblosen Empfindungen als Übergänge
zwischen ihnen aufgefaßt werden. Ähnlich verhält es sich mit den Farbenempfindungen, nur
daß hier wegen der in sich zurücklaufenden Beschaffenheit der Farbenlinie nicht unmittelbar
zwei absolut größte Unterschiede gewählt werden konnten, sondern neben der zureichenden
qualitativen Verschiedenheit noch andere Motive für die Wahl der Hauptfarben entscheidend
wurden. Als solche wird man die in den natürlichen Existenzbedingungen des Menschen begründete Häufigkeit und die Gefühlsstärke bestimmter Lichteindrücke betrachten dürfen. Das
Rot des Blutes, das Grün der Vegetation, das Blau des Himmels, das Gelb der im Kontrast
zum blauen Himmel gelb erscheinenden Gestirne mögen wohl die frühesten Anlässe zur Wahl
bestimmter Farbenbezeichnungen gewesen sein. Denn die Sprache benennt allgemein nicht die
Objekte nach den Empfindungen, sondern umgekehrt die Empfindungen nach den Objekten,
durch die sie erzeugt werden. Waren aber einmal auf diese Weise gewisse Hauptfarben festgelegt,
so mußten wieder vermöge der Kontinuität der Empfindungen alle andern als zwischen ihnen
liegende Farbentöne erscheinen. Der Unterschied der Haupt- und der Übergangsfarben ist also
höchstwahrscheinlich nur in äußeren Bedingungen begründet; wären diese Bedingungen andere gewesen, so würde z. B. ebensogut Rot als Übergang zwischen Purpur und Orange aufgefaßt
werden können, wie wir jetzt Orange als Übergangsfarbe zwischen Rot und Gelb ordnen[3]).

Literatur. Parkinje, Beobachtungen und Versuche zur Physiologie der Sinne, 2, 1819-1823.
Helmholtz, Physiol. Optik, § 19-21. Hering, Zur Lehre vom Lichtsinn, 5 u. 6, 1874-1878.
(Vertritt die Ansicht vom subjektiven Ursprung der Farbenbenennungen und zieht aus ihr Folgerungen für die Theorie der Lichtempfindungen.) Wundt, Die Empfindung des Lichts und
der Farben, Philos. Studien, Bd. 4. Phys. Ps.[6], II, Kap. 10, 4. M. u. T.[5], Vorl. 6. Unterschiedsempfindlichkeit für Farben: A. König und Dieterici, Archiv f. Ophthalm., Bd. 30, 2. König,
Ztschr. f. Psychol. und Phys. d. Sinnesorg., Bd. 3.

20. Die geschilderten Eigenschaften des Systems der Lichtempfindungen sind so spezifische,
daß sie von vornherein eine wesentlich andere Beziehung zwischen den psychologischen Eigen-

schaften und den objektiven Vorgängen der Lichtreizung erwarten lassen, als sie bei den bisher betrachteten Empfindungssystemen, namentlich des allgemeinen Sinnes und des Gehörssinns, besteht. Am auffallendsten ist in dieser Hinsicht der Unterschied von dem System der Tonempfindungen. Bei diesem gilt das Prinzip des Parallelismus zwischen Empfindung und Reiz nicht bloß für den physiologischen, sondern in weitem Umfang auch für den physikalischen Reizungsvorgang, indem der einfachen Form der Schallschwingungen eine einfache Empfindung, der zusammengesetzten Form eine Mehrheit einfacher Empfindungen entspricht, und indem sich mit der Stärke der Schwingungen die Intensität der Empfindung, mit der Geschwindigkeit jener die Qualität dieser stetig verändert, so daß in beiden Richtungen mit wachsendem Unterschied der objektiven physikalischen Reize der subjektive Unterschied der Empfindungen zunimmt. Dieses Verhältnis ist ein völlig anderes bei den Lichtempfindungen. Wie der objektive Schall, so ist auch das objektive Licht die schwingende Bewegung eines Mediums, deren nähere Form in diesem Fall freilich noch zweifelhaft ist, von der wir aber aus den physikalischen Interferenzversuchen wissen, daß sie aus sehr kleinen und sehr schnellen Wellen besteht, indem diejenigen Schwingungen, die als Licht empfunden werden, zwischen den Wellenlängen von 688 und 393 Millionteilen eines Millimeters oder zwischen den Geschwindigkeiten von 450 und 790 Billionen Schwingungen in der Sekunde liegen. Nun entsprechen allerdings auch hier einfachen Schwingungen, d. h. solchen von gleicher Wellenlänge, einfache Empfindungen, und mit der Wellenlänge und Geschwindigkeit ändert sich stetig die Qualität der Empfindung: den längsten und langsamsten Wellen entspricht das Rot, den kürzesten und schnellsten das Violett, zwischen denen die übrigen Farbentöne mit der Wellenlänge sich abstufen Aber schon hier tritt ein wesentlicher Unterschied darin hervor, daß die an Wellenlänge verschiedensten Farben Rot und Violett in der Empfindung verwandter sind als die zwischenliegenden[4]). Dazu kommt dann noch außerdem, daß l) jede bloße Intensitäts-(Amplituden-)Änderung der physikalischen Lichtschwingungen subjektiv gleichzeitig als Intensitäts- und als Qualitätsänderung empfunden wird, wie das oben geschilderte Verhalten der Helligkeitsempfindungen lehrt, und daß 2) jedes aus beliebig verschiedenen Schwingungen zusammengesetzte Licht einfach empfunden wird, gleich dem objektiv einfachen, aus nur einer Schwingungsstufe bestehenden, wie die subjektive Vergleichung der farblosen mit den farbigen Empfindungen unmittelbar zeigt. Aus der ersten dieser Tatsachen geht zugleich hervor, daß das physikalisch einfache Licht nicht bloß farbige, sondern auch farblose Empfindungen erzeugen kann, da es sich bei stärkster Amplitude der Schwingungen dem Weiß nähert, bei geringster in Schwarz übergeht. Die Qualität der farblosen Empfindung ist also mehrdeutig, da sie ebensowohl durch die Stärkeänderung des objektiven Lichtes, wie durch Mischung einfacher Lichtschwingungen von verschiedenen Wellenlängen hervorgebracht werden kann. Nur ist im ersteren Fall mit der Stärkeänderung immer auch eine Änderung des Helligkeitsgrads verbunden, während dieser im zweiten Fall, bei der Mischung, unverändert bleiben kann.

21. Selbst wenn der Helligkeitsgrad der Empfindung konstant erhalten wird, ist jedoch die farblose Empfindung immer noch mehrdeutig. Eine reine Helligkeitsempfindung von gegebener Stärke wird nämlich nicht bloß, wie z. B. im gewöhnlichen Tageslicht, durch eine Mischung aller im Sonnenlicht enthaltenen Schwingungsstufen hervorgebracht, sondern auch dann, wenn man nur zwei derselben, und zwar diejenigen, die den zwei subjektiv voneinander entferntesten Empfindungen, den Gegenfarben, entsprechen oder mindestens nahe mit ihnen zusammentreffen, in geeignetem Verhältnis mischt. Sobald die objektiven Mischungen zweier Farben die Empfindung Weiß erzeugen, nennt man sie daher Ergänzungs- oder Komplementärfarben. Spektrales Rot und Grünblau, Orange und Himmelblau, Gelb und Indigoblau usw. sind demnach solche Komplementärfarben (Fig. 5).

Wie die farblose, so ist aber auch jede einzelne Farbenempfindung, wenngleich in einem beschränkteren Grade, mehrdeutig. Sobald man nämlich zwei objektive Farben mischt, die einander im Farbenkreis näher liegen als die Gegenfarben, so erscheint die Mischung nicht weiß, sondern farbig, und zwar in der Farbe, die auch in der Reihe der objektiv einfachen Farben der zwischenliegenden Empfindung entspricht. Hierbei ist nun allerdings, wenn die gemischten

Farben den Ergänzungsfarben nahe kommen, die Sättigung der Resultanten stark vermindert; wenn sie dagegen einander sehr nahe rücken, so ist diese Verminderung nicht mehr wahrzunehmen: die Mischfarbe und die einfache Farbe werden daher in diesem Fall subjektiv meist gleich empfunden. So können wir z. B. das Orange des Spektrums von einer Mischung roter und gelber Strahlen absolut nicht unterscheiden. Da man auf diese Weise alle im Farbenkreis zwischen Rot und Grün gelegenen Farben durch Mischung von Rot und Grün, alle zwischen Grün und Violett gelegenen durch Mischung von Grün und Violett und endlich auch diejenige Farbe, die im Sonnenspektrum nicht enthalten ist, das Purpur, durch Mischung von Rot und Violett erhalten kann, so läßt sich demnach die ganze Reihe der in der Empfindung möglichen Farbentöne aus den drei objektiven Farben Rot, Grün, und Violett gewinnen. Mittels der nämlichen drei Farben läßt sich aber auch Weiß mit seinen Übergängen herstellen. Denn die Mischung von Rot und Violett gibt Purpur, Purpur ist die Komplementärfarbe von Grün, und das durch die Mischung von Purpur (Rot-Violett) und Grün hergestellte Weiß ergibt, den einzelnen Farben zugemischt, die verschiedenen Sättigungsgrade derselben.

22. Die drei auf solche Weise zur Erzeugung des ganzen Systems der Lichtempfindungen ausreichenden objektiven Farben bezeichnet man als die Grundfarben. Um ihre Bedeutung in dem System der Sättigungsgrade zum Ausdruck zu bringen, wählt man für die Darstellung desselben statt der bloß auf die psychologischen Verhältnisse zurückgehenden Kreisfläche eine Dreiecksfläche, wobei die ausgezeichnete Bedeutung der Grundfarben dadurch angedeutet wird, daß sie die drei Ecken des Dreiecks einnehmen, auf dessen Seiten dann die Farbentöne im Maximum der Sättigung auf getragen werden, während die übrigen Sättigungsgrade in ihren Übergängen zu dem in der Mitte gelegenen Weiß auf der Dreiecksfläche liegen (Fig. 7). Übrigens würde man an und für sich jede beliebige Dreiheit von Farben, falls sich diese in angemessenen Entfernungen befänden, zu Grundfarben wählen können. Die genannten, Rot, Grün und Violett, verdienen nur deshalb praktisch den Vorzug, weil sich am Anfang und am Ende des Spektrums die Empfindung am langsamsten mit der Schwingungsdauer ändert, so daß, wenn die Endfarben des Spektrums unter die Grundfarben aufgenommen werden, die durch Mischung zweier nahestehender Farben gewonnene Resultante der zwischen ihnen liegenden objektiv einfachen Farbe in der Empfindung am nächsten kommt[5]).

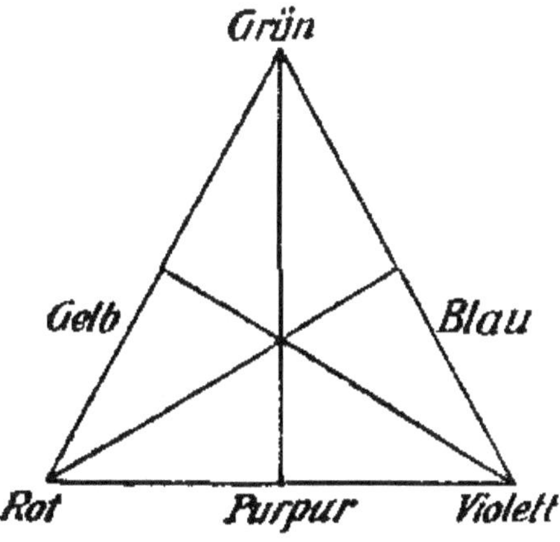

Fig. 7. Farbendreieck

23. Daß, wie aus allen diesen Erscheinungen hervorgeht, bei dem System der Lichtempfindungen eine eindeutige Beziehung zwischen den physikalischen Reizen und den Empfindungen

nicht besteht, erscheint nun in Anbetracht der oben (3) hervorgehobenen Verhältnisse der physiologischen Reizung begreiflich. Ist der Gesichtssinn zu den chemischen Sinnen zu rechnen, so wird eine solche Beziehung nur zwischen den photochemischen Prozessen in der Netzhaut und den Empfindungen zu erwarten sein. Da aber erfahrungsgemäß verschiedene Arten physikalischer Lichteinwirkung übereinstimmende chemische Zersetzungen hervorbringen können, so wird dadurch auch die oben bemerkte Vieldeutigkeit der Lichtempfindungen im allgemeinen verständlich. Nach dem Prinzip des Parallelismus der Empfindungs- und der physiologischen Reizungsunterschiede wird man demnach annehmen dürfen, daß verschiedene physikalische Reize, die die nämliche Empfindung bewirken, auch die nämliche photochemische Reizung in der Netzhaut auslösen, und daß es überhaupt ebensoviele Arten und Abstufungen photochemischer Prozesse gibt, als wir Arten und Abstufungen von Empfindungen unterscheiden können. Alles, was wir bis jetzt über die physiologischen Substrate der Lichtempfindungen wissen, gründet sich in der Tat auf diesen Schluß, da die Untersuchung der physiologischen Vorgänge der Lichtreizung selbst zu einem weiteren Resultat als zu dem, daß die Reizung höchstwahrscheinlich ein chemischer Prozeß sei, bis jetzt nicht geführt hat.

24. Aus der Annahme, daß die Lichtreizung auf chemischen Vorgängen in der Netzhaut beruhe, läßt sich nun auch das relativ langsame Ansteigen der Empfindung und ihre relativ lange Nachdauer nach vorausgegangener Reizung erklären. Die Zeit, während deren ein Lichtreiz einwirken muß, um das Maximum der bei ihm möglichen Empfindungen auszulösen, beträgt für farbloses Licht durchschnittlich 0,1, für farbiges ohne Unterschied der Wellenlänge 0,3 Sekunden. Zugleich nehmen diese Zeiten etwas ab mit der Lichtstärke. Die erheblich größere Geschwindigkeit des Ansteigens der farblosen Erregung gegenüber der für alle Teile des Spektrums übereinstimmenden der farbigen weist aber offenbar ebenso auf eine spezifische Verschiedenheit der farblosen von den farbigen Erregungen wie auf einen inneren Zusammenhang der letzteren hin. Zu ähnlichen Ergebnissen führt die Untersuchung der Nachdauer der Erregung die man, indem man sie auf das als Reiz benützte Objekt bezieht, das Nachbild des Eindrucks zu nennen pflegt. Zunächst erscheint dieses Nachbild in einer dem Reize gleichen Helligkeits- oder Farbenbeschaffenheit: also weiß bei weißen, schwarz bei schwarzen und gleichfarbig bei farbigen Objekten (positives und gleichfarbiges Nachbild); nach kurzer Zeit geht es dann aber bei farblosen Eindrücken in die entgegengesetzte Helligkeit, weiß in schwarz, und schwarz in weiß, bei Farben in die Gegen- oder Komplementärfarbe über (negatives und komplementäres Nachbild). Bei der Einwirkung kurz dauernder Lichtreize im Dunkeln kann sich dieser Übergang mehrmals wiederholen, indem dem negativen abermals ein positives Nachbild folgt usw., so daß ein Oszillieren der Empfindung zwischen beiden Nachbildphasen stattfindet. Das positive Nachbild läßt sich wohl darauf zurückführen, daß die durch irgendeine Lichtart bewirkte photochemische Zersetzung nach der Einwirkung des Lichtes noch eine kurze Zeit. andauert; das negative und komplementäre kann man dagegen daraus ableiten, daß jede in einer bestimmten Richtung eingetretene Zersetzung eine teilweise Konsumtion der zunächst an ihr beteiligten lichtempfindlichen Stoffe zurückläßt, wodurch sich bei der Fortdauer der Netzhautreizung die photochemischen Vorgänge in entsprechendem Sinne verändern müssen. Diese Auffassung wird dadurch bestätigt, daß sich die Netzhaut in einem gegebenen Stadium des Abklingens eines Nachbildes irgendeinem plötzlich einwirkenden andern Lichtreize gegenüber genau so verhält, wie die unermüdete Netzhaut dem um den Betrag der Nachbildhelligkeit oder Nachbildfarbe veränderten Reize gegenüber (Fechner-Helmholtzsches Gesetz der negativen und komplementären Nachbilder). Dabei ist aber auch dieser Verlauf des Abklingens wieder ein abweichender bei farblosen und bei farbigen Nachbildern, während er sich bei den letzteren als ein wesentlich übereinstimmender erweist.

25. Mit den positiven und negativen Nachbildern hängen schließlich noch die Erscheinungen der Licht- und Farbeninduktion nahe zusammen. Sie bestehen darin, daß in der Umgebung irgendwelcher Lichteindrücke gleichzeitig Erregungen von gleicher oder entgegengesetzter Beschaffenheit entstehen. Die erste dieser Erscheinungen, die positive Lichtinduktion, ist die seltenere. Sie wird vornehmlich dann beobachtet, wenn ein Teil der Netzhaut erregt und ein

angrenzender stark verdunkelt ist: es scheint dann die Licht- oder Farbenerregung auf diesen verdunkelten Teil auszustrahlen. In allen andern Fällen tritt die entgegengesetzte oder negative Induktionswirkung auf. Infolge derselben erscheint eine weiße Fläche von einem dunkeln, eine schwarze von einem hellen, eine farbige von einem komplementärfarbigen Rande umgeben. Diese Erscheinungen sind übrigens von psychologischen Kontrastvorgängen begleitet, die dem später (§ 17, 11) zu erörternden allgemeinen Prinzip der Hebung der Gegensätze entsprechen; und in der Regel ist es die Gesamtwirkung solcher physiologischer und psychologischer Einflüsse, die man als "Kontrast" bezeichnet. Dies wird zwar durch die Untrennbarkeit beider Faktoren einigermaßen gerechtfertigt. Doch würde es wohl zweckmäßiger sein, den physiologischen Faktor die induzierte Erregung zu nennen, und die Bezeichnung Kontrast jenem psychologischen Faktor vorzubehalten, welcher der auch auf andern Gebieten, insbesondere bei den räumlichen und zeitlichen Vorstellungen und bei den Gefühlen, nachzuweisenden Hebung der Gegensätze entspricht. Die Licht- und Farbeninduktion in diesem rein physiologischen Sinne besteht wahrscheinlich in einer Art negativer Irradiation der Reizung, wobei sich diese nicht, wie bei der positiven Induktion, unmittelbar in ihrer eigenen Qualität auf die Umgebung fortpflanzt, sondern hier eine Erregung von entgegengesetzter Beschaffenheit auslöst. Diese beruht möglicherweise darauf, daß die bei der Reizung einer Netzhautstelle verbrauchten photochemischen Stoffe zum Teil durch Zufluß aus ihrer Umgebung ersetzt werden, wodurch dann ein Lichteindruck auf diese Umgebung ähnlich wirken muß, wie bei den Nachbildern der Eindruck auf die zuvor gereizte Stelle selbst. Für diesen Zusammenhang mit den Nachbilderscheinungen spricht auch die Tatsache, daß, wie bei diesen, die Wirkung mit der Intensität der Lichteindrücke zunimmt. Hierdurch unterscheidet sich aber die physio-logische Lichtinduktion wesentlich von jenen psychologischen Kontrasterscheinungen, mit denen sie gewöhnlich zusammengeworfen wird, und auf die wir bei der allgemeinen Erörterung der Kontrastvorgänge (§ 17) zurückkommen werden.

25a. Nehmen wir das Prinzip des Parallelismus zwischen der Empfindung und dem physiologischen Reizungsvorgang zur Grundlage unserer Annahmen über die in der Netzhaut stattfindenden Prozesse, so ist zunächst zu folgern, daß der relativen Selbständigkeit, welche die farblosen in ihrem Verhältnis zu den farbigen Empfindungen behaupten, auch eine analoge Selbständigkeit der photochemischen Prozesse entsprechen werde. Vor allem zwei Tatsachen, von denen die eine dem subjektiven System der Lichtempfindungen, die andere den Erscheinungen der objektiven Farbenmischung angehört, lassen sich hieraus ungezwungen erklären. Die erste besteht darin, daß sich jede Farbenempfindung bei stark zu- oder abnehmender Helligkeit einer farblosen Empfindung nähert (Fig. 6), was am einfachsten zu deuten ist, wenn man annimmt, daß jede Farbenerregung physiologisch aus zwei Bestandteilen zusammengesetzt sei, von denen der eine der farbigen und der andere der farblosen Erregung entspreche. Damit muß dann noch die weitere Bedingung verbunden sein, daß bei einer gewissen mittleren Reizstärke die farbige Erregungskomponente relativ am stärksten ist, während bei größeren und kleineren Reizwerten die farblose mehr und mehr überwiegt. Die zweite Tatsache besteht in der Existenz der Komplementärfarben. Diese begreift sich am leichtesten, wenn man annimmt, daß die Komplementärfarben, wie sie subjektiv größtmögliche Unterschiede der Empfindung sind (Fig. 5), so objektiv photochemische Prozesse bedeuten, die sich neutralisieren. Daß infolge dieser Neutralisation die farblose Erregung entsteht, wird aber wieder am einfachsten unter der Voraussetzung verständlich, daß sie von Anfang an jede farbige Erregung begleitet und daher allein zurückbleibt, sobald entgegengesetzte farbige Erregungen einander aufheben. Die Annahme einer relativen Unabhängigkeit der beiden photochemischen Prozesse der farblosen und der farbigen Empfindung wird durch das Vorkommen einer zuweilen angeborenen, zuweilen auch durch pathologische Prozesse der Netzhaut erworbenen Abnormität des Gesichtssinns, der totalen Farbenblindheit, bestätigt. Da bei ihr entweder auf der ganzen Netzhaut oder auf einzelnen Stellen derselben jede beliebige Lichtreizung als reine, farblose Helligkeit empfunden wird, so liegt darin der Beweis, daß farbige und farblose Erregung voneinander trennbare physiologische Prozesse sind.

Wenden wir die gleichen Gesichtspunkte auf den zweiten in der Netzhaut stattfindenden Vorgang, auf den der farbigen Erregung, an, so sind hier zunächst ebenfalls zwei Tatsachen maßgebend. Die eine besteht darin, daß zwei um eine endliche kleine Strecke voneinander entfernte Farben eine Mischfarbe ergeben, die der zwischen ihnen liegenden einfachen Farbe gleicht. Dies weist darauf hin, daß die Farbenerregung ein Vorgang ist, der sich nicht stetig, wie etwa die Tonerregung, sondern der sich in kleinen Stufen mit dem physikalischen Reize verändert, und zwar dergestalt, daß diese Veränderung z. B. im Rot und Violett in größeren Stufen vor sich geht als im Grün, wo sich schon bei der Mischung ziemlich nahe gelegener Farben Komplementärwirkungen geltend machen. Die zweite Tatsache besteht darin, daß bestimmte, einem gewissen größeren Reizunterschied entsprechende Farben, die Komplementärfarben, offenbar auf Prozessen beruhen, die sich neutralisieren. Chemische Prozesse können sich aber nur aufheben, wenn sie irgendwie von gegensätzlicher Natur sind. Nun existiert ein solcher Gegensatz für jede überhaupt in der Empfindung unterscheidbare Farbe, so daß zu jeder Stufe photochemischer Farbenerregung eine bestimmte Stufe von komplementärer Wirkung vorhanden ist. Der ganze Vorgang der Farbenerregung, wie er bei stetiger Veränderung der Wellenlänge des objektiven Lichtes, vom äußersten Rot beginnend und schließlich nach Überschreitung des Violett durch Hinzunahme der Purpurmischungen am Ausgangspunkt endigend, sich abspielt, wird so als eine unbestimmt große Reihenfolge photochemischer Zersetzungen aufzufassen sein, die zusammen einen in sich geschlossenen Kreisprozeß bilden, in welchem es zu jeder Stufe eine sie neutralisierende Gegenstufe, und zu dieser zwei nach entgegengesetzten Richtungen gehende Übergänge gibt.

Über die Anzahl der im ganzen in diesem Kreisprozeß vorhandenen photochemischen Stufen wissen wir nichts. Die mehrfach unternommenen Versuche, alle Farbenempfindungen auf eine möglichst kleine Anzahl solcher Stufen zurückzuführen, entbehren der zureichenden Begründung. Entweder werden bei ihnen ohne weiteres die Ergebnisse der physikalischen Farbenmischung in physiologische Prozesse umgedeutet: so bei der Annahme von drei Grundempfindungen, Rot, Grün und Violett, aus deren wechselnden Mischungen alle Lichtempfindungen, auch die farblosen, hervorgehen sollen (Young-Helmholtzsche Hypothese). Oder man geht von der psychologisch unhaltbaren Annahme aus, die Farbenbenennungen seien nicht aus dem Einfluß bestimmter äußerer Objekte, sondern aus der realen Bedeutung der entsprechenden Empfindungen hervorgegangen (s. o.), und nimmt demnach an, vier Grundfarben, nämlich die beiden Gegensatzpaare Rot und Grün, Gelb und Blau, seien die Substrate der Farbenempfindungen, denen man dann als ein ähnliches Gegensatzpaar für die reinen Helligkeitsempfindungen Schwarz und Weiß gegenüberstellt, während alle anderen Lichtempfindungen, wie Grau, Orange, Violett u. dgl., ihrer subjektiven wie objektiven Bedeutung nach Mischempfindungen sein sollen (Heringsche Hypothese). Zur Unterstützung der ersten wie der zweiten dieser Hypothesen hat man sich meist auf die nicht selten vorkommenden Fälle partieller Farbenblindheit berufen. Die Anhänger der drei Grundfarben behaupten, alle diese Fälle seien auf den gänzlichen Mangel der roten, der grünen oder der violetten Grundempfindung, oder zuweilen auch auf den bloß teilweisen Mangel derselben zurückzuführen. Die Anhänger der vier Grundfarben nehmen an, die partielle Farbenblindheit beziehe sich stets auf je zwei als Gegensätze zusammengehörige Grundfarben, sei also entweder Rotgrünblindheit oder Gelbblaublindheit. Eine unbefangene Prüfung der Farbenblinden bestätigt keine dieser Behauptungen. Ist die Dreifarbentheorie nicht imstande, die totale Farbenblindheit zu erklären, so widersprechen der Vierfarbentheorie die Fälle reiner Rot- und reiner Grünblindheit; und beiden Hypothesen widerstreiten schließlich die unzweifelhaft vorkommenden Fälle, in denen vorzugsweise solche Teile des Spektrums, die keiner der drei oder vier angenommenen Grundfarben entsprechen, farblos gesehen werden. Das einzige, was sich nach dem Stand unserer heutigen Kenntnisse aussagen läßt, ist also, daß jede einfache Lichtempfindung wahrscheinlich auf der Verbindung zweier photochemischer Prozesse beruht: eines achromatischen, der sich wieder aus einer bei größerer Lichtstärke überwiegenden Zersetzung und aus einer bei schwächerem Lichte vorwaltenden Restitution zusammensetzt, und eines chromatischen, welcher sich derart stufenweise verändert, daß die ganze Folge der photochemischen Farbenzersetzungen einen Kreisprozeß bildet, in dem sich die Zersetzungsprodukte je zweier relativ entferntester Stufen wechselseitig neutralisieren).

An der lebenden Netzhaut sind verschiedene Veränderungen infolge der Lichteinwirkung beobachtet, welche die Annahme eines photochemischen Vorganges unterstützen: so der allmähliche Übergang eines in der gedunkelten Netzhaut vorhandenen roten Farbstoffs in den farblosen Zustand (Bleichung des Sehpurpurs), mikroskopische Wanderungen des zwischen den empfindenden Elementen, den Stäbchen und Zapfen, enthaltenen pigmenthaltigen Protoplasmas, endlich Formänderungen der Stäbchen und Zapfen selbst. Versuche, diese Erscheinungen irgendwie zu einer physiologischen Theorie der Lichtreizung zu verwerten, sind aber entschieden verfrüht. Am wahrscheinlichsten ist es noch, daß mit den Formunterschieden der beiden Elemente, der Stäbchen und Zapfen, auch Funktionsunterschiede zusammenhängen. Die Mitte der Netzhaut, die Region des direkten Sehens, enthält nämlich beim Menschen nur Zapfen, während auf den Seitenteilen die Stäbchen überwiegen. Dementsprechend ist in der Mitte, die übrigens des Sehpurpurs entbehrt, die Farbenunterscheidung vollkommener als in den seitlichen Regionen, wo sie in den äußersten Teilen ganz verschwindet, wogegen diese für Helligkeiten empfindlicher als die Mitte sind. Ebenso steigt im Dunkeln die Empfindlichkeit der Netzhaut für Helligkeiten, während die für Farben abnimmt, so daß Farben von sehr geringer Lichtstärke in der Dunkelheit farblos, je nach dem Helligkeitsverhältnis zu ihrer Umgebung weiß oder schwarz erscheinen. Man nennt diesen Zustand die Dunkeladaptation der Netzhaut. Er kann je nach dem Grade der Dunkelheit und der Dauer des Aufenthalts im Dunkeln verschieden ausgebildet sein; und dabei zeigt sich dann, daß die Empfindlichkeit für die Anfangsfarben des Spektrums (Rot und Gelb) schneller abnimmt als für die Endfarben (Blau und Violett). Das Maximum dieser Adaptationswirkung wird im völlig lichtlosen Raum nach 20-30 Min. erreicht. Dabei steigt gleichzeitig mit der Abnahme der Farbenerregbarkeit die Empfindlichkeit für Helligkeiten. Wahrscheinlich hängen diese Erscheinungen mit den photochemischen Eigenschaften der Zapfen und Stäbchen zusammen, indem die Zapfen wohl vorzugsweise Organe der Farben-, die Stäbchen solche der Helligkeitsempfindung sind. Doch ist diese Funktionsteilung offenbar keine absolute.

Literatur. Helmholtz, Handbuch der physiolog. Optik, § 20-25. Hering, Zur Lehre vom Lichtsinn, l.–6. Abh. von Kries, Die Gesichtsempfindungen und ihre Analyse, 1882. Phys. Psych.[6], I, Kap. 8, II Kap. 10. M. u. T.[5]6. u. 7. Vorl. – Ansteigen der Erregung: Büchner, Berliner, Psych. Stud., Bd. 2 u. 3. Nachbilder: Fechner, Poggendorffs Ann. der Physik, Bd. 44 u. 50. Hering, Pflügers Archiv, Bd. 43. Charpentier, Compt. rend. 1881, t. 113. Wirth, Philos. Stud., Bd. 16-18. Goldschmidt, Psychol. Stud., Bd. 6. W. Lehmann, Pflügers Archiv, Bd. 143. Lichtinduktion (Kontrast): Brücke, Denkschr. der Wiener Akad. Math.-naturw. Kl., Bd. 3. Fechner, Poggendorffs Ann., Bd. 50. Hering, Pflügers Archiv, Bd. 41. Kirschmann, Philos. Stud., Bd. 6. Köhler, Arch. für die ges. Psychol., Bd. 2. Lichtempfindung bei Dunkeladaptation: Blachowski, Zeitschr. f. Sinnesphysiologie, 1914; Farbenblindheit: Holmgren, Die Farbenblindheit, 1878. König u. Dieterici, Zeitschr. für Psych., Bd. 4. Brodhun, ebenda, Bd. 3 u. 5. König, ebenda, Bd. 20. von Kries, ebenda, Bd. 13 u. 19. Köllner, Arch. f. Augenhk. Bd. 76. Kirschmann, Philos. Stud., Bd. 8. Lichtempfindung im indirekten Sehen und Purkinjesches Phänomen: Schön, Die Lehre vom Gesichtsfeld, 1874. A. E. Fick, Pflügers Archiv, Bd. 43. Kirschmann, Philos. Stud., Bd. 8. Hellpach, ebenda, Bd. 15. Peters, Arch. f. ges. Psychol., Bd. 3. von Kries, Ztschr. f. Psychol., Bd. 9 u. 16. Sherman, Phil. Stud., Bd. 13. Tschermak. Pflügers Archiv f. Physiol., Bd. 82. K. L. Schäfer, ebend. Bd. 160. Farbenschwelle bei Kindern: L. W. Jones, Pädagogisch-psychol. Arbeiten, herausgeg. von Brahn, l.

DIE EINFACHEN GEFÜHLE

1. Einfache Gefühle können in ungleich mannigfaltigerer Weise entstehen als einfache Empfindungen, da auch solche Gefühle, die wir nur in Verbindung mit mehr oder minder zusammengesetzten Vorstellungsprozessen beobachten, subjektiv unzerlegbar sind (§ 5). So ist z. B. das Gefühl der Tonharmonie ebensogut einfach wie das an einen einzelnen Ton gebundene Gefühl. Nur darin besteht ein wesentlicher Unterschied, daß solche Gefühle, die einfachen Empfindungen entsprechen, nach der nämlichen Methode der Abstraktion, deren wir uns zur Feststellung der Empfindungen selbst bedienen (§ 5), aus dem Zusammenhang unserer Erfahrung isoliert werden können. Ein einfaches Gefühl dagegen, das an irgendein zusammengesetztes Vorstellungsgebilde gebunden ist, können wir niemals von den Gefühlen sondern, die als subjektive Komplemente der Empfindungen in jenes Gebilde eingehen. So ist es z. B. unmöglich, das Harmoniegefühl des Akkords *c e g* von den einfachen Gefühlen der Töne *c*, *e* und *g* loszulösen. Diese mögen hinter jenem zurücktreten, da sie sich mit ihm, wie wir später (§ 12, 3a) sehen werden, stets zu einem einheitlichen Totalgefühl verbinden; aber eliminieren lassen sie sich natürlich niemals.

2. Das mit einer einfachen Empfindung verbundene Gefühl pflegt man als sinnliches Gefühl oder auch als Gefühlston der Empfindung zu bezeichnen. Beide Ausdrücke sind in entgegengesetztem Sinne der Mißdeutung fähig: der erste, weil man geneigt ist, unter dem "sinnlichen Gefühl" nicht nur einen durch Abstraktion isolierbaren, sondern einen wirklich isoliert vorkommenden Bestandteil unmittelbarer Erfahrung zu verstehen; der zweite, weil der "Gefühlston" als eine der Empfindung in ähnlicher Weise unveränderlich zukommende Gefühlsqualität betrachtet werden könnte, wie etwa der "Farbenton" ein notwendiges Bestimmungsstück einer Farbenempfindung ist. In Wahrheit kann aber das sinnliche Gefühl ebensowenig jemals ohne eine Empfindung vorkommen, wie es ein Gefühl der Tonharmonie ohne Tonempfindungen geben kann. Wenn man zuweilen das Schmerzgefühl oder auch Druck-, Wärme-, Kälte-, Muskelgefühle u. dgl. als selbständig vorkommende sinnliche Gefühle bezeichnet hat, so beruht das auf der namentlich in der Physiologie noch immer verbreiteten Vermengung der Begriffe Empfindung und Gefühl (§ 5), vermöge deren man teils gewisse Empfindungen, wie die des Tastsinns, "Gefühle" nennt, teils aber bei solchen Empfindungen, die, wie die Schmerzempfindungen, von starken Gefühlen begleitet werden, die Unterscheidung beider Elemente vernachlässigt. Nicht minder unzulässig würde es aber sein, einer bestimmten Empfindung ein qualitativ und intensiv fest bestimmtes Gefühl zuzuschreiben. Vielmehr bewährt es sich überall, daß die Empfindung nur einer unter vielen Faktoren ist, die ein in einem gegebenen Augenblick vorhandenes Gefühl bestimmen, indem neben ihr immer zugleich vorangegangene Prozesse und dauernde Anlagen, im ganzen also Bedingungen, die wir im einzelnen Fall nur bruchstückweise zu übersehen vermögen, eine wesentliche Rolle spielen. Der Begriff des "sinnlichen Gefühls" oder des "Gefühlstons" ist daher in doppeltem Sinne Produkt einer Analyse und Abstraktion: erstens müssen wir dabei das einfache Gefühl von der es begleitenden reinen Empfindung unterscheiden; und zweitens müssen wir unter den mannigfach wechselnden Gefühlselementen, die unter verschiedenen Bedingungen mit einer bestimmten Empfindung verbunden sein können, das konstanteste zurückbehalten, bei dem zugleich alle Einflüsse, die eine einfache Empfindungswirkung stören oder komplizieren könnten, möglichst fehlen.

Unter diesen Bedingungen ist die erste, wenn man die psychologische Bedeutung der Begriffe Empfindung und Gefühl im Auge behält, verhältnismäßig leicht, die zweite sehr schwer zu erfüllen. Besonders bei den zwei ausgebildetsten Empfindungssystemen, den Ton- und Lichtempfindungen, ist es niemals möglich, solche indirekte Einflüsse völlig fernzuhalten. So erweckt z. B. die Empfindung Grün fast unvermeidlich die Vorstellung der grünen Vegetation; und da an diese Vorstellung zusammengesetzte Gefühle geknüpft sind, deren Beschaffenheit möglicherweise ganz unabhängig ist von dem Gefühlston der grünen Farbe, so läßt sich nicht ohne weiteres bestimmen, ob das bei der Einwirkung des Eindrucks beobachtete Gefühl ein reiner Gefühlston oder ein durch begleitende Vorstellungen erwecktes Gefühl oder aber eine Mischung aus beiden sei.

2a. Diese Schwierigkeit hat manche Psychologen veranlaßt, die Existenz eines reinen Gefühlstons überhaupt zu bestreiten. Sie behaupten, jede Empfindung erwecke irgendwelche begleitende Vorstellungen, durch die immer erst die Gefühlswirkung zustande komme. Aber dieser Ansicht widersprechen schon bei den Lichtempfindungen die Ergebnisse der experimentellen Variation der Bedingungen. Wären begleitende Vorstellungen allein für das Gefühl maßgebend, so müßte dieses jeweils dann am stärksten sein, wenn der Empfindungsinhalt des Eindrucks dem jener Vorstellungen möglichst ähnlich wäre. Dies ist aber durchaus nicht der Fall. Vielmehr ist der Gefühlston einer Farbe dann am größten, wenn ihr Sättigungsgrad ein Maximum erreicht. Den stärksten Gefühlston zeigen daher die reinen, im Dunkelraum beobachteten Spektralfarben; und diese sind zumeist sehr verschieden von den Farben der Naturgegenstände, auf die sich etwa begleitende Vorstellungen beziehen könnten. Ebensowenig läßt sich die ausschließliche Zurückfuhrung der Tongefühle auf solche Vorstellungen aufrechterhalten. Denn so zweifellos schon bei einem einzelnen Tone bekannte musikalische Vorstellungen erweckt werden können, so ist doch umgekehrt die Konstanz, mit der gewisse Tonqualitäten zum Ausdruck bestimmter Gefühle, z. B. tiefe Töne zum Ausdruck des Ernstes und der Trauer, gewählt werden, nur begreiflich, wenn bereits den einfachen Tonempfindungen der entsprechende Gefühlston zukommt. Noch augenscheinlicher wird der Zirkel, in dem man sich bei dieser Ableitung aus assoziierten Vorstellungen bewegt, bei den Empfindungen des Geruchs, des Geschmacks und des allgemeinen Sinnes. Wenn z. B. der angenehme und der unangenehme Gefühlston einer Geschmacksempfindung durch die Erinnerung an den nämlichen, früher schon erlebten Eindruck gesteigert werden soll, so ist dies doch nur dadurch möglich, daß uns dieser Eindruck schon bei jener früheren Einwirkung angenehm oder unangenehm war.

3. Die Mannigfaltigkeit der einfachen Gefühle ist eine überaus große. Hierbei bilden die Gefühle, die einem bestimmten Empfindungssystem entsprechen, ebenfalls ein System, indem jeder qualitativen oder intensiven Änderung der Empfindung im allgemeinen eine qualitative oder intensive Änderung des Gefühlstons parallel geht. Zugleich verhalten sich aber diese beziehungsweisen Änderungen bei den Gefühlssystemen wesentlich abweichend von den gleichzeitigen Änderungen in den Empfindungssystemen. Variiert man nämlich die Empfindungsintensität, so kann sich damit der Gefühlston nicht bloß intensiv, sondern auch qualitativ ändern; und variiert man die Empfindungsqualität, so kann der Gefühlston nicht bloß qualitativ, sondern auch intensiv wechseln. Steigert man z. B. die Empfindung Süß, so geht der Gefühlston zuletzt aus einem angenehmen in einen unangenehmen über; und läßt man die Empfindung Süß allmählich in Sauer oder Bitter übergehen, so bemerkt man, daß das Saure, und noch mehr das Bittere, bei gleicher Empfindungsintensität eine stärkere Gefühlserregung als das Süße hervorbringt. Jede Empfindungsänderung ist also im allgemeinen von einer zweifachen Gefühlsänderung begleitet. Zugleich ist aber für die Art, wie hierbei Qualitäts- und Intensitätsänderung des Gefühlstons aneinander gebunden sind, das Prinzip maßgebend, daß sich jede in einer Dimension vor sich gehende Gefühlsänderung nicht, wie die entsprechende Empfindungsänderung, zwischen größten Unterschieden, sondern zwischen Gegensätzen bewegt (§ 5).

4. Infolge dieses Prinzips entsprechen größten qualitativen Unterschieden der Empfindung qualitativ größte Gegensätze, intensiv aber Maximalwerte des Gefühls, die entweder von gleicher Größe sind oder sich, je nach der besonderen Eigentümlichkeit der qualitativen Gegensätze, wenigstens der Gleichheit nähern; und der Mitte zwischen beiden Gegensätzen entspricht, soweit die Dimension, der die Gegensätze angehören, allein in Betracht kommt, der Intensitätswert Null. Dieser Intensitätswert Null kann aber nur dann zur Beobachtung kommen, wenn das entsprechende Empfindungssystem ein absolut eindimensionales ist; in allen andern Fällen pflegt die in bezug auf einen bestimmten Empfindungsunterschied vorhandene neutrale Mitte gleichzeitig noch einer andern Empfindungsdimension oder sogar einer Mehrheit solcher Dimensionen anzugehören, in der ihr ebenfalls bestimmte Gefühlswerte zukommen. So sind z. B. das spektrale Gelb und Blau Gegenfarben, denen auch entgegengesetzte Gefühlstöne entsprechen.

Wenn man nun in der Farbenreihe allmählich von Gelb zu Blau übergeht, so würde Grün die neutrale Mitte zwischen beiden sein. Aber das Grün steht selbst wieder in einem Gefühlskontrast zu Rot, und außerdem bildet es, wie jede gesättigte Farbe, den Endpunkt einer Reihe, die die Übergänge des gleichen Farbentons zu Weiß enthält. Das System der einfachen Tonempfindungen bildet zwar ein Kontinuum von bloß einer Dimension; aber gerade hier können wir die zugehörigen Gefühlstöne nicht in ähnlicher Weise wie die reinen Empfindungen durch Abstraktion isolieren, weil uns die Wirklichkeit fortwährend nicht bloß Übergänge zwischen Tönen verschiedener Höhe, sondern auch solche zwischen dem absolut einfachen Ton, und dem aus einer Fülle einfacher Töne zusammengesetzten Geräusch bietet. Diese Bedingungen bringen es mit sich, daß jedem mehrdimensionalen Empfindungssystem ein System sich durchkreuzender Gefühlstöne entspricht, in welchem im allgemeinen jeder Punkt mehreren Gefühlsdimensionen gleichzeitig angehört, so daß der Gefühlston eine Resultante aus den in den verschiedenen Empfindungsrichtungen gelegenen Gefühlselementen ist. Infolgedessen kann aber die neutrale Mitte zwischen entgegengesetzten Gefühlen nur in den besonderen Fällen Inhalt unserer wirklichen Erfahrung sein, wo der zu einer bestimmten Empfindung gehörige Gefühlston den neutralen Mittelpunkten der sämtlichen Gefühlsdimensionen entspricht, denen er gleichzeitig angehört. Diese Grenzbedingung ist augenscheinlich bei den mehrdimensionalen Empfindungssystemen, namentlich denen des Gesichts- und Gehörssinns, gerade in denjenigen Fällen annähernd erfüllt, in denen es für den ruhigen Verlauf der Gefühlsprozesse von besonders praktischer Bedeutung ist. Hier bilden nämlich einerseits die farblosen Lichtempfindungen mittlerer Helligkeit und die ihnen sich anschließenden geringgradigen Sättigungsstufen der Farben, anderseits die zwischen Ton und Geräusch mitteninne stehenden Schalleindrücke der gewöhnlichen Umgebung, wie z. B. der menschlichen Sprechstimme, neutrale Indifferenzzonen, von denen aus sich die intensiveren Gefühlstöne der ausgeprägteren Empfindungsqualitäten erheben.

5. Weit einfacher gestalten sich die den Intensitätsgraden der Empfindung parallel gehenden intensiven und qualitativen Abstufungen der einfachen Gefühle. Sie sind am deutlichsten bei den verschiedenen Empfindungssystemen des allgemeinen Sinnes zu beobachten. Indem jedes dieser Systeme qualitativ gleichförmig ist, also geometrisch annähernd durch einen einzigen Punkt repräsentiert wird (§ 5), gehen den allein übrigbleibenden intensiven Änderungen der Empfindung auch nur eindimensionale Gefühlsänderungen zwischen zwei Gegensätzen parallel. Die neutrale Indifferenzzone ist darum hier immer leicht zu beobachten: sie entspricht jenen mäßigen Druck-, Wärme- und Kälteempfindungen, die mit der normalen mittleren Stärke der allgemeinen Sinnesreize verbunden sind. Die dies- und jenseits dieser Zone gelegenen einfachen Gefühle zeigen dann einen entschieden gegensätzlichen Charakter, indem die einen meistens den Lust-, die andern den Unlustgefühlen zugezählt werden können (s. unten 7). Von diesen beiden Gegensatzgefühlen lassen sich aber mit Sicherheit nur die Unlustgefühle durch Intensitätszunahme der Empfindung hervorrufen. Für die schwächeren Intensitäten ist bei den Systemen des allgemeinen Sinnes durch die Gewöhnung an mäßige Reize eine so bedeutende Erweiterung der Neutralitätszone eingetreten, daß in der Regel nur noch die Aufeinanderfolge intensiv oder qualitativ stark verschiedener Empfindungen deutliche Gefühle hervorruft. In solchen Fällen entsprechen die Lustgefühle regelmäßig Empfindungen von mäßiger Stärke.

Vollkommener läßt sich, unabhängig von diesem Einfluß des Kontrastes, die gesetzmäßige Beziehung zwischen Empfindungsstärke und Gefühlston bei gewissen Empfindungen des Geschmacks- und Geruchssinns beobachten. Es wächst hier zunächst bei schwachen Empfindungen mit Verstärkung der Intensität das Lustgefühl bis zu einem Maximum, und sinkt dann bei einer gewissen mittleren Stärke auf Null, um endlich bei weiterer Empfindungszunahme in ein Unlustgefühl überzugehen, welches bis zu dem Empfindungsmaximum zunimmt.

6. Die qualitative Mannigfaltigkeit der einfachen Gefühle scheint unabsehbar groß zu sein; jedenfalls ist sie größer als die Mannigfaltigkeit der Empfindungen. Dies folgt erstens daraus, daß bei den Gefühlen der mehrdimensionalen Empfindungssysteme jeder Empfindungspunkt gleichzeitig mehreren Gefühlsdimensionen angehört (§ 5), zweitens und hauptsächlich aber daraus, daß den verschiedensten aus mannigfachen Verbindungen von Empfindungen bestehenden

Gebilden, wie den intensiven, den räumlichen, den zeitlichen Vorstellungen, endlich bestimmten Stadien im Verlauf der Affekte und Willensvorgänge, ebenfalls Gefühle entsprechen, die an sich unzerlegbar sind, und daher den einfachen Gefühlen zugerechnet werden müssen (§ 5).

Um so mehr ist es zu bedauern, daß unsere sprachlichen Bezeichnungen der einfachen Gefühle noch ungleich dürftiger sind als die der Empfindungen. Die eigentliche Terminologie der Gefühle beschränkt sich nämlich ganz auf die Hervorhebung gewisser allgemeiner Gegensätze, wie angenehm und unangenehm, ernst und heiter, aufgeregt und ruhig u. dgl., Bezeichnungen, bei denen man meist die Affekte zu Hilfe nimmt, in die die Gefühle als Elemente eingehen. Überdies sind jene Ausdrücke von so allgemeiner Natur, daß jeder eine größere Anzahl einzelner einfacher Gefühle umfassen kann. In andern Fällen nimmt man bei der Schilderung der an einfachere Eindrücke gebundenen Gefühle komplizierte Vorstellungen zu Hilfe, denen Gefühle von ähnlichem Charakter entsprechen: so z.B. Goethe bei seiner Schilderung der Farbengefühle, und viele musikalische Schriftsteller bei den Klanggefühlen. Diese Armut der Sprache an spezifischen Gefühlsbezeichnungen ist eine psychologische Folge der subjektiven Natur der Gefühle, vermöge deren hier alle jene Motive der praktischen Lebenserfahrung, aus denen die Benennungen der Objekte und ihrer Eigenschaften entstanden sind, hinwegfallen. Hieraus auf eine entsprechende Armut der Gefühlsqualitäten selber zu schließen, ist aber ein psychologisches Mißverständnis, das um so verhängnisvoller wird, da es eine zureichende Untersuchung der zusammengesetzten Gefühlsvorgänge von vornherein unmöglich macht.

7. Infolge der angedeuteten Schwierigkeiten kann natürlich an eine vollständige Aufzählung aller möglichen einfachen Gefühlsqualitäten noch weniger als an eine solche der Empfindungen gedacht werden. Eine derartige Aufzählung würde übrigens auch deshalb unausführbar sein, weil die Gefühle gemäß den oben erörterten Eigenschaften nicht, wie die Ton-, die Licht-, die Geschmacksempfindungen, disparate Systeme, sondern eine überall zusammenhängende Mannigfaltigkeit bilden (§ 5). Immerhin sind innerhalb dieser Mannigfaltigkeit verschiedene Hauptrichtungen zu unterscheiden, die sich zwischen Gefühlsgegensätzen von dominierendem Charakter erstrecken. Solche Hauptrichtungen können daher durch je zwei Bezeichnungen ausgedrückt werden, die jene Gegensätze andeuten. Dabei ist aber jede Bezeichnung nur als ein Kollektivausdruck anzusehen, der eine Menge individuell variierender Gefühle umfaßt.

In diesem Sinne lassen sich drei Hauptrichtungen feststellen (Fig. 8): wir wollen sie die Richtungen der Lust und Unlust *(ab)*, der erregenden und beruhigenden *(cd)* und endlich der spannenden und lösenden Gefühle *(ef)* nennen. Ein individuelles Gefühl kann entweder alle diese Richtungen oder nur zwei derselben erkennen lassen, oder es kann auch nur einer einzigen unter ihnen angehören. Dieser letzteren Möglichkeit verdanken wir es allein, daß die genannten Richtungen überhaupt unterschieden werden können. Hiernach kann man diese Grundqualitäten der Gefühle in der Form einer dreidimensionalen Mannigfaltigkeit darstellen, deren Hauptrichtungen von einem einzigen Nullpunkte, dem Indifferenzpunkt, ausgehen (n Fig. 8), während jedes einzelne Gefühl entweder bloß einer Dimension *(ab, cd, ef)*, oder zweien derselben, oder allen drei angehören kann.

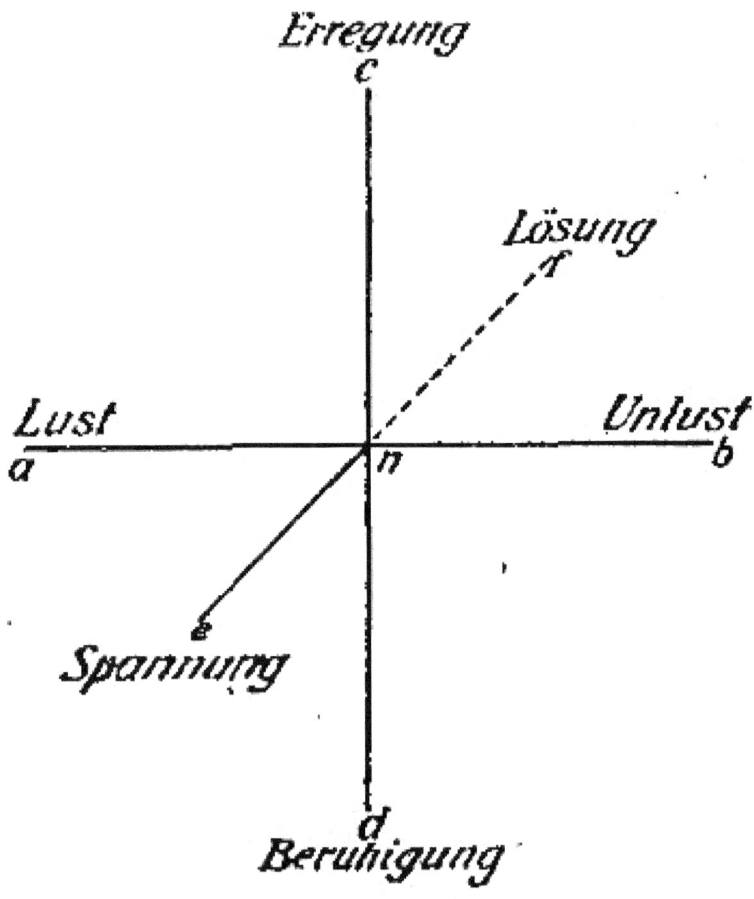

Fig. 8. Die Gefühle als dreidimensionale Mannigfaltigkeit.

8. Als Beispiele reiner Lust- und Unlustformen können wohl die an die Empfindungen des allgemeinen Sinnes sowie die an Geruchs und Geschmackseindrücke gebundenen Gefühle angesehen werden. Bei einer Schmerzempfindung z. B. nehmen wir ein Unlustgefühl in der Regel ohne jede Beimischung einer der andern Gefühlsformen wahr. Erregende und niederdrückende Gefühle lassen sich in Verbindung mit reinen Empfindungen besonders bei Farben- und Klangeindrücken beobachten: so wirkt die rote Farbe erregend, die blaue beruhigend. Spannende und lösende Gefühle endlich sind durchweg an die Vorgänge der Aufmerksamkeit gebunden: so ist bei der Erwartung eines Sinneseindrucks ein Gefühl der Spannung, bei dem Eintritt eines erwarteten Ereignisses ein Gefühl der Lösung zu bemerken. Dabei kann allerdings sowohl die Erwartung wie ihre Erfüllung zugleich vom Gefühl der Erregung, oder sie können je nach besonderen Bedingungen von Lust- und Unlustgefühlen begleitet sein; aber diese andern Gefühle können auch ganz fehlen, wo sich dann die Spannungs- und Lösungsgefühle ähnlich wie die vorhin genannten Hauptrichtungen als eigenartige Formen zu erkennen geben, die nicht auf andere zurückzuführen sind. Ebenso ist aber eine solche Zerlegung bei sehr vielen Gefühlen möglich, die mehreren jener Richtungen angehören, aber in ihrer Qualität trotzdem ebensogut wie die bisher erwähnten den Charakter einfacher Gefühle besitzen. So lassen sich die Gefühle des Ernstes und der Heiterkeit, wie sie z. B. an die sinnlichen Eindrücke tiefer und hoher Töne, dunkler und heller Farben geknüpft sind, als eigentümliche Qualitäten auffassen, die sowohl in

der Hauptrichtung der Lust und Unlust wie in derjenigen der exzitierenden und beruhigenden Gefühle außerhalb der Indifferenzzone liegen. Nur muß man sich hier wiederum gegenwärtig halten, daß Lust und Unlust, Erregung und Ruhe nicht singuläre Gefühlsqualitäten, sondern Gefühlsrichtungen bezeichnen, innerhalb deren unbestimmt viele einfache Qualitäten vorkommen, so daß z. B. das Unlustgefühl des Ernstes nicht bloß von dem des schmerzerregenden Tastreizes, der Dissonanz usw. verschieden ist, sondern daß der Ernst selbst in verschiedenen Fällen in seiner Qualität wieder variieren kann. Ferner verbinden sich die Richtungen der Lust und Unlust mit denen der Spannung und Lösung bei den rhythmischen Gefühlen, wo die regelmäßige Folge von Spannung und Lösung mit Lust, die Störung dieser Regelmäßigkeit aber mit Unlust, wie bei der Enttäuschung, der Überraschung, verbunden ist, während außerdem noch in beiden Fällen je nach Umständen das Gefühl einen erregenden oder beruhigenden Charakter besitzen kann.

8a. Unter den genannten drei Hauptrichtungen hat in der Regel nur die der Lust und Unlust Beachtung gefunden, die übrigen rechnete man den Affekten zu. Da aber die Affekte, wie wir in § 13 sehen werden, gesetzmäßige Verbindungen von Gefühlen sind, so ist es klar, daß die Grundformen der Affekte schon in den Gefühlselementen vorgebildet sein müssen. Manche Psychologen haben dann außerdem die Lust und die Unlust nicht als Kollektivbegriffe für eine große Mannigfaltigkeit einzelner Gefühle, sondern als völlig uniforme konkrete Zustände angesehen, so daß z. B. die Unlust des Zahnschmerzes, eines intellektuellen Mißerfolgs, eines tragischen Erlebnisses usw. ihrem Gefühlsin-halt nach identisch sein sollten. Noch andere suchten die Gefühle mit speziellen Empfindungen, namentlich Haut- oder Muskelempfindungen, zu identifizieren. Den Problemen der zusammengesetz-ten Gefühlsvorgänge, also auch der ganzen Ästhetik und Ethik, stehen diese Theorien entweder völlig ratlos gegenüber, oder sie behelfen sich bei ihnen mit intellektualistischen Interpretationen nach dem Vorbild der Vulgärpsychologie. Dabei pflegt man zuerst die ästhetische Wirkung mittels logischer Reflexionen über sie zu beseitigen, um dann nachträglich zu behaupten, daß diese Reflexionen jene Wirkung selbst seien. Eher ließe sich denken, die sechs Gefühlsklassen, die sich aus den oben unterschiedenen drei Hauptrichtungen ergeben (Lust, Unlust, Erregung, Hemmung, Spannung, Lösung), seien an sich schon konkrete einfache Qualitäten, bei denen nur durch verschiedene Stärke und Mischung der Faktoren qualitative Unterschiede entstünden. Für diese Annahme scheinen in der Tat die Aussagen solcher Personen einzutreten, die sich in partieller Hypnose und infolge der mit dieser verbundenen Einengung des Bewußtseins (§ 18, 8) in einem die subjektive Gefühlsanalyse begünstigenden Zustand befinden (O. Vogt). Möglicherweise steht aber hier jene der Unterscheidung der Hauptrichtungen der Gefühle förderliche Einengung des Bewußtseins doch zugleich einer tiefer eindringenden Analyse im Wege. Jedenfalls sprechen gegen eine solche Uniformität der sechs Grundqualitäten schon die Eigenschaften der einfachen Farben- und Tongefühle. Wenn man z. B. das spektrale Blau vom tiefen Himmelblau nach Indigoblau verschiebt, so erhält man beidemal den eigentümlich beruhigenden Eindruck dieser Farbe, aber in einer etwas verschieden abgetönten Weise, die sich schwerlich auf das Hinzutreten einer andern Gefühlsrichtung zurückführen läßt. Noch weniger dürfte man aber mit der Annahme von drei einförmigen Gefühlspaaren bei denjenigen Gefühlen ausreichen, die an zusammengesetzte Eindrücke gebunden sind. So ist das Erklingen der großen Terz, der Quarte und Quinte nicht bloß von intensiv, sondern auch von qualitativ abweichenden Lustgefühlen begleitet. Der Mangel an sprachlichen Bezeichnungen erschwert freilich sehr die sichere Unterscheidung solcher Gefühlsnuancen. Doch dieser Mangel darf um so weniger, je begreiflicher er in diesem Fall aus andern Gründen ist, auf einen Mangel der Gefühle bezogen werden. Einen Beleg hierfür bilden die Empfindungen, bei denen die Anzahl der Namen infolge ihrer fortwährenden objektiven Anwendung allerdings größer ist, ohne daß sie jedoch die Menge der subjektiv unterscheid-baren Empfindungsqualitäten, namentlich bei den Ton-, den Farben- und Lichtempfindungen, auch nur entfernt erreicht.

Literatur. Goethe, Farbenlehre, 6. Abt. Fechner, Vorschule der Ästhetik, II, 212. Nahlowsky, Das Gefühlsleben, 2. Aufl., 1884. Ziegler, Das Gefühl, 1892. 4. Aufl. 1908. Lehmann,

Die Hauptgesetze des menschlichen Gefühlslebens, 1892. Phys. Psych.[6], II, Kap. 2. M. u. T.[5], 14. Vorl. Zur Theorie der Gefühle, Kl. Schriften Bd. 2. Th. Lipps, Vom Fühlen, Wollen und Denken, 1902. 3; Aufl. 1909.

9. Die Frage, ob den einfachen Gefühlen bestimmte physiologische Prozesse entsprechen, ist bei ihnen naturgemäß schwieriger zu beantworten als bei den Empfindungen. In Anbetracht der subjektiven Natur der Gefühle wird man aber solche von vornherein nicht, wie bei den Empfindungen, in Veränderungen zu suchen haben, die direkt durch äußere Einwirkungen in dem Organismus hervorgerufen werden, sondern vielmehr in solchen, die als Rückwirkungen der direkt angeregten Prozesse entstehen. Auch weist uns die Beobachtung der aus Gefühlselementen zusammengesetzten Gebilde, der Affekte und Willensvorgänge, als deren physiologische Begleiterscheinungen stets äußere Körperbewegungen oder Veränderungen im Zustand der äußeren Bewegungsorgane auftreten, auf diesen Weg hin.

Während die Analyse der Empfindungen und der aus ihnen hervorgehenden psychischen Gebilde auf die unmittelbare Anwendung der Reizmethode angewiesen ist, kann sich daher die Untersuchung der Gefühle und der aus ihnen zusammengesetzten Vorgänge nur in mittelbarer Weise dieser Methode bedienen. Dagegen eignet sich hierzu die Ausdrucksmethode, wenn wir mit diesem Namen die Erforschung der physiologischen Rückwirkungen psychischer Vorgänge belegen. Als Hilfsmittel derselben können alle die Erscheinungen verwendet werden, in denen sich die inneren Zustände des Organismus äußerlich zu erkennen geben: so neben den Bewegungen der äußeren Skelettmuskeln die Atmungs- und Herzbewegungen, die Kontraktionen und Erweiterungen der Blutgefäße einzelner Körperteile, die Erweiterung und Verengerung der Pupille u. ä. Das empfindlichste dieser Symptome sind die Atembewegungen, neben ihnen die Herzbewegungen, von denen der an einer peripheren Arterie untersuchte Puls ein getreues Bild gibt. Außerdem sind noch die Kontraktionszustände der kleineren Arterien (die sogenannten vasomotorischen Innervationen) mehr oder minder charakteristische Symptome. Dagegen pflegen die mimischen Ausdrucksbewegungen erst bei dem Übergang der Gefühle in Affekte deutlich hervorzutreten (§ 13, 4).

10. Unter den obenerwähnten Hauptrichtungen der Gefühle sind es besonders die der Lust und Unlust, für die eine regelmäßige Beziehung zu den Atmungs- und Pulsbewegungen nachgewiesen ist. Sie sind aus dem folgenden Schema zu ersehen:

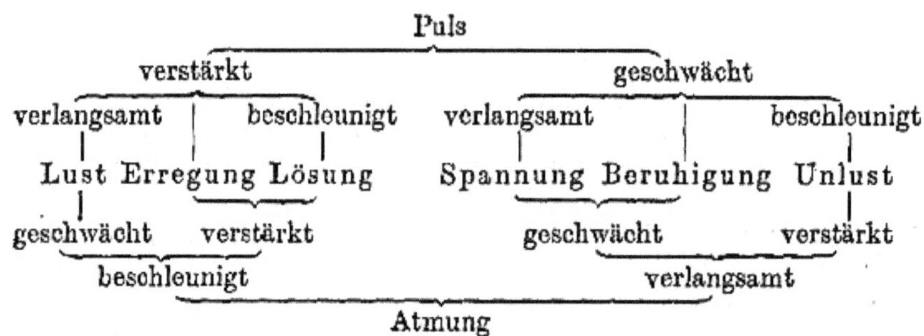

Diese Atmungs- und Pulsänderungen werden von ähnlich charakteristischen Änderungen in der Innervation der Blutgefäße, namentlich der kleineren Arterien begleitet, wo sie sich z. B. an der Wangenhaut in dem Erblassen und Erröten kundgeben, von denen das erstere auf der erregenden Innervation der Ringmuskeln der Gefäße, das letztere auf der Hemmung dieser Innervation beruht.

10a. Die physiologischen Bedingungen der Herz-, Gefäß- und Atmungssymptome der Gefühle sind zumeist noch dunkel. Am besten erforscht sind hier die Verhältnisse der Herzinnervation. Die Physiologie weist nach, daß das Herz mit den Zentralorganen durch ein doppeltes System in Verbindung steht: durch Erregungsnerven, die im sympathischen Nerven verlaufen und indirekt aus dem verlängerten Mark stammen, und durch Hemmungsnerven, die im 10. Hirnnerven (Vagus) verlaufen und ebenfalls im verlängerten Mark ihren Ursprung nehmen. Die normale Regelmäßigkeit des Pulsschlags beruht auf einem gewissen Gleichgewicht zwischen erregenden und hemmenden Nerveneinflüssen, für die außer im Gehirn auch im Herzen selbst Zentren vorhanden sind. Jede Zunahme und jede Abnahme der Herzenergie läßt daher im allgemeinen eine doppelte Deutung zu: jene kann von Zunahme der Erregungs- oder Abnahme der Hemmungsinnervation, diese von Abnahme der Erregungs- oder Zunahme der Hemmungsinnervation herrühren, und in beiden Fällen können sich überdies beide Einflüsse verbinden. Ein überall anwendbares Hilfsmittel zur Unterscheidung dieser Möglichkeiten besitzen wir nicht; doch ergibt sich aus dem Umstand, daß die Reizung der Hemmungsnerven einen rascheren Erfolg hat als die der Erregungsnerven, in vielen Fällen eine größere Wahrscheinlichkeit für die eine oder die andere Vermutung. Nun folgen die Gefühlssymptome des Pulses durchweg sehr schnell den verursachenden Empfindungen. Daraus kann man schließen, daß es vorzugsweise die Veränderungen der vom Gehirn ausgehenden, im Vagus geleiteten Hemmungsinnervation sind, die wir bei den Gefühlen und Affekten beobachten. Hiernach ist wohl anzunehmen, daß der Gefühlsbetonung einer Empfindung physiologisch eine Ausbreitung der Reizungsvorgänge von dem Sinneszentrum auf andere Zentralgebiete entspricht, die mit den Ursprüngen der Hemmungsnerven des Herzens in Verbindung stehen. Welche Zentralgebiete dies sind, wissen wir nicht. Aber der Umstand, daß für alle Elemente unserer psychologischen Erfahrung die physiologischen Substrate höchstwahrscheinlich der Großhirnrinde angehören, legt diese Annahme auch für das Zentralgebiet jener Hemmungsinnervation nahe, während überdies die wesentlichen Unterschiede der Eigenschaften der Gefühle von denen der Empfindungen es nicht wahrscheinlich machen, daß dasselbe mit den Sinneszentren selbst identisch sei. Nimmt man nun ein besonderes Rindengebiet als Mittelglied solcher Wirkungen an, so liegt kein Grund vor, zu jedem Sinneszentrum ein besonderes Übertragungszentrum vorauszusetzen, sondern die völlige Gleichförmigkeit der physiologischen Symptome spricht eher dafür, daß es nur ein einziges solches Gebiet gebe, welches dann zugleich eine Art von zentralem Verbindungsorgan zwischen den verschiedenen Sinneszentren sein wird. (Über die sonstige Bedeutung eines solchen Zentralgebiets und seine wahrscheinliche anatomische Lage vgl. später § 15, 2 a.)

Literatur. Mosso, Über den Kreislauf des Blutes im menschlichen Gehirn, 1881. Féré, Sensation et mouvement, 1887. Lehmann, Hauptgesetze des menschl. Gefühlslebens, 1892. Die körperlichen Äußerungen psychischer Zustände, I u. II, 1889-91 (mit Atlas). M. Brahn, Die Lehre vom Gefühl, Zeitschr. f. Hypnotismus, Bd. 4. Meumann u. Zoneff, Brahn, Gent, Philos. Stud., Bd. 18. Alechsieff, Psych. Stud., Bd. 3. Salow, ebenda, Bd. 4. Drozyński, Stephanescu-Goanga, ebenda, Bd. 7. Sartorius, ebenda, Bd. 8. Isenberg und Vogt, Zeitschr. f. Hypnotismus, Bd. 10. Vertreter älterer Gefühlstheorien (Lust-Unlusttheorie): Stumpf, Zeitschr. f. Psychologie, Bd. 75. A. Lehmann, Die Hauptgesetze des menschlichen Gefühlslebens, 1892, u. a. Phys. Psych.[6], II, Kap. 11. M. u. T.[5] Vorl. 14.

II. DIE PSYCHISCHEN GEBILDE

BEGRIFF UND EINTEILUNG DER PSYCHISCHEN GEBILDE

l. Unter einem "psychischen Gebilde" verstehen wir jeden zusammengesetzten Bestandteil unserer unmittelbaren Erfahrung, der durch bestimmte Merkmale von dem übrigen Inhalte derselben derart sich abgrenzt, daß er als eine relativ selbständige Einheit aufgefaßt wird, und wo das praktische Bedürfnis es fordert, mit einem besonderen Namen bezeichnet worden ist. Hierbei hat diese Namengebung die allgemein von der Sprache festgehaltene Regel befolgt, daß sie sich auf die Bezeichnung der Klassen und der hauptsächlichsten Gattungen beschränkt, denen die Erscheinungen untergeordnet werden können. So bezeichnen Ausdrücke wie Vorstellungen, Affekte, Willenshandlungen u. dgl. allgemeine Klassen psychischer Gebilde, solche wie Gesichtsvorstellungen, Freude, Zorn, Hoffnung u. dgl. einzelne in jenen Klassen enthaltene Gattungen. Insoweit solche Benennungen auf tatsächlich vorhandenen unterscheidenden Merkmalen beruhen, werden sie auch für die psychologische Analyse einen gewissen Wert besitzen. Doch hat diese von vornherein zwei Vorurteile fern zu halten, zu denen jene ursprünglichen Ausdrücke leicht verführen: das eine besteht in der Ansicht, daß ein psychisches Gebilde ein absolut selbständiger Inhalt unserer unmittelbaren Erfahrung sei; das andere in der Meinung, daß gewissen Gebilden, wie z. B. den Vorstellungen, eine Art dinglicher Realität zukomme. In Wahrheit haben die Gebilde nur die Bedeutung relativ selbständiger Einheiten, die, wie sie selbst aus mannigfachen Elementen zusammengesetzt sind, so untereinander in einem durchgängigen Zusammenhange stehen, in welchem sich zugleich fortwährend relativ einfachere zu verwickelteren verbinden können. Ferner sind die Gebilde, ebenso wie die in ihnen enthaltenen psychischen Elemente, niemals Objekte, sondern Vorgänge, die sich von einem Moment zum andern verändern, und die daher nur durch eine willkürliche Abstraktion, die zum Behuf der Untersuchung mancher derselben freilich unerläßlich ist, in einem beliebigen Moment fixiert gedacht werden können. (Vgl. § 2. Pkt. 5)

2. Alle psychischen Gebilde sind in psychische Elemente, also in reine Empfindungen und in einfache Gefühle, zerlegbar. Hierbei verhalten sich aber diese Elemente, gemäß den in § 7 erörterten Eigenschaften der einfachen Gefühle, darin wesentlich abweichend, daß die bei einer solchen Zerlegung gewonnenen Empfindungselemente stets einem der früher betrachteten Empfindungssysteme angehören, während sich als Gefühlselemente nicht nur solche ergeben, die den im Gebilde enthaltenen reinen Empfindungen korrespondieren, sondern auch solche, die aus der Zusammensetzung der Elemente zu einem Gebilde überhaupt erst hervorgehen. Darum bleiben die Qualitätssysteme der Empfindungen bei der Entwicklung der mannigfaltigsten Gebilde konstant, während die Qualitätssysteme einfacher Gefühle bei dieser Entwicklung fortwährend zunehmen. Ferner gilt aber für alle psychischen Gebilde, mögen sie nun aus Empfindungen oder aus Gefühlen oder aus beiden zugleich bestehen, daß die Eigenschaften der psychischen Gebilde niemals durch die Eigenschaften der psychischen Elemente erschöpft werden, die in sie eingehen. Vielmehr entstehen infolge der Verbindung der Elemente immer neue Eigenschaften, die den Gebilden als solchen eigentümlich sind. So enthält eine Gesichtsvorstellung nicht bloß die Eigenschaften der Lichtempfindungen und allenfalls noch der Lage- und Bewegungsempfindungen des Auges, die in ihr enthalten sind, sondern außerdem auch die einer besonderen räumlichen Ordnung der Empfindungen, wovon letztere an und für sich nichts enthalten; oder ein Willensvorgang besteht nicht bloß aus den Vorstellungen und Gefühlen, in die sich die einzelnen Akte desselben zerlegen lassen, sondern es resultieren aus der Verbindung dieser Akte neue Gefühlselemente, die dem Willensvorgang als solchem spezifisch eigentümlich sind. Hierbei verhalten sich aber die Verbindungen der Empfindungs- und die der Gefühlselemente wieder darin abweichend, daß bei den ersteren vermöge der Konstanz der Empfindungssysteme nicht neue Empfindungen, sondern eigentümliche Formen der Ordnung der Empfindungen entstehen: diese Formen sind die intensiven, sowie die räumlichen und die zeitlichen extensiven Mannigfaltigkeiten; bei den Verbindungen der Gefühlselemente bilden sich

dagegen neue einfache Gefühle, die mit den ursprünglichen vereinigt stets intensive Gefühlseinheiten von zusammengesetzter Beschaffenheit darstellen.

3. Die Einteilung der psychischen Gebilde richtet sich naturgemäß nach den Elementen, aus denen sie bestehen. Gebilde, die entweder ganz oder vorzugsweise aus Empfindungen zusammengesetzt sind, bezeichnen wir als Vorstellungen; solche, die vorzugsweise aus Gefühlselementen bestehen, als Gemütsbewegungen. Hierbei gelten aber für die Gebilde ähnliche Einschränkungen wie für die entsprechenden Elemente: sind sie auch mehr als diese aus der unmittelbaren Unterscheidung der realen psychischen Vorgänge hervorgegangen, so gibt es doch einen reinen Vorstellungsprozeß im Grunde ebensowenig wie eine reine Gemütsbewegung, sondern wir können nur entweder dort von dieser, oder hier in einem gewissen Grade von jenem abstrahieren. Dabei stellt sich dann wieder ein ähnliches Verhältnis wie auch bei den Elementen heraus, indem man zwar bei den Vorstellungen die begleitenden subjektiven Zustände außer Betracht lassen kann, wogegen die Schilderung der Gemütsbewegungen immer irgendwelche Vorstellungen voraussetzen muß.

Hiernach unterscheiden wir zunächst drei Hauptformen von Vorstellungen: 1) intensive Vorstellungen, 2) räumliche Vorstellungen, und 3) zeitliche Vorstellungen; ebenso drei Formen von Gemütsbewegungen: 1) intensive Gefühlsverbindungen, 2) Affekte, und 3) Willensvorgänge. Die zeitlichen Vorstellungen bilden insofern zugleich Übergangsglieder zwischen beiden Arten der Gebilde, als bei ihrer Entstehung bestimmte Gefühle eine wesentliche Rolle spielen.

DIE INTENSIVEN VORSTELLUNGEN

l. Eine Verbindung von Empfindungen, in der jedes Element an irgendein zweites genau in derselben Weise wie an jedes beliebige andere gebunden ist, nennen wir eine intensive Vorstellung. In diesem Sinn ist z. B. der Zusammenklang der Töne *dfa* eine solche. In der unmittelbaren Auffassung sind die Einzelverbindungen, in die sich dieser Zusammenklang zerlegen läßt, in welcher Ordnung man sich dieselben auch denken mag, wie *df, da* oder *fd, fa* oder *ad, af,* einander vollkommen gleichwertig. Die intensiven Vorstellungen lassen sich daher auch als Verbindungen von Empfindungselementen in beliebig permutierbarer Ordnung definieren.

Infolge dieser Eigenschaft gibt es bei den intensiven Vorstellungen keine aus der Verbindungsweise der Empfindungen entspringenden Merkmale, mittels deren sie sich in einzelne Teile zerlegen lassen, sondern eine solche Zerlegung ist hier immer nur auf Grund der Verschiedenheit der konstituierenden Empfindungen selbst möglich. So unterscheiden wir die Elemente des Zusammenklangs *dfa* nur deshalb, weil wir in diesem die qualitativ verschiedenen Töne *d, f* und a hören. Dagegen sind diese einzelnen Elemente innerhalb der einheitlichen Vorstellung des Ganzen weniger deutlich unterscheidbar als in ihrem isolierten Zustande. Dies Zurücktreten, welches bei allen Sinneswahrnehmungen eine wichtige Rolle spielt, bezeichnen wir allgemein als Verschmelzung der Empfindungen, und speziell bei den intensiven Vorstellungen als intensive Verschmelzung. Ist die Verbindung eines Elements mit andern Elementen eine so innige, daß es nur durch eine ungewöhnliche Richtung der Aufmerksamkeit, unterstützt durch die experimentelle Variation der Bedingungen, in dem Ganzen wahrnehmbar ist, so nennen wir die Verschmelzung eine vollkommene; tritt dagegen das Element nur gegenüber dem Eindruck des Ganzen zurück, während es doch in der ihm eigenen Qualität unmittelbar erkennbar bleibt, so nennen wir sie eine unvollkommene. Treten endlich bestimmte Elemente mehr als andere in der ihnen eigentümlichen Qualität hervor, so nennen wir diese die herrschenden Elemente. Der Begriff der Verschmelzung in dem hier definierten Sinn ist demnach ein rein psychologischer Begriff, dem in der Reihe der "Assoziationen" seine durch die angegebenen Merkmale bezeichnete Stelle anzuweisen ist. (Vgl. § 16, 4.)

In der Wirklichkeit gehen nun alle intensiven Vorstellungen immer zugleich gewisse räumliche und zeitliche Verbindungen ein. So ist uns z. B. ein Zusammenklang stets als ein in der Zeit dauernder Vorgang gegeben, den wir zugleich, wenn auch häufig nur unbestimmt, auf irgendeine Richtung im Raum beziehen. Aber da diese zeitlichen und räumlichen Eigenschaften bei gleicher intensiver Beschaffenheit der Vorstellungen beliebig wechseln können, so abstrahieren wir von ihnen bei der Untersuchung der intensiven Eigenschaften der Vorstellungen.

2. Bei den Vorstellungen des allgemeinen Sinnes kommen intensive Verschmelzungen als Verbindungen von Druck- mit Wärme- oder Kälteempfindungen, von Druck- oder Temperaturmit Schmerzempfindungen vor. Diese Verschmelzungen sind durchweg unvollkommene, und zuweilen macht sich nicht einmal ein herrschendes Element entschieden gegenüber den andern Elementen geltend. Inniger sind die Verbindungen gewisser Geruchs- und Geschmacksempfindungen, die offenbar physiologisch durch die räumliche Nähe der Sinnesorgane, physikalisch durch die regelmäßige Verbindung bestimmter Reizeinwirkungen auf beide Sinne begünstigt werden. Dabei pflegen die stärkeren Empfindungen die herrschenden Elemente zu sein; und wo diese Rolle den Geschmacksempfindungen zufällt, da wird meist der zusammengesetzte Eindruck ganz als eine Geschmacksqualität aufgefaßt, daher die meisten im gewöhnlichen Leben so genannten "Geschmäcke" in Wirklichkeit Verbindungen von Geschmack und Geruch sind.

3. In der reichsten Mannigfaltigkeit bietet der Gehörssinn intensive Vorstellungen von allen möglichen Abstufungen der Zusammensetzung dar. Die relativ einfachsten unter ihnen, die den einfachen Tönen am nächsten stehen, sind die Einzelklänge. Verwickeltere Formen derselben bilden die Zusammenklänge, aus denen unter gewissen Bedingungen und unter gleichzeitiger Verbindung mit einfachen Geräuschempfindungen die zusammengesetzten Geräusche hervorgehen.

Der Einzelklang ist eine intensive Vorstellung, die aus einer Reihe regelmäßig in ihrer Qualität abgestufter Tonempfindungen besteht. Diese Elemente, die Teiltöne des Klanges, bilden eine vollkommene Verschmelzung, aus welcher die Empfindung des tiefsten Teiltons als das herrschende Element hervortritt. Nach ihm, dem Hauptton, wird der Klang selbst in bezug auf seine Tonhöhe bestimmt. Die übrigen Elemente werden als höhere Töne die Obertöne genannt. Sie werden alle zusammen als ein zweites zu dem herrschenden Element hinzutretendes Bestimmungsstück des Klanges, die Klangfarbe, aufgefaßt. Alle die Klangfarbe bestimmenden Teiltöne befinden sich auf der Tonlinie in bestimmten regelmäßigen Abständen vom Hauptton. Die vollständige Reihe der möglichen Obertöne eines Klanges wird nämlich gebildet durch die 1. Oktave des Haupttons, deren Quinte, die 2. Oktave des Haupttons, deren große Terz und Quinte usw. Diese Reihe entspricht folgenden Verhältnissen der Schwingungszahlen der objektiven Tonwellen:

1 (Hauptton), 2, 3, 4, 5, 6, 7, 8.... (Obertöne).

Bei konstant bleibender Höhe des Haupttons kann nun das zweite Bestimmungsstück der Klangqualität, die Klangfarbe, nach der Anzahl, Lage und relativen Stärke der Obertöne variieren. Auf diese Weise erklärt sich die ungeheure Mannigfaltigkeit der Klangfärbungen musikalischer Instrumente; ebenso, daß sich bei allen Instrumenten die Klangfarbe etwas mit der Tonhöhe ändert, indem bei tiefen Tönen die Obertöne relativ stark, bei hohen Tönen schwach zu sein pflegen und endlich, wenn sie jenseits der Grenze hörbarer Töne liegen, ganz verschwinden.

Psychologisch besteht hiernach die Hauptbedingung zur Entstehung eines Einzelklangs darin, daß eine Verschmelzung von Tonempfindungen mit nur einem herrschenden Element gegeben, und daß diese Verschmelzung eine vollkommene oder mindestens nahezu vollkommene ist. In der Regel unterscheidet man in dem Einzelklang die Obertöne nicht unmittelbar mit unbewaffnetem Ohr; man kann sie aber durch Hörrohre, die auf den gesuchten Oberton abgestimmt sind und daher diesen durch ihre Resonanz verstärken, wahrnehmbar machen. Physikalisch entspricht dieser zusammengesetzten psychologischen Beschaffenheit des Einzelklangs die komplexe Beschaffenheit der Schwingungen, die den Klang hervorbringen. Während nämlich der in der Empfindung einfache Ton durch einfache pendelartige Schwingungen entsteht (Fig. 9 *A*), wird jeder Klang, dem hinzutretende Obertöne eine bestimmte Klangfärbung verleihen, durch Schwingungen von verwickelterer Form hervorgebracht (*B* und *C*). Dabei läßt sich aber eine solche komplexe Schwingungsform stets in mehrere einfache, pendelartige Schwingungen zerlegen, unter denen die stärksten dem Grundton, die schwächeren einzelnen Gliedern der Obertonreihe des Klanges entsprechen. Hiernach ist die Klangvorstellung in ihrer Einheit wie in ihrer Zusammensetzung ein der objektiven Schwingungsform durchaus analoges subjektives Gebilde: der Einheit der Vorstellung entspricht die Einheit der physikalischen Klangform, der Unterscheidung der einzelnen Tonelemente in jener die geometrische Zerlegbarkeit der resultierenden Welle in mehrere einfache Schwingungen.

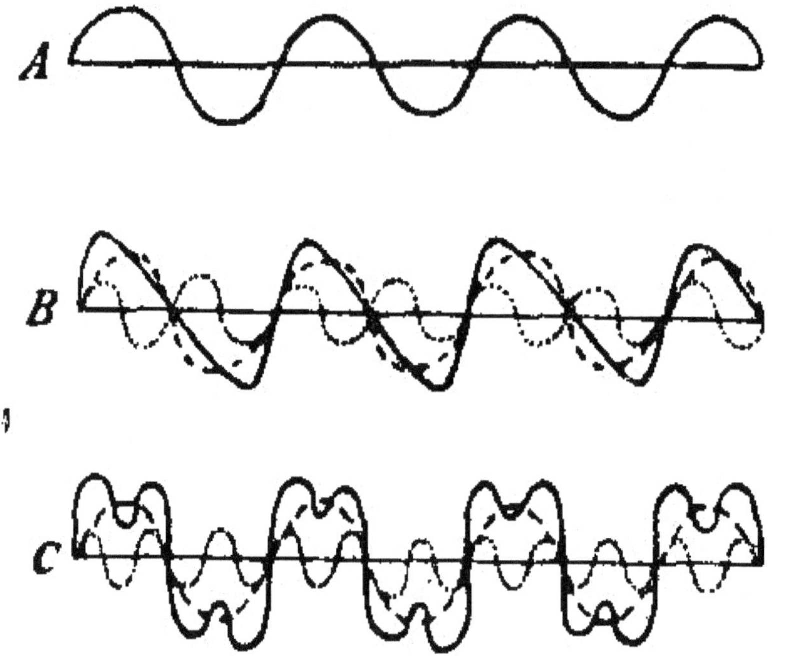

Fig. 9. Klangformen. A einfache pendelartige Schwingungen.
B u. C zusammengesetzte Klangformen (B Grundton und erster, C Grundton u. zweiter Oberton).

4. Die Bedingungen, unter denen ein Element in einer Tonverbindung deren herrschendes ist, bestehen demnach: 1) in der größeren Intensität desselben; 2) in seinem qualitativen Verhältnis zu den andern Teiltönen: der Hauptton muß der Grundton einer Tonreihe sein, deren Glieder zueinander harmonische Töne sind; 3) in der Koinzidenz der verschiedenen Teiltöne des Klanges, die objektiv durch die Einheit der Klangquelle gewährleistet ist (dadurch also, daß der Klang durch die Schwingungen nur einer Saite, einer Zungenpfeife usw. verursacht wird). Von diesen Bedingungen kann die erste hinwegfallen, ohne die Vorstellung des Einzelklangs wesentlich zu stören. Ist dagegen die zweite nicht erfüllt, so geht entweder, wenn der herrschende Grundton fehlt, die Verbindung in einen Zusammenklang, oder, wenn die Tonreihe keine harmonische ist, in ein Geräusch über; oder es bildet sich, falls sich beide Ursachen vereinigen, eine Zwischenform zwischen Klang und Geräusch. Fehlt die dritte Bedingung, so kann ebenfalls der Einzelklang in einen Zusammenklang übergehen. Eine Reihe unabhängig voneinander angegebener Stimmgabelklänge, die nach ihren intensiven und qualitativen Tonverhältnissen einen Einzelklang bilden müßten, erweckt z. B. in Wirklichkeit dennoch die Vorstellung eines Zusammenklangs.

5. Der Zusammenklang ist eine intensive Verbindung von Einzelklängen. Er ist daher eine unvollkommene Verschmelzung, in der mehrere herrschende Elemente enthalten sind. Dabei finden sich aber in der Regel in einem Zusammenklang alle möglichen Grade der Verschmelzung, namentlich wenn er aus Einzelklängen von zusammengesetzter Qualität besteht. Es bildet dann nämlich nicht nur jeder Einzelklang für sich ein vollständiges Verschmelzungsgebilde, sondern es verschmelzen auch wieder die durch ihre Haupttöne qualitativ bestimmten Bestandteile um so vollkommener, je mehr sie sich dem Verhältnis der Elemente eines Einzelklangs nähern. Darum pflegen bei einem Zusammenklang aus obertonreichen Klängen diejenigen Einzelklänge, deren Haupttöne den Obertönen eines ebenfalls in dem Zusammenklang enthaltenen Klanges

entsprechen, mit diesem viel vollkommener als mit andern Klangbestandteilen, und die letzteren wieder um so mehr miteinander zu verschmelzen, je näher ihr Verhältnis dem der Anfangsglieder einer Obertonreihe kommt. So bilden in dem Vierklang *c e g c'* die Klänge c und *c'* eine nahezu vollkommene, die Klänge *c* und *g*, *c* und *e* aber unvollkommene Verschmelzungen; noch unvollkommener als bei diesen ist endlich die Verschmelzung der Klänge *c* und *es*. Ein Maß für den Grad der Verschmelzung erhält man in allen diesen Fällen, wenn man während einer gegebenen sehr kurzen Zeit einen Zusammenklang einwirken und den Beobachter entscheiden läßt, ob er bloß einen Klang oder mehrere Klänge wahrgenommen hat. Wird dieser Versuch öfter wiederholt, so ergibt die relative Anzahl der für die Einheit des Klanges abgegebenen Urteile ein Maß für den Grad der Verschmelzung.

6. Zu den in den Einzelklängen enthaltenen Elementen kommen in jedem Zusammenklang noch weitere hinzu, die aus der Superposition der Schwingungen innerhalb des Gehörapparats entstehen und zu neuen, für die verschiedenen Arten der Zusammenklänge charakteristischen Tonempfindungen Anlaß geben, die ebenfalls bald vollkommene, bald unvollkommene Verschmelzungen mit der ursprünglichen Klangmasse bilden können. Diese Empfindungen sind die der Differenztöne. Sie entsprechen, wie ihr Name andeutet, der Differenz der Schwingungszahlen zweier primärer Töne. Sie entstehen teils durch die Interferenz der Schwingungen außerhalb des Ohres, in dem umgebenden Luftraum (objektive Differenztöne), in welchem Fall sie durch an das Ohr angesetzte offene Röhren, die auf den Ton abgestimmt sind, sogenannte "Resonatoren", verstärkt werden; teils entstehen sie innerhalb des Gehörorgans, sei es durch die Interferenz der Schwingungen im äußeren Gehörapparat, namentlich, im Trommelfell und in den Gehörknöchelchen, sei es im innern Ohr, in welchen Fällen sie durch Resonatoren nicht verstärkt werden (subjektive Differenztöne). Durch die Differenztöne wird der Zusammenklang zu einem äußerst verwickelt aufgebauten psychischen Gebilde. Denn neben den Differenztönen der Haupttöne zweier Klänge können auch solche zwischen den Obertönen derselben, sowie zwischen den Differenztönen selbst oder zwischen ihnen und den primären Tönen entstehen. Man pflegt dann diese als Differenztöne 2., 3., 4.... Ordnung zu bezeichnen. Von allen diesen Differenztönen sind die zwischen den Haupttönen und dann überhaupt diejenigen, die tiefer als die primären Töne des Zusammenklangs liegen, die stärksten[6]). Die Verschmelzung der Differenztöne mit den Haupttönen des Zusammenklangs ist wieder eine um so vollkommenere, je weniger intensiv sie sind, und je mehr sie sich mit den ursprünglichen Klangelementen als harmonische Töne in die einfache Tonreihe einfügen. Infolge dieser Eigenschaften haben die Differenztöne eine ähnlich charakteristische Bedeutung für die Zusammenklänge, wie die Obertöne für die Einzelklänge. Namentlich begründet der Umstand, daß bei bestimmten Intervallen (Oktave, Quinte, Quarte usw.) viele dieser Differenztöne teils verschwinden, teils miteinander zusammenfallen, wesentlich jene größere Einfachheit, die ein wichtiges Merkmal der Konsonanz des Zusammenklangs ausmacht.

7. Der Zusammenklang kann durch alle möglichen Zwischenstufen in die dritte Form intensiver Schallvorstellungen, in die des Geräusches, übergehen. Wenn das Verhältnis zweier Töne außerhalb der harmonischen Tonreihe liegt, und zugleich die Differenz ihrer Schwingungszahlen eine gewisse Grenze, bei den höhern Tönen etwa 60 Schwingungen, bei den tiefsten 30 und weniger, nicht überschreitet, so entstehen Intermissionen des Zusammenklangs, indem die Töne jedesmal sich da verstärken, wo gleiche Schwingungsphasen (*a* und *b*), da aber sich aufheben, wo entgegengesetzte Schwingungsphasen (*m*) zusammenfallen (Fig. 10). Diese Intermissionen der Klangempfindungen, die demnach in ihrer Anzahl dem Unterschied der Schwingungszahlen der primären Töne entsprechen, werden, wenn sie bloß in sukzessiven Schwächungen und Verstärkungen des Klanges bestehen, als Schwebungen, oder, wenn zwischen den einzelnen Tönen völlige Unterbrechungen des Klanges liegen, was namentlich bei tiefen Tönen vorkommt, als Tonstöße bezeichnet. Überschreitet der Unterschied der Schwingungszahlen die oben angegebenen Grenzen, so klingen die Töne zunächst, indem die Intermissionen verschwinden, kontinuierlich aber rauh, und dann, indem auch die Rauhigkeit verschwindet, rein dissonant. Übrigens vermischt sich mit diesen Empfindungen der Rauhigkeit und der reinen Dissonanz in der Regel

noch die Wahrnehmung von Schwebungen, die von Differenztönen herrühren. Die gewöhnliche Dissonanz setzt sich daher in sehr verwickelter Weise aus Schwebungen, Rauhigkeiten des Zusammenklangs und reiner Dissonanz zusammen, wobei zugleich wegen der diffuseren Form der Tonerregung die einzelnen Tonhöhen unsicherer unterschieden werden. Häufen sich diese Momente, so wird aus dem Zusammenklang das Geräusch. Dieses ist psychologisch dadurch gekennzeichnet, daß bei ihm die herrschenden Tonelemente völlig verschwunden oder in die Reihe der den Gesamtcharakter der Vorstellung modifizierenden Elemente zurückgetreten sind. Bestimmend für die Auffassung des Geräusches ist daher entweder, bei den kurz dauernden Geräuschen, ausschließlich die allgemeine Tonlage der an Intensität vorwaltenden Elemente, oder bei den Dauergeräuschen außerdem die Form der Störung, wie sie aus der Schnelligkeit der Schwebungen, den begleitenden Tonstößen usw. hervorgeht.

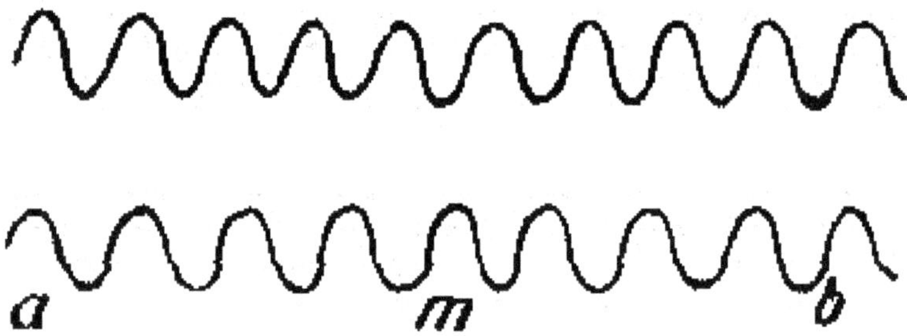

Fig. 10. Schwebungen zweier Töne.

Charakteristische Beispiele der verschiedenen Geräuschformen sind die menschlichen Sprachlaute, unter denen die Vokale Zwischenstufen zwischen Klang und Geräusch mit vorwaltendem Klangcharakter, die Resonanzlaute Dauergeräusche, die eigentlichen Konso-nanten dagegen kurz dauernde Geräusche sind. Bei der Flüsterstimme gehen auch die Vokale in Geräusche über. Der Umstand, daß hierbei durchaus ihre Unterschiede erhalten bleiben, beweist, daß die Charakteristik der Vokale im wesentlichen auf ihren Geräuschelementen beruht.

7a. Der Begriff der "Verschmelzung", der uns in einer etwas abweichenden Form auch noch in der Anwendung auf die extensiven räumlichen und zeitlichen Vorstellungen begegnen wird, bietet bei den intensiven Tonverschmelzungen die einfachsten Bedingungen dar, weil sich hier die aus der Verschmelzung hervorgehenden psychischen Verbindungen verhältnismäßig weniger von einer einfachen Addition ihrer Elemente unterscheiden, als dies bei den extensiven Verschmelzungen der Fäll ist. Der unterscheidenden Merkmale einer intensiven Tonverschmelzung gegenüber der Summe der Einzeltöne, aus denen sie besteht, gibt es nämlich im allgemeinen drei: 1) das Zurücktreten zahlreicher oder (z. B. bei manchen Geräuschen) aller Elemente gegenüber dem Gesamteindruck des Ganzen, 2) die Verbindung der Elemente zu einer Vorstellungseinheit mit einheitlichem Gefühlswert (wie sie besonders bei den harmonischen Zusammenklängen deutlich zu bemerken ist), und endlich 3) das Hervortreten bestimmter dominierender Elemente, wie z. B. beim einfachen Klang das des Grundtons. Von diesen drei Merkmalen sind die beiden ersten die konstanten, das dritte ist variabel. Es ist schon bei den Zusammenklängen weniger ausgeprägt als bei den Einzelklängen und kann bei den Geräuschen ganz verschwinden. Da übrigens alle diese Merkmale psychologische sind, so ist auch der Begriff der Verschmelzung selbst ein psychologischer, und es liegt um so weniger ein Anlaß vor, in den angegebenen drei Merkmalen etwas anderes zu sehen als den Ausdruck einer bestimmten psychologischen Gesetzmäßigkeit, da uns gleiche oder analoge Erscheinungen überall wieder begegnen, wo sich psychische Elemente verbinden. Von dieser einfachen empirischen Sachlage hat man sich gelegentlich bei der Anwendung des Begriffs der "Tonverschmelzung" namentlich dadurch entfernt, daß man die Verbindung der Elemente des Verschmelzungsprodukts als einen zu der Summe der Empfindungen hinzutretenden logischen Akt, als eine Art von Einheitsurteil betrachtete, und die Grundlagen dieses Einheitsurteils auf physiologischem Gebiet, nämlich in irgendeinem physischen Verschmelzungsvorgang in einem hypothetischen Organ des Gehirns suchte (Stumpf). Demgegenüber ist hervorzuheben, daß sich gerade die Tonverschmelzung unmittelbar als ein elementarer psychischer Verbindungsprozeß darbietet, der von einem Urteil gar nichts enthält, daß also dieses offenbar in jener Verwechslung einer logischen Reflexion über die psychischen Erlebnisse mit diesen selber seine Quelle hat, wie sie so vielfach noch heute aus der Vulgärpsychologie in die wissenschaftliche Psychologie herüberreicht (§ 2.). Vollends die Annahme eines nervösen "Verschmelzungsorgans" ist sichtlich eine bloße Verlegenheitshypothese.

Über eine der wesentlichsten der bei den Tonverschmelzungen hervortretenden Erscheinungen, über die Zusammensetzung einer jeden Klangvorstellung aus der Summe der elementaren Tonempfindungen, in die sich der Klang auch objektiv zerlegen läßt, hat nun zum erstenmal die schon oben (§ 6) erwähnte, von Helmholtz aufgestellte "Resonanzhypothese" Rechenschaft zu geben gesucht. Indem man bei ihr annimmt, bestimmte Teile des Gehörapparats seien derart abgestimmt, daß durch Tonwellen von einer gewissen Schwingungszahl immer nur die entsprechend abgestimmten Teile in Mitschwingungen versetzt werden, wird nämlich im allgemeinen die analysierende Fähigkeit des Gehörssinns begreiflich gemacht. Gewisse Schwierigkeiten erwachsen dieser Hypothese nur aus der Existenz der subjektiven Differenztöne. Diese können nur entstehen, indem die primären Tonschwingungen in irgendwelchen schwingungsfähigen Gebilden des Ohres resultierende Schwingungen erzeugen. Die Annahme von Helmholtz, daß die Teile des Mittelohrs (Trommelfell und Gehörknöchelchen) diese Gebilde seien, läßt sich aber nicht mehr aufrechterhalten, da nach den Beobachtungen der Ohrenärzte Differenztöne noch von Patienten empfunden werden, bei denen jene Teile des Mittelohrs verloren gegangen sind (Dennert), und da zuweilen die Differenztöne die primären Töne an Intensität übertreffen können (Hermann). Diese Schwierigkeiten dürften sich aber beseitigen lassen, wenn man die Resonanzhypothese in dem Sinn ergänzt, daß man die Angriffspunkte für die Erregung von Differenztönen (und möglicherweise auch von Schwebungen) nicht vor dem Resonanzapparat (im Mittelohr), sondern hinter ihm (im Labyrinth) voraussetzt, indem man annimmt, daß die Spindel der Schnecke teils direkt, teils von der Basilarmembran aus in Schwingungen geraten und diese auf die in ihren feinen Kanälen verlaufenden Akustikusfasern übertragen könne. Freilich ist diese Hilfshypothese nur durchführbar, wenn man die Annahme einer streng gesonderten spezifischen Energie der einzelnen Akustikusfasern und einer ausschließlichen Erregbarkeit derselben von der Grundmembran aus aufgibt. Mittels anderer Hörtheorien, die auf die Resonanzhypothese ganz verzichten, hat man jedoch das Phänomen der Klanganalyse bis jetzt nicht abzuleiten vermocht. Ist eine Beseitigung der Resonanzhypothese nicht möglich, so dürfte daher einer Ergänzung derselben in dem angedeuteten Sinne kaum etwas im Wege stehen. – Über die Eigenschaften der bei den Zusammenklängen entstehenden zusammengesetzten Gefühle (der Harmonie und Disharmonie) vgl. unten § 12, 9.

Literatur. Helmholtz, Lehre von den Tonempfindungen, 1. u. 2. Abt. Stumpf, Tonpsychologie, Bd. 2. K. L. Schaefer, Gehörssinn in Nagels Handbuch der Physiol., Bd. 3, 2. Révész, Zur Grundlegung der Tonpsyohologie, 1912. von Oettingen, Das duale Harmoniesystem, 1914. Phys. Psych.[6], II, Kap. 10 u. 12. M. u. T.[5] 5. Vorl. – Tonverschmelzung: Lipps, Grundtatsachen des Seelenlebens, Kap. 21. Zeitschr. f. Psych., Bd. 19. Stumpf, ebenda, Bd. 15, § 8 u. § 9. Beiträge zur Akustik u. Musikwissenschaft, Heft 1-3. B. Schulze, Phil. Stud., Bd. 14. H. de Grant, Ztschr. f. Psych., II. Abt., Bd. 44. Differenztöne, Schwebungen usw.: R. Koenig, Poggendorffs Ann.derPhysik, Bd.157 u. 158. Hermann, Pflügers Archiv f. Physiol., Bd. 49. Schaefer, ebenda, Bd. 78 u. 83. Krueger, Phil. Stud., Bd. 16 u. 17. Archiv f. Psychol., Bd. 1 u. 2. Psychol. Stud., Bd. 1, 2 u. 4. Dennert, Arch. f. Ohrenheilkunde, Bd. 24. Hensen, Ber. der Berliner Akad. 1902. Versuche neuer Hörtheorien: Hermann, Pflügers Archiv, Bd. 56. Ewald, ebenda, Bd. 76.

DIE RÄUMLICHEN VORSTELLUNGEN

1. Von den intensiven unterscheiden sich die räumlichen und zeitlichen Vorstellungen unmittelbar dadurch, daß ihre Teile nicht in beliebig vertauschbarer Weise, sondern in einer fest bestimmten Ordnung miteinander verbunden sind, so daß, wenn diese Ordnung verändert gedacht wird, die Vorstellung selbst sich verändert. Vorstellungen mit solch fester Ordnung der Teile nennen wir allgemein extensive Vorstellungen (§ 8).

Unter den möglichen Formen extensiver Vorstellungen zeichnen sich nun die räumlichen wieder dadurch aus, daß jene feste Ordnung nur eine wechselseitige ist, daß sie sich also nicht auf das Verhältnis derselben zum vorstellenden Subjekt bezieht. Vielmehr kann dieses Verhältnis beliebig verändert gedacht werden. Diese objektive Unabhängigkeit der räumlichen Vorstellungsgebilde von dem vorstellenden Subjekt bezeichnen wir als die Verschiebbarkeit und Drehbarkeit der Raumgebilde. Die Anzahl der Richtungen, in denen Verschiebungen und Drehungen vorkommen, ist aber eine beschränkte, indem dieselben sämtlich auf drei Hauptabmessungen zurückgeführt werden können, in deren jeder ein Fortschritt nach zwei einander entgegengesetzten Richtungen möglich ist. Dieser Maximalzahl der Richtungen für die Verschiebungen und Drehungen der Raumgebilde entspricht die Anzahl der Richtungen, in denen die Teile jedes einzelnen Gebildes sowie die verschiedenen Gebilde zueinander geordnet sein können. Wir nennen diese Eigenschaft die dreidimensionale Beschaffenheit des Raumes. Eine einzelne räumliche Vorstellung kann demnach auch als ein dreidimensionales Gebilde von fester wechselseitiger Orientierung seiner Teile, aber von beliebig veränderlicher Orientierung zum vorstellenden Subjekt definiert werden. Selbstverständlich wird in dieser Definition von den in Wirklichkeit sehr häufigen Veränderungen in der Anordnung der Teile abstrahiert: wo sie vorkommen, da wird dies eben als der Übergang einer Vorstellung in eine andere aufgefaßt. Ferner enthält die dreidimensionale Ordnung zwei- und eindimensionale Ordnungen als Grenzfälle, bei denen übrigens, sobald man das Verhältnis des räumlichen Gebildes zum vorstellenden Subjekt in Betracht zieht, die fehlenden Dimensionen stets mit vorgestellt werden.

2. Dieses in Wirklichkeit in allen räumlichen Vorstellungen zugleich gegebene Verhältnis zu dem vorstellenden Subjekt schließt nun von vornherein die psychologische Forderung ein, daß die Ordnung der Elemente in einer solchen Vorstellung nicht eine ursprüngliche Eigenschaft der Elemente selbst, analog etwa der Intensität oder Qualität der Empfindungen, sein kann, sondern daß sie erst aus dem Zusammensein der Empfindungen, also aus irgendwelchen durch dieses Zusammensein neu entstehenden psychischen Bedingungen hervorgeht. Denn wollte man diese Forderung nicht zugestehen, so würde man genötigt sein, nicht etwa bloß jeder einzelnen Empfindung eine räumliche Qualität beizulegen, sondern man müßte in jede räumlich noch so beschränkte Empfindung sogleich die Vorstellung des ganzen dreidimensionalen Raumes in seiner Orientierung zum vorstellenden Subjekt mit aufnehmen. Dies führt aber zu der Annahme einer a priori allen einzelnen Empfindungen vorausgehenden Raumanschauung, welche Annahme mit allen unsern Erfahrungen über die Entstehungsbedingungen psychischer Gebilde überhaupt und speziell mit den Einflüssen, denen die räumlichen Vorstellungen unterworfen sind, im Widerspruch steht.

3. Alle räumlichen Vorstellungen bieten sich uns schließlich als Formen der Ordnung zweier Sinnesqualitäten dar, der Tastempfindungen und der Lichtempfindungen, von denen aus dann erst sekundär die Beziehung auf den Raum auch auf andere Empfindungen durch die Assoziation der Vorstellungen (§ 16) übertragen wird. Bei dem Tast- und Gesichtssinn sind aber offenbar schon durch die flächenförmige Anordnung der peripheren Sinnesorgane und durch die Ausstattung dieser mit Bewegungsapparaten, die eine wechselnde Orientierung der Eindrücke zum vorstellenden Subjekt möglich machen, günstige Bedingungen zu einer extensiven räumlichen Ordnung der Empfindungen gegeben. Von beiden Sinnesgebieten ist das des Tastsinns wieder das ursprünglichere, da es in der Entwicklungsreihe der Organismen früher entsteht, und da uns überdies hier die beim Gesichtssinn in weit feinerer Ausbildung gegebenen Organisationsverhältnisse noch roher, darum aber auch in mancher Beziehung deutlicher entgegentreten. Doch

kommt dabei freilich in Betracht, daß beim sehenden Menschen infolge jener höheren Ausbildung der Sehfunktionen die räumlichen Vorstellungen des Tastsinns in hohem Grade durch die des Gesichtssinns beeinflußt sind.

4. Die einfachste für den Tastsinn mögliche räumliche Vorstellung ist die eines einzelnen nahezu punktförmigen Eindrucks auf die Haut. Auch wenn ein solcher Eindruck bei abgewandtem Gesichtsorgan einwirkt, bildet sich eine bestimmte Vorstellung von dem Ort der Berührung. Diese Vorstellung, die man die Lokalisation des Reizes nennt, ist, wie die Selbstbeobachtung zeigt, beim sehenden Menschen in der Regel keine unmittelbare, wie man erwarten müßte, wenn das Räumliche eine der Empfindung ursprünglich eigentümliche Eigenschaft wäre, sondern sie ist von einer hinzutretenden, wenn auch meist sehr dunkeln Gesichtsvorstellung der berührten Körperstelle abhängig. Die Lokalisation ist daher in der Nähe der Begrenzungslinien der Tastorgane, die sich im Gesichtsbild deutlicher ausprägen, genauer als inmitten gleichförmig beschaffener Flächen. Die Erweckung einer Gesichtsvorstellung durch den Tasteindruck wird aber auch bei abgewandtem Sehorgan dadurch möglich, daß jedem Punkt des Tastorgans eine eigentümliche qualitative Färbung der Tastempfindung zukommt, die unabhängig von der Qualität des äußeren Eindrucks ist und wahrscheinlich von den von Punkt zu Punkt wechselnden und an zwei entfernten Stellen niemals völlig übereinstimmenden Struktureigentümlichkeiten der Haut herrührt.

Diese lokale Färbung kann man als das Lokalzeichen der Empfindung bezeichnen. Dasselbe ändert sich an den verschiedenen Hautstellen von Punkt zu Punkt mit sehr verschiedener Geschwindigkeit; sehr schnell z. B. an der Zungenspitze, den Fingerspitzen, den Lippen, langsam an den größeren Flächen der Glieder und des Rumpfes. Ein Maß für diese Änderung der Lokalzeichen kann man erhalten, wenn man zwei Eindrücke nahe beieinander gleichzeitig auf eine Hautstelle einwirken läßt. Solange dann die Distanz der Eindrücke in der Region qualitativ ununterscheidbarer Lokalzeichen liegt, werden dieselben als ein einziger Eindruck wahrgenommen, während, sobald jene Grenze überschritten ist, die Eindrücke räumlich getrennt werden. Diese kleinste eben unterscheidbare Distanz zweier Eindrücke nennt man die Raumschwelle des Tastsinns. Sie variiert von l bis 2 mm (Zungen- und Fingerspitze) bis zu 68 mm (Rücken, Oberarm, Oberschenkel). An den Stellen der Druckpunkte (§ 6, A.) können jedoch bei günstiger Anwendung der Reize auch noch kleinere Distanzen wahrgenommen werden. Überdies ist die Raumschwelle von den Zuständen des Tastorgans und von den Einflüssen der Übung abhängig. Infolge der ersteren ist sie z. B. bei Kindern, bei denen offenbar die die Lokalzeichen bedingenden Strukturunterschiede in kleineren Entfernungen merklich werden, kleiner als bei Erwachsenen; infolge der Übung ist sie bei Blinden, namentlich an den von ihnen vorzugsweise zum Tasten benutzten Fingerspitzen, kleiner als bei Sehenden.

5. Die Lokalisation der Tasteindrücke und mit ihr die räumliche Ordnung einer Mehrheit solcher beruht, wie die oben geschilderte Mitwirkung der Gesichtsvorstellungen lehrt, beim sehenden Menschen weder auf einer ursprünglichen Raumqualität der Hautpunkte, noch auf einer primären raumbildenden Funktion des Tastorgans, sondern sie setzt die räumlichen Vorstellungen des Gesichtssinns voraus, die aber nur dadurch wirksam werden können, daß den Teilen des Tastorgans selbst gewisse qualitative Eigenschaften, die Lokalzeichen, zukommen, welche die Gesichtsvorstellung des berührten Teiles erwecken. Dabei liegt jedoch kein Grund vor, den Lokalzeichen eine unmittelbare Beziehung zum Raum zuzuschreiben: vielmehr können sie offenbar allen Anforderungen genügen, wenn sie lediglich die Eigenschaft qualitativer Signale besitzen, die das zugehörige Gesichtsbild hervorrufen. Dieses aber ist ihnen durch häufige Verbindung zugeordnet. Dementsprechend wird die Schärfe der Lokalisation durch alle die Einflüsse begünstigt, die einerseits die Deutlichkeit des Gesichtsbildes und anderseits die qualitativen Unterschiede der Lokalzeichen vergrößern.

Den Prozeß der räumlichen Vorstellungen werden wir daher in diesem Fall als eine Einordnung der Tastreize in bereits gegebene Gesichtsbilder infolge der festen Verbindung dieser Bilder mit den qualitativen Lokalzeichen der Reize bezeichnen können. Hierbei kann (gemäß § 9,) die Verbindung der Lokalzeichen mit den Gesichtsbildern der ihnen entsprechenden Körperstellen als eine unvollkommene, aber sehr konstante Verschmelzung betrachtet werden.

Die Verschmelzung ist unvollkommen, weil sowohl das Gesichtsbild wie der Tasteindruck ihre Selbständigkeit bewahren; sie ist aber so konstant, daß sie bei gleichbleibendem Zustand des Tastorgans unlöslich erscheint, woraus sich auch die relative Sicherheit der Lokalisation erklärt. Die herrschenden Elemente dieser Verschmelzung sind die Tastempfindungen, hinter denen bei vielen Individuen die Gesichtsvorstellungen so zurücktreten, daß sie selbst bei großer Aufmerksamkeit nicht sicher wahrgenommen werden können. In solchen Fällen ist daher die räumliche Auffassung vielleicht, wie bei den Blinden, eine unmittelbare Funktion der Tast- und Bewegungsempfindungen (siehe unten 6). In der Regel zeigt aber die genauere Beobachtung, daß man sich von der Lage und Distanz der Eindrücke nur Rechenschaft geben kann, indem man sich das unbestimmte Gesichtsbild der berührten Körperstelle deutlicher zu machen sucht. Als eine besondere Klasse von Empfindungen lassen sich daneben noch die Kraftempfindungen betrachten, die den Widerständen der Bewegung proportional zunehmen und gegenüber den Tastempfindungen durch feinere Empfindlichkeit sich auszeichnen.

6. Diese für den Sehenden geltenden Bedingungen ändern sich nun wesentlich beim Blinden und namentlich beim Blindgeborenen oder in frühester Lebenszeit Erblindeten. Der Blinde bewahrt zwar noch sehr lange Zeit Erinnerungsbilder der ihm geläufigen Gesichtsobjekte, und so bleiben bei ihm auch die räumlichen Tastvorstellungen immer noch in einem gewissen Grade Produkte einer Verschmelzung zwischen Tastempfindungen und Gesichtsbildern. Da ihm aber die Hilfe einer fortan sich wiederholenden Erneuerung der Gesichtsvorstellungen abgeht, so zieht er in umfassender Weise Bewegungen zu Hilfe, indem er, von einem Tasteindruck zum andern übergehend, in der in den Gelenken und Muskeln erzeugten Tastempfindung (§ 6, A), die ein Maß der Größe der ausgeführten Bewegung ist, zugleich ein Maß gewinnt für die Distanz, in der sich die Tasteindrücke voneinander befinden. Diese Hilfe, bei dem Erblindeten zu den allmählich erblassenden Gesichtsbildern hinzutretend und sie teilweise ersetzend, ist für den Blindgeborenen von Anfang an die einzige, durch die eine Vorstellung von den wechselseitigen Lage- und Entfernungsverhältnissen einzelner Eindrücke entstehen kann. Demzufolge beobachtet man bei solchen Personen eine fortwährende Bewegung der Tastorgane, besonders der tastenden Finger, über die Objekte hin, bei deren Auffassung ihnen überdies die geschärfte Aufmerksamkeit auf die Tastempfindungen und die größere Übung in der Unterscheidung derselben zustatten kommen. Immerhin macht sich die tiefere Entwicklungsstufe dieses Sinnes gegenüber dem Gesichtssinn darin geltend, daß die Auffassung stetig ausgedehnter Begrenzungslinien und Flächen viel unvollkommener ist als die nahehin punktförmiger Eindrücke in verschiedenen Anordnungen. Einen Beleg hierfür bildet die Tatsache, daß man sich bei der Blindenschrift genötigt gesehen hat, für die einzelnen Buchstaben künstliche Zeichen einzuführen, die in verschiedenen Kombinationen erhabener Punkte bestehen. So ist z. B. in der gewöhnlich gebrauchten (Brailleschen) Blindenschrift ein Punkt das Zeichen für A, 2 Punkte horizontal nebeneinander das für B, 2 Punkte vertikal übereinander für C usw. Mit 6 Punkten im Maximum reicht man für alle Buchstaben aus; dabei müssen nur die Punkte so weit voneinander entfernt sein, daß sie mit der Spitze des Zeigefingers noch als getrennt wahrgenommen werden. Für die Entwicklung der Raumvorstellungen des Blinden ist nun die Art, wie diese Schrift gelesen wird, bezeichnend. In der Regel werden dazu die beiden Zeigefinger der rechten und der linken Hand benutzt. Der rechte Finger geht voraus und faßt eine Gruppe von Punkten simultan auf (synthetisches Tasten), der linke Finger folgt etwas langsamer nach und faßt die einzelnen Punkte sukzessiv auf (analysierendes Tasten). Beide Eindrücke, der simultane und der sukzessive, werden aber miteinander verbunden und auf das nämliche Objekt bezogen. Dieses Verfahren zeigt deutlich, daß beim Blinden ebensowenig wie beim Sehenden die räumliche Unterscheidung der Tasteindrücke unmittelbar mit der Einwirkung derselben auf das Tastorgan gegeben ist, sondern daß hier die Bewegungen, mittels deren der dem analysierenden Tasten dienende Finger die einzelnen Strecken durchläuft, eine ähnliche Rolle spielen, wie sie bei dem Sehenden den begleitenden Gesichtsvorstellungen zukommt.

Nun kann eine Vorstellung von der Größe und Richtung dieser Bewegungen wiederum nur dadurch entstehen, daß jede Bewegung von einer inneren Tastempfindung (§ 6, A) begleitet ist.

Die Annahme, daß diese letztere unmittelbar schon mit einer Vorstellung von dem bei der Bewegung zurückgelegten Raume verbunden sei, würde aber im äußersten Grad unwahrscheinlich sein; denn nicht nur würde das die Existenz einer dem Subjekt angeborenen Anschauung von dem umgebenden Raum und seiner eigenen Lage in demselben voraussetzen (s. o.), sondern es würde auch noch die besondere Annahme in sich schließen, die inneren Tastempfindungen, obgleich sonst in ihrer qualitativen Beschaffenheit und in den physiologischen Substraten ihrer Entstehung den äußeren gleichartig, unterschieden sich doch dadurch von diesen, daß bei ihnen mit der Empfindung stets auch ein Bild der Lage des Subjekts und der räumlichen Ordnung seiner unmittelbaren Umgebung entstehe, eine Annahme, die eigentlich nötigen würde, zu der Platonischen Lehre von der Wiedererinnerung an angeborene Ideen zurückzukehren. Denn die beim Tasten entstehende Empfindung wird hier als eine äußere Gelegenheitsursache gedacht, welche die uns angeborene, also übersinnliche Idee des Raumes wiedererwecke.

7. Mit der zuletzt erwähnten Hypothese würde zudem, abgesehen von ihrer psychologischen Unwahrscheinlichkeit, der Einfluß, den die Übung in der Unterscheidung der Lokalzeichen und der Bewegungsunterschiede ausübt, nicht zu vereinigen sein. Es bleibt demnach nichts anderes übrig, als daß man auch hier, ähnlich wie beim Sehenden (s. o.), in die empirisch gegebenen Verbindungen der Empfindungen selbst die Entstehung der räumlichen Vorstellungen verlegt. Diese Verbindungen bestehen nun darin, daß mit je zwei Empfindungen a und b von bestimmter Lokalzeichendifferenz stets eine bestimmte, die Bewegung begleitende innere Tastempfindung b, und mit einer größeren Lokalzeichendifferenz a und c eine intensivere Bewegungsempfindung g assoziiert ist, usw. In der Tat sind ja beim Tasten der Blinden die äußeren und die inneren Tastempfindungen stets in dieser regelmäßigen Verbindung gegeben. Es läßt sich darum auch nicht behaupten, irgendeines jener beiden Empfindungssysteme trage an und für sich schon die Vorstellung einer räumlichen Einordnung in sich; sondern wir können nur sagen, daß diese Ordnung regelmäßig aus ihrer beider Verbindung hervorgeht. Unter diesem Gesichtspunkte läßt sich die durch äußere Eindrücke entstehende räumliche Vorstellung der Blinden definieren als das Produkt einer Verschmelzung äußerer Tastempfindungen und ihrer qualitativ abgestuften Lokalzeichen mit intensiv abgestuften inneren Tastempfindungen. In diesem Verschmelzungsprodukt bilden die äußeren Tastempfindungen in ihren durch die äußeren Reize bedingten Eigenschaften die herrschenden Elemente, hinter denen die Lokalzeichen und die inneren Tastempfindungen in den ihnen eigentümlichen qualitativen und intensiven Eigenschaften so vollständig zurücktreten, daß sie, ähnlich etwa wie die Obertöne eines Klanges, nur bei besonders geschärfter Aufmerksamkeit auf sie wahrgenommen werden können. Auch die räumlichen Tastvorstellungen beruhen daher auf einer vollkommenen Verschmelzung (§ 9). Aber die Eigenart dieser besteht, im Unterschiede z. B. von den intensiven Tonverschmelzungen, darin, daß die Neben- oder Hilfselemente selbst wieder Elemente von verschiedener Beschaffenheit sind, die zugleich in gesetzmäßigen Beziehungen zueinander stehen. Während nämlich die Lokalzeichen ein reines Qualitätssystem bilden, ordnen sich die die Bewegungen des Tastorgans begleitenden inneren Tastempfindungen in eine Skala von Intensitätsgraden; und indem die zum Durchlaufen des Zwischenraums zwischen zwei Punkten aufgewandte Bewegungsenergie mit der Größe des Zwischenraums wächst, muß auch mit dem Qualitätsunterschied der Lokalzeichen der Intensitätsunterschied der die Bewegung begleitenden Empfindungen zunehmen.

8. Auf diese Weise ist die räumliche Ordnung der Tasteindrücke das Produkt einer doppelten Verschmelzung: einer ersten, die zwischen den Hilfselementen vor sich geht, und durch die die Qualitätsstufen des nach zwei Dimensionen geordneten Lokalzeichensystems in ihrem Verhältnis zueinander nach den Intensitätsstufen der inneren Tastempfindung geordnet werden; und einer zweiten, durch die sich die durch die äußeren Reize bestimmten äußeren Tastempfindungen mit jenen ersten Verschmelzungsprodukten verbinden. Natürlich finden beide Verbindungsprozesse nicht sukzessiv, sondern in einem und demselben Akt statt, da die Lokalzeichen wie die Tastbewegungen unmittelbar durch die äußeren Reize erweckt werden. Während aber die äußere Tastempfindung mit der Beschaffenheit des objektiven Reizes wechselt, bilden die

Lokalzeichen und die inneren Tastempfindungen subjektive Elemente, deren wechselseitige Zuordnung bei den verschiedensten äußeren Eindrücken immer die nämliche bleibt. Hierin liegt die psychologische Bedingung für die von uns dem Raume zugeschriebene Konstanz der Eigenschaften, gegenüber den mannigfach wechselnden qualitativen Eigenschaften der im Raum enthaltenen Objekte.

9. Nachdem sich die räumlichen Verschmelzungen der Tastempfindungen gebildet haben, bleibt nun jedes der dabei wirksamen Elemente bis zu einem gewissen, wenn auch beschränkten Grade für sich allein fähig, eine Lokalisation von Empfindungen zu erzeugen. So hat nicht bloß der Sehende, sondern auch der Blinde und Blindgeborene bei vollkommen ruhendem Tastorgan eine Vorstellung vom Ort einer Berührung, und er kann zwei in hinreichender Distanz einwirkende Eindrücke als räumlich getrennte wahrnehmen. Natürlich entsteht aber beim Blindgeborenen nicht, wie beim Sehenden, das Gesichtsbild der berührten Stelle, sondern es bildet sich statt dessen die Vorstellung einer Bewegung des berührten Gliedes und, wo mehrere Eindrücke mitwirken, einer tastenden Bewegung von einem Eindruck zum andern. Es werden also auch bei den so vollzogenen Vorstellungen die nämlichen Verschmelzungen wie bei den gewöhnlichen, durch Tastbewegungen unterstützten wirksam, nur mit dem Unterschiede, daß der eine Faktor des Verschmelzungsprodukts, die innere Tastempfindung, bloß als Erinnerungsbild existiert.

10. Ebenso kann aber das Entgegengesetzte eintreten: es kann als wirklicher Empfindungsinhalt nur eine Summe innerer Tastempfindungen gegeben sein, die durch die Bewegung eines Körperteils entstehen, ohne merkliche Beimengung äußerer Tastempfindungen, und es können gleichwohl jene inneren, die Bewegung begleitenden Empfindungen das Substrat einer räumlichen Vorstellung bilden. Dies geschieht regelmäßig bei den reinen Vorstellungen der eigenen Bewegung. Wenn wir z.B. bei geschlossenen Augen unseren Arm erheben, so haben wir in jedem Moment eine Vorstellung von der Lage des Armes. Bei ihr wirken zwar in einem gewissen Grad auch die äußeren Tastempfindungen mit, die durch die Dehnungen und Faltenbildungen der Haut entstehen; diese treten aber doch zurück gegenüber den von den Gelenken, Sehnen und Muskeln ausgehenden inneren Tastempfindungen.

Beim sehenden Menschen kommen diese Lagevorstellungen, wie man leicht beobachten kann, dadurch zustande, daß die durch den Zustand des bewegten Teiles erzeugten Empfindungen auch bei geschlossenen oder abgekehrten Augen ein dunkles Gesichtsbild jenes Teiles samt dem ihn unmittelbar umgebenden Raum erwecken. Diese Verbindung ist eine so innige, daß sie selbst zwischen den bloßen Erinnerungsbildern der inneren Tastempfindungen und der entsprechenden Gesichtsvorstellung eintreten kann, wie man bei Gelähmten beobachtet, bei denen zuweilen der bloße Wille, eine bestimmte Bewegung auszuführen, die Vorstellung der wirklich ausgeführten Bewegung erweckt. Augenscheinlich beruhen daher die Vorstellungen eigener Bewegungen beim Sehenden auf analogen unvollkommenen Verschmelzungen, wie die äußeren räumlichen Tastvorstellungen: nur spielen in diesem Fall die inneren Tastempfindungen die nämliche Rolle, wie dort die äußeren. Dies führt zu der Annahme, daß auch den inneren Tastempfindungen Lokalzeichen zukommen, d. h. daß die in den verschiedenen Gelenken, Sehnen, Muskeln entstehenden Empfindungen bestimmte lokal abgestufte Unterschiede zeigen. In der Tat scheint das die Selbstbeobachtung zu bestätigen. Wenn wir abwechselnd das Knie-, das Oberschenkel-, das Oberarmgelenk usw., oder sukzessiv das gleiche Gelenk der rechten und der linken Körperseite bewegen, so pflegt, abgesehen von der nie ganz zu unterdrückenden Verbindung mit dem Gesichtsbild des Körperteils, jedesmal die Qualität der Empfindung leise zu variieren.

11. Auf Grund dieser Verhältnisse beim Sehenden läßt sich nun auch die Entstehungsweise der Vorstellungen eigener Bewegung beim Blindgeborenen verstehen. An Stelle der Verschmelzung mit dem Gesichtsbild des Körperteils muß hier eine solche der inneren Tastempfindungen mit den Lokalzeichen wirksam werden, während zugleich äußere Tastempfindungen unterstützend hinzutreten. Beim Blinden scheinen daher diese letzteren bei der Orientierung über die eigene Bewegung im Raum eine weit größere Rolle zu spielen, als beim Sehenden. Seine Vorstellungen über die eigene Bewegung bleiben höchst unsicher, solange er ihnen nicht durch die

Betastung äußerer Objekte zu Hilfe kommt, wobei er durch die große Übung des äußeren Tastsinns und die geschärfte Aufmerksamkeit auf denselben unterstützt wird. Einen Beleg hierfür bildet der sogenannte "Fernsinn der Blinden". Er besteht in der Fähigkeit, Widerstand leistende Gegenstände, z. B. eine nahe Wand, aus einiger Entfernung ohne direkte Betastung wahrzunehmen. Es läßt sich nun experimentell nachweisen, daß sich dieser Fernsinn aus zwei Faktoren zusammensetzt: erstens aus einer sehr schwachen Tasterregung der Stirnhaut durch den Luftwiderstand, und zweitens aus der Änderung des Schalles der Schritte. Hierbei wirkt die letztere als ein Signal, welches die Aufmerksamkeit hinreichend schärft, damit jene schwachen Tasterregungen wahrgenommen werden können. Der "Fernsinn" wird daher unwirksam, wenn man entweder die Tasterregungen durch ein umgebundenes Tuch von der Stirn abhält, oder wenn man die Schritte unhörbar macht.

12. Neben den Vorstellungen von den Lagen und Bewegungen der einzelnen Körperteile besitzen wir aber noch eine Vorstellung von der Lage und Bewegung des Gesamtkörpers, und jene gehen immer erst durch ihre Beziehung auf diese letztere Vorstellung aus einer bloß relativen in eine absolute Bedeutung über. Das Orientierungsorgan für diese allgemeinen Vorstellungen ist der Kopf, von dessen Lage man sich jeweils eine bestimmte Vorstellung bildet, und in bezug auf den nach den einzelnen Komplexen innerer und äußerer Tastempfindungen die einzelnen Körperorgane, meist freilich nur unbestimmt, orientiert werden. Im Kopfe bilden aber die drei Bogengänge des Gehörlabyrinths das spezifische Orientierungsorgan, dem als sekundäre Hilfsmittel die an die Wirkung der Kopfmuskeln gebundenen inneren und äußeren Tastempfindungen zur Seite treten. Dieser Orientierungsfunktion der Bogengänge läßt sich wohl am ehesten ein Verständnis abgewinnen, wenn man annimmt, daß in ihnen unter dem Einfluß des wechselnden Druckes der Labyrinthflüssigkeit innere Tastempfindun-gen mit besonders ausgeprägten Lokalzeichenunterschieden entstehen. Die Schwindelerschei-nungen, die infolge schneller Drehungen des Kopfes eintreten, entspringen höchstwahrschein-lich aus den durch die heftigen Bewegungen der Labyrinthflüssigkeit verursachten Empfin-dungen. Damit stimmt überein, daß man nach partiellen Zerstörungen der Bogengänge konstante Orientierungstäuschungen und nach vollständiger Zerstörung derselben die Aufhe-bung der Orientierungsfähigkeit beobachtet hat.

12a. Die Anschauungen, die sich rücksichtlich der psychologischen Entstehungsweise der räumlichen Vorstellungen gegenüberstehen, pflegt man als die des Nativismus und des Empirismus zu bezeichnen. Die nativistische Theorie will die Lokalisation im Raum aus angeborenen Eigenschaften der Sinnesorgane und Sinneszentren, die empiristische Theorie will sie aus dem Einfluß der Erfahrung ableiten. Diese Unterscheidung gibt aber den tatsächlich bestehenden Gegensätzen keinen sachgemäßen Ausdruck, da man die Annahme angeborener räumlicher Vorstellungen bekämpfen kann, ohne darum zu behaupten, daß diese durch Erfahrung entstehen. In der Tat ist dies der Fall, wenn man, wie es oben geschehen ist, die Raumanschauungen als Produkte psychologischer Verschmelzungsprozesse betrachtet, die ebensowohl in den physiologischen Eigenschaften der Sinnes- und Bewegungsorgane wie in den allgemeinen Gesetzen der Entstehung psychischer Gebilde begründet sind. Solche Verschmelzungsprozesse und die auf ihnen beruhenden Ordnungen der Sinneseindrücke bilden nämlich überall die Grundlagen unserer Erfahrung; eben deshalb ist es aber unzulässig, sie selbst Erfahrungen zu nennen. Richtiger ist es vielmehr, wenn man die vorhandenen Gegensätze als die der nativistischen und der genetischen Theorien bezeichnet, worauf die letzteren wieder in die empiristische und die Verschmelzungstheorie zerfallen. Insofern die hierbei angenommenen assoziativen Verschmelzungsprozesse die Erfahrung überhaupt erst vermitteln helfen, kann dann die Verschmelzungstheorie auch als die präempiristische Form der genetischen Theorien bezeichnet werden. Dabei ist es zugleich bemerkenswert, daß die verbreiteten nativistischen Theorien ebensowohl empiristische, wie umgekehrt die empiristischen nativistische Bestandteile enthalten, so daß bisweilen der Gegensatz kaum als ein nennenswerter erscheint. Die Nativisten setzen nämlich zwar voraus, die Ordnung der Eindrücke im Raum entspreche unmittelbar der Ordnung der sensibeln Punkte in der Haut und in der Netzhaut; die besondere Art der Projektion nach außen, namentlich die Vorstellung der Entfernung und der Größe der Gegenstände, ferner die Beziehung einer Mehrheit räumlich getrennter Eindrücke auf einen einzigen Gegenstand, sollen aber von der "Aufmerksamkeit", vom "Willen" oder selbst von der "Erfahrung" abhängig sein. Die Empiristen dagegen pflegen in irgendeiner Weise den Raum als gegeben vorauszusetzen und dann jede einzelne Vorstellung als eine durch Erfahrungsmotive bestimmte Orientierung in diesem Raum zu interpretieren. Bei der Theorie der räumlichen Gesichtsvorstellungen wird in der Regel der Tastraum als dieser ursprünglich gegebene Raum betrachtet; bei der Theorie der Tastvorstellungen hat man zuweilen die inneren Tastempfindungen mit der ursprünglichen Raumqualität ausgestattet. So sind Empirismus und Nativismus in den wirklichen Theorien meist völlig verschwimmende Begriffe, und beiderlei Theorien pflegen zugleich darin übereinzustimmen, daß sie komplexe Begriffe der Vulgärpsychologie, wie "Aufmerksamkeit", "Wille", "Erfahrung", ohne nähere Prüfung und Analyse verwenden. Hierin besteht dann zugleich ihr Gegensatz zur Verschmelzungstheorie, die durch die psychologische Analyse der Vorstellungen die elementaren Prozesse nachzuweisen sucht, durch welche die Vorstellungen entstehen.

Der eigentümliche Einfluß des Kopfes auf die Vorstellungen von der Lage und Bewegung des Gesamtkörpers, wie er bei den Schwindelerscheinungen und bei den Vorstellungen der Fortbewegung im Raum bei passiver Bewegung des Körpers zur Geltung kommt, wurde ursprünglich auf gewisse Gehirnteile, namentlich auf das kleine Gehirn (Cerebellum) bezogen: auch ist es nicht unwahrscheinlich, daß das letztere bei den Orientierungserscheinungen und ihren Störungen teils direkt, teils indirekt als Zentrum der peripheren Orientierungsorgane mitwirkt. Daß unter den letzteren das Bogenlabyrinth eine hervorragende Rolle spielt, machen die besonders bei Vögeln ausgeführten partiellen wie totalen Exstirpationsversuche der Bogengänge zweifellos. Doch sind dabei immer die äußeren Tastempfindungen und die Gesichtswahrnehmungen von mitbestimmendem Einfluß, namentlich auch insofern, als sie beim Wegfall des Bogenlabyrinths eine allmähliche Ausgleichung der Störungen ermöglichen. Eine eigentümliche Bestätigung findet übrigens der vorwaltende Einfluß des letzteren durch die Beobachtung, daß bei Taubstummen sehr häufig Orientierungsstörungen vorkommen; wahrscheinlich ist dies immer dann der Fall, wenn die der Taubstummheit in der Regel zugrunde liegende frühe Zerstörung des Gehörlabyrinths auch das Bogenlabyrinth ergriffen hat.

Literatur. E. H. Weber, Tastsinn und Gemeingefühl, Handwörterb. d. Physiol., III, 2, 1846. Lotze, Medizinische Psychologie, 1852, 324, (erste, noch wesentlich metaphysisch motivierte Aufstellung des Begriffs der Lokalzeichen). Wundt, Beiträge zur Theorie der Sinneswahrn, 1862, I. Abt. Vierordt, Grundriß der Physiol., 5. Aufl., 1877, 340. M. Washburn, Phil. Stud., Bd. 11. Judd, ebenda, Bd. 12. Goldscheider, Ges. Abhandl. Bd. l. Spearman, Psychol. Stud., Bd. l. Menderer, ebenda, Bd. 4. Ewald, Zeitschr. f. Psych., II. Abt. Bd. 44. von Frey, Zeitschr. für Biologie, Bd. 63, 65. Oehrwall, Skand. Archiv f. Physiol. Bd. 32. Phys.Ps.[6], II, Kap. 13. M. n. T.[5], Vorl. 9. Lipps, Grundtatsachen des Seelenlebens, 1883, Kap. 22. Über Blinde: Heller, Phil. Stud., Bd. 11. Taubstumme Blinde: Jerusalem, Laura. Bridgmann, 1890. Helen Keller, Geschichte meines Lebens, 1904. Lagevorstellungen des Gesamtkörpers: Nagel in Nagels Handb. d. Physiol., 3, 1905. Goltz, Pflügers Archiv f. Physiol., Bd. 3. Breuer, ebenda, Bd. 48. Mach, Grundlinien der Lehre von den Bewegungsempfindungen, 1875. Delage-Aubert, Studien über die Orientierung, 1888. Ewald, Physiol. Untersuch. über das Endorgan des Nervus octavus, 1892. Kreidl, Pflügers Archiv, Bd. 51 u. 54 (Orientierung Taubstummer). Lokalisation anderer, besonders der Gehörsvorstellungen: O. Klemm u. G. P. Arps, Psychol. Stud., Bd. 8. O. Klemm, Ber. des 6. Kongr. für exp. Psychologie, 1914. (Sammelreferat.)

B. DIE RÄUMLICHEN GESICHTSVORSTELLUNGEN

13. Die allgemeinen Eigenschaften des Tastsinns wiederholen sich beim Gesichtssinn, aber in weit feinerer Ausbildung. Der Sinnesfläche der äußeren Haut entspricht hier die Netzhautfläche mit ihren palisadenartig gestellten, ein überaus feines Mosaik empfindender Punkte bildenden Zapfen und Stäbchen (Fig. 2, § 6). Indem die dem Auge zugeführten Optikusfasern von der Eintrittsstelle des Sehnerven (*O* Fig. 11) aus nach allen Richtungen sich ausbreiten, bilden sie die innerste Schicht der Netzhaut (*R*). Sie setzen sich nach außen umbiegend in die andern Schichten dieser Membran fort, zuletzt in die Stäbchen und Zapfen, die selbst wieder mit ihren schmalen, kegelförmigen und zylindrischen (in Fig. 2 nach oben gekehrten) Enden die äußerste, am meisten peripherische Schicht bilden. Diese ist dann noch von einer dunkeln Pigmentlage bedeckt, welche das Ausscheidungsprodukt der die Netzhaut überziehenden, sehr gefäßreichen Aderhaut oder Chorioidea ist (*A*). Über dieser liegt schließlich die äußere Schutzmembran des Auges, die weiße Augenhaut oder Sklera (*S*). Die Aderhaut setzt sich vorn in die in ihrer Mitte von dem Sehloch, der Pupille (*p*), durchbohrte Iris oder Regenbogenhaut (*J*), die Sklera in die durchsichtige Hornhaut oder Cornea (*C*) fort. Die Cornea, die Kristallinse (*L*) mit der zwischen beiden liegenden wässerigen Feuchtigkeit (*W*) und dem Glaskörper (*G*) bilden zusammen das System der durchsichtigen brechenden Medien des Auges. Sie brechen das in das Auge eindringende Licht so, daß bei normalem Brechungszustand des Auges von einem in großer Ferne befindlichen Gegenstand ein umgekehrtes, verkleinertes Bild auf der Netzhaut entworfen wird. Um die Lage und Größe dieses Bildes durch eine einfache näherungsweise Konstruktion zu finden, kann man sich eines optischen Kardinalpunkts, des sogenannten Knotenpunkts (*k*), bedienen, der, dicht vor der Hinterfläche der Linse gelegen, die Eigenschaft hat, daß, wenn man von einem äußeren Objektpunkt durch ihn eine gerade Linie, die "Richtungslinie", zieht, diese die Netzhaut in dem zugehörigen Bildpunkte trifft. Auf nähere Gegenstände stellt sich der optische Apparat dadurch ein, daß die Vorderfläche der Kristallinse infolge einer auf die Kapsel der Linse von muskulären Fasern des vorderen Aderhautringes ausgehenden Wirkung stärker sich wölbt, wobei sie die Iris vordrängt (wie dies in Fig. 11 durch die unterbrochene Linie angedeutet ist). Neben dieser Akkommodation für die Nähe mittels der veränderten Linsenkrümmung besitzt dann noch das Auge in den die Regenbogenhaut zusammensetzenden Muskelfasern einen Apparat der Adaptation für die Helligkeit, der durch das die Netzhaut treffende Licht derart reflektorisch in Funktion tritt, daß sich bei zunehmender Helligkeit die Pupille verengt, bei abnehmender erweitert. Eine wichtige Bedeutung für den Sehakt besitzen endlich zwei Stellen der Netzhaut: der blinde Fleck (*b*), welcher der Eintrittsstelle des Sehnerven entspricht und wegen seines Mangels an Sehzellen (Zapfen und Stäbchen) für Licht unempfindlich ist, und der gelbe Fleck (*g*) oder die Zentralgrube der Netzhaut, eine Stelle, an der sich bloß dichtgedrängte Zapfen befinden, und die dadurch zur Wahrnehmung deutlicher Bilder vorzugsweise befähigt ist. Der blinde Fleck hat etwa 6° oder 1,5mm, der gelbe Fleck 4 1/2 ° oder wenig mehr als l mm im Durchmesser und liegt 15 ° oder 4 mm nach außen von jenem, während das ganze Auge einen Durchmesser von etwa 23 mm besitzt. Diese Strukturverhältnisse kennzeichnen das Auge durchaus als einen nach dem Prinzip der Camera obscura gebauten optischen Apparat, der aber, abgesehen von der lichtempfindlichen Beschaffenheit seiner Auffangsfläche, der Retina, durch die beiden Eigenschaften der Akkommodation für verschiedene Entfernungen mittels der Formänderungen der Linse und der Anpassung für verschiedene Lichtstärken mittels der als Blendung wirkenden Iris sich auszeichnet, Eigenschaften, deren in dieser Weise nur ein lebendes Organ fähig ist. Indem nun das Licht vermöge seiner raumdurchdringenden Energie die Entwerfung deutlicher Bilder bald von nahen, bald von fernen Objekten auf die lichtempfindliche Netzhaut vermittelt, gewinnt so der Gesichtssinn in noch viel höherem Maße als der Gehörssinn die Bedeutung eines Fernsinns, während er zugleich, ähnlich dem Tastsinn, ein räumlicher Sinn ist.

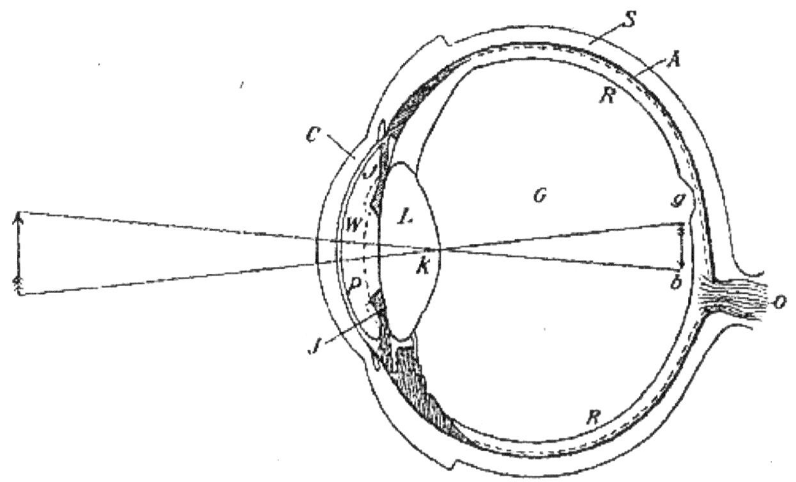

Fig. 11. Schematischer Durchschnitt des Auges. *O* Sehnerv. *S* Sklera. *C* Cornea. *A* Chorioidea. *J* Iris. *R* Retina. *W* wässerige Feuchtigkeit (vordere Augenkammer). *L* Kristallinse. *G* Glaskörper. *k* optischer Knotenpunkt, *b* blinder Fleck. *g* gelber Fleck (Zentralgrube).

14. Jede Gesichtsvorstellung läßt sich nun nach ihren räumlichen Eigenschaften in zwei Faktoren zerlegen: 1) in die Orientierung der einzelnen Elemente einer Vorstellung zueinander, und 2) in ihre Orientierung zum vorstellenden Subjekt. Schon die Vorstellung eines einzigen Lichtpunkts enthält diese beiden Faktoren: denn wir müssen uns den Punkt in irgendeiner räumlichen Umgebung und in irgendeinem Richtungs- und Entfernungsverhältnis zu uns selber vorstellen. Auch können diese Faktoren nur durch eine willkürliche Abstraktion, nie aber in Wirklichkeit voneinander gesondert werden, da durch das Verhältnis, in welchem irgendein räumlicher Punkt zu seiner Umgebung steht, regelmäßig auch sein Verhältnis zu dem vorstellenden Subjekt bestimmt wird. Aus dieser Abhängigkeit ergibt sich zugleich, daß die Analyse der Gesichtsvorstellungen zweckmäßig von dem ersten jener beiden Faktoren, von der wechselseitigen Orientierung der Elemente eines Vorstellungsgebildes, ausgeht, um dann erst den zweiten Faktor, die Orientierung des Gebildes zum Vorstellenden, in Betracht zu ziehen.

15. Bei der Auffassung der Verhältnisse der Elemente einer Gesichtsvorstellung zueinander wiederholen sich, nur in feinerer Ausbildung und mit einigen für den Gesichtssinn bedeutsamen Modifikationen, die Eigenschaften des Tastsinns. Auch hier verbinden wir mit einem möglichst einfachen, nahehin punktförmigen Eindruck die Vorstellung eines ihm zukommenden Ortes im Raume, weisen ihm also ein bestimmtes Lageverhältnis an zu den ihn umgebenden Raumteilen; doch erfolgt diese Lokalisation nicht, wie bei dem Tastsinn, durch die unmittelbare Beziehung auf den entsprechenden Punkt des Sinnesorgans selbst, sondern wir tragen den Eindruck in das außerhalb des vorstellenden Subjekts und in irgendeiner Entfernung von ihm gelegene Sehfeld ein. Ferner ist hier, wie beim Tastsinn, ein Maß für die Genauigkeit der Lokalisation die Distanz, in der zwei nahehin punktförmige Eindrücke noch räumlich unterschieden werden können; doch ist auch diese Distanz nicht unmittelbar als eine auf der Sinnesfläche selbst abzumessende lineare Größe gegeben, sondern als kleinster wahrnehmbarer Zwischenraum zweier Punkte des Sehfeldes. Da sich nun das Sehfeld in jeder beliebigen Entfernung befinden kann, so benutzt man hier zweckmäßig als Maß der Lokalisationsschärfe nicht eine lineare Größe, sondern den Winkel, den zwei gerade Linien miteinander bilden, die von den Punkten des Sehfeldes zu den entsprechenden Punkten des Netzhautbildes durch den in der Kristallinse gelegenen optischen Knotenpunkt (den Kreuzungspunkt der Richtungslinien) gezogen werden. Dieser Gesichtswinkel bleibt konstant, solange die Größe des Netzhautbildes unverändert bleibt, wogegen die zugehörige wechselseitige Distanz der Punkte im Sehfeld proportional der Entfernung von dem Sehenden zunimmt. Will man statt des Gesichtswinkels eine ihm äquivalente lineare Distanz einführen, so kann daher als solche nur der Durchmesser des Netzhautbildes benutzt werden, der sich unmittelbar aus der Größe des Gesichtswinkels und der Entfernung der Netzhautfläche vom optischen Knotenpunkt des Auges ergibt.

16. Die nach diesem Prinzip vorgenommene Messung der Lokalisationsschärfe zeigt nun, entsprechend den an den verschiedenen Stellen des Tastorgans gefundenen Ergebnissen, innerhalb der verschiedenen Teile des Sehfeldes sehr abweichende Werte. Nur eine Stelle der Netzhaut macht in dieser Beziehung eine bemerkenswerte Ausnahme: es ist dies die Eintrittsstelle des Sehnerven, die, weil an ihr die Sehelemente, die Stäbchen und Zapfen, fehlen, unempfindlich für Licht ist. Diesen blinden Fleck kann man mittels einer Zeichnung wie der Fig. 12 leicht nachweisen. Schließt man nämlich das linke Auge und fixiert mit dem rechten das links stehende Kreuzchen, so fällt bei einer Sehdistanz von etwa 1 Fuß der schwarze Kreis in den blinden Fleck dieses Auges: er verschwindet daher, und an seiner Stelle scheint sich der weiße Hintergrund über die ganze Zeichnung auszubreiten. Man bezeichnet diesen Versuch nach seinem Entdecker als den Mariotteschen Versuch. An allen andern Stellen sind die Raumwerte, welche die kleinste unterscheidbare Distanz angeben, sehr kleine Größen, durchweg viel kleinere als beim Tastorgan; und während über dieses zahlreiche Stellen feinerer Unterscheidung verteilt sind, findet sich im Sehfeld nur eine Stelle feinster Unterscheidung, nämlich die dem Netzhautzentrum entsprechende Mitte desselben, von der aus dann nach den Seitenteilen hin die Lokalisationsschärfe sehr rasch abnimmt. Das ganze Sehfeld oder die ganze Netzhautfläche verhält sich also analog einem einzelnen Tastgebiet, wie z.B. dem des Zeigefingers, übertrifft aber freilich dieses, namentlich in den zentralen Teilen, außerordentlich an Lokalisationsschärfe, indem hier zwei Eindrücke, die unter einem Gesichtswinkel von 60-90 Sekunden einwirken, noch eben unterschieden werden, während 2,5° seitlich vom Netzhautzentrum die kleinste unterscheidbare Größe schon 3' 30" beträgt und 8° seitlich auf etwa 1° steigt.

+

Fig. 12. Blinder Fleck.

Da wir bei normalem Sehen auf diejenigen Objekte, von denen wir genauere räumliche Vorstellungen gewinnen wollen, das Auge so einstellen, daß jene in der Mitte des Sehfeldes, ihre Bilder also im Netzhautzentrum liegen, so bezeichnet man solche Objekte auch als die direkt gesehenen, alle andern, die in den exzentrischen Teilen des Sehfeldes liegen, als die indirekt gesehenen. Der Mittelpunkt der Region des direkten Sehens heißt der Blick- oder Fixationspunkt, die diesen Punkt mit dem Mittelpunkt des Netzhautzentrums verbindende Linie die Blicklinie. Die Zentralregion der Netzhaut selbst, d. h. diejenige Region, deren Eindrücke deutlich unterschieden werden, mit der wir z. B. Buchstaben in gewöhnlicher Druckschrift lesen können, hat aber, wie oben bemerkt, eine Ausdehnung von etwa 4 1/2 Winkelgraden und liegt 15° nach außen von dem einem Gesichtswinkel von 6° entsprechenden blinden Fleck (g und b Fig. 11).

Berechnet man die lineare Distanz, die jenem kleinsten Gesichtswinkel entspricht, bei welchem im Zentrum des Sehfeldes zwei Punkte getrennt wahrgenommen werden können, so ergibt sich eine Größe von 4/1000 - 6/1000 mm. Diese Größe kommt ungefähr dem Durchmesser eines Netzhautzapfens gleich; und da das Zentrum der Netzhaut nur Zapfen besitzt, die aber so dicht gelagert sind, daß sie sich unmittelbar berühren, so läßt sich hieraus mit Wahrscheinlichkeit folgern, daß zwei Lichteindrücke jedenfalls auf zwei verschiedene Netzhautelemente fallen müssen, wenn sie noch räumlich getrennt werden sollen. In der Tat stimmt damit überein, daß auf den Seitenteilen der Netzhaut die beiden hier vorkommenden Formen lichtempfindender Elemente, die Zapfen und die Stäbchen, durch größere Zwischenräume getrennt sind. Man kann hiernach annehmen, daß die Schärfe des Sehens im allgemeinen von der Dichtigkeit der Anordnung der Netzhautelemente abhängt.

16a. Aus diesem Wechselverhältnis zwischen der Sehschärfe und der Anordnung der Netzhautelemente hat man häufig geschlossen, jedem Netzhautelement komme die ursprüngliche Eigenschaft zu, den Lichtreiz, von dem es getroffen wird, an der seiner Projektion auf das Sehfeld entsprechenden Stelle des Raumes zu lokalisieren; und man hat auf diese Weise jene Eigentümlichkeit des Gesichtssinns, seine Objekte überhaupt in einem äußeren, in irgendeiner Entfernung von dem Subjekt befindlichen Sehfelde vorzustellen, auf eine angeborene Energie der Netzhautelemente oder ihrer zentralen, Vertretungen im Sehzentrum des Gehirns zurückgeführt. Es gibt gewisse pathologische Störungen des Sehens, die diese Annahme auf den ersten Blick zu bestätigen scheinen. Wenn nämlich infolge von Entzündungsprozessen unter der Netzhaut diese an einzelnen Stellen aus ihrer Lage gedrängt wird, so entstehen Verzerrungen der Bilder, sogenannte Metamorphopsien, die sich ihrer Größe und Richtung nach vollständig erklären lassen, wenn man annimmt, daß die aus ihrer Lage gedrängten Netzhautelemente fortfahren, ihre Eindrücke so zu lokalisieren, als wenn sie sich noch in ihrer ursprünglichen, normalen Lage befänden. Aber diese Verzerrungen der Bilder beweisen offenbar, solange es sich dabei, wie in den meisten Fällen, um Erscheinungen handelt, die sich infolge des allmählichen Entstehens und Verschwindens der Exsudate fortwährend verändern, ebensowenig eine angeborene Lokalisationsenergie, wie sich etwa eine solche aus der leicht zu machenden Beobachtung erschließen läßt, daß man durch prismatische Brillengläser verzerrte Bilder der Objekte wahrnimmt. Wird dagegen allmählich ein stationärer Zustand erreicht, so verschwinden die Metamorphopsien, und zwar geschieht dies nicht bloß in solchen Fällen, wo eine vollständige Rückkehr der Netzhautelemente in ihre ursprüngliche Lage angenommen werden darf, sondern auch in solchen, wo dies wegen des Umfangs der Prozesse durchaus unwahrscheinlich ist. In diesen letzteren Fällen muß dann aber die Ausbildung einer neuen Zuordnung der einzelnen Netzhautelemente zu den ihnen entsprechenden Punkten des Sehfeldes angenommen werden. Diese Folgerung gewinnt eine Bestätigung in Beobachtungen am normalen Auge über die allmähliche Anpassung an Bildverzerrungen, die durch äußere optische Hilfsmittel bewirkt worden sind. Bewaffnet man die Augen mit einer prismatischen Brille, so treten in der Regel auffallende und störende Änderungen der Bilder auf, indem geradlinige Begrenzungslinien gebogen und dadurch die Formen der Objekte verzerrt erscheinen. Diese Verzerrungen verschwinden aber allmählich vollständig, wenn man die Brille dauernd trägt; und sie können in der entgegengesetzten Richtung wieder eintreten, wenn die Brille beseitigt wird.

17. Neben den Netzhautempfindungen sind jedoch noch andere psychische Elemente an der Ordnung der Lichteindrücke beteiligt. Die physiologischen Eigenschaften des Sehorgans weisen hier von vornherein auf die die Bewegungen des Auges begleitenden Empfindungen hin. Diese Bewegungen spielen nämlich bei der Ausmessung von Strecken im Sehfeld offenbar eine ähnliche Rolle, wie die Tastbewegungen bei Ausmessung der Tasteindrücke. Indem das Auge um seinen zum Kopf immer gleich orientierten Mittelpunkt nach allen Richtungen gedreht werden kann, ist es in vorzüglicher Weise geeignet, die Begrenzungslinien der Objekte kontinuierlich zu durchlaufen oder auf dem kürzesten Wege von einem gegebenen Fixationspunkt zu einem andern überzugehen. Da ferner die Bewegungen beider Augen vermöge der Synergie ihrer Innervation einander so angepaßt sind, daß die Blicklinien normalerweise stets auf denselben Fixationspunkt eingestellt werden, so ist dadurch ein Zusammenwirken beider Augen ermöglicht, das nicht bloß die Lageverhältnisse der Objekte zueinander vollständig erfassen läßt, sondern auch das wesentlichste Hilfsmittel für die Bestimmung der räumlichen Verhältnisse der Objekte zum sehenden Subjekt abgibt (siehe unten 24 ff.).

18. In der Tat lehren die Erscheinungen des Sehens, daß, wie die Unterscheidung distinkter Punkte im Sehfeld im allgemeinen von der Dichtigkeit der Anordnung der Netzhautelemente,

so die Vorstellung der wechselseitigen Distanz zweier Punkte von der beim Durchlaufen dieser Distanz angewandten Bewegungsanstrengung des Auges abhängt. Diese macht sich aber als Vorstellungskomponente dadurch geltend, daß sie mit einer Spannungsempfindung verbunden ist, die wir namentlich bei umfangreicheren Bewegungen wahrnehmen.

Am augenfälligsten zeigt sich der Einfluß dieser inneren Tastempfindungen darin, daß die Lokalisation infolge partieller Lähmungen einzelner Augenmuskeln Störungen erfährt, die genau den durch die Lähmung bewirkten Veränderungen in der Bewegungsanstrengung entsprechen. Das allgemeine Prinzip dieser Störungen besteht nämlich darin, daß die Distanz zweier Punkte vergrößert erscheint, sobald sie in der Richtung der erschwerten Bewegung liegt. Der erschwerten Bewegung entspricht eine intensivere Spannungsempfindung, die normalerweise eine extensivere Bewegung begleiten würde: demzufolge erscheint die durchmessene Strecke größer, und, da die bei der Bewegung gewonnenen Maße auf die Bewegungsantriebe des ruhenden Auges zurückwirken, so tritt die nämliche Täuschung selbst für die noch zu durchmessende Strecke in der gleichen Richtung ein.

19. Ähnliche Abweichungen lassen sich aber auch am normalen Auge nachweisen. Denn obgleich der Muskelapparat desselben so angeordnet ist, daß die Bewegungen in den verschiedenen Richtungen nahezu mit gleicher Anstrengung erfolgen, so trifft dies doch nicht vollständig zu, aus Gründen, die mit der Anpassung des Sehorgans an seine Leistungen zusammenhängen. Da wir nähere Objekte, auf die wir die Blicklinien konvergierend einstellen müssen, am häufigsten betrachten, so haben die Muskeln des Auges eine Anordnung gewonnen, bei der zunächst die Konvergenzbewegungen der Blicklinien erleichtert, und bei der sodann unter den möglichen Konvergenzbewegungen wieder die nach abwärts vor den nach aufwärts gerichteten bevorzugt, sind. Die Erleichterung der Konvergenzbewegungen wird dadurch erzielt, daß die das Auge nach auf- und nach abwärts drehenden Muskeln, der Rectus superior und inferior (*Rsi* Fig. 13), nicht in einer die Blicklinie (*B*) enthaltenden Vertikalebene liegen, wie es der einfachsten Drehung nach oben und unten entsprechen würde, sondern von dieser Ebene derart abweichen, daß sie mit der Auf- und Abwärtsbewegung zugleich eine schwache Innenwendung bewirken. Im Zusammenhange damit ist jedem dieser Muskeln ein schief gelegener Hilfsmuskel beigegeben, dem Rectus superior der Obliquus inferior, dem Rectus inferior der Obliquus superior (*Osi* Fig. 13), welche die beiden geraden Muskeln in der Auf- und Abwärtsbewegung unterstützen, während sie die infolge der asymmetrischen Lagerung jener Muskeln entstehenden Rollungen um die Gesichtslinie kompensieren. Infolge dieser größeren Komplikation der Muskelwirkungen ist nun bei der Auf- und Abwärtsbewegung der Augen die Bewegungsanstrengung größer als bei der Aus- und Einwärtsbewegung, die bloß durch je zwei in der Horizontalebene gelegene Muskeln, den Rectus externus und internus, bewirkt wird. Die relative Erleichterung der abwärts gerichteten Konvergenzbewegungen findet aber teils in den oben (s. o.) erwähnten intensiven Verschiedenheiten der die Bewegungen begleitenden Empfindungen, teils in der Erscheinung ihren Ausdruck, daß bei der Abwärtsbewegung beider Augen unwillkürlich verstärkte, bei der Aufwärtsbewegung derselben verminderte Konvergenz eintritt.

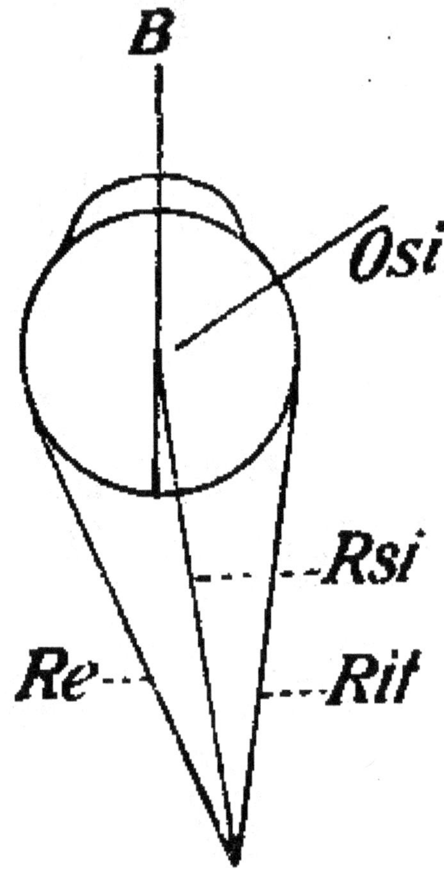

Fig. 13. Schema der Augenmuskeln (linkes Auge). *Re* Rectus externus.
Rit Reotus internus. *Rsi* Ebene des Rectus superior und inferior.
Osi Zugebene des Obliquus sup. und inf. *B* Gesichts- oder Blicklinie.

Diesen Abweichungen des Bewegungsmechanismus entsprechen nun gewisse konstante, von
der Richtung im Sehfeld abhängige Täuschungen des Augenmaßes. Sie bestehen teils in Richtungstäuschungen, teils in Streckentäuschungen.

So ist jedes Auge in bezug auf die Richtung vertikaler Linien im Sehfeld der Täuschung
unterworfen, daß eine mit ihrem oberen Ende um 1-3° nach auswärts geneigte Linie vertikal,
und daß daher eine in Wirklichkeit vertikale Linie mit ihrem oberen Ende nach innen geneigt
zu sein scheint. Da diese Täuschung für jedes Auge eine entgegengesetzte Richtung hat, so verschwindet sie im zweiäugigen Sehen. Sie ist auf die soeben bemerkte Tatsache zurückzuführen,
daß sich die Abwärtsbewegungen der Augen unwillkürlich mit einer Zunahme, die Aufwärts-
bewegungen mit einer Abnahme der Konvergenz verbinden. Diese von uns nicht bemerkte Abweichung der Bewegung von der vertikalen Richtung wird dann auf eine im entgegengesetzten
Sinne stattfindende Abweichung der Objekte bezogen.

Ähnlich läßt sich eine regelmäßige Streckentäuschung bei der Vergleichung verschieden gerichteter gerader Linien im Sehfeld auf jene Verschiedenheiten zurückführen, die in der Anordnung der das Auge nach oben und unten und der dasselbe nach außen und innen bewegenden
Muskeln bestehen. Die Täuschung besteht hier darin, daß wir vertikale Linien durchschnittlich

etwa um 1/7 – 1/10 zu groß schätzen gegenüber gleich großen horizontalen; daher uns z. B. ein Quadrat wie ein Rechteck mit kleinerer Basis erscheint, während umgekehrt bei einem nach dem Augenmaß gezeichneten Quadrat die Höhe zu klein gezeichnet wird. Wie also bei teilweise gelähmtem Auge die in der Richtung der erschwerten Bewegung gelegenen Strecken vergrößert erscheinen, gerade so gilt das auch für das normale Auge. Neben dieser am meisten auffallenden Abweichung zwischen vertikal und horizontal findet sich noch eine unbedeutendere zwischen oben und unten, sowie eine solche zwischen außen und innen, indem die obere Hälfte einer vertikalen und die äußere einer horizontalen Geraden, jene durchschnittlich um 1/16, diese um 1/40, überschätzt wird. Die erste dieser Täuschungen entspricht der oben (s. o.) erwähnten Erleichterung der Abwärtsbewegungen, die zweite der Erleichterung der Konvergenzstellungen.

20. Diesen konstanten Richtungs- und Streckentäuschungen, die sich auf bestimmte, in den besonderen Zwecken des Sehens begründete Einrichtungen des Bewegungsmechanismus zurückführen lassen, schließen sich andere, variable Täuschungen des Augenmaßes an, die in allgemeingültigen Eigenschaften unserer Bewegungen ihren Grund haben, und zu denen daher analoge Erscheinungen bei den Bewegungen der Tastorgane nachzuweisen sind. Auch sie zerfallen in Richtungstäuschungen und Streckentäuschungen. Die ersteren folgen der Regel: Spitze Winkel werden überschätzt, stumpfe unterschätzt, und die die Winkel begrenzenden Linien verändern dementsprechend ihre Richtung. Für die Streckentäuschungen gilt die Regel: Gezwungene und unterbrochene Bewegungen sind anstrengender als freie und kontinuierliche Bewegungen; demnach werden gerade Linien, die zur Fixation nötigen, im Vergleich mit Punktdistanzen, und ebenso gerade Linien, die durch Teilpunkte mehrfach unterbrochen sind, im Vergleich mit ununterbrochen gezogenen überschätzt.

20a. Die den Winkeltäuschungen analoge Erscheinung im Gebiete des Tastsinns besteht darin, daß man geneigt ist, kleine Gelenkdrehungen zu überschätzen, große zu unterschätzen, eine Regel, die sich auf das allgemeine Prinzip zurückführen läßt, daß zu einer Bewegung von geringem Umfang ein relativ größerer Energieaufwand erfordert wird als zu einer solchen von bedeutenderem Umfang, weil zur ersten Auslösung der Bewegung mehr Energie nötig ist als zur Erhaltung einer schon im Gang befindlichen Bewegung. Eine der Überschätzung mehrfach eingeteilter Linien analoge Erscheinung besteht ferner darin, daß uns eine von einem Tastorgan mittels der Bewegung abgeschätzte Raumstrecke kleiner erscheint, wenn sie in einer einzigen kontinuierlichen Bewegung, als wenn sie in einer mehrfach unterbrochenen Bewegung durchmessen wird. Auch hier entspricht die Empfindung dem Energieaufwand, der bei der mehrfach unterbrochenen Bewegung größer ist als bei der ununterbrochenen. Darum gilt die Überschätzung eingeteilter linearer Strecken für das Auge begreiflicherweise auch nur so lange, als nicht durch die Einteilung Motive entstehen, welche die Bewegung verhindern. Letzteres geschieht z. B., wenn man nur einen einzigen Einteilungspunkt anbringt. Dieser zwingt dann zur Fixation. Vergleicht man daher eine einmal eingeteilte mit einer nicht eingeteilten Linie, so ist man geneigt, die erstere mit ruhendem Auge, unter Fixation des Einteilungspunkts, die letztere aber mit bewegtem Auge aufzufassen; dementsprechend erscheint in diesem Fall die nicht eingeteilte Strecke größer als die eingeteilte. Auf ähnlichen Bedingungen beruht es, daß eine gerade Linie vergrößert erscheint, wenn sie in Ansatzlinien übergeht, die zu einer über die Endpunkte der Geraden hinausgehenden Bewegung veranlassen, daß sie dagegen verkleinert erscheint, wenn die Ansatzlinien die entgegengesetzte Richtung haben (Müller-Lyersche Täuschung, Fig. 14).

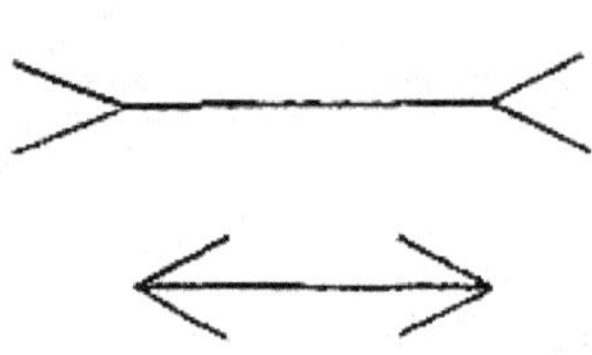

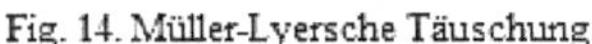

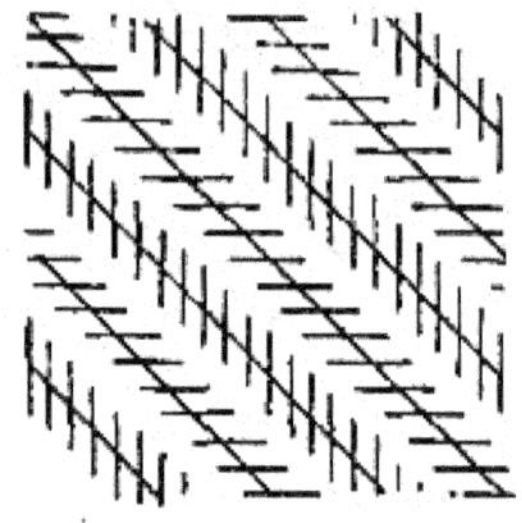

Fig. 14. Müller-Lyersche Täuschung.   Fig. 15. Zoellnersche Täuschung.

Die Überschätzung spitzer Winkel wird dann am auffallendsten, wenn sich dieses Täuschungsmotiv mehrmals wiederholt, wie z. B. in Fig. 15, wo die langen, schräggezogenen Linien in Wirklichkeit parallel sind, aber wegen der scheinbaren Vergrößerung der spitzen Winkel, welche die sie schneidenden kurzen Linien mit ihnen bilden, abwechselnd zu divergieren und zu konvergieren scheinen (Zoellnersche Täuschung).

20 b. Die gesamten konstanten wie variabeln Richtungs- und Streckentäuschungen pflegt man zur Unterscheidung von andern, auf dioptrischen Abweichungen beruhenden optischen Täuschungen als geometrisch-optische Täuschungen zu bezeichnen, weil die Konstruktion geometrischer Figuren vorzugsweise zu ihrer Auffindung Anlaß gibt. Doch werden in diesem Ausdruck außer jenen auf den Eigenschaften des Bewegungsmechanismus beruhenden auch noch andere Abweichungen des Augenmaßes einbegriffen, die auf den später zu erörternden Gesetzen der Vorstellungsassoziationen beruhen, und die man deshalb speziell als "Assoziationstäuschungen" bezeichnen kann. Hierher gehört z. B. die Tatsache, daß eine Strecke oder ein Winkel von gegebener Größe neben einer sehr viel kleineren Strecke oder neben einem sehr viel kleineren Winkel vergrößert, im umgekehrten Fall aber verkleinert gesehen wird, eine Erscheinung, die offenbar durchaus dem Licht- und Farbenkontrast (§ 17, 11) analog ist. Ähnliche Assoziationswirkungen verbinden sich auch mit den vorhin geschilderten variabeln Richtungs- und Streckentäuschungen in dem Sinne, daß die durch den Einfluß der verschiedenen Bewegungsenergie entstehenden Täuschungen durch eine perspektivische Tiefenauffassung der in der Ebene gezeichneten Figuren mit den Eigenschaften des Netzhautbildes in Einklang gebracht werden. So erscheint uns z. B. eine eingeteilte gerade Linie nicht nur größer als die gleich große nicht eingeteilte, sondern wir verlegen sie auch in größere Entfernung, gemäß der durch zahlreiche Assoziationen unsere Wahrnehmung beherrschenden Regel, daß Objekte unter gleichem Gesichtswinkel um so größer erscheinen, in je größere Ferne sie verlegt werden. Diese perspektivischen Assoziationstäuschungen treten, weil bei ihnen die Vergleichung der Netzhautbilder eine Rolle spielt, bei starrer Fixation mehr hervor als bei bewegtem Auge, und sie bilden zugleich ein Hilfsmerkmal, an dem sich die variabeln von den konstanten Täuschungen unterscheiden lassen, da bei den letzteren perspektivische Nebenvorstellungen im allgemeinen nicht zu bemerken sind. Weiteres über Assoziationstäuschungen vgl. unten in § 16, 9, über räumlichen Kontrast § 17, 11.

21. Weisen die konstanten wie die variabeln Täuschungen des Augenmaßes auf die unmittelbare Abhängigkeit der Auffassung räumlicher Richtungen und Strecken von den Bewegungen des Auges hin, so stimmt nun damit zugleich das negative Ergebnis überein, daß die Anordnung der Netzhautelemente, insbesondere die Dichtigkeit ihrer Lagerung, auf die Vorstellungen der Richtung und Größe normalerweise keinen merklichen Einfluß ausübt. Dies zeigt sich vor allem daran, daß die Distanz zweier Punkte gleich groß erscheint, ob wir sie im direkten oder im indirekten Sehen beobachten. Zwei Punkte, die direkt gesehen deutlich unterschieden werden, können in den Seitenteilen des Sehfeldes in einen zusammenfließen; aber sobald sie

unterschieden werden, erscheinen sie hier ebensoweit voneinander entfernt wie dort. Diese Unabhängigkeit der Größenwahrnehmung von der Dichtigkeit der Anordnung bezieht sich auch auf das oben erwähnte Verschwinden der Objekte, die sich auf dem blinden Fleck abbilden. Da derselbe eine Größe von etwa 6° hat, so können auf ihm Bilder von ansehnlicher Größe, z. B. ein in etwa 6 Fuß Entfernung gelegenes menschliches Angesicht, vollständig verschwinden. Aber sobald rechts und links oder oben und unten von ihm Punkte im Sehfeld auftauchen, so geben wir ihnen die nämliche Entfernung voneinander wie in irgendeiner andern, nicht durch ihn unterbrochenen Region des Sehfeldes. Das nämliche beobachtet man, wenn abnormerweise eine Stelle der Netzhaut infolge von Krankheitsprozessen blind geworden ist[7]).

22. Die Schärfe des Sehens und die Auffassung von Richtungen und Strecken im Sehfeld sind, wie diese Erscheinungen lehren, zwei Funktionen, die teilweise auf verschiedene Bedingungen zurückführen: die erste hauptsächlich auf die Dichtigkeit der Aneinanderlagerung der Netzhautelemente, die zweite auf die Bewegungen des Auges. Hieraus ergibt sich aber zugleich, daß die räumlichen Vorstellungen des Gesichtssinns ebensowenig wie die des Tastsinns als ursprüngliche, an und für sich schon mit der Einwirkung der Lichteindrücke gegebene angesehen werden können, sondern daß sie sich erst auf Grund der Verbindung gewisser Empfindungskomponenten entwickeln, denen einzeln genommen noch nicht die räumliche Eigenschaft zukommt. Zugleich weisen jene Bedingungen darauf hin, daß sich diese Komponenten hier analog zueinander verhalten wie beim Tastsinn, und daß insbesondere die Raumentwicklung des Sehenden vollständig in Parallele gebracht werden kann zu der des Blindgeborenen, bei dem allein der Tastsinn eine ähnliche Selbständigkeit erreicht. Den Tasteindrücken entsprechen die Netzhauteindrücke, den Tastbewegungen die Augenbewegungen. Aber wie die Tasteindrücke eine lokale Bedeutung erst durch die mit ihnen verbundenen lokalen Färbungen der Empfindung, die Lokalzeichen, gewinnen können, so wird das Ähnliche bei den Netzhauteindrücken vorauszusetzen sein.

22a. Allerdings läßt sich eine qualitative Abstufung der Lokalzeichen auf der Netzhaut nicht mit gleicher Deutlichkeit wie auf der äußeren Haut nachweisen. Doch kann man bei farbigen Eindrücken im allgemeinen feststellen, daß sich in größeren Abständen vom Netzhautzentrum allmählich die Qualität der Empfindung ändert, indem die Farben im indirekten Sehen teils ungesättigter, teils aber auch in einem qualitativ andern Farbenton, z. B. gelb wie orange, empfunden werden. Nun liegt freilich in diesen Eigentümlichkeiten kein strenger Beweis für die Existenz rein lokaler Unterschiede der Empfindung, vollends von so feiner Abstufung, wie sie z. B. in der Netzhautmitte vorauszusetzen sind. Immerhin wird dadurch bestätigt, daß lokale Unterschiede überhaupt bestehen; und dies läßt die Annahme solcher noch jenseits der Grenzen, in denen sie nachweisbar sind, um so gerechtfertigter erscheinen, als jene unmittelbare Umdeutung der Empfindungsunterschiede in lokale Unterschiede, die schon beim Tastorgan zu bemerken ist, hier, wo es sich um viel feinere Abstufungen handelt, noch weit mehr die Unterscheidung der qualitativen Differenzen als solcher beeinträchtigen muß. Eine Bestätigung dieser Auffassung darf man wohl in der Tatsache sehen, daß auch die nachweisbaren Empfindungsunterschiede in größeren Distanzen vom Netzhautzentrum doch nur bei geeigneter Einwirkung begrenzter Objekte beobachtet werden können, während sie bei der Betrachtung einer gleichmäßigen farbigen Oberfläche vollkommen verschwinden. Bei diesem Verschwinden qualitativer Unter-schiede, die an und für sich sehr bedeutend sind, wird aber die Beziehung auf lokale Unterschiede wenigstens als ein mitwirkender Faktor angesehen werden müssen.

23. Nehmen wir demnach qualitative Lokalzeichen an, die nach Maßgabe der durch die Sehschärfe gegebenen Daten, also im Netzhautzentrum am feinsten und gegen die Netzhautperipherie immer langsamer sich abstufen, so kann die Entstehung der räumlichen Ordnung der Lichteindrücke als eine Einordnung dieses nach zwei Dimensionen geordneten Lokalzeichensystems in ein intensiv abgestuftes System von inneren Tastempfindungen gedeutet werden. Für je zwei Lokalzeichen a und b wird die bei der Durchmessung der Strecke $a\,b$ entstehende Spannungsempfindung a ein Maß der linearen Raumgröße $a\,b$ sein, insofern z. B. einer größeren Strecke $a\,c$ eine intensivere Spannungsempfindung g entsprechen muß. Wie nun am tastenden

Finger der Punkt der feinsten Unterscheidung zum Mittelpunkt der Orientierung wird, so wird im Auge dem Netzhautzentrum die Bedeutung eines solchen Mittelpunkts zukommen. In der Tat findet dies gerade beim Auge noch deutlicher als beim Tastorgan in den Gesetzen der Bewegung seinen Ausdruck. Jeder leuchtende Punkt im Sehfelde bildet nämlich einen Reiz für den Innervationsmechanismus des Auges, so daß sich die Blicklinie reflektorisch auf ihn einzustellen strebt. In dieser reflektorischen Beziehung exzentrisch gelegener Lichtreize zur Netzhautmitte liegt einerseits wahrscheinlich eine wesentliche Bedingung zur Ausbildung der obenerwähnten Synergie der Augenbewegungen; andererseits erklärt sie die große Schwierigkeit der Beobachtung indirekt gesehener Objekte. Diese Schwierigkeit entspringt offenbar daraus, daß die Richtung der Aufmerksamkeit auf einen seitlich gelegenen Punkt die Reflexwirksamkeit desselben im Vergleich mit andern, nicht in ähnlicher Weise bevorzugten Punkten vergrößert. Infolge der dominierenden Bedeutung, die so das Netzhautzentrum bei den Bewegungen des Auges gewinnt, wird der Blickpunkt zum Mittelpunkt der Orientierung im Sehfeld, und alle Entfernungen in diesem werden dadurch einem einheitlichen Maß unterworfen, daß sie sämtlich in bezug auf den Blickpunkt bestimmt sind. Indem nun die Lokalzeichen immer erst durch die äußeren Lichteindrücke ausgelöst werden, beide zusammen aber die nach dem Netzhautzentrum orientierten Augenbewegungen bestimmen, stellt sich so der ganze Vorgang der räumlichen Ordnung als ein Prozeß der Verschmelzung dreier verschiedener Empfindungselemente dar: 1) der in der Beschaffenheit der äußeren Reize begründeten Empfindungsqualitäten, 2) der von den Orten der Reizeinwirkung abhängigen qualitativen Lokalzeichen, und 3) der durch die Beziehung der gereizten Punkte zum Netzhautzentrum bestimmten, intensiv abgestuften Spannungsempfindungen. Dabei können die letzteren entweder, und dies ist das Ursprüngliche, die wirkliche Bewegung begleiten; oder sie können sich bei ruhendem Auge infolge bloßer Bewegungsantriebe von bestimmter Größe geltend machen. Wegen der regelmäßigen Zuordnung der qualitativen Lokalzeichen zu den die Bewegung begleitenden Spannungsempfindungen lassen sich beide zusammen auch als ein System komplexer Lokalzeichen betrachten. Die räumliche Lokalisation irgendeines einfachen Lichteindrucks erscheint dann als das Produkt einer vollständigen Verschmelzung der durch den äußeren Reiz bestimmten Lichtempfindung mit je zwei zusammengehörigen Elementen jenes komplexen Lokalzeichensystems; und die räumliche Ordnung einer Mehrheit einfacher Eindrücke besteht in der Verbindung einer großen Anzahl solcher Verschmelzungen, die qualitativ und intensiv nach Maßgabe der Elemente des Lokalzeichensystems gegeneinander abgestuft sind. In diesen Verschmelzungsprodukten sind die von den äußeren Reizeinwirkungen bestimmten Empfindungen die herrschenden Elemente, gegenüber denen die Elemente des Lokalzeichensystems selbst zurücktreten, da diese bei der unmittelbaren Auffassung der Objekte wesentlich in ihrer räumlichen Bedeutung aufgehen.

24. Der einfachste Fall eines in einer Gesichtsvorstellung zum Ausdruck kommenden Verhältnisses zwischen einem Eindruck und dem sehenden Subjekt liegt offenbar dann vor, wenn sich der Eindruck auf einen einzigen Punkt beschränkt. Ist ein Lichtpunkt im Sehfeld allein gegeben, so stellen sich vermöge des oben erwähnten reflektorischen Zwanges, den der Reiz ausübt, beide Blicklinien derart auf ihn ein, daß sein Bild jederseits im Netzhautzentrum liegt, während sich außerdem die Akkommodationsapparate der Entfernung des Punktes anpassen. Der so in beiden Augen auf der Netzhautmitte sich abbildende Punkt wird einfach und zugleich in einer bestimmten Richtung und Entfernung von dem vorstellenden Subjekt gesehen.

Hierbei wird dieses letztere selbst in der Regel durch einen im Kopfe gelegenen Punkt repräsentiert, der sich als Mittelpunkt der die Drehpunkte beider Augen verbindenden Geraden bestimmen läßt. Wir wollen diesen Punkt den Orientierungspunkt des Sehfeldes und die von ihm zum äußeren Blickpunkt, dem Konvergenzpunkt der beiden Blicklinien, gezogene Gerade die Orientierungslinie nennen. Bei der Fixation eines Punktes im Raum ist nun stets eine ziemlich genaue Vorstellung von der Richtung der Orientierungslinie vorhanden. Diese Vorstellung wird aber durch die an die Lage der beiden Augen gebundenen inneren Tastempfindungen vermittelt, die sich bei stark exzentrischen Augenstellungen durch ihre Intensität sehr bemerkbar machen. Da diese schon im einzelnen Auge gleich deutlich wahrzunehmen sind, so ist übrigens die Richtungslokalisation des monokularen ebenso vollkommen wie die des binokularen Sehens; nur fällt bei jenem die Orientierungslinie im allgemeinen mit der Blicklinie zusammen[8]).

25. Unbestimmter als die Vorstellung der Richtung ist die der Entfernung der Objekte vom Sehenden oder der absoluten Größe der Orientierungslinie: und zwar sind wir durchweg geneigt, uns diese Größe kleiner vorzustellen, als sie wirklich ist, wie man sich überzeugt, wenn man dieselbe mit einem im Sehfeld befindlichen, etwa senkrecht zu ihr gelegenen Maßstabe vergleicht. Die als gleich groß vorgestellte Länge des Maßstabs ist dann immer erheblich kleiner als die wirkliche Länge der Orientierungslinie; und dieser Unterschied ist um so bedeutender, je weiter der Blickpunkt rückt, je länger also die Orientierungslinie ist. Die Empfindungskomponenten, welche die Vorstellung der Größe der Orientierungslinie ergeben, können nun allein diejenigen Bestandteile der an die Stellungen der beiden Augen gebundenen Spannungsempfindungen sein, die speziell mit der Konvergenzstellung der Blicklinien verbunden sind und daher ein gewisses Maß für die absolute Größe dieser Konvergenz enthalten. In der Tat beobachtet man beim Wechsel der Konvergenzstellungen Empfindungen, die beim Übergang zu stärkerer Konvergenz hauptsächlich am inneren, beim Übergang zu schwächerer am äußeren Augenwinkel ihren Sitz haben.

26. Mittels ihrer kann sich aber die Vorstellung einer bestimmten absoluten Größe der Orientierungslinie erst auf Grund von Einflüssen entwickeln, bei denen neben den direkten Empfindungselementen mannigfache Assoziationen eine Rolle spielen. Hieraus erklärt es sich, daß jene Vorstellung nicht nur relativ unsicher ist, sondern daß sie auch durch andere Bestandteile der Gesichtswahrnehmungen, namentlich durch die Größe der Netzhautbilder bekannter Objekte, bald unterstützt, bald beeinträchtigt wird. Dagegen besitzen wir in den Konvergenzempfindungen ein verhältnismäßig feines Maß für Entfernungsunterschiede der gesehenen Objekte. Man kann auf diese Weise bei Stellungen des Auges, die sich der Parallelstellung nähern, noch Konvergenzänderungen empfinden, die einer Winkeldrehung von 60-70 Sek. entsprechen. Mit der Zunahme der Konvergenz nimmt diese kleinste empfindbare Änderung zwar beträchtlich zu, jedoch so, daß trotzdem die entsprechenden Unterschiede in der Größe der Orientierungslinie immer kleiner werden. Dabei werden die an sich rein intensiven Empfindungen, welche die Konvergenzbewegungen begleiten, unmittelbar in Vorstellungen einer Distanzänderung zwischen dem Fixationspunkt und dem Orientierungspunkt des vorstellenden Subjekts umgesetzt.

Daß auch diese Umsetzung eines bestimmten Empfindungskomplexes in eine räumliche Distanzvorstellung nicht auf einer angeborenen Energie, sondern auf einer bestimmten psychischen Entwicklung beruht, zeigen übrigens zahlreiche Erfahrungen. Hierher gehört z. B. die Tatsache, daß die Auffassung von absoluten Entfernungen wie von Entfernungsunterschieden in hohem Maße durch die Übung vervollkommnet wird. So sind Kinder meist geneigt, sehr entfernte Gegenstände in unmittelbare Nähe zu verlegen: sie greifen nach dem Monde, nach dem Dachdecker auf dem Turm u. dgl. Ebenso hat man bei operierten Blindgeborenen unmittelbar nach der Operation eine völlige Unfähigkeit, nah und fern zu unterscheiden, beobachtet.

27. Bei der Entwicklung dieser Unterscheidung kommt nun in Betracht, daß uns unter den natürlichen Bedingungen des Sehens niemals bloß isolierte Punkte, sondern daß uns ausgedehnte körperliche Objekte oder mindestens mehrere in verschiedener Tiefenentfernung gelegene Punkte gegeben sind, denen wir im Verhältnis zueinander auf den zu ihnen gehörigen Orientierungslinien verschiedene Entfernungen anweisen.

Fassen wir hier zunächst den einfachen Fall ins Auge, daß zwei in verschiedener Tiefendistanz gelegene Punkte *a* und *b* gegeben und durch eine gerade Linie miteinander verbunden seien. Ein Wechsel der Fixation zwischen *a* und *b* führt dann stets zugleich eine Konvergenzänderung mit sich, und es wird demnach ein solcher Wechsel erstens das Durchlaufen einer der Strecke *a b* entsprechenden stetigen Reihe von Lokalzeichen der Netzhaut und zweitens eine der Konvergenz um die Distanz *a b* entsprechende innere Tastempfindung *a* hervorbringen. Damit sind auch hier die Elemente eines räumlichen Verschmelzungsprodukts gegeben. Dieses ist aber ein eigenartiges: es unterscheidet sich in seinen beiden Bestandteilen, in der ablaufenden Lokalzeichenreihe und in den begleitenden Tastempfindungen, durchaus von jenen Verschmelzungen, die beim Durchlaufen einer Strecke im Sehfeld entstehen. Während in dem letzteren Fall die Veränderungen sowohl der Lokalzeichen wie der Tastempfindungen in beiden Augen im gleichen Sinn erfolgen, geschehen sie bei der Einstellung des Blickpunkts von fern auf nahe oder von nahe auf fern jedesmal in beiden Augen in entgegengesetztem Sinne. Denn wenn sich bei der Konvergenzänderung das rechte Auge nach links dreht, so dreht sich das linke nach rechts, und umgekehrt; das nämliche muß dann aber von der Bewegung der Netzhautbilder gelten: bewegt sich das Bild des soeben vom Blickpunkt verlassenen Punktes im rechten Auge nach rechts, so bewegt es sich im linken nach links, und umgekehrt. Ersteres tritt ein, wenn die Augen von einem näheren zu einem ferneren, letzteres, wenn sie von einem ferneren zu einem näheren Punkt übergehen. Die bei solchen Konvergenzbewegungen entstehenden Verschmelzungsprodukte haben also in bezug auf ihre qualitativen und intensiven Bestandteile eine analoge Zusammensetzung wie diejenigen, auf denen die wechselseitige Ordnung der Elemente des Sehfeldes beruht; die spezielle Verbindungsweise ist jedoch in beiden Fällen eine durchaus verschiedene.

28. Auf diese Weise bilden hier die Verschmelzungen der Lokalzeichen mit den inneren Tastempfindungen ein dem oben abgeleiteten analoges, aber in seiner Zusammensetzung eigentümliches komplexes Lokalzeichensystem, welches dem Verhältnis der objektiven Elemente zueinander das Verhältnis derselben zu dem vorstellenden Subjekt hinzufügt. Dieses Verhältnis zerfällt dann wieder in die zwei durch eigenartige Empfindungselemente gekennzeichneten Vorstellungskomponenten der Richtungsvorstellung und der Entfernungsvorstellung. Beide werden zunächst auf den im Kopfe des vorstellenden Subjekts lokalisierten Orientierungspunkt bezogen, dann aber auf die Beziehungen äußerer Objekte zueinander übertragen, indem je zwei Punkten, die auf der allgemeinen Orientierungslinie in verschiedenen Entfernungen liegen, selbst wieder in bezug aufeinander eine Richtung und Entfernung beigelegt wird. Die Gesamtheit der so auf die Orientierungslinie in ihren wechselnden Lagen zurückbezogenen räumlichen Entfernungsvorstellungen bezeichnen wir als Tiefenvorstellungen oder, wenn sie zugleich Vorstellungen bestimmter einzelner Objekte sind, als körperliche Vorstellungen.

29. Eine auf die angegebene Weise entstandene Tiefenvorstellung kann nun nach objektiven und subjektiven Bedingungen wechseln. Die absolute Entfernungsbestimmung eines einzelnen im Sehfeld isolierten Punktes ist stets eine sehr unsichere. Ebenso ist aber die relative Entfernungsbestimmung zweier in verschiedener Tiefe gelegenen Punkte *a* und *b* nur dann in der Regel sicher, wenn dieselben, wie oben vorausgesetzt wurde, durch eine Linie verbunden sind,

auf der sich die Blickpunkte beider Augen bei der wechselnden Einstellung auf *a* und *b* bewegen können. Bezeichnen wir solche Linien, die verschiedene Punkte im Raum verbinden, als Fixationslinien, so läßt sich diese Bedingung in dem Satz aussprechen: Punkte im Raum werden im allgemeinen nur dann in ihren richtigen Relationen zueinander aufgefaßt, wenn sie durch Fixationslinien verbunden sind, auf denen sich die Blickpunkte beider Augen bewegen können. Dieser Satz erklärt sich daraus, daß die Forderung einer regelmäßigen Verbindung der Lokalzeichen der Netzhaut mit den die Konvergenz begleitenden Spannungsempfindungen offenbar nur dann erfüllt ist, wenn bestimmte Eindrücke gegeben sind, welche die ihnen zugehörigen Lokalzeichen auslösen.

30. Ist dagegen die angegebene Bedingung nicht erfüllt, so entsteht nur eine unbestimmte und schwankende Vorstellung der relativen Entfernungsunterschiede der zwei Punkte vom Subjekt, und bei starrer Fixation können beide sogar in gleicher Tiefendistanz wie der fixierte Punkt erscheinen. Damit tritt dann aber stets zugleich noch eine andere Veränderung ein: es wird nämlich nur der fixierte Punkt einfach, der andere näher oder ferner gelegene Punkt doppelt gesehen. Ähnliches geschieht bei der Betrachtung ausgedehnter Objekte, wenn sie mit dem binokular fixierten Punkte nicht durch Fixationslinien in Verbindung stehen. Die auf solche Art erzeugten Doppelbilder sind gleichseitig, das rechte gehört dem rechten, das linke dem linken Auge an, wenn der fixierte Punkt näher liegt als das beobachtete Objekt, wenn also z.B. in Fig. 16 *c* der fixierte Punkt und *a* das Objekt ist, dessen Doppelbilder nun bei *a'* und *a"* erscheinen. Diese sind gekreuzt, wenn das Objekt näher liegt als der fixierte Punkt *c*, also z. B. in *b,* wo *b'* und *b"* die Doppelbilder sind. In jedem dieser Fälle entspricht die wechselseitige Distanz der Doppelbilder der Größe der Winkel a' und a ", b' und b", um welche die nach der Netzhaut gezogenen Richtungslinien nach entgegen gesetzten Seiten von den im Punkte *c* sich schneidenden Blicklinien abweichen. Dabei werden aber meist die Doppelbilder nicht, wie in Fig. 16, in gleiche Entfernung mit dem Fixierpunkt *c* verlegt, sondern *a' a"* erscheinen in der Regel ferner, *b' b"* näher als *c*, ohne daß übrigens diese scheinbaren Entfernungen, die wahrscheinlich zu den unten (34) zu erörternden monokularen Tiefenlokalisationen gehören, den wirklichen Entfernungen von *a* und *b* entsprechen.

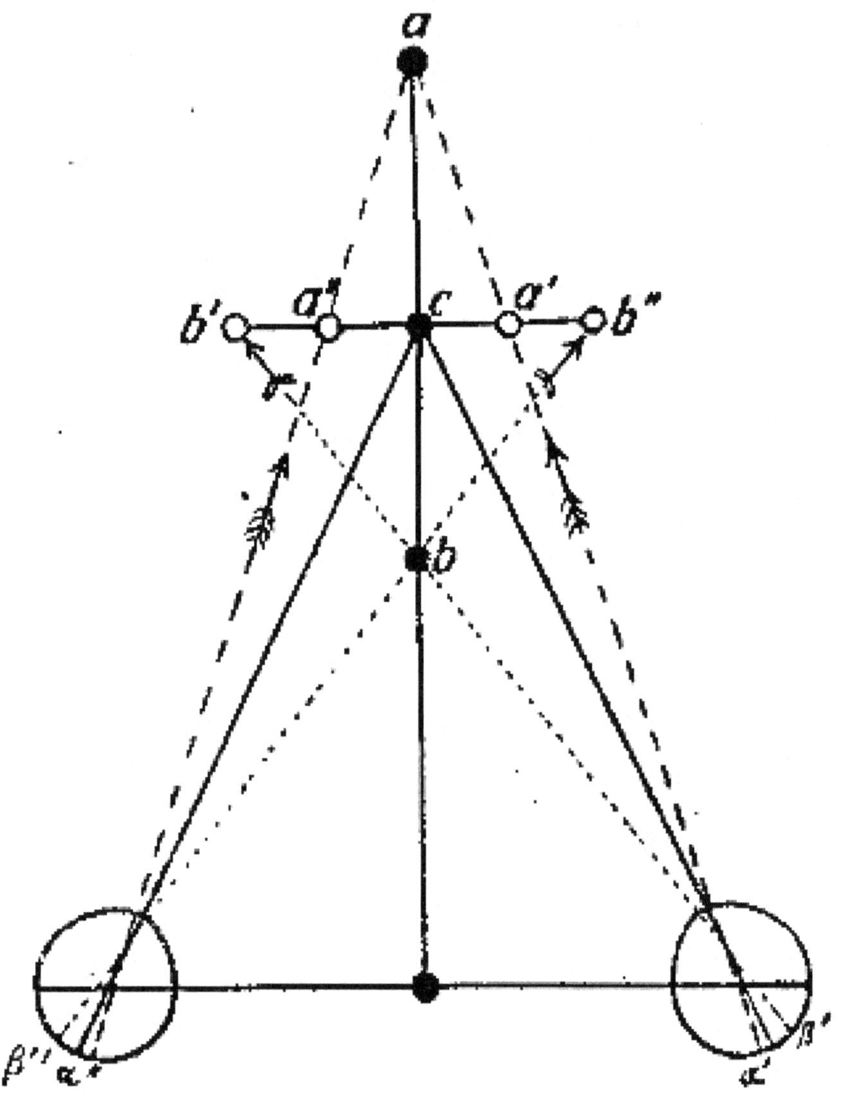

Fig. 16. Gleichseitige und gekreuzte Doppelbilder.

Hiernach sind binokulare Entfernungslokalisation und binokulare Doppelbilder Erscheinungen, die in unmittelbarer Wechselbeziehung zueinander stehen: wo jene unbestimmt oder schwankend ist, da treten diese auf; wo umgekehrt diese fehlen, da ist jene bestimmt und genau. Zugleich sind beide Erscheinungen derart an die Fixationslinien geknüpft, daß diese Linien die Entstehung der Tiefenvorstellung vermitteln helfen und damit zugleich die Doppelbilder beseitigen. Doch ist die letztere Regel keine ausnahmslose, sondern bei starrer binokularer Fixation eines Punktes können trotz vorhandener Fixationslinien Doppelbilder entstehen. Auch dies erklärt sich aus den oben im allgemeinen vorausgesetzten Bedingungen der Tiefen

Vorstellungen. Wie bei dem Mangel der Fixationslinien die geforderten Lokalzeichenordnungen, so müssen nämlich bei starrer Fixation die an die Konvergenzbewegung gebundenen inneren Tastempfindungen des Auges hinwegfallen.

31. Sobald das Sehfeld nur als eine wechselseitige Orientierung der Lichteindrücke gedacht wird, stellen wir uns dasselbe als eine Fläche vor und bezeichnen daher die einzelnen in dieser Fläche gelegenen Objekte, im Gegensatze zu den Tiefenvorstellungen, als Flächenvorstellungen. Auch in einer Flächenvorstellung kann jedoch in doppelter Hinsicht die Orientierung in bezug auf das sehende Subjekt niemals fehlen: erstens insofern jeder Punkt des Sehfeldes auf der oben erwähnten subjektiven Orientierungslinie in einer bestimmten Richtung gesehen wird; und zweitens insofern das ganze Sehfeld in eine mehr oder weniger fest bestimmte Entfernung vom Sehenden verlegt wird.

Die erste dieser Orientierungen hat zur Folge, daß dem umgekehrten Netzhautbild ein aufrechtstehendes Vorstellungsobjekt entspricht. Dieses Verhältnis der objektiven Richtungslokalisation zum Netzhautbild ist eine ebenso notwendige Wirkung der Bewegungen des Auges, wie die Umkehrung des Netzhautbildes selbst eine Wirkung der optischen Eigenschaften des Auges ist. Unsere Orientierungslinie im Raum ist ja die äußere Blicklinie oder, für das binokulare Sehen, die aus dem Zusammenwirken der Blickbewegungen hervorgehende mittlere Orientierungslinie. Einer im äußeren Raum nach oben gehenden Richtung dieser Linie entspricht aber in dem hinter dem Drehpunkt gelegenen Raum des Netzhautbildes eine nach unten gehende Richtung, und umgekehrt.

32. Die zweite nie fehlende Orientierung, die der Entfernung des Sehfeldes, führt für die wechselseitige Orientierung der Teile desselben die Folge mit sich, daß die sämtlichen Punkte des Sehfeldes auf einer Hohlkugelfläche angeordnet erscheinen, deren Mittelpunkt im Orientierungspunkt oder beim monokularen Sehen im Drehpunkt des Auges liegt. Da nun ein kleinerer Teil einer größeren Kugelfläche als eine Ebene erscheint, so sind die auf einzelne Objekte bezogenen Flächenvorstellungen in der Regel ebene Vorstellungen: so z.B. auf einer Ebene gezeichnete Figuren, wie die der ebenen Geometrie. Sobald sich aber einzelne Teile derart von diesem allgemeinen Sehfelde abheben, daß sie vor oder hinter demselben, also in verschiedenen Sehfeldflächen, lokalisiert werden, so geht damit die Flächen- in die Tiefenvor-stellung über.

32 a. Bezeichnen wir die bei der Konvergenz von einem ferneren auf einen näheren oder von einem näheren auf einen ferneren Punkt entstehenden Verschmelzungen qualitativer Lokalzeichen mit inneren Tastempfindungen als die komplexen Lokalzeichen der Tiefe, so bilden diese für jedes System irgendwie vor und hinter dem Fixierpunkt gelegener Punkte oder für einen ausgedehnten Körper, der nichts anderes als ein System derartiger Punkte ist, ein regelmäßig geordnetes System, in welchem eine in bestimmter Entfernung befindliche stereometrische Form stets eindeutig durch ein bestimmtes Verschmelzungsprodukt vertreten wird. Wie aber schon, wenn man von zwei in verschiedener Tiefe gelegenen Punkten einen fixiert, der andere durch entgegengesetzte Bildlage in beiden Augen und dementsprechend durch komplexe Lokalzeichen von entgegengesetzter Richtung charakterisiert ist, so findet das auch bei zusammenhängenden Systemen von Punkten oder ausgedehnten Körpern statt. Wenn wir einen körperlich ausgedehnten Gegenstand betrachten, so entwirft er in beiden Augen Bilder, die, wegen der verschiedenen Orientierung des Körpers zu jedem Auge, voneinander verschieden sind. Bezeichnet man daher die Lagedifferenz eines Bildpunkts im einen von der im andern Auge als binokulare Parallaxe, so ist diese nur für den fixierten Punkt sowie annähernd für diejenigen Punkte, die in gleicher Tiefenentfernung liegen wie jener, gleich Null; für alle andern Punkte aber hat sie einen bestimmten positiven oder negativen Wert, je nachdem dieselben ferner oder näher sind als der Fixationspunkt. Wenn wir körperlich ausgedehnte Objekte binokular fixieren, so entwirft nur der fixierte Punkt samt den mit ihm in gleicher Entfernung gelegenen und ihm im Sehfeld benachbarten Punkten in beiden Augen Bilder von übereinstimmender Lage. Alle nicht in gleicher Entfernung gelegenen Teile des Objekts dagegen entwerfen in beiden Augen Bilder von abweichender Lage und Größe. So entwirft z. B. in Fig. 17 der Punkt d in beiden Augen die Bilder d und b, die beide gleichweit von den Zentren $a\,b$ der beiden Netzhäute ent-

fernt sind; der Punkt *e* dagegen entwirft links das Bild e, rechts b, die beide eine verschiedene Lage haben. Die Größe dieser Abweichung oder der Unterschied der beiden Winkel *b b* und *a* e ist die binokulare Parallaxe. Die durch diese gemessenen Unterschiede der Bilder sind es nun, die, wenn die zugehörigen Fixationslinien gegeben sind, die Vorstellung der körperlichen Beschaffenheit des Objekts hervorbringen. Denn indem in der oben angegebenen Weise der parallaktische Verschiebungswinkel den binokularen Bildpunkten irgendeines vor oder hinter dem fixierten Punkte gelegenen und mit ihm durch eine Fixationslinie verbundenen Objektpunkts entspricht, ist derselbe seiner Richtung und Größe nach durch die an ihn gebundenen komplexen Lokalzeichen ein Maß für die relative Tiefendistanz dieses Objektpunkts. So ist in Fig. 17 die Verschiebung des Bildes egegen b ein Maß für die Nähelage des Objektpunkts *e* im Vergleich mit *d,* und die Parallaxe der sämtlichen Punkte des Stabes *A′ B′* ist demnach ein Maß für dessen von *A B* abweichende Lage. Da der parallaktische Verschiebungswinkel für eine gegebene objektive Tiefendistanz proportional der Entfernung des körperlichen Gegenstandes abnimmt, so vermindert sich mit dieser Entfernung der Eindruck der Körperlichkeit der Objekte; und sobald die Entfernung eines Körpers so groß geworden ist, daß die sämtlichen parallaktischen Verschiebungswinkel verschwinden, so wird der Körper nur noch flächenhaft gesehen, falls nicht die später (in § 16, 9) zu erörternden Assoziationen eine Tiefenvorstellung erzeugen.

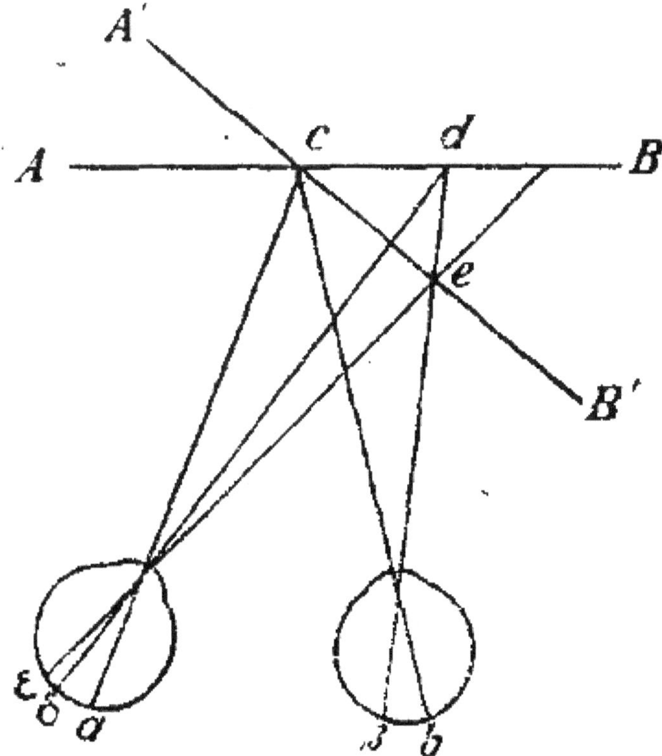

Fig. 17. Binokulare Parallaxe.

33. Der Einfluß des binokularen Sehens auf die Tiefenvorstellungen läßt sich experimentell mit Hilfe des Stereoskops studieren. Die Wirkung dieses Instruments beruht darauf, daß es

mit Hilfe von zwei Prismen, die, mit den brechenden Winkeln einander zugekehrt, vor beide
Augen gebracht werden, eine binokulare Vereinigung zweier ebener Zeichnungen ermöglicht,
welche den beiden von einem körperlichen Gegenstände herrührenden Netzhautbildern entsprechen (Fig. 18). Die binokular vereinigten Bilder a und b werden hierbei nach dem Orte c
verlegt, auf welchen die Gesichtslinien der Augen eingestellt sind, und sie erscheinen demnach
ganz so wie ein wirklicher körperlicher Gegenstand, der sich an diesem Ort befände. Dabei
bedürfen übrigens verwickeltere stereoskopische Bilder meist mehrerer hin- und hergehender
Konvergenzbewegungen, ehe eine deutliche plastische Vorstellung entsteht. Die Wirkung der
parallaktischen Verschiebung zeigt sich am deutlichsten bei der Beobachtung stereoskopischer
Bilder, deren Teile gegeneinander beweglich sind. Solche Bewegungen sind dann von Veränderungen des Reliefs begleitet, die genau den eintretenden Veränderungen der binokularen Parallax-
xe entsprechen. So erscheinen z.B. die Bilder A in Fig. 19 als eine Pyramide, deren abgestumpfte
Spitze dem Beobachter zugekehrt ist. Diese geht aber, sobald man den kleineren Quadraten eine
Lage wie B gibt, in eine Hohlpyramide über, in die der Beobachter hineinblickt. Da die Größe
der binokularen Parallaxe von der Distanz der beiden Augen abhängt, so kann man übrigens die
körperliche Vorstellung auch bei solchen Objekten hervorbringen, die in Wirklichkeit wegen
ihrer großen Entfernung vom Sehenden keine plastischen Effekte erzeugen: wenn man nämlich
Bilder dieser Objekte stereoskopisch verbindet, die von Standorten aufgenommen sind, deren
Distanz erheblich größer als die der beiden Augen ist. Dies geschieht z. B. bei den stereosko-
pischen Landschaftsphotographien, die darum auch nicht so wie die wirklichen Landschaften,
sondern wie plastische Modelle derselben aussehen, die wir in der Nähe betrachten.

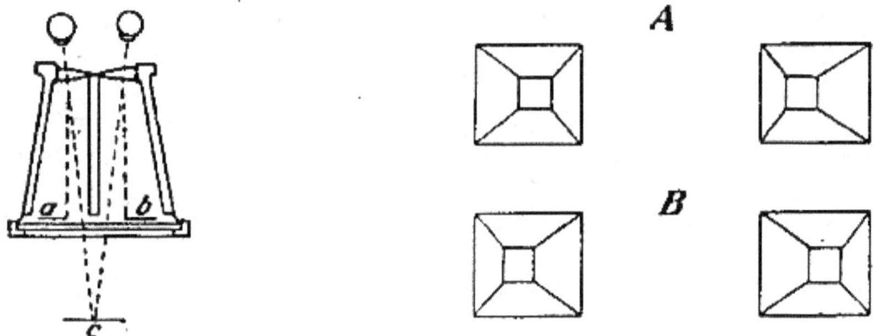

Fig. 18. Stereoskop.   Fig. 19. Stereoskopische Objekte.

34. Beim Sehen mit einem Auge fallen alle die Bedingungen hinweg, die mit den Konvergenzbewegungen und der binokularen Verschiedenheit der Netzhautbilder zusammenhängen,
und die sich im Stereoskop künstlich nachahmen lassen. Dennoch ermangelt auch das mono-
kulare Sehen nicht aller Einflüsse, die eine, wenn auch unvollkommenere, Tiefenlokalisation
hervorbringen.

Wenig erheblich, ja im Vergleich mit den andern Bedingungen wohl kaum in Betracht kommend ist hier der direkte Einfluß der Akkommodationsbewegungen. Allerdings sind auch sie,
ähnlich den Konvergenzbewegungen, von Empfindungen begleitet, die man bei starken Akkom-
modationsanstrengungen von fern auf nah deutlich wahrnimmt. Aber bei geringeren Tiefenver-
schiebungen sind diese Empfindungen sehr unsicher. Wenn man daher monokular einen Punkt
fixiert, so wird eine Bewegung desselben in der Richtung der Blicklinie meistens erst deutlich
wahrgenommen, sobald auch eine Veränderung in der Größe des Netzhautbildes eingetreten ist.

35. Von überwiegender Bedeutung sind dagegen bei der Ausbildung monokularer Körper-
vorstellungen die Einflüsse, welche die Bestandteile der sogenannten Perspektive ausüben, wie
relative Größe des Gesichtswinkels, Verlauf der Begrenzungslinien, Richtung der Schatten, Änderung der Farben durch atmosphärische Absorption usw. Da alle diese Einflüsse, die sich in

ganz übereinstimmender Weise bei monokularem Sehen geltend machen, auf Vorstellungsassoziationen beruhen, so wird aber erst in einem folgenden Kapitel (§ 16) auf sie einzugehen sein.

35a. In der Erklärung der Gesichtsvorstellungen stehen sich im allgemeinen die nämlichen theoretischen Anschauungen gegenüber, die uns bei der Theorie der Tastvorstellungen begegnet sind (s. o. Pkt. 12. ff.). Die empiristische Theorie hat hier in ihrer Beschränkung auf das optische Gebiet zuweilen die Inkonsequenz begangen, daß sie das eigentliche Problem der Raumwahrnehmung dem Tastsinn zuschob und sich demnach darauf beschränkte, zu erörtern, wie auf Grund bereits vorhandener räumlicher Tastvorstellungen eine Lokalisation der Gesichtseindrücke mit Hilfe der Erfahrung zustande komme. Eine solche Interpretation steht aber nicht nur in einem inneren Widerspruch mit sich selber, sondern sie widerspricht auch der Erfahrung, welche zeigt, daß bei sehenden Menschen die räumlichen Wahrnehmungen des Gesichtssinnes für die des Tastsinns bestimmend sind, nicht umgekehrt (s. o. Pkt, 4). Die Tatsache der generellen Entwicklung, daß der Tastsinn der früher ausgebildete Sinn ist, läßt sich also hier nicht auf die individuelle Entwicklung übertragen. Für die nativistische Theorie hat man als hauptsächlichste Belege erstens die Metamorphopsien nach Dislokationen der Netzhautelemente (s. o.) und zweitens die auf eine ursprüngliche gemeinsame Funktion des Doppelauges hinweisende Lage der Orientierungslinie angeführt. Daß die Metamorphopsien, ebenso wie andere ihnen verwandte Erscheinungen, sobald die zugrunde liegenden Veränderungen stationär werden, das Gegenteil beweisen, ist oben bemerkt worden. Daß ferner die Lage der Orientierungslinie keine ursprüngliche, sondern eine unter dem Einfluß der Bedingungen des Sehens entstandene ist, bezeugt das bei länger dauerndem monokularem Sehen erfolgende Zusammenfallen derselben mit der Blicklinie des sehenden Auges. Nicht minder spricht für eine genetische und gegen die nativistische Theorie die Tatsache, daß sich beim menschlichen Kinde die Synergie der Augenbewegungen unter dem Einfluß der Lichtreize entwickelt, und daß damit die Ausbildung der räumlichen Wahrnehmungen Hand in Hand zu gehen scheint. In dieser wie in mancher andern Beziehung verhält sich freilich die Entwicklung der meisten Tiere insofern abweichend, als bei ihnen die reflektorischen Verbindungen der Netzhauteindrücke mit den Augen- und Kopfbewegungen unmittelbar nach der Geburt schon vollkommen funktionieren (vgl. unten § 19, 2). Die Verschmelzungstheorie hat über die in älterer Zeit vorherrschenden nativistischen und empiristischen Anschauungen zunächst infolge des eindringenderen Studiums der Erscheinungen des binokularen Sehens die Vorherrschaft gewonnen. Vom Standpunkt des Nativismus aus machte namentlich die Frage, warum wir die Gegenstände im allgemeinen einfach sehen, während doch in jedem der beiden Augen Bilder derselben entworfen werden, Schwierigkeiten. Man suchte diese zu umgehen, indem man annahm, je zwei identisch gelegene Netzhautpunkte stünden mit einer und derselben, an der Kreuzungsstelle der Sehnerven sich teilenden Optikusfaser in Verbindung und repräsentierten daher im Sensorium nur einen einzigen Raumpunkt. Diese Lehre von der "Identität der zwei Netzhäute" wurde aber unhaltbar, sobald man sich über die wirklichen Bedingungen des binokularen körperlichen Sehens Rechenschaft zu geben anfing.

Literatur. Helmholtz, Physiol. Optik, Absohn. 3. Hering, Hermanns Handbuch der Physiologie, III, l, 4. Tl. Bourdon, La perception visuelle de l'espace, 1902. Zoth, in Nagels Handb. der Physiol., Bd. 3, 2. E. R. Jaensch, Zur Analyse der Gesichtswahrnehmungen, 1909. Phys. ps⁶, II, Kap. 14. M. u. T⁵. Vorl. 10-13. – Schärfe des Sehens: Aubert, Physiol. der Netzhaut, 1865, 187. Wertheim, Archiv f. Ophth., Bd. 33, 2. A. E. Fick, ebenda, Bd. 45. A. König, Ber. der Berliner Akad., 1897. Augenbewegungen: Hering, Lehre vom binokularen Sehen, 1868. Phys. Ps.⁶, II, Kap. 14. Geometrisch-optische Täuschungen: J. Oppel, Ber. des physik. Vereins zu Prankfurt, 1854, 1856 u. 1860. Müller-Lyer, Arch. f. Physiol., 1889, Suppl. Zeitschr. f. Psych., Bd. 9 u. 13. Lipps, Raumästhetik und geometrisch-optische Täuschungen, 1897. Judd, Psych. Rev. 9, 1902, u. Suppl. 29, 1905. L. Burmester, Zeitschr. f. Psychol., Bd. 41 u. 50. Wundt, Abhandl. der sächs. Ges. d. Wiss., math.-phys. Kl., Bd. 24, 1898 u. Phil. Stud., Bd. 14. M. u. T.⁵ 10. Vorl. Konvergenz- u. Akkommodationseinflüsse: Hillebrand, Ztschr. f. Psych., Bd. 7. Arrer, Philos. Stud., Bd. 13. Benussi, Zeitschr. f. Psychol., Bd. 69, 1914. Bühler, Die Gestaltwahrnehmungen, 1913. Binokulares und stereoskopisches Sehen: Wheatstone, Annalen der Physik, 1842,

Ergänzungsbd. Donders, Arch. f. Ophth., Bd. 17, 2. M. u. T., 12. u. 13. Vorl. Pfeifer, Psychol. Stud., Bd. 2. Filehne, Archiv f. Physiol., 1910 u. 1912. Kirschmann, Psychol, Studien, Bd. 10, 1917. Operierte Blindgeborene: Helmholtz, Physiol. Opt., 428. Rählmann, Ztschr. f. Psych., Bd. 2. Uhthoff, ebenda, Bd. 14. Theorien des räumlichen Sehens. Nativistische: J. Müller, Zur vergl. Physiologie des Gesichtssinns, 1826. Panum, Physiol. Untersuchungen über das Sehen mit zwei Augen, 1858. Hering, Hermanns Handbuch, III, l. Jaensch, Über die Wahrnehmung des Raumes, 1911. Empiristische: Berkeley, Theory of Vision, 1709. Helmholtz, Phys. Opt., § 23. Verschmelzungstheorien: Herbart, Psychologie als Wissenschaft, 2. Tl., l. Absohn., 3.Kap. (Werke, Bd. 6). Wundt, Beiträge zur Theorie der Sinneswahrnehmung, 1862, 2. u. 3. Abb., Phil. Stud., Bd. 14. Lipps, Grundtatsachen des Seelenlebens, Kap. 23, u. Psycholog. Studien, 1885, I, 2. Aufl., 1905.

DIE ZEITLICHEN VORSTELLUNGEN

l. Alle unsere Vorstellungen sind räumlich und zeitlich zugleich. Aber wie die Bedingungen zur räumlichen Ordnung der Eindrücke ursprünglich nur bestimmten Sinnesgebieten, dem Tast- und dem Gesichtssinn, eigentümlich sind, von denen aus dann erst die Beziehung zum Raum auf alle andern Sinnesempfindungen übertragen wird, so sind es auch bloß zwei Empfindungsgebiete, nämlich die bei den Tastbewegungen entstehenden inneren Tastempfindungen und die Gehörsempfindungen, die vorzugsweise die Bildung zeitlicher Vorstellungen vermitteln. Immerhin tritt schon hier ein charakteristischer Unterschied zwischen den räumlichen und den zeitlichen Vorstellungen darin hervor, daß dort überhaupt bloß die genannten Sinne eine selbständige räumliche Ordnung erzeugen können, während hier in den zwei bevorzugten Sinnesgebieten nur die Bedingungen zur Entstehung zeitlicher Ordnungen günstigere sind, ohne daß jedoch solche bei irgendwelchen andern Empfindungen fehlen. Dies weist darauf hin, daß die psychologischen Grundlagen der Zeitvorstellungen allgemeinerer Art sind, und daß sie nicht erst durch die besonderen Organisationsbedingungen einzelner Sinnesapparate bestimmt werden. Dem entspricht es, daß wir auch den subjektiven Vorgängen, den Gefühlen, Affekten usw. die nämlichen zeitlichen Eigenschaften zuschreiben wie den Vorstellungen. Doch darf man aus dieser größeren Allgemeinheit der Bedingungen nicht etwa auf ein allgemeineres Vorkommen der Zeitanschauungen selbst schließen. Wie wir räumliche Eigenschaften von unsern direkt die Raumanschauung erzeugenden Sinnen auf die Empfindungen anderer Sinnesgebiete übertragen, so übertragen wir sie auch mittels der Empfindungen und Vorstellungen auf die Gefühle und Gemütsbewegungen, mit denen jene unlösbar verbunden sind. Nicht minder läßt sich aber bezweifeln, ob den Gemütsbewegungen an und für sich, ohne die mit ihnen verbundenen Vorstellungen, jemals eine zeitliche Ordnung zukommen könnte; denn zu den Bedingungen dieser Ordnung gehören auch hier gewisse Eigenschaften des Empfindungssubstrats der Vorstellungen. Der wahre Sachverhalt ist also der, daß alle psychischen Inhalte räumlich und zeitlich zugleich sind, daß aber die räumliche Ordnung von bestimmten Empfindungssubstraten, beim Sehenden vorzugsweise vom Gesichts-, beim Blinden vom Tastsinn, ausgeht, während sich die Zeitvorstellungen auf alle möglichen Empfindungssubstrate beziehen können.

2. Gleich den räumlichen sind die zeitlichen Gebilde den intensiven Vorstellungen gegenüber dadurch gekennzeichnet, daß die Elemente, in die sie sich zerlegen lassen, eine bestimmte unverrückbare Ordnung aufweisen, so daß, wenn sich diese Ordnung verändert, auch das gegebene Gebilde trotz gleichbleibender Qualität seiner Komponenten ein anderes wird. Während sich aber bei den räumlichen Vorstellungen diese unverrückbare Ordnung nur auf das Verhältnis der Raumelemente zueinander, nicht auf ihr Verhältnis zum vorstellenden Subjekt bezieht, ändert bei den zeitlichen jedes Element mit dem Verhältnis zu den andern Elementen des nämlichen Gebildes immer auch sein Verhältnis zu dem vorstellenden Subjekt. Eine den Lageänderungen der Raumgebilde analoge Veränderung gibt es daher bei der Zeit nicht.

2a. Diese Eigenschaft des absoluten, schlechthin nicht zu verändernden Verhältnisses jedes zeitlichen Gebildes und jedes noch so kleinen isoliert denkbaren Zeitelements zum vorstellenden Subjekt ist es, die wir als das Fließen der Zeit bezeichnen. Denn vermöge dieses Fließens hat eben jeder durch irgendeinen Empfindungsinhalt bestimmte Zeitmoment ein durch keinen andern ersetzbares Verhältnis zum Vorstellenden, während umgekehrt beim Raum die Möglichkeit der Ersetzbarkeit jedes Raumelements in seinem Verhältnis zum Vorstellenden durch jedes beliebige andere die Auffassung der Konstanz oder, wie wir es mittels der Übertragung der Zeit- auf die Raumvorstellung ausdrücken, der absoluten Dauer erweckt. Innerhalb der Zeitanschauung selbst ist die Vorstellung einer absoluten Dauer, d. h. einer Zeit, in welcher sich nichts verändert, schlechterdings unmöglich. Das Verhältnis zum Vorstellenden muß sich immer verändern. Dauernd nennen wir daher nur einen Eindruck, dessen einzelne Zeitteile einander ihrem Empfindungs- und Gefühlsinhalt nach vollständig gleichen, so daß sie sich bloß durch ihr Verhältnis zum Vorstellenden unterscheiden. Deshalb ist die Dauer, auf die Zeit selbst angewandt, ein bloß relativer Begriff; eine Zeitvorstellung kann dauernder sein als eine andere; eine absolute Dauer aber kann keine Zeitvorstellung haben. Schon eine ungewöhnlich lange gleichförmig andauernde Empfindung läßt sich nicht festhalten; wir unterbrechen sie fortwährend durch andere Empfindungs- und Gefühlsinhalte.

Gleichwohl lassen sich auch bei der Zeit die beiden in der Wirklichkeit immer verbundenen Bedingungen, das Verhältnis der Elemente zueinander und dasjenige zum vorstellenden Subjekt, voneinander sondern, insofern jede von ihnen mit bestimmten Eigenschaften der Zeitvorstellungen zusammenhängt. In der Tat hat jene Unterscheidung der Bedingungen schon vor einer genaueren psychologischen Analyse der Zeitvorstellungen in bestimmten Bezeichnungen der Sprache für gewisse Formen des Zeitverlaufs ihren Ausdruck gefunden. Achtet man nämlich bloß auf das Verhältnis der Zeitelemente zueinander ohne Rücksicht auf ihr Verhältnis zum Subjekt, so kommt man zur Unterscheidung von Arten des Zeitverlaufs, wie z. B. kurz dauernd, lang dauernd, sich regelmäßig wiederholend, unregelmäßig wechselnd usw. Achtet man dagegen bloß auf das Verhältnis zum Subjekt unter Abstraktion von den objektiven Verlaufsformen, so ergeben sich als die Hauptformen dieses Verhältnisses die Zeitstufen des Vergangenen, Gegenwärtigen und Zukünftigen.

3. Die ursprüngliche Entwicklung der zeitlichen Vorstellungen gehört dem Tastsinn an, dessen Empfindungen demnach das allgemeine Substrat für die Entstehung sowohl der räumlichen wie der zeitlichen Ordnungen der Vorstellungselemente abgeben (§ 10, 3). Während aber die raumbildenden Funktionen des Tastsinns von den äußeren Tastempfindungen ausgehen, sind die inneren Tastempfindungen, welche die Tastbewegungen begleiten, die primären Inhalte der ursprünglichsten zeitlichen Vorstellungen.

Eine wichtige physiologische Grundlage für die Entstehung dieser Vorstellungen bilden die mechanischen Eigenschaften der tastenden Bewegungsorgane. Indem diese, die Arme und Beine, durch Muskelwirkungen in den Gelenken der Schulter und der Hüfte gedreht werden können und dabei zugleich der nach abwärts ziehenden Wirkung der Schwere unterworfen sind, werden im allgemeinen zweierlei Bewegungen der tastenden Glieder möglich: erstens solche, die fortwährend durch die vom Willen geleiteten Muskelwirkungen reguliert werden, und die daher einen beliebig wechselnden, in jedem Augenblick den vorhandenen Bedürfnissen sich anpassenden Verlauf haben können, – wir wollen sie die arrhythmischen Tastbewegungen nennen; und zweitens solche, bei denen die willkürlichen Muskelkräfte nur so weit in Wirksamkeit treten, als erforderlich ist, um die in den Gelenken beweglichen Glieder in pendelnde Schwingungen zu versetzen und in ihnen zu erhalten, – die rhythmischen Tastbewegungen. Die arrhythmischen Bewegungen, wie sie bei beliebig wechselndem Gebrauch der tastenden Glieder eintreten, können hier außer Betracht bleiben, da sie stets gemischt mit rhythmischen Bewegungen vorkommen, und daher in ihren zeitlichen Eigenschaften wahrscheinlich von Anfang an unter dem beherrschenden Einfluß der letzteren stehen.

4. Die Bedeutung rhythmischer Tastbewegungen für die psychologische Entwicklung der Zeitvorstellungen beruht nun in erster Linie auf demselben Gesetz, dem sie auch zum Teil ihre funktionelle Bedeutung in physiologischer Beziehung verdanken: auf dem Gesetz der rhythmischen Übereinstimmung einer Reihe von Pendelschwingungen bei gleichbleibender Amplitude. Indem unsere Beine bei den Gehbewegungen annähernd regelmäßige Schwingungen um ihre Drehungsachsen in den Hüftgelenken ausführen, wird dadurch einerseits die Muskelarbeit erleichtert, anderseits die fortwährende willkürliche Lenkung der Bewegungen auf ein Minimum eingeschränkt. Fördernd greift dazu beim natürlichen Gehen noch das Pendeln der Arme ein, das nicht, wie das der Beine, bei jedem Schritt durch das Aufsetzen des Fußes unterbrochen wird, und das daher infolge seines kontinuierlichen Verlaufs ein Hilfsmittel für die gleichförmige Regulierung der Gehbewegungen abgibt.

Jede einzelne Schwingungsperiode einer solchen Bewegung besteht aber ihrem Empfindungsinhalte nach in einer stetigen Folge von Empfindungen, die sich während der folgenden Periode genau in der nämlichen Ordnung wiederholt. Anfang und Ende jeder Periode sind hier durch einen Komplex äußerer Tastempfindungen gekennzeichnet, die im Anfang der Periode die Abwicklung der Sohle vom Boden begleiten, und die am Ende derselben durch die das Aufsetzen der Sohle begleitenden Eindrücke verursacht werden. Dazwischen liegt eine kontinuierliche Folge schwacher innerer Tastempfindungen in Gelenken und Muskeln, deren Anfangs- und Endpunkte, mit jenen äußeren Tastempfindungen zusammenfallend, in intensiveren Empfindungen bestehen, die den eintretenden Bewegungsimpuls sowie die plötzliche Hemmung der Bewegung begleiten und so ebenfalls zur Begrenzung der Perioden beitragen.

An diese regelmäßige Folge von Empfindungen ist eine ihr parallel gehende regelmäßige Folge von Gefühlen geknüpft. Greifen wir aus irgendeinem Verlauf rhythmischer Tastbewegungen eine zwischen zwei Grenzpunkten gelegene Strecke heraus, so liegt am Anfang und am Ende einer solchen ein Gefühl erfüllter Erwartung. Zwischen beiden Grenzen erstreckt sich aber ein vom ersten Punkt an allmählich wachsendes Gefühl gespannter Erwartung, das bei Erreichung des zweiten Punktes plötzlich von seinem Maximum auf Null herabsinkt, um dem sehr rasch steigenden und wieder sinkenden Gefühl der Erfüllung Platz zu machen, worauf dann der nämliche Verlauf von neuem beginnt. Auf diese Weise besteht der ganze Prozeß einer rhythmischen

Tastbewegung, von der Gefühlsseite aus betrachtet, in dem regelmäßigen Wechsel zweier qualitativ entgegengesetzter Gefühle, die sich ihrem allgemeinen Charakter nach hauptsächlich in der Richtung der spannenden und lösenden Gefühle (§ 7) bewegen, und von denen zugleich das eine sehr rasch verläuft, während das andere langsam zum Maximum ansteigt, um dann plötzlich zu sinken. Infolgedessen drängen sich die intensivsten Gefühlsvorgänge auf die Grenzpunkte der Perioden zusammen, und sie werden hier außerdem noch durch den Kontrast des Erfüllungsgefühls zu dem vorher vorhandenen Erwartungsgefühl gesteigert. Wie nun dieser kritische Grenzpunkt der Perioden in den obenerwähnten, den Übergang stark markierenden äußeren und inneren Tasteindrücken seine Empfindungsgrundlage hat, so entspricht der dazwischen liegende allmähliche Verlauf des Erwartungsgefühls dem kontinuierlichen Verlauf der schwächeren, die pendelnde Bewegung der Tastglieder begleitenden inneren Tastempfindungen.

5. Die einfachsten zeitlichen Tastvorstellungen bestehen demnach in rhythmisch geordneten Empfindungen, die in der angegebenen Weise völlig gleichförmig bei der Aufeinanderfolge der Gehbewegungen sich wiederholen. Dennoch stellt sich schon beim gewöhnlichen Gehen ein leiser Antrieb zu einer etwas größeren Komplikation ein, indem von zwei aufeinander folgenden Perioden der Anfang der ersten in der Empfindung sowie in dem begleitenden Gefühl stärker gehoben wird als der Anfang der zweiten. In diesem Fall beginnt dann der Rhythmus der Bewegungen ein taktförmiger zu werden. Eine regelmäßige Aufeinanderfolge nicht gehobener und gehobener Vorstellungen entspricht dem einfachsten Taktmaß, dem aufsteigenden 2/8-Takt. Er stellt sich leicht schon beim gewöhnlichen Gehen infolge der physiologischen Bevorzugung der rechtsseitigen Gehwerkzeuge, vor allem aber sehr regelmäßig beim gemeinsamen Gehen, beim Marsche, ein. Im letzteren Falle können dann sogar mehr als zwei Bewegungsperioden zu einem rhythmischen Ganzen verbunden werden. Ebenso geschieht das bei den verwickelteren rhythmischen Bewegungen des Tanzes. Doch sind auf solche zusammengesetztere Rhythmenbildungen des Tastsinns bereits die zeitlichen Gehörsvorstellungen von Einfluß.

6. Der Gehörssinn ist vor allem deshalb zur genaueren Auffassung der zeitlichen Verhältnisse äußerer Vorgänge geeignet, weil bei ihm die Empfindung nur während einer verschwindend kurzen Zeit den äußeren Eindruck überdauert, so daß irgendeine Folge von Schalleindrücken fast vollkommen treu durch eine entsprechende Folge von Empfindungen wiedergegeben wird. Hiermit hängen zugleich die psychologischen Eigenschaften der zeitlichen Gehörsvorstellungen zusammen. Sie unterscheiden sich von den zeitlichen Tastvorstellungen schon dadurch, daß bei ihnen häufig nur die Begrenzungspunkte der einzelnen ein Vorstellungsganzes zusammensetzenden Zeitstrecken direkt durch Empfindungen markiert sind, so daß in diesem Fall die Verhältnisse solcher Strecken zueinander wesentlich nur nach den zwischen den begrenzenden Eindrücken gelegenen, scheinbar leeren oder von einem abweichenden Inhalt ausgefüllten Strecken geschätzt werden.

Dies macht sich namentlich bei den rhythmischen Gehörsvorstellungen bemerklich. Sie sind im allgemeinen in zwei Formen möglich: als kontinuierliche oder nur wenig durch Pausen unterbrochene Aufeinanderfolgen relativ dauernder Empfindungen, und als diskontinuierliche Taktfolgen, bei denen nur die Einteilungspunkte der rhythmischen Perioden durch äußere Gehörseindrücke markiert sind. Bei derartigen Taktfolgen aus vollkommen gleichartigen Schalleindrücken treten die zeitlichen Eigenschaften der Vorstellungen im allgemeinen deutlicher hervor als bei kontinuierlichen Eindrücken, weil bei den ersteren die Einflüsse der Tonqualität vollkommen hinwegfallen. Wir können uns daher um so mehr auf ihre Betrachtung beschränken, da die hier gewonnenen Gesichtspunkte durchaus auch für die kontinuierlichen Tonfolgen der Melodie gelten, bei denen man in Wirklichkeit die rhythmische Gliederung ebenfalls mittels gewisser, entweder durch den äußeren Eindruck gegebener Taktpunkte, oder mittels willkürlich auf ihn angewandter Betonungen vornimmt.

7. Eine auf diese Weise als einfachste Form zeitlicher Gehörsvorstellungen hergestellte Reihe regelmäßiger Taktschläge, wie sie z. B. die Schläge einer Pendeluhr oder des in der Musik benutzten Metronoms darbieten, unterscheidet sich von der oben erörterten einfachsten Form zeitlicher Tastvorstellungen wesentlich darin, daß den Zeitstrecken selbst jeder objektive Empfindungsinhalt fehlt, da die Gehörseindrücke selbst nur die Begrenzung der Zeitstrecken gegeneinander vermitteln. Nichtsdestoweniger sind die Zeitstrecken einer solchen Taktfolge nicht überhaupt leer, sondern sie sind von einem subjektiven Gefühls- und Empfindungsinhalt erfüllt, der dem bei den Tastvorstellungen beobachteten durchaus entspricht. Hierbei tritt der Gefühlsinhalt der Strecken in seinen aufeinander folgenden Perioden der allmählich steigenden und der plötzlich erfüllten Erwartung besonders deutlich hervor. Aber auch die Empfindungsgrundlage fehlt nicht; nur ist sie wechselnder: bald besteht sie bloß in einer Spannungsempfindung des Trommelfells, bald zugleich in begleitenden Empfindungen anderer Körperteile, oder in sonstigen inneren Tastempfindungen, letzteres, wenn sich mit dem gehörten Takt ein unwillkürliches Taktieren verbindet. Den allgemeinen Verlauf dieser Empfindungen und Gefühle bei einer Reihe regelmäßig aufeinander folgender Taktschläge kann man sich daher etwa durch die Kurven in Fig. 20 veranschaulichen, wo die unterbrochene Linie dem Verlauf der Empfindungen mit ihren den Taktschlägen 1, 2, 3 ... entsprechenden Höhepunkten, die ausgezogene dem Verlauf der Gefühle, in den aufwärts gerichteten Teilen den Spannungsgefühlen der Erwartung, in den abwärts gerichteten den Lösungsgefühlen beim Eintritt jedes neuen Taktschlags, entspricht.

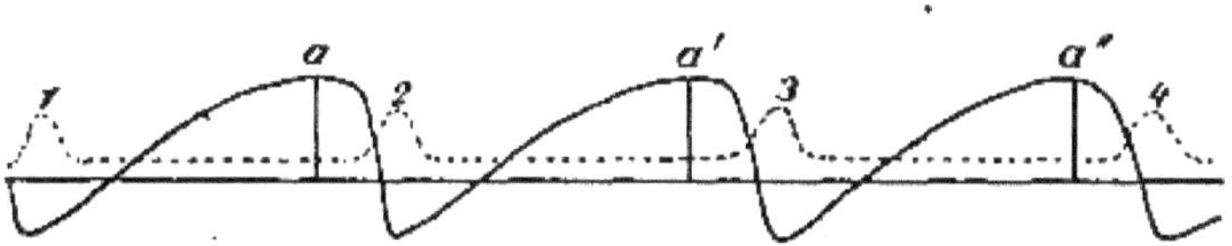

Fig. 20. Verlauf der Empfindungen und Gefühle bei einer regelmäßigen Taktreihe.

Der Einfluß der subjektiven Elemente auf die Beschaffenheit der Zeitvorstellungen verrät sich nun bei den rhythmischen Gehörseindrücken vor allem in der Wirkung, welche die Geschwindigkeit der gehörten Taktfolgen ausübt. Eine mittlere Geschwindigkeit von 0,2 bis 0,5 Sek. erweist sich nämlich für die Verbindung einer Mehrheit einander folgender Schalleindrücke als die günstigste; und es ist leicht zu bemerken, daß dies zugleich diejenige ist, bei der die obenerwähnten subjektiven Empfindungen und Gefühle am deutlichsten in ihrem Wechsel hervortreten. Verlangsamt man die Geschwindigkeit erheblich unter jenen Wert, so wird die Spannung der Erwartung zu groß, und sie geht dadurch in ein immer peinlicher werdendes Unlustgefühl über; beschleunigt man umgekehrt die Geschwindigkeit, so wird das Anwachsen der Erwartungsgefühle so schnell unterbrochen, daß diese fast unmerklich werden. So nähert man sich auf beiden Seiten einer Grenze, wo das Zusammenfassen der Eindrücke zu einer rhythmischen Zeitvorstellung überhaupt nicht mehr möglich ist: diese Grenze wird nach oben bei einer Taktfolge von etwa 1 Sek., nach unten bei einer solchen von 0,1 Sek. erreicht.

8. Wie diese Zeitwerte auf den Einfluß hinweisen, den der Verlauf der Empfindungen und Gefühle ausübt, so gibt sich nun der nämliche Einfluß in den Veränderungen zu erkennen, die unsere Vorstellung einer Zeitstrecke erfährt, wenn bei unverändert bleibender objektiver Größe die Bedingungen ihrer Auffassung variiert werden. So beobachtet man, daß im allgemeinen eine eingeteilte Zeit größer geschätzt wird als eine nicht eingeteilte, analog der bei der Einteilung von Raumstrecken beobachteten Täuschung (§ 10, 20). Der Unterschied kann aber bei der Zeit viel größer sein, was offenbar davon herrührt, daß hier der öfter wiederholte Empfindungs- und Gefühlswechsel innerhalb einer Zeitperiode eine eingreifendere Wirkung ausübt, als bei der ähnlichen Raumtäuschung die Unterbrechung der Bewegung durch Teilungspunkte. Dagegen erreicht man bei der Teilung der Zeit, wenn die Zeitstrecken größer genommen werden, eine Grenze, wo die Täuschung zuerst verschwindet und dann in ihr Gegenteil übergeht, so daß nun die eingeteilte Strecke kleiner erscheint als die nicht eingeteilte. Offenbar ist dies auf das in diesem Fall stark anwachsende Spannungsgefühl zurückzuführen, das bei der leeren Strecke dem das Ende derselben bezeichnenden Eindruck vorangeht. Zeichnet man ferner in einer regelmäßigen Taktfolge einzelne Reize durch größere Intensität oder durch irgendeinen qualitativen Unterschied aus, so hat das stets die Wirkung, daß die dem ausgezeichneten Reiz vorausgehende und meist auch die ihm nachfolgende Zeitstrecke überschätzt werden im Vergleich mit den andern Zeitstrecken der nämlichen Taktfolge. Erzeugt man endlich eine bestimmte Taktfolge abwechselnd mit schwachen und starken Taktschlägen, so scheint bei den ersteren die Aufeinanderfolge langsamer zu sein als bei den letzteren. Auch diese Erscheinungen erklären sich aus dem Einfluß des Empfindungs- und Gefühlswechsels. Ein vor den übrigen ausgezeichneter Eindruck fordert eine Veränderung in dem seiner Auffassung vorausgehenden Empfindungs- und Gefühlsverlauf, indem eine intensivere Erwartungsspannung und ihr entsprechend auch ein stärkeres Gefühl der Lösung dieser Spannung oder der Erfüllung eintreten muß. Jenes verlängert aber die dem Eindruck vorausgehende, dieses die ihm nachfolgende Zeitstrecke. Anders verhält es sich, wenn eine ganze Taktfolge ein erstes Mal aus lauter schwachen und ein zweites Mal aus lauter starken Eindrücken besteht. Um einen schwachen Eindruck wahrzunehmen, müssen wir unsere Aufmerksamkeit energischer auf ihn richten: demnach sind bei der schwachen Taktfolge die Spannungsempfindungen und –gefühle, wie man leicht beobachten kann, intensiver als bei der starken. Auch hier reflektiert sich also in der Verschiedenheit der zeitlichen Vorstellungen unmittelbar die verschiedene Intensität der subjektiven Elemente, die ihre Grundlage bilden. Darum hört aber auch diese Wirkung auf und springt sogar in ihr Gegenteil um, wenn es sich nicht um die Vergleichung schwacher und starker, sondern starker und stärkster Taktschläge handelt.

9. Wie wir schon bei den rhythmischen Tasteindrücken geneigt sind, mindestens zwei einander gleiche Perioden zu einer regelmäßigen Taktfolge zu verbinden, so geschieht dies wiederum, nur in viel ausgeprägterer Weise, bei den Gehörsvorstellungen. Aber während bei den Tastbewegungen, bei denen die die einzelnen Perioden begrenzenden Empfindungen unter dem Einfluß des Willens stehen, diese Neigung zu rhythmischer Taktbildung in dem wirklichen

Wechsel schwächerer und stärkerer Eindrücke sich ausspricht, kann sie beim Gehörssinn, sobald die Eindrücke ausschließlich durch äußere Schallreize erzeugt werden, zu einer eigentümlichen Täuschung führen. Diese besteht darin, daß man von einer Reihe durch gleiche Zeitstrecken getrennter, vollkommen gleich starker Taktschläge einzelne, die sich in regelmäßigen Abständen voneinander befinden, stärker hört als die andern. Der auf diese Weise bei ungezwungenem Hören am häufigsten sich einstellende Takt ist der 2/8-Takt. Höchstens durch besondere Willensanstrengung kann man diese Neigung zum Taktieren unterdrücken; und auch dann gelingt dies meist nur bei langsamen oder umgekehrt bei sehr schnellen Taktschlägen, die an und für sich den Grenzen der rhythmischen Wahrnehmung nahe kommen. Bemüht man sich jedoch, möglichst viele Eindrücke in eine einheitliche Zeitvorstellung zusammenzufassen, so verwickelt sich die Erscheinung. Es treten Hebungen verschiedenen Grades auf, die in regelmäßiger Folge mit den unbetonten Taktgliedern wechseln und durch die Gliederung des Ganzen, die sie hervorbringen, den Umfang der in eine einzige Vorstellung zusammenzufassenden Eindrücke beträchtlich erweitern. So entstehen durch Unterscheidung von zwei Graden der 3/4- und der 5/8-Takt, endlich als Takte mit drei Graden der Hebung der 4/4- und 6/4- sowie, als dreigliedrige Formen, der 9/8- und 12/8-Takt. Mehr als drei Grade der Hebung, oder, bei Einrechnung der unbetonten Glieder, mehr als vier Intensitätsstufen kommen weder in den musikalischen und poetischen Rhythmen vor, noch können wir solche bei der Gliederung rhythmischer Vorstellungen willkürlich hervorbringen. Augenscheinlich bezeichnet so diese Dreiheit der Hebungsstufen einen analogen Grenzwert der Zusammensetzung zeitlicher Vorstellungen, wie uns ein solcher für die Größe derselben in dem maximalen Umfang des Taktes (§ 15, 6) gegeben ist.

Diese Erscheinungen der subjektiven Betonung mit ihrem Einfluß auf die Empfindung der Taktschläge zeigen klar, daß eine zeitliche Vorstellung ebensowenig wie eine räumliche bloß aus den objektiven Eindrücken besteht, sondern daß sich mit diesen stets subjektive Elemente verbinden, deren Beschaffenheit zugleich die Auffassung der objektiven Reize wesentlich mitbestimmt. Die Ursache der Hebung eines Taktschlags liegt zunächst stets in der Steigerung der ihm vorausgehenden und ihn begleitenden inneren Tastempfindungen und Gefühle; die Steigerung dieser subjektiven Elemente wird dann aber auf den objektiven Eindruck übertragen, der nun selbst in seiner Intensität verstärkt erscheint. Hierbei kann jene Steigerung entweder willkürlich eintreten, indem die die inneren Tastempfindungen erzeugenden Muskelspannungen willkürlich verstärkt werden, welcher Vorgang eine entsprechende Zunahme der Erwartungsgefühle auslöst. Oder sie kann unwillkürlich erfolgen, indem der Trieb nach zusammenfassender Wahrnehmung die unmittelbare Gliederung der Zeitstrecken mittels der entsprechenden subjektiven Empfindungs- und Gefühlsschwankungen herbeiführt.

10. Will man sich auf Grund aller dieser Erscheinungen von der Entstehung zeitlicher Vorstellungen Rechenschaft geben, so ist zunächst davon auszugehen, daß eine einzelne isoliert gedachte Empfindung ebensowenig zeitliche wie räumliche Eigenschaften haben kann. Auch die Einordnung in eine Zeitreihe kann immer erst dadurch entstehen, daß das einzelne psychische Element zu andern psychischen Elementen in irgendwelche bestimmt charakterisierte Beziehungen tritt. Gilt diese Bedingung für die zeitlichen genau so wie für die räumlichen Vorstellungen, so ist nun aber die Art dieser Beziehung dort eine eigentümliche, von der beim Raum obwaltenden wesentlich verschiedene.

Die Glieder *abcdef* einer Zeitreihe können uns, wenn die Reihe bei *f* angelangt ist, alle unmittelbar als ein einziges Gebilde gegeben sein, gerade so gut wie eine Reihe räumlicher Punkte. Aber während die letzteren vermöge der ursprünglichen Reflexbewegungen des Auges stets in ihrem Verhältnis zu dem Zentralpunkt des Sehens geordnet werden, der abwechselnd mit jedem beliebigen der äußeren Eindrücke *a* bis *f* zusammentreffen kann, ist bei der Zeitvorstellung der momentan gegenwärtige Eindruck derjenige, nach dem alle andern orientiert sind. Ein neuer in ähnlicher Weise gegenwärtiger Eindruck wird daher, auch wenn er nach seinem objektiven Empfindungsinhalt einem vorangegangenen vollständig gleicht, doch als ein subjektiv von ihm verschiedener aufgefaßt, indem der die Empfindung begleitende Gefühlszustand zwar dem Gefühlsinhalt irgendeines andern Moments verwandt sein kann, niemals aber mit ihm identisch ist. Gesetzt z. B., auf die Reihe der Eindrücke $a\ b\ c\ d\ e\ f$ folge eine andere $a'\ b'\ c'\ d'\ e'\ f'$, bei der dem Empfindungsinhalte nach $a' = a$, $b' = b$, $c' = c$ usw. ist, so werden, wenn wir die begleitenden Gefühle mit $a\ b\ g\ d\ e\ z$ und $a'\ b'\ g'\ d'\ e'\ z'$ bezeichnen, zwar a' und a, b' und b, g' und g usw. wegen des übereinstimmenden Empfindungsinhaltes einander ähnliche Gefühle, aber sie werden nicht identisch sein, weil jedes Gefühlselement außer von der Empfindung, mit der es unmittelbar verbunden ist, immer auch von dem durch die Gesamtheit der Erlebnisse bestimmten Zustand des Subjekts abhängt. Dieser Zustand ist nun bei jedem Glied der Reihe $a'b'c'd'$...schon deshalb ein anderer als bei dem zugehörigen Glied der Reihe $a\ b\ c\ d$..., weil bei dem Eindruck a' der andere a schon gegeben war, a' also mit a assoziiert werden kann, während für a diese Bedingung nicht besteht. Analoge Unterschiede des Gefühlszustandes ergeben sich für zusammengesetzte Wiederholungsreihen. Mögen bei ihnen auch die subjektiven Bedingungen der Momentangefühle noch so sehr übereinstimmen, zusammenfallen können sie niemals, da jeder augenblickliche Zustand immer seine eigentümliche Orientierung zur Gesamtheit der psychischen Vorgänge besitzt. Nehmen wir z. B. an, es folgen sich eine Anzahl von Taktschlägen, wie in Fig. 20, wo die Empfindungen l, 2, 3...alle einander gleich sind, so unterscheidet sich 3 in seinen Gefühlsbedingungen dadurch von 2, daß 2 nur mit l, 3 aber sowohl mit 2 wie mit l assoziiert werden kann. Ebenso wird aber jeder zwischen zwei Taktschlägen liegende Punkt der Gefühls- und Empfindungskurve, z. B. a'', zunächst auf den entsprechenden der vorangehenden, dann aber auch weiter in abnehmender Stärke auf weiter vorangehende, wie a' und *a,* bezogen, und er erhält so seine spezifische Einordnung in den Verlauf der Gefühle.

11. Indem nun, wie oben bemerkt, jedes Element einer zeitlichen Vorstellung nach dem unmittelbar gegenwärtigen Eindruck geordnet wird, ist zugleich dieser vor allen andern Bestandteilen der nämlichen Vorstellung durch eine ähnliche Eigenschaft bevorzugt, wie sie bei unseren räumlichen Vorstellungen dem Blickpunkt des Sehfeldes oder den analogen Zentralpunkten der Tastflächen zukommt: dadurch nämlich, daß er am klarsten und schärfsten wahrgenommen wird. Aber es besteht hier der große Unterschied, daß diese schärfste Wahrnehmung bei den Zeitvorstellungen nicht mit der physiologischen Organisation der Sinnesapparate, sondern ausschließlich mit den allgemeinen Eigenschaften des Vorstellenden, wie sie in den Gefühlsvorgängen zum Ausdruck kommen, zusammenhängt. Das den unmittelbar gegenwärtigen Eindruck begleitende Momentangefühl ist hierbei dasjenige, das jenem gegenwärtigen Eindruck zur klarsten Auffassung verhilft. Wir können demnach den dem unmittelbaren Eindruck entsprechenden Teil einer zeitlichen Vorstellung den Blickpunkt dieser Vorstellung oder auch all-

gemein, insofern dieser nicht wie der Blickpunkt der räumlichen Vorstellungen von äußeren Organisationsbedingungen abhängt, bildlich den inneren Blickpunkt nennen. Die außerhalb dieses Blickpunktes gelegenen Eindrücke, d. h. die dem unmittelbaren Eindruck vorangegangenen, sind dann die indirekt wahrgenommenen. Sie sind zum Blickpunkt in einer Stufenfolge abnehmender Klarheit geordnet. Eine einheitliche zeitliche Vorstellung ist aber nur so lange möglich, als nicht der Klarheitsgrad einzelner ihrer Elemente Null geworden ist. Sobald dies geschieht, so zerfällt die Vorstellung in ihre Bestandteile.

12. Von den äußeren Blickpunkten der räumlichen unterscheidet sich hiernach der innere der zeitlichen Wahrnehmungen wesentlich dadurch, daß er in erster Linie nicht durch Empfindungs-, sondern durch Gefühlselemente charakterisiert ist. Indem diese sich unablässig infolge der wechselnden Bedingungen des psychischen Lebens ändern, gewinnt der innere Blickpunkt jene Eigenschaft fortwährender Veränderung, die wir als das stetige Fließen der Zeit bezeichnen. Unter diesem Fließen versteht man eben die Eigenschaft, daß kein Zeitmoment dem andern gleich ist, also auch keiner als der nämliche wiederkehren kann. (Vgl. o. 2 a.) Zugleich hängt damit die eindimensionale Beschaffenheit der Zeit zusammen, welche darin besteht, daß bei den zeitlichen Vorstellungen der innere Blickpunkt in einer fortwährenden Wanderung begriffen ist, bei der niemals ein identischer Punkt wiederkehrt. Indem die Ordnung in dieser einen Dimension immer von jenem veränderlichen Blickpunkt aus geschieht, in welchem sich das Subjekt selbst vorstellt, ist endlich hierin die Eigenschaft der Zeitvorstellungen begründet, daß ihre Elemente neben ihrer wechselseitigen Ordnung stets zugleich ein fest bestimmtes Verhältnis zum vorstellenden Subjekt besitzen (vgl., o. 2).

13. Suchen wir uns über die Hilfsmittel dieser wechselseitigen Ordnung der unmittelbar aneinander gebundenen Teile einer Vorstellung und ihrer Orientierung zum Vorstellenden Rechenschaft zu geben, so können diese Hilfsmittel, die wir nach der Analogie der Lokalzeichen die Zeitzeichen nennen wollen, auch hier nur in irgendwelchen mit der Vorstellung verbundenen Elementen bestehen, die, isoliert betrachtet, keine zeitlichen Eigenschaften besitzen, durch ihre Verbindung aber solche gewinnen. Hierbei werden wir nun durch die eigentümlichen Bedingungen der Entwicklung der zeitlichen Vorstellungen von vornherein darauf hingewiesen, daß die Zeitzeichen zu einem wesentlichen Teil Gefühlselemente sind. Denn bei dem Ablauf irgendeiner rhythmischen Reihe ist jeder Eindruck unmittelbar durch das ihn begleitende Erwartungsgefühl charakterisiert, während die Empfindung nur insofern von Einfluß ist, als durch sie jenes Gefühl ausgelöst wird, wie man deutlich wahrnimmt, wenn eine plötzliche Unterbrechung einer rhythmischen Reihe eintritt. Unter den Empfindungen sind übrigens allein die inneren Tastempfindungen die nie fehlenden Bestandteile aller Zeitvorstellungen: bei den zeitlichen Tastvorstellungen fließen dieselben unmittelbar mit den auf die Lageänderungen der Körperteile bezogenen Tastempfindungen zusammen, bei den Gehörs- und den sonst noch in die zeitliche Form gebrachten Vorstellungen sondern sie sich als subjektive Begleiterscheinungen von den äußeren Eindrücken (Fig. 20). Demnach können wir die Erwartungsgefühle als die qualitativen, jene Tastempfindungen als die intensiven Zeitzeichen einer zeitlichen Vorstellung betrachten. Diese selbst wird dann als ein Verschmelzungsprodukt beider Zeitzeichen miteinander und mit den in die zeitliche Form geordneten objektiven Empfindungen anzusehen sein. So bilden auch hier die intensiv abgestuften inneren Tastempfindungen ein gleichförmiges Maß für die Einordnung der durch die begleitenden Gefühle qualitativ charakterisierten objektiven Eindrücke.

13a. Da hiernach den inneren Tastempfindungen in der Ordnung der Zeit- wie der Raumvorstel-lungen analoge Punktionen zukommen, so ist damit zugleich jene Beziehung beider Anschauungsfor-men zueinander, die in der geometrischen Versinnlichung der Zeit durch die Gerade ihren Ausdruck findet, durch diese übereinstimmenden Empfindungssubstrate nahegelegt. Immerhin bleibt zwischen dem komplexen System der Zeitzeichen und den Lokalzeichensystemen der wesentliche Unterschied, daß jenes seine nächste Grundlage nicht in qualitativen Eigenschaften der Empfindung hat, die an bestimmte äußere Sinnesorgane geknüpft sind, sondern in Gefühlen, die in völlig übereinstimmender Weise bei den verschiedensten Empfindungen vorkommen können, da sie an sich nicht von dem objektiven Inhalt der Empfindungen, sondern von ihrer subjektiven Verknüpfung abhängen. Auf der andern Seite erklärt sich aus den weit veränderlicheren Verlaufsbedingungen dieser Gefühle die sehr viel größere Unsicherheit unserer Zeit- gegenüber unseren Raumvorstellungen. Hierbei wird der Einfluß des Verlaufs der Gefühle namentlich daran bemerkbar, daß die Genauigkeit der subjektiven Zeitschätzung in erster Linie von der Dauer der Zeitstrecken abhängt. Unsere Vergleichung von Zeitstrecken, z.B. von aufeinander folgenden Taktintervallen, ist unter sonst gleichen Bedingungen bei denjenigen Zeitgrößen am günstigsten, die auch für die rhythmische Gliederung die vorteilhaftesten sind, also beim Gehörssinn bei den Zeitwerten 0,2“–0,5” liegen (7). Man beobachtet leicht, daß hier die Genauigkeit der Auffassung durch den günstigen Wechsel der Erwartungs- und Erfüllungsgefühle bedingt ist. Bei langsamer Folge der Eindrücke treten die Erwartungsgefühle übermäßig hervor, bei schneller überwiegen umgekehrt die Überraschungsgefühle. Infolge dieser wechselnden Verhältnisse der Erwartungsspannungen können ferner leicht Zeitverschiebungen gleichzeitiger Eindrücke disparater Sinnesgebiete eintreten, indem z. B. bei gleichzeitiger Einwirkung eines Schall- und eines Gesichtsreizes je nach den besonderen Bedingungen der Aufmerksamkeitsspannung entweder jener vor diesem oder dieser vor jenem aufgefaßt wird. Über die Erscheinungen des Zeitgedächtnisses vgl. unten § 16.

13b. Auch hinsichtlich der psychologischen Entstehung der Zeitvorstellungen sind die ähnlichen Gegensätze nativistischer und genetischer Anschauungen vertreten, die uns bei den räumlichen Vorstellungen (§ 10, 12, § 10, 35) begegnet sind. Doch hat es in diesem Fall der Nativismus zu einer eigentlichen Theorie überhaupt nicht gebracht, sondern er pflegt sich entweder auf die allgemeine Annahme zu beschränken, daß die Zeit eine "angeborene Anschauungsform" sei, oder sie auf "Zeitempfindungen" zurückzuführen, die willkürlich mit den Empfindungen irgendwelcher Organe, z. B. mit Spannungsempfindungen der Muskeln, identifiziert werden, ohne daß irgendwie der Versuch gemacht würde, von dem Einfluß der tatsächlich nachzuweisenden Elemente und Bedingungen der Zeitvorstellungen Rechenschaft zu geben. Die genetischen Theorien der älteren Psychologie endlich, z. B. die Herbart'sche, versuchen die Zeitanschauung ausschließlich aus Vorstellungselementen abzuleiten. Dabei ergeht man sich aber wiederum in spekulativen Konstruktionen, bei denen die empirisch gegebenen Bedingungen überhaupt nicht beachtet werden.

Literatur. Vierordt, Der Zeitsinn, 1868. Mach, Die Zeitempfindung, Analyse der Empfindungen, 2. Aufl., 1900 (Versuch einer nativistischen Theorie). Meumann, Phil. Stud., Bd. 8, 9. Schumann, Ztschr. f. Psych., Bd. 4, 14, 18. Nichols, Amer. Journ. of Psych., vol. 4. Über Rhythmus: Meumann, Phil. Stud., Bd. 10. Bolton, Amer. Journ., vol. 6. Zeittäuschungen und Zeitverschiebungen: Meumann a. a. O. von Tschirch, Phil. Stud. Bd. 2. Heyde, ebenda Bd. 6. Klemm, Psychol. Stud., Bd. 2. Optischer Rhythmus: Koffka, Zeitschr. f. Psychol., Bd. 52. Benussi, Arch. f. ges. Psych., Bd. 9 u. 13. Bücher, Arbeit und Rhythmus, 4. Aufl., 1908. J. von Kries, Festschr. für Struempell, 1913. Phys. Ps.[6], III, Kap. 15. M. u. T.[5] Vorl. 17 u. 18.

DIE ZUSAMMENGESETZTEN GEFÜHLE

1. In der Entwicklung der zeitlichen Vorstellungen tritt deutlich zutage, daß die Sonderung der Vorstellungs- und der Gefühlsbestandteile der unmittelbaren Erfahrung erst ein Produkt unserer Abstraktion ist. Bei den Zeitvorstellungen erweist sich nämlich diese Abstraktion deshalb als undurchführbar, weil bei ihnen bestimmte Gefühle selbst an der Entstehung der Vorstellungen beteiligt sind. So lassen sie sich denn auch nur insofern, als man ausschließlich das Endergebnis des Vorgangs, die Ordnung bestimmter Empfindungen im Verhältnis zueinander und zum Subjekt, ins Auge faßt, als Vorstellungen bezeichnen; in ihrer eigenen Zusammensetzung betrachtet sind sie aber komplexe Produkte von Empfindungen und Gefühlen. Sie nehmen daher zugleich eine angemessene Übergangsstellung ein zwischen den Vorstellungen überhaupt und denjenigen psychischen Gebilden, die sich aus Gefühlselementen zusammensetzen, und denen wir den Gattungsnamen der Gemütsbewegungen beilegen. Diese sind den Zeitvorstellungen insbesondere auch darin ähnlich, daß bei der Untersuchung ihrer Entstehung eine abstrakte Scheidung der Gefühls- von den Empfindungselementen gar nicht ausführbar ist, da in die Entwicklung aller Arten von Gemütsbewegungen die Empfindungen und Vorstellungen als bestimmende Faktoren eingreifen.

2. Unter den Gemütsbewegungen nehmen die intensiven Gefühlsverbindungen oder zusammengesetzten Gefühle eine den andern vorausgehende Stelle ein, weil bei ihnen die charakteristischen Eigenschaften eines einzelnen Gebildes Produkte eines augenblicklichen Zustandes sind, so daß die Beschreibung desselben nur die genaue Auffassung dieses Zustandes, nicht aber eine Zusammenfassung mehrerer in der Zeit ablaufender und auseinander hervorgehender Vorgänge voraussetzt. Auch kommen nicht selten Dauerzustände solcher Gefühlsverbindungen vor, welche man dann als Stimmungen zu bezeichnen pflegt. Da diese oft in Affekte übergehen, so bilden sie ein Grenzgebiet zwischen Gefühl und Affekt; sie selbst sind aber doch eben wegen ihres dauernden Charakters den zusammengesetzten Gefühlen zuzurechnen.

3. Die zusammengesetzten Gefühle sind hiernach intensive Zustände von einheitlichem Charakter, in denen zugleich einzelne einfachere Gefühlsbestandteile wahrzunehmen sind. In jedem derartigen Gefühl lassen sich daher Gefühlskomponenten und eine Gefühlsresultante unterscheiden. Als letzte Gefühlskomponenten ergeben sich hierbei stets einfache sinnliche Gefühle, doch können einzelne der letzteren zunächst eine partielle Resultante bilden, die dann als zusammengesetzte Komponente in das ganze Gefühl eingeht.

Jedes zusammengesetzte Gefühl läßt sich somit zerlegen; 1) in ein aus der Verbindung aller seiner Bestandteile resultierendes Totalgefühl, und 2) in die einzelnen Partialgefühle, welche die Komponenten dieses Totalgefühls bilden, und welche wieder in Partialgefühle verschiedener Ordnung zerfallen, je nachdem sie aus einfachen sinnlichen Gefühlen bestehen (Partialgefühle erster Ordnung), oder selbst schon Totalgefühle sind (Partialgefühle zweiter und höherer Ordnung). Wo Partialgefühle höherer Ordnung vorkommen, können dann außerdem mehrseitige Verbindungen oder Verwebungen der in sie eingehenden Elemente stattfinden, indem das nämliche Partialgefühl niederer Ordnung gleichzeitig in mehrere Partialgefühle höherer Ordnung eingeht. Durch solche Verwebungen kann der Aufbau des Totalgefühls ein äußerst verwickelter werden; und zugleich kann dasselbe trotz der unveränderten Beschaffenheit seiner Elemente einen variabeln Charakter annehmen, je nachdem die eine oder andere der möglichen Verwebungen der Partialgefühle überwiegt.

3a. So entspricht z.B. dem musikalischen Dreiklang $c\,e\,g$ ein Totalgefühl der Harmonie, dessen letzte Elemente als Partialgefühle erster Ordnung die den einzelnen Klängen c, e und g entsprechenden Klanggefühle sind. Zwischen ihnen und dem resultierenden Totalgefühl stehen aber als Partialgefühle zweiter Ordnung die drei harmonischen Zweiklanggefühle $c\,e$, $e\,g$ und $c\,g$; und je nachdem entweder eines derselben überwiegt, oder sämtliche in annähernd gleicher Stärke auftreten, hat daher auch der Charakter des Totalgefühls in diesem Fall eine vierfach verschiedene Nuance. Ein Anlaß zum Überwiegen irgendeines komplexen Partialgefühls kann bald in der größeren Intensität seiner Empfindungsbestandteile, bald in vorangegangenen Gefühlen seinen Grund haben. Geht man z. B. von *c es g* zu *c e g* über, so wird die Partialwirkung *c e*, geht man dagegen von *c e a* zu *c e g* über, so wird die Partialwirkung *c g* verstärkt. Ähnlich kann auch eine Mehrheit von Farbeneindrücken je nach dem Übergewicht dieser oder jener Partial Verbindungen wechselnde Wirkungen hervorbringen; doch übt hier wegen der extensiven Ordnung der Eindrücke die räumliche Nachbarschaft einen der Varianten der Verbindung entgegenwirkenden Einfluß aus, während als ein wesentlich komplizierendes Moment noch der Einfluß der räumlichen Form mit allen ihn begleitenden Bedingungen hinzukommt.

4. Ist auf diese Weise die Struktur der zusammengesetzten Gefühle im allgemeinen eine höchst verwickelte, so bieten nun aber doch auch sie eine Stufenfolge von Entwicklungen dar, indem die von den Gebieten des Tast-, Geruchs- und Geschmackssinns ausgehenden komplexen Gefühle eine wesentlich einfachere Beschaffenheit haben als die mit den Gehörs- und Gesichtsvorstellungen verbundenen.

Man pflegt speziell dasjenige Totalgefühl, das an die äußeren und inneren Tastempfindungen geknüpft ist, als das Gemeingefühl zu bezeichnen, indem man es als das Totalgefühl betrachtet, in welchem der gesamte Zustand unseres sinnlichen Wohl- und Übelbefindens zum Ausdruck kommt. Unter dem letzteren Gesichtspunkt müssen aber die beiden niederen chemischen Sinne, Geruchs- und Geschmackssinn, ebenfalls dem Empfindungssubstrat des Gemeingefühls zugerechnet werden. Denn die von ihnen ausgehenden Partialgefühle verbinden sich mit den vom Tastsinn ausgehenden zu unlösbaren Gefühlskomplexen. Dabei können dann im Einzelfall bald die an das eine, bald die an das andere Sinnesgebiet gebundenen Gefühle dominieren. Bei allem diesem Wechsel der Empfindungsgrundlage bleibt es die Eigenschaft des Gemeingefühls, daß es der unmittelbare Ausdruck unseres sinnlichen Wohl- oder Übelbefindens und daher unter allen zusammengesetzten Gefühlen den einfachen sinnlichen Gefühlen am nächsten verwandt ist. Gesichts- und Gehörssinn beteiligen sich dagegen nur ausnahmsweise, namentlich bei ungewöhnlicher Intensität der Eindrücke, an dem Empfindungssubstrat des Gemeingefühls.

5. Das Gemeingefühl ist die Quelle der Unterscheidung jenes Gefühlsgegensatzes der Lust und Unlust, der von ihm aus nicht nur auf die einzelnen einfachen Gefühle, aus denen es sich zusammensetzt, sondern manchmal auf alle Gefühle übertragen wurde. Insofern das Gemeingefühl ein Totalgefühl ist, welchem das sinnliche Wohl- oder Übelbefinden des Subjekts entspricht, sind die Ausdrücke Lust und Unlust in der Tat vollkommen geeignet, uns die Hauptgegensätze anzudeuten, zwischen denen dasselbe, freilich nicht selten mehr oder weniger lange in einer Indifferenzlage verweilend, hin- und herschwanken kann. Ebenso kann man dann diese Ausdrücke auf die einzelnen Komponenten nach Maßgabe ihrer Beteiligung an jenem Gesamteffekt übertragen. Völlig unberechtigt ist es aber, sie auf die Gesamtheit der übrigen Gefühle anzuwenden oder gar ihre Anwendbarkeit zu einem Kriterium für den Begriff des Gefühls überhaupt zu machen. Läßt sich doch selbst für das Gemeingefühl die Gegenüberstellung von Lust und Unlust nur in dem Sinne festhalten, daß diese Wörter allgemeine Klassenbegriffe bezeichnen, die eine Fülle qualitativ mannigfaltiger Gefühle in sich schließen. Diese Mannigfaltigkeit resultiert schon aus der ungemein großen Variation der Zusammensetzung der einzelnen von uns mit dem Gesamtnamen des Gemeingefühls belegten Totalgefühle. (Vgl. hierzu § 7, 8 ff.)

6. Die erwähnte Zusammensetzung ist zugleich die Ursache, daß es Gemeingefühle gibt, die deshalb nicht schlechthin als Lust- oder Unlustgefühle bezeichnet werden können, weil sie aus einer Folge von Lust- und Unlustgefühlen bestehen, in der je nach Umständen bald das eine, bald das andere vorherrschen kann. Da die Eigentümlichkeit derartiger Gefühle auf der Verbindung entgegengesetzter Partialgefühle beruht, so können sie Kontrastgefühle genannt werden. Eine einfache Form eines solchen Kontrastgefühls unter den Gemeingefühlen ist das Kitzelgefühl, das sich aus einem schwache äußere Tastempfindungen begleitenden Lustgefühl und aus den an die Muskelempfindungen gebundenen Gefühlen zusammensetzt, welche durch die von den Tastreizen ausgelösten Reflexkrämpfe entstehen. Indem sich diese Reflexkrämpfe mehr oder weniger weit verbreiten und häufig zugleich durch die Irradiation auf das Zwerchfell Atmungshemmungen herbeiführen, kann das resultierende Gefühl in einzelnen Fällen nach Intensität, Umfang und Zusammensetzung außerordentlich variieren.

6a. Das Gemeingefühl ist diejenige zusammengesetzte Gefühlsform, bei der man zuerst die Verbindung aus Partialgefühlen bemerkt, zugleich aber freilich die psychologische Gesetzmäßigkeit dieser Verbindung durchaus verkannt und überdies in der in der Physiologie üblichen Weise das Gefühl nicht von seiner Empfindungsgrundlage unterschieden hat. So wird das Gemeingefühl bald als das "Bewußtsein von unserm eigenen Empfindungszustand", bald als die "Summe oder das ungesonderte Chaos von Sensationen" definiert, welches uns von allen Teilen unseres Körpers zugeführt werde. In der Tat entspringt das Gemeingefühl aus einer Vielheit von Partialgefühlen; aber es ist nicht die bloße Summe dieser Gefühle, sondern ein aus ihnen resultierendes einheitliches Totalgefühl. Zugleich ist es aber allerdings ein Totalgefühl von der möglichst einfachen Struktur, indem es sich aus lauter Partialgefühlen erster Ordnung, nämlich aus einzelnen sinnlichen Gefühlen zusammensetzt, ohne daß dieselben speziellere Verbindungen zu Partialgefühlen zweiter oder gar höherer Ordnung einzugehen pflegen. Dabei ist in dem entstehenden Produkt meistens ein einzelnes Partialgefühl vorherrschend: dies ist insbesondere immer dann der Fall, wenn eine sehr starke örtliche Empfindung von Schmerzgefühl begleitet ist. Doch können auch schwächere Empfindungen durch ihr relatives Übergewicht den herrschenden Gefühlston bestimmen: so besonders häufig die Geruchs- und Geschmacksempfindungen oder auch gewisse an die regelmäßige Funktion der Organe gebundene Empfindungen, wie die die Gehbewegungen begleitenden inneren Tastempfindungen. Häufig kann übrigens dies relative Übergewicht einer einzelnen Empfindung so schwach sein, daß erst die Aufmerksamkeit auf den eigenen subjektiven Zustand das dominierende Gefühl entdeckt. In diesem Falle hat dann zugleich diese Richtung der Aufmerksamkeit meist die Eigenschaft, ein beliebiges Partialgefühl zum bevorzugten zu machen.

Literatur. E. H. Weber, Tastsinn u. Gemeingefühl. Wundt, Beiträge zur Theorie der Sinnesw., 6. Abh. Phys. Ps.[6], II, Kap. 11. M. u. T.[5] Vorl. 14. Pathologische Veränderungen des Gemeingefühls: Störring, Vorlesungen über Psychopathologie, 1900, Vorl. 23 u. 24.

7. Die zusammengesetzten Gefühle im Gebiet des Gesichts- und Gehörssinns pflegt man auch als ästhetische Elementargefühle zu bezeichnen, ein Ausdruck, der an und für sich alle Gefühle umfaßt, die an zusammengesetzte Wahrnehmungen gebunden und deshalb selbstzusammengesetzt sind. Zu der Klasse dieser nach dem Begriff der

im weiteren Sinne benannten Gefühle gehören dann aber insbesondere diejenigen, die als Elemente ästhetischer Wirkungen in dem engeren Sinne dieses Wortes vorkommen. Der Begriff des Elementaren bezieht sich demnach bei diesen Gefühlen nicht auf die Gefühle selbst, die durchaus nicht einfach sind, sondern er soll nur einen relativen Gegensatz zu den noch weit zusammengesetzteren höheren ästhetischen Gefühlen ausdrücken. Die Wahrnehmungsgefühle oder ästhetischen Elementargefühle des Gesichts- oder Gehörssinns können uns aber zugleich als Repräsentanten aller weiteren im Verlauf der intellektuellen Prozesse auftretenden zusammengesetzten Gefühle, wie der logischen, der moralischen, der höheren ästhetischen, dienen. Denn ihrer allgemeinen psychologischen Struktur nach gleichen solche verwickeltere Gefühlsformen durchaus den einfacheren Wahrnehmungsgefühlen; nur verbinden sich jene stets noch mit den Gefühlen und Affekten, die aus dem gesamten Zusammenhang der psychischen Prozesse hervorgehen.

Während die Gegensätze, zwischen denen sich die Gemeingefühle bewegen, vorwiegend denjenigen Qualitäten der Gefühle angehören, die wir durch die Ausdrücke Lust und Unlust bezeichnen, lassen sich auf die ästhetischen Elementargefühle meist die in die nämlichen Richtungen fallenden, aber ihrer Bedeutung nach objektiveren, nicht das eigene Wohl- oder Übelbefinden, sondern das Verhältnis der Gegenstände zum vorstellenden Subjekt zum Ausdruck bringenden Gegensätze des Gefallens und Mißfallens anwenden. Hier ist es freilich noch augenfälliger als bei Lust und Unlust, daß diese Gegensatzbegriffe nicht selbst Einzelgefühle bezeichnen, sondern nur auf die allgemeinen Richtungen hinweisen, nach denen sich die im einzelnen unendlich mannigfaltigen und bei jeder individuellen Vorstellung eigentümlichen Gefühle ordnen lassen. Zugleich kommen dann aber bei den einzelnen Gefühlen in mehr wechselnder Weise die andern Gefühlsrichtungen (§ 7, 7), die erregenden und beruhigenden, die spannenden und lösenden, zur Geltung.

8. Abgesehen von den genannten, über alle einzelnen Formen übergreifenden Hauptrichtungen lassen sich die Wahrnehmungsgefühle nach den für ihre Qualität maßgebenden Verhältnissen der Vorstellungselemente in zwei Klassen bringen, die wir die der intensiven und der extensiven Gefühle nennen wollen. Unter den intensiven Gefühlen verstehen wir diejenigen, die aus dem Verhältnis der qualitativen Eigenschaften der Empfindungselemente einer Vorstellung, unter den extensiven solche, die aus der räumlichen oder zeitlichen Ordnung der Elemente entspringen. Die Ausdrücke "intensiv" und "extensiv" sollen also hier nicht auf die Beschaffenheit der Gefühle selbst, die in Wirklichkeit immer eine intensive ist, sondern auf ihre Entstehungsbedingungen bezogen werden.

Demnach sind die intensiven und extensiven Gefühle nicht bloß die subjektiven Begleiterscheinungen der entsprechenden Vorstellungen, sondern, da jede Vorstellung einerseits aus qualitativ verschiedenen Elementen zu bestehen pflegt, anderseits irgendeiner extensiven Ordnung von Eindrücken sich einreiht, so kann eine und dieselbe Vorstellung gleichzeitig das Substrat intensiver und extensiver Gefühle sein. So erregt ein Gesichtsobjekt, das aus verschiedenfarbigen Teilen besteht, ein intensives Gefühl durch das Verhältnis der Farben zueinander, ein extensives durch seine Form. Eine Aufeinanderfolge von Klängen ist mit einem intensiven Gefühl verbunden, das dem qualitativen Verhältnis der Klänge entspricht, und mit einem extensiven, das aus der rhythmischen oder arrhythmischen zeitlichen Folge derselben hervorgeht. Darum sind an die Gesichts- wie an die Gehörsvorstellungen im allgemeinen stets intensive und extensive Gefühle zugleich gebunden; doch kann natürlich unter bestimmten Bedingungen die eine gegenüber der andern Form zurücktreten. So ist beim momentanen Anhören eines Zusammenklangs nur ein intensives Gefühl wahrzunehmen; umgekehrt beim Anhören einer Taktfolge aus indifferenten Schalleindrücken macht sich bloß ein extensives Gefühl in merklichem Grade geltend usw. Zum Zweck der psychologischen Analyse ist es aber natürlich angemessen, solche Bedingungen herzustellen, unter denen eine bestimmte Gefühlsform bei möglichstem Ausschlusse jeder andern entsteht.

9. Unter den auf diese Weise zu beobachtenden intensiven Gefühle zeigen die an die Farbenverbindungen gebundenen die Eigentümlichkeit, daß eine gegebene Farbe mit mehreren, von ihr qualitativ hinreichend verschiedenen wohlgefällige Zusammenstellungen bildet, wobei aber im allgemeinen die komplementären Farbenpaare nicht die günstigsten Kombinationen sind. So stimmen z. B. Rot und Blau besser zusammen als Rot und Grün. Disharmonisch wirken dagegen stets einander näherliegende Farben, wie z. B. Blau und Grün. Daneben kann auch hier, wie schon bei den einfachen Farbengefühlen, die Wirkung durch zufällige Assoziationen und die von ihnen ausgehenden komplexen Gefühle gekreuzt werden. Kombinationen von mehr als zwei Farben sind noch nicht hinreichend untersucht.

Eine außerordentlich reiche Mannigfaltigkeit bilden sodann die Gefühle der Klangverbindungen. Sie sind dasjenige Gefühlsgebiet, in welchem die oben im allgemeinen erörterte Bildung von Partialgefühlen verschiedener Ordnung mit ihren je nach besonderen Bedingungen wechselnden Verwebungen vorzugsweise ihre Wirkungen geltend macht. Die Untersuchung der einzelnen auf diese Weise entstehenden Gefühle gehört jedoch zu den Aufgaben der psychologischen Musikästhetik.

10. Die extensiven Gefühle können wir wieder in die räumlichen und die zeitlichen unterscheiden, von denen jene, die Formgefühle, vorzugsweise dem Gesichtssinn, diese, die rhythmischen Gefühle, dem Gehörssinn eigentümlich sind, während dem Tastsinn die Anfänge der Entwicklung beider zufallen.

Das optische Formgefühl spricht sich vor allem in der Bevorzugung regelmäßiger vor unregelmäßigen Formen, und dann bei der Wahl zwischen verschiedenen regelmäßigen Formen in der Bevorzugung der nach gewissen einfachen Regeln gegliederten aus. Unter diesen Regeln werden wieder zwei, die der Symmetrie mit dem Verhältnis 1:1 und die des goldenen Schnittes mit dem Verhältnis $(x + 1) : x = x : 1$ (das Ganze zum größeren Teil wie dieser zum kleineren) vor andern ausgezeichnet. Daß bei der Wahl zwischen diesen beiden die Symmetrie für die horizontale, der goldene Schnitt für die vertikale Gliederung der Gestalten im allgemeinen den Vorzug gewinnt, ist wahrscheinlich durch Assoziationen, speziell mit organischen Gestalten, wie z. B. mit der menschlichen, bedingt. Diese Bevorzugung der Symmetrie und gewisser einfachster Proportionen kann nicht wohl anders als so gedeutet werden, daß die Durchmessung jeder einzelnen Dimension mit einer inneren Tastempfindung des Auges und einem begleitenden sinnlichen Gefühl verbunden ist, das in das Ganze eines optischen Formgefühls als Partialgefühl eingeht, worauf das bei dem Anblick der ganzen Form entstehende Totalgefühl der regelmäßigen Ordnung durch das Verhältnis der Partialgefühle zueinander modifiziert wird. Als sekundäre, aber ebenfalls mit dem Totalgefühl verschmelzende Bestandteile können dann auch hier wieder Assoziationen und die an sie gebundenen Gefühle hinzukommen.

Das rhythmische Gefühl ist ganz von den bei der Betrachtung der zeitlichen Vorstellungen besprochenen Bedingungen abhängig. Die Partialgefühle werden hier durch jene Gefühle gespannter und erfüllter Erwartung gebildet, die in ihrem regelmäßigen Wechsel die rhythmische Zeitvorstellung selbst konstituieren. Die Art der Verbindung der Partialgefühle und besonders die Vorherrschaft einzelner derselben in dem entstehenden Totalgefühl ist aber zugleich in noch höherem Grad als der momentane Charakter eines intensiven Gefühls von dem Verhältnis abhängig, in dem die unmittelbar gegenwärtigen zu vorangegangenen Gefühlen stehen. Dies zeigt sich namentlich an dem starken Einfluß, den jeder Wechsel des Rhythmus auf das rhythmische Gefühl ausübt. Hierdurch sowie schon durch ihr allgemeines Gebundensein an einen bestimmten zeitlichen Verlauf bilden die rhythmischen Gefühle den nächsten Übergang zu den Affekten. Kann sich auch aus jedem zusammengesetzten Gefühl ein Affekt entwickeln, so ist doch bei keinem andern so wie hier die Bedingung der Entstehung des Gefühls zugleich eine notwendige Bedingung zur Entstehung eines gewissen Affektgrads, der in diesem Fall nur durch die regelmäßige Folge der Gefühle ermäßigt zu werden pflegt. (Vgl. unten § 13, 1, 7.)

11. Bei der ungeheuern Mannigfaltigkeit der zusammengesetzten Gefühle, die mit einer ebenso großen Mannigfaltigkeit ihrer Bedingungen verknüpft ist, kann man natürlich an eine sie alle umfassende psychologische Theorie von ähnlich einheitlicher Beschaffenheit, wie sie z. B. bei den räumlichen und zeitlichen Vorstellungen möglich ist, nicht denken. Immerhin treten bei ihnen einige gemeinsame Eigenschaften hervor, durch die sie sich gewissen allgemeinen psychologischen Gesichtspunkten unterordnen. Zwei Faktoren sind es nämlich, aus denen sich zunächst jede solche Gefühlswirkung zusammensetzt: erstens das Verhältnis der verbundenen Partialgefühle zueinander, und zweitens ihre Zusammenfassung zu einem einheitlichen Totalgefühl. Der erste dieser Faktoren tritt bei den intensiven, der zweite bei den extensiven Gefühlen stärker hervor; in der Tat aber sind sie beide nicht nur stets verbunden, sondern sie bestimmen sich auch wechselseitig. So kann eine Gestalt, die noch eine wohlgefällige Auffassung zuläßt, um so komplizierter sein, je mehr sich die Verhältnisse ihrer Teile nach gewissen Regeln ordnen; und das nämliche gilt für den Rhythmus. Anderseits aber begünstigt zugleich die Verbindung zu einem Ganzen die Geltendmachung der einzelnen Gefühlsbestandteile. In allen diesen Beziehungen zeigen die Gefühlsverbindungen die nächste Ähnlichkeit mit den intensiven Vorstel-

lungsverbindungen, während die extensive Ordnung der Eindrücke, namentlich die räumliche, viel eher eine relativ unabhängige Koexistenz mehrerer Vorstellungen möglich macht.

12. Diese Eigenschaft der engen intensiven Verbindung aller Bestandteile eines Gefühls, selbst bei solchen Gefühlen, deren Vorstellungsgrundlagen extensiv (räumlich oder zeitlich) geordnet sind, hängt mit einem Prinzip zusammen, das für alle, auch die im folgenden noch zu besprechenden Gemütsbewegungen gültig ist, und das wir als das Prinzip der Einheit der Gefühlslage bezeichnen können. Dasselbe besteht darin, daß in einem gegebenen Moment stets nur ein Totalgefühl möglich ist, oder, wie wir es auch ausdrücken können, daß alle in einem gegebenen Moment vorhandenen Partialgefühle schließlich zu einem einzigen Totalgefühl verbunden sind. Dieses Prinzip steht aber augenscheinlich im Zusammenhang mit dem allgemeinen Verhältnis zwischen Vorstellung und Gefühl, wonach in der Vorstellung ein unmittelbarer Erfahrungsinhalt nach den ihm ohne Rücksicht auf das Subjekt beigelegten Eigenschaften, in dem Gefühl das einem solchen Erfahrungsinhalt immer zugleich zukommende Verhältnis zu dem Subjekt seinen Ausdruck findet.

12a. Unter den verschiedenen obenerwähnten Formen ästhetischer Elementargefühle bieten wohl die der Harmonie und Disharmonie der Klänge wegen der verhältnismäßig durchsichtigen Beschaffenheit ihrer Empfindungssubstrate die für die psychologische Analyse günstigsten Bedingungen dar. Auch hat hier seit langer Zeit schon das Interesse der musikalischen Ästhetik zu mancherlei theoretischen Erklärungen geführt, bei denen freilich nicht immer die tatsächlich der Beobachtung zugänglichen Erscheinungen zureichend Beachtung gefunden haben. Vielmehr wurden denselben oft hypothetische oder willkürliche Voraussetzungen substituiert: so z. B., wenn man die Harmonie auf eine unbewußte Auffassung regelmäßiger Zahlenverhältnisse (Euler), auf eine unbewußte Wirkung des Rhythmus der Schwingungen (Lipps) oder auf eine Wirkung der Tonverschmelzungen (Stumpf) zurückführte. Oder aber es wurde eines der tatsächlich mitwirkenden Momente einseitig bevorzugt: so besonders die störende Wirkung der Schwebungen bei der Dissonanz (Helmholtz). Nach den in § 6 und 9 erörterten Tatsachen lassen sich wohl folgende vier Bedingungen als die wahrscheinlich für das Harmoniegefühl bedeutsamen ansehen: 1) Die Bevorzugung einfacher Einteilungen der Tonlinie nach dem für unsere Tonempfindungen gültigen Prinzip arithmetischer Teilung, z.B. 4:5:6 (Durdreiklang) usw. (§ 6, 11 f., metrisches Prinzip). 2) Die ausgezeichnete Stellung, welche die harmonischen Intervalle dadurch einnehmen, daß ihre Differenztöne teils mit den primären Tönen zusammenfallen, teils harmonische Untertöne zu denselben bilden, z.B. 4:5:6 die Differenztöne 1 und 2, d. h. die beiden tieferen Oktaven (Prinzip der Einfachheit). 3) Die Koinzidenz der Teiltöne der Klänge, die mit dem Grade der Harmonie zunimmt, und die sich bei der Klangfolge als Klangverwandtschaft, beim Zusammenklang als Verstärkung gewisser, jeweils für bestimmte Intervalle charakteristischer Teiltöne (Differenz- und Obertöne) geltend macht (phonisches Prinzip). 4) Die Schwebungen der primären Töne sowie der Ober- und Differenztöne beim Zusammenklang in dissonanten Intervallen (Störungsprinzip).

Literatur. Allgemeine Gefühls- und Affektsymptome: Gent, Philos. Stud., Bd. 18. Alechsieff, Psychol. Stud., Bd. 3. Rehwohldt, ebenda, Bd. 7. Drozyński (Rhythm. Gefühle}, ebenda. Sander, ebenda, Bd. 9. Wirkung von Farbenverbindungen: Goethe, Farbenlehre, Didakt. Teil, 6. Abt. Brücke, Physiologie der Farben, 1866. Kirschmann u. Baker, Toronto Studies, 2, 1902. Stefanescu-Goanga, Psychol. Stud., Bd. 7. Optisches Formgefühl: Fechner, Vorschule der Ästhetik, 1876, Bd. 1. Abh. der sächs. Ges. der Wiss., Bd. 14. Witmer, Phil. Stud., Bd. 9. R. Vischer, Das optische Formgefühl, 1873. Hildebrand, Das Problem der Form in der bildenden Kunst, 1893 (5. Aufl. 1905). Müller-Freienfels, Ztschr. f. Psychol., Bd. 54. Lipps, Raumästhetik und geometrisch-optische Täuschungen, 1897. Klangharmonie: Lohnert, Psychol. Stud., Bd. 9. Bühler, Die Gestaltwahrnehmungen, 1913. Helmholtz, Ton-empfindungen, Abschn.19. von Oettingen, Das duale Harmoniesystem, 1914. Stumpf, Beiträge zur Akustik und Musikwissensch., 1898--1901. Riemann, Elemente der musikalischen Ästhetik, 1900. Lipps, Psychol. Stud., 1885 (2. Aufl. 1905), II. F. Krueger, Archiv für ges. Psychol., 1903, Bd. 1 u. 2. Psychol. Stud., Bd. 2 u. 4. H. Sartorius, ebenda, Bd. 8. Phys. Psych.[6], III, Kap. 16. Völkerpsych.[2] III (Kunst).

DIE AFFEKTE

l. Das Gefühl ist, dem allgemeinen Charakter des psychischen Geschehens entsprechend, niemals ein dauernder Zustand. Bei der psychologischen Analyse eines zusammengesetzten Gefühls müssen wir uns daher stets eine momentane Gemütslage fixiert denken. Da dies um so leichter gelingt, je allmählicher und stetiger die psychischen Prozesse verlaufen, so hat sich deshalb auch der Ausdruck Gefühle hauptsächlich für relativ langsamer ablaufende Vorgänge sowie für solche eingebürgert, die, wie z. B. die rhythmischen Gefühle, in ihrem regelmäßigen zeitlichen Verlauf nie ein gewisses mittleres Maß der Intensität überschreiten. Wo sich dagegen eine zeitliche Folge von Gefühlen zu einem zusammenhängenden Verlaufe verbindet, der sich gegenüber den vorausgegangenen und den nachfolgenden Vorgängen als ein eigenartiges Ganzes aussondert, das im allgemeinen zugleich intensivere Wirkungen auf das Subjekt ausübt als ein einzelnes Gefühl, da nennen wir einen solchen Verlauf einen Affekt.

Dieser Ausdruck weist schon darauf hin, daß es nicht sowohl spezifische subjektive Erfahrungsinhalte sind, die den Affekt von dem Gefühl scheiden, als vielmehr die Wirkungen, die er infolge der eigentümlichen Verbindung bestimmter Gefühlsinhalte ausübt. Deshalb ist aber auch zwischen Gefühl und Affekt durchaus keine scharfe Grenze zu ziehen. Jedes intensivere Gefühl geht in einen Affekt über. Seine Loslösung aus diesem beruht stets auf einer willkürlichen Isolierung; und bei denjenigen Gefühlen, die von vornherein an einen bestimmten zeitlichen Verlauf gebunden sind, bei den rhythmischen, ist diese Isolierung überhaupt unmöglich. Das rhythmische Gefühl unterscheidet sich daher nur noch durch die geringere Intensität jener Gesamtwirkung auf das Subjekt, welcher der "Affekt" seinen Namen verdankt. Doch ist auch dieser Unterschied ein fließender, und sind die durch rhythmische Eindrücke erzeugten Gefühle irgend lebhafter, wie das namentlich dann stattzufinden pflegt, wenn sich der Rhythmus noch mit einem das Gefühl stark erregenden Empfindungsinhalt verbindet, so werden die rhythmischen Gefühle vollständig zu Affekten. Darum bildet der Rhythmus in der Musik wie in der Poesie ein wichtiges Hilfsmittel, um Affekte zu schildern, und um solche in dem Hörer hervorzurufen.

2. Die Sprache hat die verschiedenen Affekte mit Namen belegt, die, gerade so wie die Bezeichnungen der Gefühle, nicht individuelle Vorgänge, sondern Gattungsbegriffe bedeuten, unter deren jedem sich eine Fülle einzelner Gemütsbewegungen nach gewissen gemeinsamen Merkmalen zusammenfassen läßt. Affekte wie Freude, Hoffnung, Sorge, Kummer, Zorn usw. sind nicht bloß in jedem einzelnen Fall von eigentümlichen Vorstellungsinhalten begleitet, sondern auch ihre Gefühlsinhalte und selbst ihre Verlaufsweisen können mannigfach wechseln. Je zusammengesetzter ein psychischer Vorgang ist, um so eigenartiger gestaltet er sich im einzelnen: ein individueller Affekt wird sich daher noch weniger als ein individuelles Gefühl jemals in identischer Form wiederholen. Jene allgemeinen Affektbezeichnungen haben also höchstens die Bedeutung, daß sie gewisse typische Verlaufsformen von verwandtem Gefühlsinhalt zusammenfassen.

3. Nicht jeder irgendwie zusammenhängende Verlauf von Gefühlen wird aber Affekt genannt und kann als solcher einer der durch die Sprache fixierten typischen Formen subsumiert werden. Auch der Affekt besitzt vielmehr den Charakter eines einheitlichen Ganzes, das sich von dem zusammengesetzten Gefühl nur durch die zwei Merkmale unterscheidet, daß es einen bestimmten zeitlichen Verlauf zeigt, und daß es eine intensivere Wirkung und Nachwirkung auf den Zusammenhang der psychischen Vorgänge ausübt. Das erste dieser Merkmale beruht eben darauf, daß der Affekt dem einzelnen Gefühl gegenüber ein Prozeß höherer Stufe ist, der eine Aufeinanderfolge mehrerer Gefühle in sich schließt; das zweite beruht auf der Steigerung der Wirkung, die eine Summation von Gefühlen mit sich führt.

Infolge der angegebenen Merkmale besitzt der Affekt bei aller Verschiedenheit seiner Formen eine gewisse Regelmäßigkeit des Verlaufs. Er beginnt nämlich stets mit einem mehr oder minder intensiven Anfangsgefühl, das durch seine Qualität und Richtung sofort für die Beschaffenheit des Affekts kennzeichnend ist, und das entweder in einer durch einen äußeren Eindruck hervorgerufenen Vorstellung (äußere Affekterregung), oder in einem durch Assoziations- und

Apperzeptionsbedingungen entstehenden psychischen Vorgang (innere Affekterregung) seine Quelle hat. Darauf folgt dann ein von entsprechenden Gefühlen begleiteter Vorstellungsverlauf, der wieder sowohl nach der Qualität der Gefühle wie nach der Geschwindigkeit des Vorgangs bei den einzelnen Affekten charakteristische Unterschiede zeigt. Endlich schließt der Affekt mit einem Endgefühl, welches nach dem Übergang jenes Verlaufs in eine ruhigere Gemütslage zurückbleibt, und in welchem der Affekt abklingt, falls er nicht sofort in das Anfangsgefühl eines neuen Affektanfalls übergeht. Letzteres findet sich namentlich bei Affekten von intermittierendem Verlaufstypus. (Vgl. unten 12.)

4. Die Steigerung der Wirkungen, die im Verlauf des Affekts zu beobachten ist, bezieht sich nun nicht bloß auf den psychischen Inhalt der ihn zusammensetzenden Gefühle, sondern auch auf deren physische Begleiterscheinungen. Bei den einzelnen Gefühlen beschränken sich diese auf geringe Veränderungen der Herz- und der Atmungsinnervation, die nur mit Hilfe exakter graphischer Methoden nachweisbar sind, und zu denen zuweilen noch mimische Bewegungen von mäßiger Ausbreitung und Stärke hinzutreten (§ 7, 10 f.). Dies ist bei den Affekten wesentlich anders. Hier steigern sich nicht nur durch die Summation und den Wechsel der aufeinander folgenden Gefühlsreize die Wirkungen auf das Herz, die Blutgefäße und die Atmung, sondern es werden auch stets in deutlich erkennbarer Weise die äußeren Bewegungsorgane in Mitleidenschaft gezogen, indem zunächst stärkere Bewegungen der mimischen Muskeln, dann solche der Arme und des Gesamtkörpers (pantomimische Bewegungen) eintreten, zu denen sich bei stärkeren Affekten noch ausgebreitete Innervationsstörungen, wie Muskelzittern, krampfhafte Erschütterungen des Zwerchfells und der Antlitzmuskeln, lähmungsartiger Nachlaß des Muskeltonus, hinzugesellen.

Wegen ihrer symptomatischen Bedeutung für die Affekte bezeichnet man alle diese Bewegungen als Ausdrucksbewegungen. In der Regel treten sie vollkommen unwillkürlich auf, entweder reflexartig den Affekterregungen folgend oder in der Form impulsiver, aus den Gefühlsbestandteilen des Affekts entspringender Triebhandlungen. Sie können dann aber auch durch willkürliche Verstärkung oder Hemmung der Bewegungen oder selbst durch absichtliche Erzeugung solcher in der mannigfaltigsten Weise abgeändert werden, so daß bei den Ausdrucksbewegungen die ganze Skala äußerer Bewegungsreaktionen, die uns bei den Willenshandlungen beschäftigen wird, in Aktion treten kann (§ 14).

6. Nach ihrem symptomatischen Charakter lassen sich die Ausdrucksbewegungen in drei Klassen sondern: l) Rein intensive Symptome: sie sind durchweg Ausdrucksformen stärkerer Affekte und bestehen bei mäßigeren Graden in gesteigerten Bewegungen, bei sehr heftigen Affekten in plötzlicher Hemmung oder Lähmung der Bewegung. 2) Qualitative Gefühlsäußerungen: sie bestehen in mimischen Bewegungen, unter denen Reaktionen der Mundmuskeln, die den auf süße, saure und bittere Geschmackseindrücke folgenden Reflexen gleichen, die vorwiegende Rolle spielen. Dabei entspricht der süße Gesichtsausdruck Lustaffekten, der saure und bittere Unlustaffekten, während die sonstigen Modifikationen des Gefühls, wie die Erregung und Depression, die Spannung und ihre Lösung, durch die Spannungen der Mundmuskeln ausgedrückt werden. 3) Vorstellungsäußerungen: sie bestehen im allgemeinen in pantomimischen Bewegungen, bei denen entweder auf die Gegenstände des Affekts hingewiesen wird (hinweisende Gebärden), oder bei denen die Gegenstände sowie die mit ihnen zusammenhängenden Vorgänge durch die Form der Bewegung angedeutet werden (darstellende Gebärden). Hiernach entsprechen diese drei Ausdrucksformen genau den psychischen Elementen des Affekts: die erste der Intensität, die zweite der Gefühlsqualität, die dritte dem Vorstellungsinhalt. Demgemäß kann auch eine konkrete Ausdrucksbewegung alle drei Ausdrucksformen in sich vereinigen. Unter ihnen ist die dritte Form, die der Vorstellungsäußerungen, wegen ihrer genetischen Beziehungen zur Sprache von besonderer psychologischer Bedeutung. (Vgl. § 21, 3.)

6. Die Begleiterscheinungen der Affekte im Gebiet der Puls- und Atmungsbewegungen können von dreierlei Art sein. Sie können bestehen: l) in der unmittelbaren Wirkung der Gefühle, aus denen sich die Affekte zusammensetzen, also z. B. in einer Verlängerung der Puls- und Verkürzung der Atmungswellen bei Lustgefühlen, in den entgegengesetzten Veränderungen bei

Unlustgefühlen, usw. (vgl. § 7, 10 f.); doch trifft dies nur bei relativ ruhigen Affekten zu, bei denen die einzelnen Gefühle zureichend Zeit haben, sich zu entwickeln. Ist dies nicht der Fall, so treten Erscheinungen auf, die nicht bloß von der Gefühlsqualität, sondern zugleich und meist vorzugsweise von der Intensität der aus ihrer Summation sich ergebenden Innervationswirkungen abhängen. Solche Summationswirkungen können dann bestehen: 2) in verstärkter Innervation, welche bei nicht allzu rascher Folge der Gefühle wegen einer in diesem Fall durch die Summation bewirkten Steigerung der Erregung eintritt; sie äußert sich, weil beim Herzen die gesteigerte Erregung vorwiegend die Hemmungsnerven trifft, in verlangsamten und verstärkten Pulsschlägen, zu denen sich meist eine zunehmende Innervation der mimischen und der pantomimischen Muskeln gesellt: sthenische Affekte. Ist der Verlauf der Gefühle entweder ein sehr stürmischer, oder dauert er eine ungewöhnlich lange Zeit in gleicher Richtung, so ist aber die Wirkung des Affekts: 3) eine mehr oder minder ausgebreitete Lähmung der Herzinnervation und des Tonus der äußeren Muskeln, unter Umständen verbunden mit speziellen Innervationsstörungen einzelner Muskelgruppen, besonders des Zwerchfells und der synergisch mit ihm tätigen Antlitzmuskeln. Hier ist dann das nächste von der Lähmung der regulatorischen Herznerven herrührende Symptom starke Pulsbeschleunigung mit entsprechender Atmungsbeschleunigung, während zugleich die Puls- wie die Atmungsbewegungen schwächer werden, und der Tonus der äußeren Muskeln bis zu lähmungsartiger Erschlaffung abnimmt: asthenische Affekte. Ein letzter Unterschied, der aber nicht wohl zur Aufstellung einer selbständigen Gattung physischer Affektwirkungen Anlaß geben kann, da es sich bei ihm nur um Modifikationen der die sthenischen und asthenischen Affekte charakterisierenden Erscheinungen handelt, beruht endlich: 4) auf der größeren oder geringeren Schnelligkeit, mit der die Zunahme oder die Hemmung der Innervation auftritt: schnelle und langsame Affekte.

7. Sowohl bei der natürlichen Entstehung wie bei der künstlichen Erzeugung der Affekte besitzen nun die physischen Begleiterscheinungen, abgesehen von ihrer symptomatischen Bedeutung, die wichtige psychologische Eigenschaft der Affektverstärkung. Sie beruht darauf, daß die erregende oder hemmende Innervation bestimmter Muskelgebiete von inneren Tastempfindungen begleitet wird, an die sinnliche Gefühle geknüpft sind. Indem diese sich mit dem sonstigen Gefühlsinhalt der Affekte verbinden, steigern sie die letzteren in ihrer Intensität. Von der Herzbewegung und Atmung sowie von der Gefäßinnervation gehen solche Gefühle nur bei starken Affekten aus, wo sie dann freilich um so intensiver werden können; dagegen sind schon bei mäßigen Affekten die Zustände der vermehrten oder verminderten Spannung der mimischen und pantomimischen Muskeln auf den Gefühlszustand und dadurch auch auf den Affekt von Einfluß.

7a. Die ältere Psychologie pflegte, gemäß ihrer allgemeinen Neigung zur intellektualistischen Deutung psychischer Vorgänge, zumeist logische Reflexionen über die Affekte für eine Theorie oder gar für eine Schilderung der Affekte selbst anzusehen. Das vorzüglichste Beispiel dieser Art ist Spinozas Affektenlehre. Dabei wurden dann außerdem meist die psychologischen Darstellungen von ethischen Gesichtspunkten beeinflußt. Hierauf gründet sich insbesondere auch die Unterscheidung von Affekt und Leidenschaft, wobei man unter dieser die durch dauernde Gefühle und Affekte entstehende Herrschaft bestimmter Triebe über den Willen verstand. Kant veränderte diese Begriffsbestimmungen dahin, daß er das Eigentümliche des Affekts in das plötzliche Entstehen, das der Leidenschaft in die zur Gewohnheit gewordene Richtung des Gefühls verlegte. Alle diese Unterscheidungen sind jedoch teils von bloß praktischer Bedeutung und gehören daher ausschließlich in die Gebiete der Charakterologie und der Ethik, teils beziehen sie sich auf Eigenschaften, die den unten zu erörternden Intensitäts- und Verlaufsmerkmalen der Affekte zufallen (12). Psychologisch betrachtet bilden deshalb die Leidenschaften überhaupt kein von den Affekten irgendwie zu sonderndes Gebiet. Gegenüber dieser vorwiegend auf praktisch-psychologischen Motiven beruhenden Betrachtungsweise haben dann in der neueren Zeit namentlich die Ausdrucksbewegungen sowie die sonstigen physiologischen Begleiterscheinungen in Puls, Atmung, Gefäßinnervation die Aufmerksamkeit auf sich gelenkt, und man hat begonnen, in ihnen, ähnlich wie in den Innervationssymptomen der Gefühle, wertvolle Hilfsmittel für das Studium der Affekte zu erkennen. Doch können diese äußeren Hilfsmittel niemals die unmittelbare Beobachtung der psychischen Vorgänge selbst ersetzen; sie können höchstens die Aufmerksamkeit auf Eigenschaften und Beziehungen der Vorgänge lenken, die sonst vielleicht derselben entgehen würden. Solche durch die objektive Beobachtung nahegelegte Eigenschaften sind besonders die obenerwähnten Verstärkungen der Affekte durch die an die Ansdrucksbewegungen gebundenen sinnlichen Gefühle. Wenn freilich C. Lange und W. James in dieser begleitenden Erscheinung die ausschließliche Ursache der Affekte selbst erblicken wollten, indem sie diese für psychische Vorgänge erklärten, die regelmäßig erst durch die Ausdrucksbewegungen ausgelöst würden, so ist diese paradoxe Annahme aus drei Gründen unhaltbar. Erstens treten die entscheidenden äußeren Symptome der Affekte erst in einem Moment hervor, wo die psychische Natur des Affekts schon deutlich differenziert ist: dieser selbst geht also denjenigen Innervationswirkungen voran, die hier als seine Ursachen in Anspruch genommen werden. Zweitens ist es absolut unmöglich, die Mannigfaltigkeit der psychischen Affektzustände dem verhältnismäßig einfachen Schema der Innervationsänderungen einzuordnen: die psychischen Vorgänge selbst sind um vieles reicher als ihre spezifisch verschiedenen Ausdrucksformen. Endlich stehen drittens die physischen Begleiterscheinungen der Affekte in durchaus keiner konstanten Beziehung zu der psychologischen Qualität derselben. Dies gilt namentlich von den Puls- und Atmungswirkungen, aber auch z. B. von den pantomimischen Ausdrucksbewegungen. Affekte, die einen sehr verschiedenen, ja entgegengesetzten Gefühlsinhalt haben, können unter Umständen in bezug auf diese physischen Erscheinungen zu der nämlichen Klasse gehören. So können z. B. Freude und Zorn gleicherweise sthenische Affekte sein. Eine von Überraschung begleitete Freude kann aber auch das physische Bild eines asthenischen Affekts darbieten.

7b. In den allgemeinen Innervationswirkungen, die zu jener Unterscheidung der sthenischen, asthenischen, der raschen und langsamen Affekte Anlaß gaben, spiegeln sich demnach überhaupt nicht die Gefühlsinhalte derselben, sondern nur die formalen Eigenschaften der Stärke und der Geschwindigkeit des Verlaufs der Gefühle. Dies erhellt deutlich auch daraus, daß man analoge Unterschiede der unwillkürlichen Innervation, wie sie die verschiedenen Affekte begleiten, durch eine bloße Folge indifferenter Eindrücke, z. B. durch die Taktschläge eines Metronoms, hervorrufen kann. Namentlich beobachtet man hierbei, daß die Atmung die Tendenz hat, sich der größeren oder geringeren Geschwindigkeit der Metronomschläge anzupassen; mit der Zunahme dieser Geschwindigkeit werden die Atmungen frequenter, und meist fallen bestimmte Atmungsphasen mit bestimmten Taktschlägen zusammen. Zugleich zeigt sich, daß das Anhören eines solchen indifferenten Rhythmus nicht völlig affektlos ist: man hat bei wachsender Geschwindigkeit der Taktschläge zuerst den Eindruck eines ruhigen, dann eines sthenischen, und endlich bei der schnellsten Folge den eines asthenischen Affekts. Doch haben die Affekte in diesem Versuch gewissermaßen einen bloß formalen Charakter: sie zeigen inhaltlich eine große Unbestimmtheit, die erst dann schwindet, wenn man sich in einen konkreten Affekt von den gleichen formalen Eigenschaften hineindenkt. Dies tritt aber sehr leicht ein, und hierauf beruht die große Fähigkeit rhythmischer Eindrücke zur Schilderung wie zur Erregung von Affekten. Es bedarf dann nur noch einer Hinweisung auf den qualitativen Gefühlsinhalt, wie sie der Musik durch den Klanginhalt der musikalischen Gebilde möglich ist, um einen Affekt in allen seinen Bestandteilen frei zu erzeugen.

7c. Sind somit die Innervationswirkungen der Affekte symptomatische Hilfsmittel von vieldeutigem Charakter, die für sich allein keinen psychologischen Wert besitzen, so können sie gleichwohl, verbunden mit der auf experimentellem Wege geregelten Selbstbeobachtung, einen solchen gewinnen, namentlich indem sie bei der Ausführung experimenteller Selbstbeobachtungen als Hilfsmittel der Kontrolle dienen. Denn für die Affekte gilt ganz besonders, daß die Beobachtung der im natürlichen Verlauf des Lebens sich von selbst einstellenden psychischen Vorgänge unzulänglich bleibt. Erstens bietet der Zufall dem Psychologen die Affekte nicht gerade in dem Augenblick, wo er sie wissenschaftlich analysieren möchte; und zweitens befinden wir uns namentlich bei stärkeren Affekten, denen reale Ursachen zugrunde liegen, am allerwenigsten in der Lage, uns selbst exakt zu beobachten. Viel besser gelingt dies, wenn man sich willkürlich in eine bestimmte Affektstimmung versetzt. Da man nun aber hierbei nicht zu ermessen vermag, inwieweit der auf diese Weise subjektiv erzeugte Affekt mit einem aus objektiven Ursachen entstandenen gleicher Art in Intensität und Verlaufsweise übereinstimmt, so bildet die gleichzeitige Untersuchung der physischen Wirkungen, namentlich der dem Willenseinfluß am meisten entzogenen des Pulses und der Atmung, eine erwünschte Kontrolle. Denn bei gleicher physiologischer Qualität der Affekte dürfen wir aus den übereinstimmenden physischen Wirkungen auch auf eine Übereinstimmung ihrer formalen Eigenschaften schließen, und die Intensität der Ausdruckssymptome gibt sogar ein gewisses Maß ab für die größere oder geringere Annäherung des künstlich erzeugten an den natürlichen Affekt.

Literatur. Kant, Anthropologie, 3. Buch. Darwin, Ausdruck der Gemütsbewegungen, 1872. Piderit, Mimik und Physiognomik, 2. Aufl., 1866. Lehmann, Die körperlichen Äußerungen psychischer Zustände, I, 1899. W. Gent, Phil. Stud., Bd. 18. Meumann und Zoneff, ebenda. Alechsieff, Psychol. Stud., Bd. 3. Salow, ebenda, Bd. 4. Rehwoldt, ebenda, Bd. 7 (mit Atlas). Ernst Weber, Der Einfluß psychischer Zustände auf den Körper, 1908. Wundt, Völkerpsychologie, I^3, Kap. l. C. Lange, Über Gemütsbewegungen, 1887. W. James, Psychology, II, Chap. 25. Stumpf, Zeitschr. f. Psychol., Bd. 2. Wundt, Zur Lehre von den Gemütsbewegungen, Kleine Schriften, Bd. 2. (Zugleich Kritik der Theorien.) Physiol. Psych.[6], III, Kap. 16, 2. M. u. T. Vorl. 25 u. 26.

8. Bei der großen Zahl von Faktoren, die für die Untersuchung der Affekte in Betracht kommen, ist eine psychologische Analyse der einzelnen Formen derselben um so weniger möglich, als jeder der zahlreichen unterscheidenden Namen immerhin auch hier nur eine Klasse bezeichnet in der eine Fülle besonderer Formen und innerhalb dieser wieder unzählige individuelle Fälle von unübersehbarer Mannigfaltigkeit vorkommen. Es kann sich darum nur um eine Übersicht der hauptsächlichsten Grundformen der Affekte handeln. Die Gesichtspunkte, von denen hier auszugeben ist, müssen aber psychologische sein, d.h. solche, die den unmittelbaren Eigenschaften der Affekte selber entnommen sind, da die physischen Begleiterscheinungen überall nur einen symptomatischen Wert und dabei zugleich, wie oben bemerkt, oft einen vieldeutigen Charakter besitzen.

Solcher psychologischer Gesichtspunkte können nun im allgemeinen drei der Unterscheidung der Affekte zugrunde gelegt werden: 1) die Qualität der in die Affekte eingehenden Gefühle, 2) die Intensität dieser Gefühle, und 3) die Verlaufsform, die durch die Art und die Geschwindigkeit des Wechsels der Gefühle bedingt wird.

9. Nach der Qualität der Gefühle lassen sich zunächst gewisse Grundformen der Affekte aufstellen, die den früher unterschiedenen Hauptrichtungen der Gefühle entsprechen (§ 7, 7). Hiernach würden Lust- und Unlustaffekte, exzitierende und deprimierende, spannende und lösende Affekte zu unterscheiden sein. Dabei kommt aber in Betracht, daß die Affekte wegen ihrer zusammengesetzteren Beschaffenheit noch mehr als die Gefühle durchgängig gemischte Formen sind. Es kann daher im allgemeinen eine jener Gefühlsrichtungen als die für einen bestimmten Affekt primäre bezeichnet werden, an die sich dann Gefühlselemente, die den andern Richtungen angehören, als sekundäre Bestandteile anschließen. Dieser sekundäre Charakter verrät sich in der Regel auch darin, daß je nach verschiedenen Bedingungen abweichende Unterformen des primären Affekts entstehen können. So ist z. B. die Freude ihrem Grundcharakter nach ein Lustaffekt; sie wird dann in ihrem Verlauf durch die Steigerung des Gefühls meist zugleich zu einem exzitierenden, bei übermäßiger Stärke der Gefühle wird sie aber zu einem deprimierenden Affekt. Das Leid ist ein Unlustaffekt von zumeist deprimierendem Charakter; bei etwas größerer Intensität der Gefühle kann es jedoch exzitierend werden, um endlich bei maximaler Intensität wieder in Depression überzugehen. Viel entschiedener noch ist der Zorn seinem vorherrschenden Charakter nach exzitierender Unlustaffekt; aber bei großer Gefühlsstärke, bei dem Übergang in die Wut, wird auch er deprimierend. Während so die exzitierende und die deprimierende Beschaffenheit durchgängig nur als Nebenformen von Lust- und Unlustaffekten vorkommen, finden sich eher zuweilen die spannenden und lösenden Gefühle als primäre

Bestandteile. So ist bei der Erwartung das diesem Zustand eigentümliche spannende Gefühl das primäre; mit dem Übergang in den Affekt gesellen sich aber dazu leicht Unlustgefühle von je nach Umständen erregendem oder beruhigendem Charakter. Bei rhythmischen Eindrücken oder Bewegungen entspringen endlich aus dem Wechsel der Spannungs- und Lösungsgefühle Lustaffekte, die dann wieder je nach der Beschaffenheit des Rhythmus zugleich exzitierende oder deprimierende sind, im letzteren Fall aber mit Unlustgefühlen sich mischen oder, namentlich bei der Mitwirkung anderer Gefühlselemente (z. B. von Klang- und Harmoniegefühlen), ganz in solche übergehen können.

10. In den von der Sprache geschaffenen Bezeichnungen der Affekte hat vorzugsweise diese qualitative Gefühlsseite, und in ihr wieder der Lust- oder Unlustcharakter der Gefühle Beachtung gefunden. Dabei lassen sich die von der Sprache geformten Begriffe in drei Klassen ordnen: 1) Bezeichnungen subjektiver, hauptsächlich nach dem Gemütszustand selbst unterschiedener Affekte. Dahin gehören Freude und Leid und, als Unterarten des Leides, bei denen die deprimierende, spannende oder lösende Richtung der Gefühle eine mitwirkende Rolle spielt, Wehmut, Kummer, Gram, Schreck. 2) Bezeichnungen objektiver, auf einen äußeren Gegenstand sich beziehender Affekte: Vergnügen und Mißvergnügen und, als Unterarten des letzteren, die wieder verschiedene Richtungen in sich vereinigen, Verdruß, Unwille, Zorn, Wut. 3) Bezeichnungen objektiver Affekte, die sich auf äußere Ereignisse beziehen, welche erst in der Zukunft zu erwarten sind: Hoffnung und Furcht und, als Modifikationen der letzteren, Angst und Sorge. Sie sind Verbindungen spannender Affekte mit Lust- und Unlustgefühlen und, in veränderlicher Weise, zugleich mit exzitierender oder deprimierender Gefühlsrichtung.

Offenbar hat die Sprache für die Unlustaffekte eine viel größere Mannigfaltigkeit von Namen geschaffen, als für die Lustaffekte. Dies kann entweder in der tatsächlich größeren Mannigfaltigkeit der Unlustformen, oder aber darin seinen Grund haben, daß sie in höherem Grade die Aufmerksamkeit auf sich lenken. Wahrscheinlich wirken beide Ursachen zusammen.

11. Nach der Intensität der Gefühle können wir schwache und starke Affekte unterscheiden. Diese den psychischen Eigenschaften der Gefühle entnommenen Begriffe decken sich aber nicht mit den auf die physischen Begleiterscheinungen gegründeten der sthenischen und asthenischen Affekte, sondern das Verhältnis jener psychologischen zu diesen psychophysischen Kategorien ist zugleich von der Qualität und von dem Stärkegrad der Gefühle abhängig. So sind schwache und mäßig starke Lustaffekte durchweg sthenisch, die Unlustaffekte dagegen werden bei längerer Dauer asthenisch, auch wenn sie von geringer Stärke sind, wie Kummer, Sorge. Endlich die stärksten Affekte, wie Schreck, Angst, Wut, aber auch übermäßige Freude, sind stets asthenisch. So ist denn die Unterscheidung der psychischen Stärke der Affekte überhaupt von untergeordneter Bedeutung, um so mehr, als sonst übereinstimmende Affekte nicht nur in verschiedener Intensität vorkommen, sondern auch in einem und demselben Verlauf in ihrer Intensität wechseln können. Indem aber ferner dieser Wechsel, vermöge des oben angeführten Prinzips der Affektverstärkung, zu einem wesentlichen Teile durch die infolge der physischen Begleiterscheinungen entstehenden sinnlichen Gefühle bestimmt wird, ist es zugleich erklärlich, daß in diesem Fall der ursprünglich physiologische Gegensatz des Sthenischen und Asthenischen auch auf den psychologischen Charakter des Affekts häufig einen entscheidenderen Einfluß ausübt, als die primäre psychische Intensität desselben.

12. Wichtiger ist das dritte Unterscheidungsmerkmal, die Verlaufsform. Nach ihr können wir unterscheiden: 1) Plötzlich hereinbrechende Affekte, wie Überraschung, Erstaunen, Enttäuschung, Schreck, Wut: sie alle erheben sich sehr rasch zu einem Maximum, um dann allmählich abzunehmen und in die ruhige Gemütslage überzugehen. 2) Allmählich ansteigende Affekte, wie Sorge, Zweifel, Kummer, Traurigkeit, Erwartung, in vielen Fällen auch Freude, Zorn, Angst: sie steigen allmählich zu ihrem Maximum und sinken ebenso allmählich wieder. Eine Modifikation der allmählich ansteigenden Affekte bilden endlich: 3) die intermittierenden Affekte, bei denen mehrere auf- und absteigende Phasen aufeinander folgen. Zu ihnen gehören alle länger dauernden Affekte. So treten namentlich Freude, Zorn, Traurigkeit, aber auch die verschiedensten anderen allmählich ansteigenden Affekte paroxysmenweise auf und lassen dabei

oft noch ein Stadium zunehmender und ein solches abnehmender Intensität der Affektanfäl-
le unterscheiden. Dagegen zeigen die plötzlich hereinbrechenden Affekte selten den intermittierenden Verlauf. Dies kommt wohl nur dann vor, wenn der Affekt auch als ein allmählich
ansteigender möglich ist. Solche Affekte von sehr wechselnder Verlaufsform sind z. B. Freude
und Zorn. Sie können zuweilen plötzlich hereinbrechen, wobei freilich der Zorn meist sofort
in Wut überspringt; sie können aber auch allmählich zu- und abnehmen und folgen dann meist
zugleich dem intermittierenden Typus. Nach ihren psychophysischen Begleiterscheinungen sind
die plötzlich hereinbrechenden Affekte durchweg asthenische, die allmählich ansteigenden können bald sthenische, bald asthenische sein.

12a. Hiernach bietet die Verlaufsform, so charakteristisch sie in einzelnen Fällen sein kann,
doch ebensowenig wie die Intensität der Gefühle feste Kriterien zu einer psychologischen Klassifikation der Affekte. Vielmehr kann eine solche offenbar nur auf die Qualität des Gefühlsinhalts
gegründet werden, während Intensität und Verlaufsform für die Untereinteilungen maßgebend
sein können. In der Art, wie diese Bedingungen teils untereinander, teils mit den physischen
Begleiterscheinungen und durch die letzteren dann wieder mit sekundären sinnlichen Gefühlen
zusammenhängen, erweisen sich aber die Affekte als höchst zusammengesetzte psychische Gebilde, die daher auch im einzelnen Fall außerordentlich variieren. Eine einigermaßen erschöp-
fende Klassifikation müßte deshalb so vielgestaltige Affekte wie Freude, Zorn, Furcht, Sorge
wieder teils nach ihren verschiedenen Verlaufstypen, teils nach der Intensität der sie zusammensetzenden Gefühle, teils endlich nach der von diesen beiden Momenten abhängigen Form
ihrer physischen Begleiterscheinungen in ihre Unterformen gliedern. So würde sich z. B. eine schwache, eine starke und eine wechselnde Gefühlsform des Zornes, eine plötzliche, eine
allmählich ansteigende und eine intermittierende Verlaufsform, endlich eine sthenische, eine
asthenische und eine gemischte Ausdrucksform desselben unterscheiden lassen. Für das psychologische Verständnis wichtiger als eine solche Einteilung ist es aber, daß man sich in jedem
besonderen Fall von dem kausalen Zusammenhang der einzelnen Erscheinungsformen Rechenschaft gibt. In dieser Beziehung ist bei jedem Affekt von zwei Faktoren auszugehen: 1) von der
Qualität und Intensität der ihn zusammensetzenden Gefühle, und 2) von der Schnelligkeit der
Aufeinanderfolge dieser Gefühle. Durch den ersten dieser Faktoren wird der allgemeine Charakter des Affekts, durch den zweiten wird zum Teil seine Stärke, außerdem aber namentlich seine
Verlaufsform, und durch beide zusammen werden die physischen Begleiterscheinungen sowie infolge der mit diesen verbundenen sinnlichen Gefühle die psychologischen Affektverstärkungen
verursacht. Eben wegen dieser letzteren sind die physischen in der Regel als psychophysische
Begleiterscheinungen zu bezeichnen. Dabei sollen aber natürlich die Ausdrücke "psychisch" und
"psychophysisch" hier, wo sie sich bloß auf die Symptomatologie der Affekte beziehen, keinen
absoluten Gegensatz andeuten. Vielmehr verstehen wir unter psychischen Affekterscheinungen
lediglich jene, die sich nicht durch unmittelbar wahrzunehmende physische Symptome verraten, mögen auch solche (z. B. in der Form von Puls- und Atmungsänderungen) durch exakte
Hilfsmittel nachweisbar sein; psychophysische Erscheinungen dagegen nennen wir solche, die
sich ohne weiteres als doppelseitige zu erkennen geben.

Literatur. Maaß, Versuch über die Leidenschaften, 2 Tle., 1805 (zusammenfassendes Werk
der älteren Psychologie). Bain, The emotions and the will, 1859. Ribot, Psychologie des sentiments, 1896. Bourdon, L'expression des émotions et des tendances dans le langage, 1892.
Lehmann. Die Hauptgesetze des menschlichen Gefühlslebens, 1892. H. Berger, Ztschr. f. Psychol., Bd. 56. Mimische Ausdrucksbewegungen der Affekte: Piderit, Mimik u. Physiognomik,
2. Aufl., 1886, Völkerpsychologie, 3. Aufl., Bd. l. Phys. Ps.[6], III, Kap. 16. M. u. T.[5] Vorl. 25 u.
26. Vgl. außerdem die Literatur § 12.

DIE WILLENSVORGÄNGE

l. Indem jeder Affekt einen in sich zusammenhängenden Gefühlsverlauf von einheitlichem Charakter darstellt, kann der Ausgang des Affekts ein doppelter sein: entweder macht er dem gewöhnlichen wechselnderen und relativ affektlosen Gefühlsverlauf Platz, – solche ohne bestimmten Enderfolg ausklingende Gemütsbewegungen bilden die eigentlichen Affekte, wie sie der Betrachtung des §13 zugrunde gelegt worden sind. Oder der Vorgang geht in eine plötzliche Veränderung des Vorstellungs- und Gefühlsinhalts über, die den Affekt momentan zum Abschluß bringt. Solche durch einen Affekt verbreitete und ihn plötzlich beendende Veränderungen der Vorstellungs- und Gefühlslage nennen wir Willenshandlungen. Der Affekt selbst zusammen mit dieser aus ihm hervorgehenden Endwirkung ist ein Willensvorgang.

Der Willensvorgang schließt sich demnach in ähnlicher Weise an den Affekt, wie dieser an das Gefühl, als ein Prozeß höherer Stufe an; die Willenshandlung aber bezeichnet bloß einen bestimmten, und zwar den für die Unterscheidung von dem Affekt charakteristischen Teil dieses Prozesses. Vorbereitet wird die Entwicklung der Willensvorgänge aus den Affekten durch jene Affekte, bei denen äußere pantomimische Ausdrucksbewegungen (§ 13, 5) auftreten, die ebenfalls schon vorzugsweise dem Endstadium des Vorgangs angehören und meist die Lösung des Affekts beschleunigen: so besonders beim Zorn, aber auch bei der Freude, dem Kummer usw. Doch fehlen dabei noch die Veränderungen im Vorstellungsverlauf, die beim Wollen die unmittelbaren Ursachen der momentanen Affektlösung bilden, und die von charakteristischen Gefühlen begleitet sind.

Gemäß diesem nahen Zusammenhang der Willenshandlungen mit den pantomimischen Ausdrucksbewegungen müssen nun auch in der Entwicklung der Willensvorgänge diejenigen, die mit bestimmten, aus dem vorausgehenden Vorstellungs- und Gefühlsverlauf hervorgehenden körperlichen Bewegungen, also mit äußeren Willenshandlungen endigen, als die ursprünglicheren angesehen werden, wogegen die bloß mit Vorstellungs- und Gefühlswirkungen oder sogenannten inneren Willenshandlungen abschließenden Willensvorgänge überall erst als die Produkte einer späteren Entwicklung erscheinen.

2. Ein Willensvorgang, der in eine äußere Willenshandlung übergeht, ließe sich hiernach definieren als ein Affekt, der mit einer pantomimischen Bewegung abschließt, die neben der allen pantomimischen Bewegungen eigentümlichen Charakterisierung der Qualität und Intensität des Affekts noch die besondere Bedeutung hat, daß sie äußere Wirkungen hervorbringt, die den Affekt selbst aufheben. Eine solche Wirkung ist nun aber nicht bei allen Affekten möglich, sondern nur bei solchen, bei denen der sie zusammensetzende Gefühlsverlauf Gefühle und Vorstellungen erzeugt, die zur Beseitigung der vorangehenden Affekterregung führen können, Dies ist naturgemäß vorzugsweise dann der Fall, wenn jene Endwirkung des Affekts in einem direkten Gegensatze zu den vorangegangenen Gefühlen steht. Die ursprüngliche psychologische Grundbedingung der Willenshandlungen ist daher der Kontrast der Gefühle; und die Entstehung primitiver Willensvorgänge geht wahrscheinlich stets auf Unlustgefühle zurück, die äußere Bewegungsreaktionen auslösen, als deren Wirkungen kontrastierende Lustgefühle auftreten. Das Ergreifen der Nahrung zur Stillung des Hungers, der Kampf gegen Feinde zur Befriedigung des Rachegefühls und andere ähnliche Vorgänge sind ursprüngliche Willensvorgänge solcher Art. Die Affekte, die aus sinnlichen Gefühlen entstehen, sowie nicht minder die allverbreiteten sozialen Affekte, wie Liebe, Haß, Zorn, Rache, sind auf diese Weise die dem Menschen mit den Tieren gemeinsamen ursprünglichen Quellen des Willens. Der Willensvorgang unterscheidet sich hier von dem Affekt dadurch, daß sich bei ihm eine äußere Handlung an den Affekt anschließt, welche diesen zum Stillstand bringt, indem sie kontrastierende Gefühle auslöst oder direkt durch ihre Wirkungen in den Affektverlauf hemmend eingreift.

3. Je reicher die Vorstellungs- und Gefühlsinhalte sich gestalten, und je mehr damit die Mannigfaltigkeit der Affekte zunimmt, ein um so weiteres Gebiet gewinnen auch die Willensvorgänge. Denn es gibt kein Gefühl und keinen Affekt, die nicht in irgendeiner Weise eine Willenshandlung vorbereiten oder wenigstens an ihrer Vorbereitung teilnehmen könnten. Alle,

selbst die verhältnismäßig indifferenten Gefühle, enthalten in irgendeinem Grade ein Streben oder Widerstreben, mag dieses auch nur ganz allgemein auf die Erhaltung oder Beseitigung des bestehenden Gemütszustandes gerichtet sein. Wenngleich daher der Willensvorgang als die verwickeltste Form der Gemütsbewegungen erscheint, die als ihre Bestandteile Gefühle und Affekte voraussetzt, so ist doch auf der andern Seite nicht zu übersehen, daß zwar im einzelnen fortwährend Gefühle vorkommen, die sich nicht zu Affekten verbinden, und Affekte, die nicht in Willenshandlungen endigen, daß aber in dem ganzen Zusammenhang des psychischen Lebens jene drei Formen sich wechselseitig bedingen, indem sie die zusammengehörigen Glieder eines einzigen Vorganges bilden, der nur als Willensvorgang zu seiner vollständigen Ausbildung gelangt. In diesem Sinne kann das Gefühl ebensogut als der Anfang einer Willenshandlung, wie umgekehrt das Wollen als ein zusammengesetzter Gefühlsprozeß und der Affekt als ein Übergang zwischen beiden betrachtet werden.

4. In dem Affekt, der mit einer Willenshandlung abschließt, pflegen nun die einzelnen Gefühle keineswegs eine übereinstimmende und gleichwertige Bedeutung zu haben, sondern einzelne von ihnen heben sich samt den an sie gebundenen Vorstellungen als die vorzugsweise den Willensakt vorbereitenden hervor. Diese in unserer subjektiven Auffassung die Handlung unmittelbar vorbereitenden Vorstellungs- und Gefühlsverbindungen pflegt man als die Motive des Willens zu bezeichnen. Jedes Motiv läßt sich aber wieder in einen Vorstellungs- und in einen Gefühlsbestandteil sondern, von denen wir den ersten den Beweggrund, den zweiten die Triebfeder des Willens nennen können. Wenn ein Raubtier seine Beute ergreift, so besteht der Beweggrund in dem Anblick der Beute, die Triebfeder kann in dem Unlustgefühl des Hungers oder des durch den Anblick erregten Gattungshasses bestehen. Die Beweggründe eines verbrecherischen Mordes können Aneignung fremden Gutes, Beseitigung eines Feindes u.dgl., die Triebfedern Gefühl des Mangels, Haß, Rache, Neid u. a. sein.

Wo die Affekte von zusammengesetzter Beschaffenheit sind, da sind auch Beweggründe und Triebfedern von gemischter Art, oft so sehr, daß es selbst für den Handelnden schwer wird zu entscheiden, welches Motiv das vorwiegende sei. Dies hängt wesentlich damit zusammen, daß die Triebfedern eines Willensaktes sich, gerade so wie die Elemente eines zusammengesetzten Gefühls, zu einem einheitlichen Ganzen verbinden und sich dabei einer Triebfeder als dem herrschenden Element unterordnen, wobei die Gefühle von übereinstimmender Richtung die Wirkung verstärken und beschleunigen, die Gefühle von entgegengesetzter Richtung sie schwächen. In jenen Verbindungen von Vorstellungen und Gefühlen, die wir Motive nennen, kommt übrigens nicht den Vorstellungen, sondern den Gefühlen, also den Triebfedern, die entscheidende Bedeutung in der Vorbereitung der Willenshandlungen zu. Dies geht schon daraus hervor, daß die Gefühle integrierende Bestandteile der Willensvorgänge selbst sind, während die Vorstellungen nur indirekt, nämlich durch ihre Verbindungen mit den Gefühlen, dieselben beeinflussen. Die Annahme eines aus rein intellektuellen Erwägungen entspringenden Wollens, einer Willensentscheidung im Gegensatz zu allen in Gefühlen zum Ausdruck kommenden Neigungen usw., schließt daher einen psychologischen Widerspruch in sich. Sie beruht auf dem abstrakten Begriff eines transzendenten, von den realen psychischen Willensvorgängen absolut verschiedenen Willens. In der Verbindung einer Mannigfaltigkeit von Motiven, d. h. von Vorstellungen und Gefühlen, die aus einem zusammengesetzten Affektverlauf als die für den Abschluß einer Handlung maßgebenden hervortreten, liegt aber die wesentlichste Bedingung einerseits für die Entwicklung des Willens, anderseits für die Unterscheidung der einzelnen Formen von Willenshandlungen.

6. Der einfachste Fall eines Willensvorgangs liegt dann vor, wenn innerhalb eines Affekts von geeigneter Beschaffenheit ein einziges Gefühl mit begleitender Vorstellung zum Motiv wird und mit einer ihm entsprechenden äußeren Bewegung den Vorgang zum Abschluß bringt. Solche von einem Motiv bestimmte Willensvorgänge können wir einfache Willensvorgänge nennen. Die Bewegungen, in denen sie endigen, werden auch als Triebhandlungen bezeichnet, ohne daß jedoch in dem populären Begriff des Triebes diese Unterscheidung nach der Einfachheit des Willensmotivs zureichend durchgeführt wäre, da sich hier meist noch ein anderer Gesichts-

punkt, nämlich die Beschaffenheit der als Triebfedern wirkenden Gefühle, einmengt. Nach diesem hat man alle Handlungen, die bloß von sinnlichen Gefühlen, namentlich Gemeingefühlen, bestimmt sind, Triebhandlungen genannt, gleichgültig, ob dabei bloß ein einziges Motiv oder eine Mehrheit von Motiven wirksam ist. Dieser zweite Gesichtspunkt der Unterscheidung ist aber psychologisch ebensowenig zutreffend, wie die damit nahe zusammenhängende völlige Trennung der Trieb- von den Willenshandlungen als einer spezifisch verschiedenen Art psychischer Vorgänge gerechtfertigt ist.

Wir wollen daher unter einer Triebhandlung lediglich eine einfache, d. h. aus einem einzigen Motiv hervorgehende Willenshandlung verstehen, ohne Rücksicht darauf, welcher Stufe in der Reihenfolge der Gefühls- und Vorstellungsprozesse das Motiv angehört. In dieser Bedeutung genommen bildet die Triebhandlung, abgesehen davon, daß sie fortan neben zusammengesetzteren Willensvorgängen vorkommen kann, notwendig den Ausgangspunkt für die Entwicklung aller Willenshandlungen. Zugleich sind aber allerdings die ursprünglichen Triebhandlungen solche, die von einfachen sinnlichen Gefühlen ausgehen. In diesem Sinne sind die meisten Handlungen der Tiere Triebhandlungen; doch auch beim Menschen kommen fortwährend solche vor, teils infolge einfacherer sinnlicher Affekte, teils als Ergebnisse der gewohnheitsmäßigen Ausführungen einzelner, ursprünglich von zusammengesetzten Motiven bestimmter Willensprozesse (10).

6. Sobald nun in einem Affekt eine Mehrheit von Gefühlen und Vorstellungen in äußere Handlungen überzugehen strebt, und sobald diese zu Motiven gewordenen Bestandteile des Affektverlaufs zugleich auf verschiedene, untereinander verwandte oder entgegengesetzte äußere Endwirkungen abzielen, entsteht aus der einfachen eine zusammengesetzte Willenshandlung. Zur Unterscheidung von der einfachen Willens- oder Triebhandlung bezeichnen wir dieselbe als Willkürhandlung.

Die Willkürhandlungen haben dies mit den Triebhandlungen gemein, daß auch sie schließlich aus einem Motiv oder aus einem zu einer Totalkraft verschmolzenen Komplex von eindeutig wirkenden Motiven hervorgehen; aber sie unterscheiden sich dadurch, daß sich bei ihnen dieses entscheidende Motiv erst aus einer Anzahl nebeneinander bestehender verschiedener und einander widerstreitender Motive zum herrschenden erhoben hat. Sobald ein Kampf solcher widerstreitender Motive deutlich wahrnehmbar der Handlung vorausgeht, nennen wir die Willkürhandlung speziell eine Wahlhandlung und den ihr vorangehenden Prozeß einen Wahlvorgang. Ein Herrschendwerden eines Motives über andere gleichzeitig mit ihm gegebene ist überhaupt nur unter der Voraussetzung eines Kampfes der Motive verständlich. Aber dieses Kampfes werden wir uns bald klar, bald nur dunkel bewußt. Bloß im ersten dieser Fälle sprechen wir von einer eigentlichen Wahlhandlung. Demnach ist der Unterschied von Willkür- und Wahlhandlungen ein fließender. Immerhin nähert sich bei den gewöhnlichen Willkürhandlungen der psychische Zustand noch mehr dem der Triebhandlungen, während bei den Wahlhandlungen der Unterschied deutlich erkennbar ist. Wir können uns diese Verhältnisse der verschiedenen Stufen der Willensentwicklung am anschaulichsten durch die in Fig. 21 gezeichneten Schemata versinnlichen, wo der größere Kreis jedesmal den Bewußtseinsumfang bezeichnet, während jeder der in ihm liegenden kleinen Kreise eine als Motiv wirkende gefühlsbetonte Vorstellung andeuten soll. Der im Mittelpunkt liegende unter diesen soll endlich das entscheidende Motiv symbolisieren. Es ist dann *A* das Schema einer Trieb-, *B* das einer Willkürhandlung, *C* aber entspricht einer Wahlhandlung in dem dieser selbst vorangehenden Stadium des Kampfes der Motive, welcher letztere durch die zwischen den streitenden Motiven befindlichen Pfeile angedeutet ist.

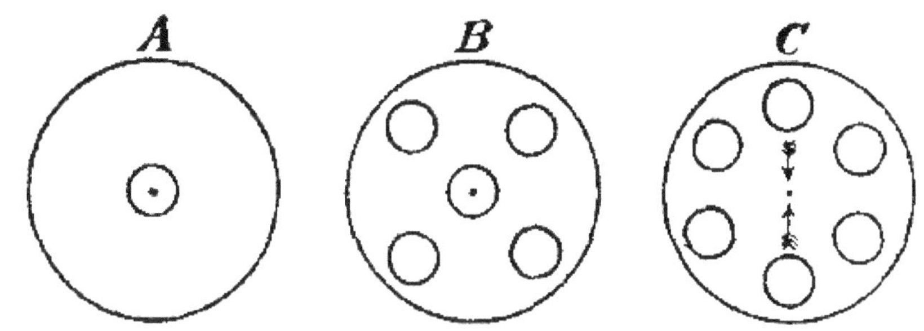

Fig. 21. Symbolische Schemata einer Trieb-, Willkür- und Wahlhandlung.

7. Den der Handlung unmittelbar vorangehenden psychischen Vorgang des mehr oder weniger plötzlichen Herrschendwerdens des entscheidenden Motivs nennen wir bei den Willkürhandlungen im allgemeinen die Entscheidung, bei den Wahlhandlungen die Entschließung. Hier weist das erste Wort nur auf die Scheidung des herrschenden von den andern Motiven hin, während das zweite durch seinen Zusammenhang mit dem Zeitwort "schließen" andeutet, daß der Vorgang als ein Endergebnis aus mehreren Vorbedingungen betrachtet wird).

Während sich nun die Anfangsstadien eines Willensvorgangs von einem gewöhnlichen Affektverlauf nicht bestimmt unterscheiden, sind diese Endstadien von durchaus charakteristischer Beschaffenheit. Namentlich sind sie durch begleitende Gefühle ausgezeichnet, die außerhalb der Willensvorgänge nicht vorkommen und daher als die dem Willen spezifisch eigentümlichen Elemente betrachtet werden müssen. Diese Gefühle sind zunächst die der Entscheidung und der Entschließung, von denen sich das letztere von dem ersteren wohl nur durch seine größere Intensität unterscheidet. Sie sind erregende und lösende, je nach Umständen auch mit einem Lust- oder Unlustfaktor verbundene Gefühle. Die relativ größere Stärke des Entschließungsgefühls hat wahrscheinlich ihren Grund in dem Kontrast zu dem vorangehenden Gefühl des Zweifels, welcher das Schwanken zwischen verschiedenen Motiven begleitet. Im Gegensatze zu diesem gewinnt das Gefühl der Lösung eine erhöhte Stärke. Im Moment des Eintritts der Willenshandlung werden dann aber die Gefühle der Entscheidung sofort durch das spezifische Gefühl der Tätigkeit abgelöst, das bei den äußeren Willenshandlungen in den die Bewegung begleitenden Spannungsempfindungen sein Empfindungssubstrat hat. Dieses Gefühl der Tätigkeit ist von ausgeprägt erregender Beschaffenheit, und es kann nach den besonderen Willensmotiven in wechselnder Weise von Lust- oder Unlustelementen begleitet sein, die im Verlauf der Handlung sich verändern und einander ablösen können. Als Totalgefühl ist das Tätigkeitsgefühl ein auf- und absteigender zeitlicher Vorgang, der sich über den ganzen Verlauf der Handlung erstreckt und mit dem Ende derselben in die sehr mannigfachen Gefühle der Erfüllung, Befriedigung, Enttäuschung u.dgl., sowie in die verschiedenen Gefühle und Affekte übergeht, die an die besonderen Erfolge der Handlung geknüpft sind. Betrachten wir diesen bei den Willkür- und Wahlhandlungen sich darbietenden Verlauf als den einer vollständigen Willenshandlung, so unterscheiden sich nun die Triebhandlungen wesentlich dadurch, daß bei ihnen die vorbereitenden Gefühle der Entscheidung und Entschließung hinwegfallen, indem das an das Motiv geknüpfte Gefühl unmittelbar in das Tätigkeitsgefühl und dann in die der Wirkung der Handlung entsprechenden Gefühle übergeht.

8. An den Übergang der einfachen in die zusammengesetzten Willenshandlungen schließt sich eine Reihe weiterer Veränderungen an, die für die Entwicklung des Willens von großer Bedeutung sind. Die erste dieser Veränderungen besteht darin, daß die Affekte, welche die Willensvorgänge einleiten, infolge der Gegenwirkung verschiedener sich wechselseitig hemmender Gefühle mehr und mehr an Intensität abnehmen, so daß endlich auch aus einem anscheinend völlig affektlosen Gefühlsverlauf Willenshandlungen entspringen können. Freilich handelt es sich dabei niemals um einen absoluten Mangel des Affekts. Damit ein in dem gewöhnlichen

Gefühlsverlauf auftretendes Motiv eine Entscheidung oder Entschließung herbeiführe, muß es sich immer in einem gewissen Grade mit einer Affekterregung verbinden. Diese kann aber doch tatsächlich so schwach und vorübergehend sein, daß wir sie um so leichter übersehen, je mehr wir geneigt sind, einen solchen kurzen, nur die Entstehung und Wirkung der Motive begleitenden Affekt ohne weiteres mit dem Entschluß und der Handlung in den einen Begriff des Willensaktes zusammenzufassen. Diese Abschwächung der Affekte wird hauptsächlich herbeigeführt durch jene Verbindungen der psychischen Prozesse, die wir der intellektuellen Entwicklung zurechnen, und auf die unten bei der Erörterung des Zusammenhangs der psychischen Gebilde näher einzugehen sein wird (§ 17). Die intellektuellen Prozesse können zwar niemals die Affekte vernichten; sind sie doch im Gegenteil vielfach selbst die Quellen neuer, eigenartiger Affekte. Ein durch rein intellektuelle Motive bestimmtes, völlig affektloses Wollen ist daher, wie schon oben bemerkt, ein psychologisch unmöglicher Begriff. Immerhin übt die intellektuelle Entwicklung zweifellos eine mäßigende Wirkung auf die Affekte und speziell auf die die Willenshandlungen vorbereitenden in allen den Fällen aus, wo intellektuelle Motive in dieselben eingehen. Das mag teils in der dabei meist vorhandenen wechselseitigen Kompensation der Gefühle, teils in der langsamen Entwicklung der intellektuellen Motive seinen Grund haben, da im allgemeinen die Affekte um so stärker sind, je rascher die sie zusammensetzenden Gefühle ansteigen.

9. Mit der Ermäßigung der Affektbestandteile der Willensvorgänge unter der Vorherrschaft intellektueller Motive hängt noch eine andere Veränderung zusammen. Sie besteht darin, daß die den Willensvorgang abschließende Handlung nicht eine äußere Bewegung, sondern daß die den erregenden Affekt aufhebende Wirkung selbst ein psychischer Vorgang ist, der sich unmittelbar durch keine äußeren Symptome verrät. Solche für die äußere Beobachtung nicht wahrnehmbare Wirkungen bezeichnen wir als innere Willenshandlungen. Der Übergang der äußeren in innere Willenshandlungen ist aber derart an die intellektuelle Entwicklung gebunden, daß die Beschaffenheit der intellektuellen Prozesse zu einem großen Teil selbst sich aus dem Hereingreifen von Willensvorgängen in den Verlauf der Vorstellungen erklärt (§ 15, 9). Es besteht dann die den Willensvorgang abschließende Handlung in irgendeiner Veränderung jenes Vorstellungsverlaufs, die an vorangegangene Motive infolge einer eintretenden Entscheidung oder Entschließung sich anreiht. Dabei stimmen nun die diese unmittelbaren Vorbereitungsakte begleitenden Gefühle, sowie das mit der eintretenden Veränderung selbst verbundene Tätigkeitsgefühl durchaus überein mit den bei den äußeren Willenshandlungen zu beobachtenden Gefühlen. Ebenso folgen der Handlung mehr oder minder intensive Gefühle der Befriedigung und der Lösung vorangegangener Affekt- und Gefühlsspannungen nach. Der Unterschied dieser eigentümlichen, mit der intellektuellen Entwicklung verbundenen Willensvorgänge von den ursprünglichen besteht also nur darin, daß der schließliche Willenseffekt nicht in einer äußeren körperlichen Bewegung zutage tritt.

Immerhin kann auch aus einer inneren Willenshandlung sekundär eine körperliche Bewegung hervorgehen: wenn nämlich der gefaßte Entschluß auf eine zu einem späteren Zeitpunkt auszuführende äußere Handlung abzielt. Hierbei entsteht dann die letztere stets aus einem zweiten, späteren Willensvorgang, dessen entscheidende Motive zwar aus der vorangegangenen inneren Willenshandlung entspringen, der aber doch ein neuer, von dieser verschiedener Prozeß ist. In diesem Sinn ist z. B. das Fassen eines Entschlusses zu einer künftig unter bestimmten, noch zu erwartenden Vorbedingungen auszuführenden Tat eine innere Willenshandlung; und die spätere Ausführung der Tat ist eine von ihr verschiedene, doch sie als Bedingung voraussetzende äußere Willenshandlung. Hieraus ergibt sich zugleich, daß in den Fällen, wo die äußere Willenshandlung aus einer einem Kampf der Motive folgenden Entschließung entspringt, die Fälle eines einzigen in sich zusammenhängenden Willensvorgangs und zweier Willensvorgänge, eines früheren und eines späteren, ohne deutliche Grenze ineinander übergehen, indem hierbei die Entschließung, sobald sie zeitlich irgend merklich von der Handlung selbst getrennt ist, als ein diese vorbereitender innerer Willensakt aufgefaßt werden kann.

10. Sind die beiden bisher besprochenen mit der Entwicklung des Willens verbundenen Veränderungen, die Ermäßigung der Affekte und die Verselbständigung innerer Willenshandlungen, progressiver Art, so steht ihnen ein dritter Vorgang als eine Art regressiver Entwicklung gegenüber. Sobald sich nämlich zusammengesetzte Willensvorgänge von übereinstimmendem Motivinhalt häufiger wiederholen, erleichtert sich der Kampf der Motive: die in den früheren Fällen unterlegenen Motive treten bei den neuen Anlässen zunächst schwächer auf und verschwinden zuletzt völlig. Die zusammengesetzte ist dann in eine einfache oder Triebhandlung übergegangen. Besonders diese Rückverwandlung komplexer Willensvorgänge ist es, die die obenerwähnte Beschränkung des Begriffs "Trieb" auf die aus sinnlichen Gefühlen entspringenden Willenshandlungen völlig angeeignet erscheinen läßt. Denn infolge jener allmählichen Elimination der unterlegenen Motive gibt es ebensowohl intellektuelle, sittliche, ästhetische u. dgl. wie einfache sinnliche Triebhandlungen.

Zugleich bildet diese regressive Entwicklung einen Bestandteil eines Prozesses, der die sämtlichen äußeren Handlungen eines lebenden Wesens, die Willenshandlungen wie die automatisch-reflektorischen Bewegungen, verbindet. Denn setzt sich die gewohnheitsmäßige Einübung der Handlungen weiter fort, so wird schließlich auch in der Triebhandlung das bestimmende Motiv immer schwächer und vorübergehender. Der äußere Reiz, der ursprünglich die als Motiv wirkende gefühlsstarke Vorstellung weckte, löst, ehe er noch als Vorstellung aufgefaßt werden konnte, die Handlung aus. Auf diese Weise ist die Triebbewegung endlich in eine automatische Bewegung übergegangen. Je häufiger dieser Prozeß sich wiederholt, um so leichter kann die Bewegung automatisch erfolgen, ohne daß der Reiz auch nur empfunden wird, z. B. in tiefem Schlaf oder bei völliger Ablenkung der Aufmerksamkeit. Dann erscheint die Bewegung als ein rein physiologischer Reflex des Reizes: der Willensvorgang selbst ist zu einem Reflexvorgang geworden.

Diese allmähliche Mechanisierung der Vorgänge, die im wesentlichen in der Elimination aller zwischen dem Anfangs- und Endpunkt gelegenen psychischen Mittelglieder besteht, kann aber ebensowohl bei den ursprünglichen wie bei vielen der sekundären, durch Verdichtung von Willkürhandlungen entstandenen Triebbewegungen eintreten. Es ist nicht unwahrscheinlich, daß die Reflexbewegungen der Tiere und des Menschen überhaupt diesen Ursprung haben. Dafür spricht, abgesehen von der erörterten Mechanisierung der Willenshandlungen durch Übung, einerseits der zweckmäßige Charakter der Reflexe, der auf ursprünglich vorhanden gewesene Zweckvorstellungen als Motive hinweist, anderseits der Umstand, daß die Bewegungen der niedersten Tiere durchgängig offenbar einfache Willenshandlungen, nicht Reflexe sind, so daß auch von dieser Seite die häufig gemachte Annahme einer in entgegengesetzter Richtung erfolgenden Entwicklung der Reflexe zu Willenshandlungen nicht wahrscheinlich ist. Endlich erklärt sich unter dem gleichen Gesichtspunkt am einfachsten die in §13 hervorgehobene Tatsache, daß die Ausdrucksbewegungen der Affekte jeder dieser in der Stufenleiter äußerer Handlungen möglichen Formen angehören können. Denn offenbar sind hier die einfacheren Bewegungen ursprünglich Triebhandlungen, während manche verwickeltere pantomimische Bewegungen wahrscheinlich auf einstige Willkürhandlungen zurückzuführen sind, die zuerst in Trieb- und dann sogar in Reflexbewegungen übergingen. Zugleich nötigen gerade hier die Erscheinungen zu der Annahme, daß die während des individuellen Lebens beginnende Rückverwandlung durch die Vererbung der erworbenen Anlagen allmählich gesteigert wird, so daß gewisse ursprüngliche Willkürhandlungen bei den späteren Nachkommen von Anfang an als Trieb- oder Reflexbewegungen auftreten. (Vgl. § 19 u. 20.)

10a. Aus ähnlichen Gründen wie bei den Affekten ist auch bei dem Willen die Beobachtung der sich uns zufällig im Leben darbietenden Vorgänge ein unzureichendes und leicht irreführendes Verfahren zur Feststellung des wirklichen Tatbestandes. Überall, wo sich zum Behuf irgendwelcher theoretischer oder praktischer Lebensaufgaben innere oder äußere Willenshandlungen vollziehen, ist unser Interesse viel zu sehr durch jene Aufgaben selbst in Anspruch genommen, als daß wir imstande wären, die gleichzeitig vorhandenen psychischen Vorgänge mit Genauigkeit zu beobachten. In den Willenstheorien der älteren Psychologen, die freilich vielfach noch in die heutige Wissenschaft ihre Schatten werfen, spiegelt sich deutlich dieser unvollkommene Zustand psychologischer Beobachtungskunst. Indem die äußere Willenshandlung das einzige war, was sich aus dem ganzen Gebiet der Willensvorgänge deutlich der Beobachtung aufdrängte, war man zunächst geneigt, den Begriff des Willens überhaupt auf die äußeren Willenshandlungen zu beschränken und danach nicht nur das ganze für die höhere Entwicklung des Willens so wichtige Gebiet der inneren Willenshandlun-gen gänzlich unbeachtet zu lassen, sondern auch die die äußere Handlung vorbereitenden Bestandteile des Willensvorgangs nur höchst unvollständig, in der Regel nur in bezug auf die am meisten hervortretenden Vorstellungsbestandteile der Motive, zu berücksichtigen. Die Folge war, daß man den genetischen Zusammenhang der Trieb- und der Willkürhandlungen nicht beachtete, jene als den Reflexen nahestehende Erscheinungen gänzlich von dem Willen loslöste und diesen auf die Willkür- und Wahlhandlungen einschränkte. Da nun außerdem die einseitige Rücksicht auf die Vorstellungs-bestandteile der Motive die Entwicklung des Willensaktes aus dem Affekt völlig übersehen ließ, so kam man zu der seltsamen Vorstellung, die Willenshandlung sei nicht das Erzeugnis der ihr vorausgehenden Motive und der auf die letzteren einwirkenden, dem entscheidenden Motiv zur Herrschaft verhelfenden psychischen Bedingungen, sondern das Wollen sei ein neben den Motiven sich ereignendes und an sich von ihnen unabhängiges Geschehen; es sei das Produkt eines metaphysischen Willensvermögens, welches man auch, da nur die Willkürhandlungen für wirkliche Willenshandlungen gehalten wurden, geradezu als das "Wahlvermögen der Seele" definierte oder als ihr Vermögen, von verschiedenen auf sie wirkenden Motiven einem den Vorzug zu geben. Damit hatte man eigentlich nur den Enderfolg des Willensvorgangs, die Willenshandlung, statt sie aus den vorausgehenden psychischen Bedingungen abzuleiten, zur Bildung eines allgemeinen Begriffs benutzt, den man Willen nannte, welchen Gattungsbegriff man nun im Sinne der Vermögenstheorie als eine erste Ursache behandelte, aus der alle einzelnen Willensakte hervorgehen sollten.

Es war nur eine Modifikation dieser abstrakten Willenstheorie, wenn Schopenhauer und, ihm folgend, manche neuere Psychologen und Philosophen den Willensvorgang selbst für ein "unbewußtes" Geschehen erklärten, dessen Erfolg erst, die Willenshandlung, ein bewußter psychischer Vorgang sei. Hier hatte augenscheinlich die unzulängliche Beobachtung des der Handlung vorausgehenden Willensvorgangs zu der Annahme geführt, ein solcher existiere überhaupt nicht. Da somit die ganze Mannigfaltigkeit der konkreten Willensprozesse in dem Begriff des einen unbewußten Willens aufgehoben war, so war das psychologische Ergebnis dasselbe wie vorher: an die Stelle der Erfassung der wirklichen psychischen Vorgänge und ihrer Verbindung wurde ein Gattungsbegriff gesetzt, der fälschlich die Bedeutung einer allgemeinen Ursache annahm.

Auch die neuere und selbst die experimentelle Psychologie steht vielfach noch im Banne dieser tief eingewurzelten abstrakten Willenslehre. Indem man die Erklärung einer Handlung aus der konkreten psychischen Kausalität des vorangegangenen Willensvorgangs von vornherein für unmöglich erklärt, gilt als das einzige Merkmal des Willensaktes die Summe der Empfindungen, welche die äußere Handlung begleiten, und welche, wenn sich eine Handlung oft wiederholt hat, dieser selbst als blasse Erinnerungsbilder unmittelbar vorausgehen sollen. Als die Ursachen der Handlung werden aber die physischen Erregungsvorgänge innerhalb des Nervensystems betrachtet. Wie die Frage nach der Kausalität des Willens bei der vorigen Theorie aus der Psychologie in die Metaphysik, so wird sie daher bei dieser aus der Psychologie in die Physiologie verwiesen. In der Tat wird sie aber auch hier auf dem Wege von der einen in die andere von der Metaphysik eingefangen. Da nämlich die Physiologie als empirische Naturwissenschaft die vollständige Ableitung der eine komplexe Willenshandlung begleitenden physischen Vorgänge aus ihren Vorbedingungen nicht nur für jetzt, sondern für alle Zeit ablehnen muß, weil diese Frage auf eine unendliche Reihe von Bedingungen zurückführt, so bleibt als der einzige Rechtsgrund dieser Theorie der Lehrsatz der materialistischen Metaphysik stehen, daß die sogenannten materiellen Vorgänge die einzige Wirklichkeit der Dinge seien, und daß daher die psychischen nur aus den materiellen Vorgängen erklärt werden könnten. Nun ist es ein unerläßliches Regulativ der empirischen Psychologie, daß sie den Tatbestand der psychischen Vorgänge so erforscht, wie er der unmittelbaren Erfahrung gegeben ist, und daß sie daher den Zusammenhang dieser

Vorgänge nicht unter Gesichtspunkten betrachtet, die ihm selbst fremd sind. (Vgl. § 1 und 8. 19 ff.) Wie ein Willensvorgang verläuft, können wir unmöglich anders erfahren, als indem wir ihn genau so verfolgen, wie er uns in der unmittelbaren Erfahrung gegeben ist. In dieser ist er aber nicht als ein abstrakter Begriff gegeben, sondern als konkretes einzelnes Wollen; und von diesem wiederum wissen wir nur etwas, insofern es ein unmittelbar wahrzunehmender Vorgang ist, nicht ein unbewußter oder, was für die Psychologie auf dasselbe hinauskommt, ein materieller Vorgang, der nicht unmittelbar wahrgenommen, sondern nur auf Grund metaphysischer Voraussetzungen hypothetisch angenommen wird. Solche metaphysische Annahmen sind hier also offenbar bloße Lückenbüßer einer mangelhaften oder völlig fehlenden psychologischen Beobachtung.

Literatur. Darstellungen der hauptsächlichsten Willenstheorien: Volkmann, Lehrbuch der Psychologie, II, § 147 (Herbartscher Intellektualismus). Baumann, Handbuch der Moral, 1879 u. Philos. Monatshefte, Bd. 17. Meumann, Intelligenz u. Wille, 1908 (Intellektualistische Auffassungen). Münsterberg, Die Willenshandlung, 1888 (Psyohophysischer Materialismus). Psychologie, Bd. 1 (Verbindung des vorigen Standpunktes mit voluntaristischen Elementen). Voluntarismus: Wundt, Kl. Schriften, Bd. 2. Ethik[3], Bd. 2, Abschn. III, Kap. 1. M. u. T.[5]Vorl. 14 und 15. Phys. Psych.[6], III, Kap. 17. Völkerpsychol. Bd. 9. (Das Recht), Kap. III.

11. Da die exakte Beobachtung der Willensvorgänge aus den oben angeführten Gründen bei den von selbst im Laufe des Lebens vorkommenden Willensakten unmöglich ist, so besteht auch hier der einzige Weg zu einer gründlichen psychologischen Untersuchung in der experimentellen Beobachtung. Nun können wir freilich nicht Willensvorgänge beliebiger Art nach Willkür erzeugen, sondern wir müssen uns auf die Beobachtung solcher beschränken, die der Beeinflussung durch äußere Hilfsmittel zugänglich sind, indem sie mit äußeren Reizeinwirkungen beginnen und mit äußeren Handlungen abschließen. Die Versuche, die diesem Zwecke dienen, hat man Reaktionsversuche genannt. Sie bestehen im wesentlichen darin, daß ein Willensvorgang von einfacher oder zusammengesetzter Beschaffenheit durch einen äußeren Sinnesreiz angeregt und nach Ablauf bestimmter, zum Teil als Motive benutzter psychischer Vorgänge durch eine Bewegungsreaktion beendet wird. Neben ihrer Bedeutung für die Analyse der Willensvorgänge haben daher die Reaktionsversuche noch die zweite, allgemeinere, daß sie die Hilfsmittel darbieten, um die Geschwindigkeit gewisser psychischer und psychophysischer Vorgänge zu messen.

Der einfachste Reaktionsversuch, der sich ausführen läßt, ist hiernach der folgende. Man läßt, nachdem in angemessener und stets gleicher Zeit (1-2 Sek.) ein die vorbereitende Spannung der Aufmerksamkeit bewirkendes Signal vorausgegangen ist, einen äußeren Reiz auf irgendein Sinnesorgan einwirken und im Moment der Auffassung des Reizes eine vorher bestimmte und vorbereitete Bewegung, z. B. eine solche der Hand, ausführen. Dieser Versuch entspricht in seinen psychologischen Bedingungen im wesentlichen einem einfachen Willensvorgang: der Sinneseindruck wird bei ihm als einfaches Motiv benutzt, dem eine bestimmte Handlung eindeutig zugeordnet ist. Trifft man nun mittels graphischer oder irgendwelcher anderer zeitmessender Hilfsmittel die Einrichtung, daß die Zeit von der Einwirkung des Reizes an bis zum Moment der Ausführung der Reaktionsbewegung objektiv gemessen wird, so ist es dadurch möglich, in oft wiederholten Versuchen gleicher Art sich die subjektiven Vorgänge, die den ganzen Reaktionsvorgang zusammensetzen, genau zu vergegenwärtigen, während zugleich in den objektiven Ergebnissen der Zeitmessung ein Kontrollmittel für die Konstanz wie für die etwaigen Abweichungen jener subjektiven Vorgänge zur Verfügung steht. Von diesem Kontrollmittel macht man namentlich auch in den Fällen Gebrauch, wo absichtlich irgendeine Bedingung des Versuchs, und dadurch der subjektive Verlauf des Willensvorgangs selbst verändert wird.

12. Eine derartige Variation läßt sich in der Tat schon bei dem oben geschilderten einfachen Reaktionsversuch ausführen, indem man die der Einwirkung des Sinnesreizes vorausgehende Vorbereitung der Handlung verschiedentlich modifiziert. Wird diese Vorbereitung so getroffen, daß die Erwartung dem als Motiv wirkenden Sinnesreiz zugewandt ist, und daß die äußere Handlung erst erfolgt, sobald der Reiz deutlich aufgefaßt wurde, so entsteht die Form der voll-

ständigen oder sensoriellen Reaktion. Wird dagegen die vorbereitende Erwartung derart auf die durch das Motiv auszulösende Handlung gerichtet, daß die Handlung so schnell wie möglich der Auffassung des Reizes nachfolgt, so entsteht die Form der verkürzten oder muskulären Reaktion. Im ersten Fall enthält die Erwartung als Vorstellungsfaktor ein blasses Erinnerungsbild des bekannten Sinneseindrucks, das sich, wenn die Vorbereitungszeit länger dauert, in oszillierendem, abwechselnd deutlicher und undeutlicher werdendem Zustand befindet; als Gefühlsfaktor ist ein in ähnlicher Weise oszillierendes Erwartungsgefühl vorhanden, das überdies mit Spannungsempfindungen verbunden ist, die dem betreffenden Sinnesgebiet angehören, z. B. mit Spannungen des Trommelfells, der Akkommodations- und äußeren Augenmuskeln u. dgl. Diesen vorbereitenden Gefühlen und Empfindungen folgt dann im Moment des Eindrucks ein verhältnismäßig schwaches Lösungsgefühl der Überraschung, von dem sich deutlich als ihm nachfolgend das die Reaktionsbewegung begleitende erregende Gefühl der Tätigkeit mit den zugleich eintretenden inneren Tastempfindungen abhebt. Im zweiten Fall dagegen, bei der verkürzten Reaktion, beobachtet man während der Zeit der vorbereitenden Erwartung ein blasses oszillierendes Erinnerungsbild des Reaktionsorgans (z. B. der reagierenden Hand), zugleich mit starken Spannungsempfindungen desselben und mit einem an diese Empfindungen gebundenen ziemlich kontinuierlichen Erwartungsgefühl. Im Moment des Reizeintritts wird dann dieser Zustand von einem starken Überraschungsgefühl abgelöst, mit dem sich das die Reaktion begleitende Tätigkeitsgefühl nebst den zugehörigen Empfindungen so schnell verbindet, daß eine Zwischenzeit zwischen beiden Momenten entweder gar nicht oder nur sehr undeutlich wahrgenommen werden kann. Die sensorielle Reaktionszeit beträgt durchschnittlich 0,120-0,240, die muskuläre 0,100-0,150 Sek. (die kleinsten Zeiten gelten für Schall-, die größten für Lichteindrücke)[9]).

13. Beide Reaktionsformen bilden nun durch die Einführung besonderer Bedingungen die Ausgangspunkte für das Studium der Entwicklung der Willensvorgänge nach verschiedenen Richtungen. Die vollständige (sensorielle) Reaktion liefert nämlich, da sich bei ihr leicht zwischen die Auffassung des Eindrucks und die Ausführung der Reaktion verschiedene psychische Prozesse einschalten lassen, das Hilfsmittel, um von einfachen zu zusammengesetzten Willensvorgängen überzugehen. So entsteht eine Willkürhandlung von relativ einfacher Art, wenn man der Auffassung des Eindrucks einen unmittelbaren sinnlichen Erkennungs- und Unterscheidungsakt folgen läßt, der dann erst die Reaktionsbewegung auszulösen hat. In diesem Fall ist nicht der unmittelbare Eindruck, sondern erst die aus dem Erkennungs- und Unterscheidungsakt resultierende Vorstellung das Motiv der auszuführenden Handlung. Insofern dieses Motiv nur eines unter einer größeren oder geringeren Anzahl gleich möglicher ist, die statt seiner eintreten konnten, hat aber die Reaktionsbewegung den Charakter einer Willkürbewegung: in der Tat ist bei ihr das dem Willensakt vorausgehende Gefühl der Entscheidung deutlich zu beobachten; nicht minder sind die vorangehenden an die Auffassung des Eindrucks gebundenen Gefühle scharf ausgeprägt. Noch mehr geschieht dies, und die Aufeinanderfolge der Vorstellungs- und Gefühlsprozesse wird zugleich eine verwickeltere, wenn man noch einen andern psychischen Vorgang, z. B. eine Erinnerungsassoziation, einschaltet, der erst als Motiv für die Ausführung der Bewegung wirken soll. Der willkürliche Vorgang wird endlich bei diesen Versuchen zu einem Wahlvorgang, wenn die Handlung nicht bloß derart von einer Vielheit von Motiven beeinflußt ist, daß mehrere aufeinander folgen müssen, ehe eines die Handlung bestimmt, sondern wenn überdies von verschiedenen möglichen Handlungen eine nach Maßgabe der vorhandenen Motive entscheidend wird: dies geschieht, wenn zu verschiedenen Reaktionsbewegungen, z. B. zu einer solchen mit der rechten und der linken Hand oder zu einer solchen mit irgendeinem der zehn Finger, die Vorbereitung getroffen, jede einzelne Bewegung aber an die Bedingung geknüpft ist, daß ein Eindruck von bestimmter Qualität als Motiv für sie gelten soll, z. B. der Eindruck blau für die Bewegung rechts, rot für die Bewegung links.

14. Im Gegensatze hierzu kann die verkürzte (muskuläre) Reaktionsform benutzt werden, um die Rückbildung der Willenshandlungen zu Reflexbewegungen in der Beobachtung zu verfolgen. Indem sich nämlich bei dieser Reaktionsform die vorbereitende Erwartung ganz auf die

äußere Handlung richtet, die möglichst rasch ausgeführt werden soll, ist hier eine willkürliche Hemmung oder Auslösung derselben je nach der Beschaffenheit der Eindrücke, also auch ein Übergang von einfachen zu zusammengesetzten Willenshandlungen, unmöglich. Dagegen gelingt es leicht, die Verbindung des Eindrucks mit der ihm eindeutig zugeordneten Bewegung so einzuüben, daß der Auffassungsvorgang immer mehr verschwindet oder erst nach erfolgtem Bewegungsimpuls eintritt, sonach die Bewegung selbst reflexähnlich erfolgt. Diese Mechanisierung verrät sich objektiv hauptsächlich darin, daß die Reaktionszeit auf die Größe der bei reinen Reflexbewegungen beobachteten Zeitgrößen herabsinkt, subjektiv aber darin, daß in der psychologischen Beobachtung Eindruck und Reaktion als ein zeitlich zusammenfallender Vorgang erscheinen, während das charakteristische Gefühl der Entscheidung allmählich ganz verschwindet.

14a. Die der experimentellen Psychologie unter dem Namen der "Reaktionsversuche" geläufigen chronometrischen Experimente verdanken ihre Wichtigkeit der doppelten Bedeutung, die sie, erstens als Hilfsmittel zur Analyse der Willensvorgänge, und zweitens als solche zur Untersuchung des zeitlichen Verlaufs der psychischen Vorgänge überhaupt, besitzen. In dieser zweiseitigen Bedeutung der Reaktionsversuche spiegelt sich die zentrale Bedeutung der Willensvorgänge, die einerseits darin besteht, daß die einfacheren Prozesse, die Gefühle, Affekte und die an sie gebundenen Vorstellungen, Bestandteile eines vollständigen Willensvorgangs sind, anderseits darin, daß alle möglichen Formen des Zusammenhangs der psychischen Gebilde als Bestandteile eines solchen vorkommen können. Hierdurch bilden die Willensvorgänge den angemessenen Übergang zu dem im folgenden Kapitel zu erörternden Zusammenhang der psychischen Gebilde.

Ein "Reaktionsversuch", der zur Analyse eines Willensvorgangs oder irgendeines in ihn eingehen-den psychischen Prozesses bestimmt ist, setzt vor allem die Anwendung genauer und zureichend feiner (1/1000Sek. noch sicher angebender) chronometrischer Hilfsmittel (elektrischer Uhren oder graphischer Registriermethoden) voraus, bei denen zugleich die Einrichtung getroffen ist, daß sowohl der Augenblick des einwirkenden Reizes wie der Augenblick der Reaktionsbewegung des Beobachters zeitlich fixiert wird. Dies kann z. B. dadurch geschehen, daß man eine Stimmgabel auf einen schnell mit gleichförmiger Geschwindigkeit rotieren den Zylinder ihre Schwingungen ($S\,S'$ Fig. 22) aufzeichnen läßt, während gleichzeitig zwei darunter befindliche elektromagnetisch bewegliche Hebel angebracht sind, deren einer im Moment des Eindrucks, und deren anderer im Moment der Reaktionsbewegung durch die Öffnung des seinen Elektromagneten durchkreisenden Stromes bewegt wird. Man erhält dann unter der Kurve der Stimmgabelschwingungen $S\,S'$ zwei geknickte Linien $E\,E'$ und $R\,R'$, deren Knickungspunkte a und c, der erste der Reizeinwirkung, der zweite der Reaktionsbewegung entspricht, so daß die zwischen b und d gelegenen Stimmgabelschwingungen unmittelbar die verflossene Zeit angeben. Handelt es sich darum, solche Reaktionsversuche in sehr großer Zahl auszuführen, so bedient man sich zweckmäßig statt dieser direkten Registrierung einer elektrischen Uhr, deren Zifferblatt noch 1/1000Sek. anzeigt, und die so eingerichtet ist, daß sie im Moment der Reizeinwirkung elektrisch in Gang kommt und gleichzeitig mit der Reaktionsbewegung ebenso wieder zum Stillstand gebracht wird. Die so gemessene einfache Reaktion läßt sich nun teils, wie oben angedeutet, in verschiedener Weise abändern (vollständige und verkürzte Reaktion, solche mit und ohne vorausgehendes Signal), teils lassen sich in den Reaktionsvorgang jene verschiedenen psychischen Akte (Unterscheidungen, Erkennungen, Assoziationen, Wahlvorgänge) einschalten, die einerseits als Motive eines Willensvorgangs, anderseits als Bestandteile des allgemeinen Zusammenhangs der psychischen Gebilde betrachtet werden können. Der einfache Reaktionsvorgang ist aber ein Verlauf, der neben dem Willensvorgang stets zugleich rein physiologische Glieder (Leitung der sensibeln Erregung bis zum Gehirn, der motorischen zum Muskel) in sich schließt. Schaltet man nun, wie es freilich nur bei der Benutzung der vollständigen Reaktionsform geschehen kann, weitere psychische Vorgänge (Unterscheidungen, Erkennungen, einfache Assoziationen, Wahlakte) ein, so lassen sich, indem man von der Zeitdauer der so gewonnenen zusammengesetzten Reaktion die Zeit einer einfachen Reaktion abzieht, die Zeitwerte bestimmt definierbarer psychischer Vorgänge gewinnen. Man findet so die Zeiten der Erkennung und der Unterscheidung relativ einfacher Eindrücke (Farben, Buchstaben, kurze Wörter) = 0,03-0,05", die der Erinnerungsassoziation = 0,3-0,8", die der Wahl zwischen zwei Bewegungen (rechte und linke Hand) = 0,06", zwischen 10 Bewegungen (die 10 Finger) = 0,4" usw. Dabei besteht, wie schon oben angedeutet, der Wert dieser Zahlen nicht sowohl in ihrer absoluten Größe als vielmehr darin, daß sie Kontrollmittel der psychologischen Beobachtung sind, während diese zugleich auf Vorgänge angewandt wird, die mit Hilfe der experimentellen Methode genau vorgeschriebenen und darum beliebig zu wiederholenden Bedingungen unterworfen werden. Auch ist nicht zu übersehen, daß die gewonnenen Zahlen um so weniger den Zeitwerten bestimmt abzugrenzender psychischer Vorgänge entsprechen können, je verwickelter die zusammengesetzten Reaktionsvorgänge werden. Ein Wahl- und ein Assoziationsvorgang z. B. setzen sich aus einer so großen Zahl elementarer Prozesse zusammen, die sich in den einzelnen Fällen wieder in verschiedener Weise kombinieren und mit verschiedener Vollständigkeit ablaufen können, daß die gewonnene Reaktionszeit immer nur in den aus einer größeren Zahl von Versuchen berechneten Mittelwerten ein gewisses relatives Maß für die Komplikation der Vorgänge, aber kein absolutes für die Dauer eines bestimmt abzugrenzenden psychischen Geschehens abgeben kann. Überhaupt ist zu beachten, daß die Reaktionsversuche, wenn sie psychologisch verwendbar sein sollen, zu den allerschwierigsten Aufgaben der experimentellen Psychologie gehören, welche einerseits die größte technische Sorgfalt und die Sammlung und statistische Verarbeitung zahlreicher Beobachtungen, anderseits einen hohen Grad von Übung in der Selbstbeobachtung voraussetzen. Leider ist diesen Bedingungen nicht überall Rechnung getragen worden, indem man entweder auf wenige flüchtige Beobachtungen weittragende Folgerungen über die Natur der Vorgänge stützte, oder indem man die Reaktionsmethode sofort auf höchst komplexe psychische Vorgänge, wie z. B. auf zusammengesetzte Assoziationen, auf Urteilsakte, die unter beschränkenden logischen Bedingungen ausgeführt wurden, u. ä. anwandte. Derartige Versuche sind wertlos, weil die komplizierten Bedingungen eine psychologische Deutung der Resultate nicht zulassen, die Selbstbeobachtung aber durch die Forderung einer reflektierenden Überlegung, die eine solche Aufgabe enthält (wie z. B. bei sogenannten "Urteilsreaktionen" durch die Forderung, einen passenden Oberbegriff, einen koordinierten, einen kontrastierenden Begriff u. dgl. zu finden), unmöglich gemacht wird. Die komplexen Prozesse des logischen Denkens, der künstlerischen, der mythenbildenden Phantasie usw. sind überhaupt der experimentellen Methode, die ihrem Wesen nach auf die Analyse der einfachen seelischen Vorgänge angewiesen bleibt, unzugänglich. Vielmehr beginnt bei diesem Punkte die Völkerpsychologie mit ihren Hilfsmitteln (Entwicklung der Sprache, des Mythus, der Sitte usw.) ergänzend einzutreten.

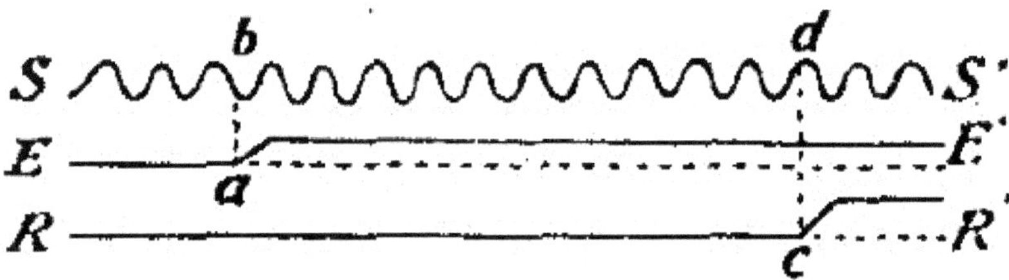

Fig. 22. Graphische Messung eines Reaktionsvorgangs.

14b. Von manchen Psychologen sind die Unterschiede der sog. sensoriellen und der muskulären Reaktion nicht als solche angesehen worden, die in dem mehr oder weniger vollständigen Ablauf der Willensvorgänge in allgemeingültiger Weise begründet liegen, sondern sie erblickten darin lediglich individuelle, sogenannte "typische" Unterschiede in der Schnelligkeit der Ausführung der Reaktionsbewegung. Daß diese Ansicht irrig ist, ergibt sich aber ohne weiteres, wenn man 1) die Versuche planmäßig und nach eingetretener Übung in zureichend großer

Zahl ausführt, und 2) das für die Verwertung derartiger Versuche mit starken Abweichungen der Einzelwerte überhaupt zu empfehlende Verfahren der Konstruktion von "Häufigkeitskurven" anwendet. Man ordnet zu diesem Zweck eine große Zahl, z. B. 500-1000 Einzelversuche, die unter gleichen Bedingungen ausgeführt sind, derart, daß man auf einer Abszissenlinie XX' (Fig. 23) die Reaktionszeiten in gewissen, aus der Beschaffenheit der Versuche näher zu bestimmenden Zeitabständen, z. B. in solchen von 0,004 Sek., abmißt und auf den einzelnen Zeitwerten die zugehörigen Reaktionen in der Weise aufträgt, daß die in dem betreffenden Punkt errichtete Ordinate der Häufigkeit der auf diesen Zeitwert fallenden Reaktionszeiten entspricht. Mittels dieser Konstruktion erhält man von einem einzelnen Beobachter, der ohne irgendwelche ihm gemachte Vorschriften einfache Reaktionen ausführt, eine Kurve von der Form der ausgezogenen Linie NN'. Übt man aber weiterhin in einem ersten Fall einen Beobachter so ein, daß ihm möglichste Schnelligkeit in der Ausführung der Reaktion eingeschärft wird, so geht im Lauf einer längeren Versuchsübung die Kurve NN' allmählich in eine andere Häufigkeitskurve von der Form M über, die nicht, wie NN' zwei, sondern nur einen Gipfelpunkt hat. Schärft man umgekehrt ein, immer erst zu reagieren, wenn der Sinneseindruck deutlich aufgefaßt worden ist, so verändert sich abermals im Laufe längerer Einübung die Häufigkeitskurve, aber im entgegengesetzten Sinne wie vorhin: sie geht nun in eine Form S über. Danach ist es klar, daß die anfängliche zweigipfelige Kurve NN' Fälle ganz verschiedener Art vereinigt, von denen der eine, um den Gipfel N gelegene Teil annähernd der muskulären, der andere um N' ebenso der sensoriellen Reaktion entsprechen wird, während es noch eine weitere unbestimmte Zahl von Fällen gibt, die zwischen beiden in der Mitte liegen. Durch die Einübung in einer der beiden Richtungen erhält man dann erst rein muskuläre, im wesentlichen als Reflexbewegungen zu deutende Reaktionen M, oder umgekehrt rein sensorielle S, an die sich dann weitere komplexe Reaktionen mit Einschaltung bestimmter psychischer Vorgänge anschließen lassen. Aus diesen Verhältnissen ergibt sich klar, daß die gewöhnliche Methode bei der Ausführung solcher Versuche, wonach man jeden Beobachter nach Belieben reagieren läßt, um dann aus allen beobachteten Zeiten das Mittel zu ziehen, kein irgend exaktes Resultat ergeben kann. Ein solches Mittel würde z. B. bei den durch die Häufigkeitskurve NN' dargestellten Versuchen etwa durch die Linie m ausgedrückt werden. Der Wert m entspricht aber keiner der beiden eindeutigen Reaktionsweisen, vielmehr verdeckt er die schon in der natürlichen Häufigkeitskurve zum Ausdruck kommenden psychologischen Unterschiede vollständig. Führt man die Versuche an einer größeren Zahl von Personen aus, so zeigen sich nun allerdings individuelle Unterschiede. Diese bestehen aber lediglich darin, daß bei den einen der Gipfel N, bei den andern N' der höhere ist. Die Unterschiede beruhen also bloß auf einer je nach der individuellen Anlage vorhandenen größeren Neigung zu der vollständigen oder zur verkürzten Reaktion, und diese Unterschiede können in beiden Fällen durch die planmäßige Einübung überwunden werden.

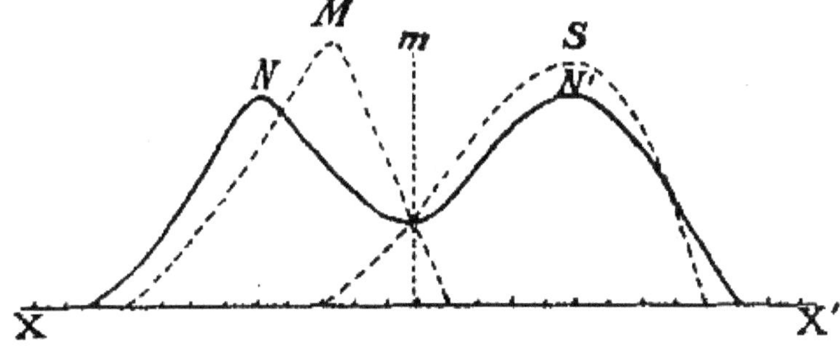

Fig. 23. Häufigkeitskurven bei Reaktionsversuchen.

Literatur. Donders, Archiv f. Anat. u. Physiol., 1868 (erster Versuch einer psychologischen Verwertung der Reaktionsversuche). Exner, Pflügers Archiv, Bd. 7. Wundt, Phil. Stud., Bd. 1 (Psychol. Methoden). Merkel, ebenda, Bd. 2. Cattel, Bd. 3 u. 4. L. Lange, Bd. 4. Alechsieff, Bd. 16. Bergemann, Psychol. Stud., Bd. 1. Deuchler, ebenda, Bd. 4, 5 u. 8. Günther, ebenda, Bd. 7. Westphal, ebenda, Bd. 8. Salow, ebenda, Bd. 7 u. 8. N. Ach, Die Willenstätigkeit und das Denken, 1905. Über den Willensakt und das Temperament, 1910. Kramers, Psychol. Stud. Bd. 9. Lohnert, ebenda. Hammer, ebenda. Kraepelin, Über die Beeinflussung einfacher psychischer Vorgänge durch einige Arzneimittel, 1892. Phys. Ps.[6], III, Kap. 17. M. u. T., Vorl. 18.

III. DER ZUSAMMENHANG DER PSYCHISCHEN GEBILDE

BEWUßTSEIN UND AUFMERKSAMKEIT

l. Da sich jedes psychische Gebilde aus einer Vielheit elementarer Vorgänge zusammensetzt, die weder sämtlich genau im selben Moment zu beginnen noch aufzuhören pflegen, so reicht der Zusammenhang, der die Elemente zu einem Ganzen verbindet, im allgemeinen stets über dieses hinaus, so daß verschiedene gleichzeitige wie sukzessive Gebilde selbst wieder, wenn auch loser, untereinander verbunden werden. Diesen weiteren Zusammenhang der psychischen Vorgänge nennen wir das Bewußtsein.

Der Begriff des Bewußtseins bezeichnet demnach nichts, was neben den psychischen Vorgängen vorhanden wäre. Aber er bezieht sich auch keineswegs bloß auf die Summe derselben ohne jede Rücksicht darauf, wie sie sich zueinander verhalten; sondern seine Bedeutung ist die, daß er jene allgemeine Verbindung der seelischen Erlebnisse ausdrückt, aus der sich die einzelnen Gebilde als engere Verbindungen herausheben. Einen Zustand, in welchem dieser Zusammenhang unterbrochen ist, wie den des tiefen Schlafes, der Ohnmacht, nennen wir daher bewußtlos; und wir reden von "Störungen des Bewußtseins", sobald abnorme Veränderungen in der Verbindung der psychischen Gebilde auftreten, ohne daß diese selbst dabei irgendwelche Veränderungen darzubieten brauchen.

2. Das Bewußtsein steht nun unter den gleichen äußeren Bedingungen wie der Tatbestand des psychischen Geschehens überhaupt, für den es nur ein anderer, speziell die wechselseitigen Beziehungen der Bestandteile desselben hervorhebender Ausdruck ist. Als Träger der Symptome eines individuellen Bewußtseins ist uns überall ein individueller tierischer Organismus gegeben, und in diesem erscheint wieder bei dem Menschen und den ihm ähnlichen höheren Tieren die Rinde des Großhirns, in deren Zellen- und Fasernetzen die sämtlichen zu den psychischen Vorgängen in Beziehung stehenden Organe vertreten sind, als das nächste Organ des Bewußtseins. Diesen Zusammenhang der Rindenelemente des Gehirns können wir als den physiologischen Ausdruck des im Bewußtsein gegebenen Zusammenhangs der psychischen Vorgänge, die Funktionsteilung der verschiedenen Rindengebiete als das physiologische Korrelat der mannigfachen Verschiedenheiten der einzelnen Bewußtseinsvorgänge betrachten. Dabei ist freilich bei diesem zentralsten Organ des Körpers die Funktionseinteilung immer nur eine relative: schon jedes einzelne psychische Gebilde setzt das Zusammenwirken zahlreicher Elemente und vieler Zentralgebiete voraus. Wenn die Wegnahme gewisser Teile der Hirnrinde bestimmte Störungen der willkürlichen Bewegung und der Empfindung hervorbringt oder auch die Bildung gewisser Klassen von Vorstellungen aufhebt, so darf man also daraus schließen, daß jene Gebiete Mittelglieder enthalten, die in der Kette der den betreffenden psychischen Vorgängen parallel gehenden physischen Prozesse unentbehrlich sind. Aber die häufig auf diese Erscheinungen gestützte Annahme, es gebe im Gehirn ein abgegrenztes Organ des Sprachvermögens, des Schreibvermögens, oder die Gesichts-, die Klang-, die Wortvorstellungen usw. seien in besonderen Zellen der Hirnrinde abgelagert, diese und ähnliche Annahmen setzen nicht nur überaus rohe physiologische Vorstellungen voraus, sondern sie sind auch mit der psychologischen Analyse der Funktionen unverträglich. Psychologisch betrachtet sind sie lediglich moderne Erneuerungen der unglücklichsten Form der Vermögens-theorie, der Phrenologie.

2a. Die Nachweise über die Lokalisation bestimmter psychophysischer Funktionen in der Hirnrinde, die wir teils der pathologisch-anatomischen Beobachtung am Menschen, teils dem Tierversuch verdanken, bestehen: l) in der Zuordnung bestimmter Rindengebiete zu bestimmten peripheren Sinnes- und Muskelgebieten: so ist ein Teil der Rinde des Okzipitalhirns der Retina, ein Teil des Scheitelhirns der Tastfläche, des Schläfehirns dem Gehörssinn zugeordnet, die Zentralherde der einzelnen Muskelgebiete liegen im allgemeinen unmittelbar neben oder zwischen den mit ihnen in funktioneller Beziehung stehenden Sinneszentren; 2) in der Nachweisung verwickelterer Störungen bei der Funktionsaufhebung gewisser anderer Rindengebiete, die nicht direkt mit peripheren Körpergebieten in Verbindung zu stehen, sondern zwischen andere Zentralgebiete eingeschaltet zu sein scheinen. Mit Sicherheit ist in letzterer Beziehung die Zuordnung bestimmter Teile des Schläfehirns zu den Funktionen der Sprache nachgewiesen, und zwar der weiter nach vorn gelegenen zur artikulierten Wortbildung (ihrer Zerstörung folgt Aufhebung der motorischen Koordination, sogenannte "ataktische Aphasie"), der weiter nach hinten gelegenen zur Bildung der Wortstellungen (ihre Zerstörung hindert die sensorische Koordination und erzeugt so die "amnestische Aphasie"). Dabei ist noch die eigentümliche Tatsache beobachtet, daß diese Punktionen in der Regel ausschließlich im linken, nicht im rechten Schläfelappen lokalisiert sind, so daß meist nur dort, nicht hier apoplektische Zerstörungen die Aufhebung der Sprachfunktionen bewirken. Übrigens pflegt in allen diesen Fällen, sowohl bei den einfacheren wie bei den zusammengesetzteren Störungen, im Laufe der Zeit eine allmähliche Wiederherstellung der Funktionen stattzufinden, wahrscheinlich dadurch, daß für die zerstörten Rindengebiete andere, in der Regel in der Nachbarschaft gelegene (bei den Sprachstörungen vielleicht auch solche der entgegengesetzten, vorher nicht eingeübten Körperseite) vikariierend eintreten. Lokalisationen anderer zusammengesetzter psychischer Funktionen, wie der Erinnerungs- und Assoziationsvorgänge, sind bis jetzt nicht mit Sicherheit nachgewiesen, und wenn von manchen Anatomen gewisse Rindengebiete als "psychische Zentren" bezeichnet werden, so stützt sich dieser Name vorläufig nur teils auf die zweifelhafte Deutung von Versuchen an Tieren, teils auf die bloße anatomische Tatsache, daß direkt zu ihnen verlaufende motorische oder sensorische Fasern nicht aufzufinden sind, sowie daß sich überhaupt ihre Faserverbindungen relativ spät entwickeln. Zu dieser Art von Zentren gehört namentlich auch die Rinde des Stirnhirns, die sich am menschlichen Gehirn durch eine besonders starke Entwicklung auszeichnet. Auf die mehrfach gemachte Beobachtung, daß die Zerstörung dieses Hirnteils bald auffallende Unfähigkeit zu anhaltender Aufmerksamkeit oder auch sonstige, möglicherweise hierauf zurückzuführende intellektuelle Defekte zur Folge hat, stützt sich die Hypothese, es sei dies Gebiet als Zentrum für die unten zu erörternden Funktionen der Apperzeption (4) sowie für alle diejenigen Bestandteile der psychischen Vorgänge anzusehen, in denen, wie in den Gefühlen, der einheitliche Zusammenhang des Seelenlebens seinen Ausdruck findet. (Vgl. § 7, 10a.) Diese Hypothese bedarf aber noch einer zuverlässigeren Stütze durch die Erfahrung, als sie bis jetzt besitzt. Freilich kann auch in Beobachtungen, bei denen, im Widerspruch mit den obenerwähnten, partielle Verletzungen des Stirnhirns ohne merkliche Störungen der Intelligenz ertragen wurden, ein Gegenbeweis gegen jene hypothetische Funktion keineswegs gesehen werden. Denn viele Erfahrungen lehren, daß gerade in den höheren Zentralteilen, wahrscheinlich wegen der Vielseitigkeit der Faserverbindungen und der mannigfaltigen Formen, in denen daher verschiedene Elemente vikariierend füreinander eintreten, lokal beschränkte Eingriffe völlig symptomlos verlaufen können. Natürlich ist übrigens in allen diesen Fällen der Ausdruck "Zentrum" überall so zu verstehen, wie es durch das allgemeine Verhältnis der psychischen zu den physischen Funktionen geboten ist, d. h. in dem Sinn eines den prinzipiell abweichenden Gesichtspunkten der naturwissenschaftlichen und der psychologischen Betrachtung entsprechenden Parallelismus psychischer und physischer Elementar Vorgänge. (Vgl. § 1 und § 22, 9.)

Literatur. Hitzig, Untersuchungen über das Gehirn, 1874. Alte und neue Untersuchungen über das Gehirn, 1903. H. Munk, Über die Funktionen der Großhirnrinde, 1891. Luciani und Seppilli, Die Funktions-Lokalisation auf der Großhirnrinde, 1886. Flechsig, Gehirn und Seele, 2. Aufl., 1896. Wundt, Phil. Stud., Bd. 6. Phys. Psych.[6],I, Kap. 5. M. u. T. 30. Vorl. Über das Sprachzentrum: Völkerpsychologie, I, l, Kap. 5. Charlton Bastian, Über Aphasie und andere Sprachstörungen, 1902.

3. Jener Zusammenhang der psychischen Vorgänge, in dem für uns der Begriff des Bewußtseins besteht, ist nun teils ein simultaner, teils ein sukzessiver. Simultan ist in jedem Moment die Summe der augenblicklichen Vorgänge als ein Ganzes angegeben, dessen Teile fester oder loser miteinander verbunden sind. Sukzessiv aber geht entweder der in einem nächsten Moment gegebene Zustand aus dem in dem unmittelbar vorausgehenden Moment vorhandenen kontinuierlich hervor, indem gewisse Vorgänge verschwinden, andere in ihrem Verlauf andauern, und noch andere beginnen; oder es treten, wenn Zustände der Bewußtlosigkeit da-

zwischenliegen, die neu entstehenden Vorgänge zu solchen in Beziehung, die früher vorhanden gewesen waren. In allen diesen Fällen ist zugleich der Umfang der einzelnen Verbindungen, die zwischen vorangegangenen und nachfolgenden Prozessen bestehen, bestimmend für den Zustand des Bewußtseins. Wie das Bewußtsein in Bewußtlosigkeit übergeht, wenn dieser Zusammenhang ganz unterbrochen wird, so ist es ein unvollkommeneres, wenn nur schwache Verbindungen zwischen einem gegebenen Moment und den ihm vorausgehenden existieren. So beginnt namentlich nach Zuständen der Bewußtlosigkeit das Bewußtsein in der Regel nur langsam seine normale Höhe zu erreichen, indem allmählich wieder Anknüpfungen an frühere Erlebnisse eintreten.

Hieraus ergibt sich die Unterscheidung von Graden des Bewußtseins. Die untere Grenze, der Nullpunkt dieser Grade ist die Bewußtlosigkeit. Von ihr, die als ein absoluter Mangel psychischer Zusammenhänge dem Bewußtsein gegenübersteht, ist wesentlich zu unterscheiden das Unbewußtwerden einzelner psychischer Inhalte. Dieses findet bei dem stetigen Fluß des psychischen Geschehens fortwährend statt, indem nicht nur komplexe Vorstellungen und Gefühle, sondern auch einzelne Elemente dieser Gebilde verschwinden können, während neue an ihre Stelle treten. Irgendein aus dem Bewußtsein verschwundenes psychisches Element wird aber insofern von uns als ein unbewußt gewordenes bezeichnet, als wir dabei die Möglichkeit seiner Erneuerung, d. h. seines Wiedereintritts in den aktuellen Zusammenhang der psychischen Vorgänge, voraussetzen. Auf mehr als auf diese Möglichkeit der Erneuerung bezieht sich unsere Kenntnis der unbewußt gewordenen Elemente nicht. Sie bilden daher im psychologischen Sinne lediglich Anlagen oder Dispositionen zur Entstehung künftiger Bestandteile des psychischen Geschehens, die an früher vorhanden gewesene anknüpfen. Annahmen über den Zustand des "Unbewußten" oder über irgendwelche "unbewußte Vorgänge", die man neben den uns in der Erfahrung gegebenen Bewußtseinsvorgängen voraussetzt, sind deshalb für die Psychologie durchaus unfruchtbar; wohl aber gibt es physische Begleiterscheinungen jener psychischen Dispositionen, die sich teils direkt nachweisen, teils aus manchen Erfahrungen erschließen lassen. Diese physischen Begleiterscheinungen bestehen in den Wirkungen, welche die Übung in allen Organen und namentlich in den nervösen Organen hervorbringt. Als Wirkung der Übung beobachten wir nämlich im allgemeinen eine Erleichterung der Funktion, welche die Wiedererneuerung derselben begünstigt. Dabei wissen wir freilich auch hier noch nichts Näheres über die Veränderungen, die in der vorhandenen Struktur der Nervenelemente durch die Übung bewirkt werden; doch lassen sich immerhin diese Veränderungen durch naheliegende mechanische Analogien, wie z. B. durch die Verminderung der Reibungswiderstände infolge der Schleifung zweier Flächen aneinander, verdeutlichen.

4. Schon bei der Bildung der zeitlichen Vorstellungen (§ 11, 10) wurde erwähnt, daß aus einer Reihe aufeinander folgender Vorstellungen in jedem Augenblick die unmittelbar gegenwärtige in unserer Auffassung bevorzugt ist. Ähnlich sind nun auch in dem simultanen Zusammenhang des Bewußtseins, z. B. in einem Zusammenklang von Tönen, in einem Nebeneinander räumlicher Objekte, einzelne Inhalte bevorzugt. In beiden Fällen bezeichnen wir diese Unterschiede der Auffassung als solche der Klarheit und Deutlichkeit, wobei wir unter der ersten die relativ günstigere Auffassung des Inhalts selbst, unter der zweiten die in der Regel damit verbundene bestimmtere Abgrenzung gegenüber andern psychischen Inhalten verstehen. Den durch eigentümliche Gefühle charakterisierten Zustand, der die klarere Auffassung eines psychischen Inhalts begleitet, nennen wir die Aufmerksamkeit; den einzelnen Vorgang, durch den irgendein psychischer Inhalt zu klarer Auffassung gebracht wird, die Apperzeption. Dieser stellen wir die sonstige, ohne den begleitenden Zustand der Aufmerksamkeit vorhandene Auffassung von Inhalten als die Perzeption gegenüber. Die Inhalte, denen die Aufmerksamkeit zugewandt ist, bezeichnen wir, nach Analogie des äußeren optischen Blickpunktes, als den Blickpunkt des Bewußtseins oder den inneren Blickpunkt, die Gesamtheit der in einem gegebenen Moment vorhandenen Inhalte dagegen als das Blickfeld des Bewußtseins oder das innere Blickfeld. Der Übergang irgendeines psychischen Vorgangs in den unbewußten Zustand endlich wird das Sinken unter die Schwelle des Bewußtseins, das Entstehen eines Vorgangs die Erhebung über die

Schwelle des Bewußtseins genannt. Natürlich sind alles dies bildliche Ausdrücke, die nicht wörtlich genommen werden dürfen. Ihre Anwendung empfiehlt sich aber wegen der anschaulichen Kürze, die sie bei der Schilderung der Bewußtseinsvorgänge gestatten.

6. Sucht man sich nun unter Zuhilfenahme dieser Bezeichnungen den Wechsel der psychischen Gebilde in ihrem Zusammenhang zu vergegenwärtigen, so stellt sich dieser als ein fortwährendes Gehen und Kommen dar, bei dem irgendwelche Gebilde zunächst in das innere Blickfeld, dann aus diesem in den inneren Blickpunkt eintreten, um hierauf wieder, bevor sie ganz verschwinden, in jenes zurückzukehren. Neben diesem Wechsel der zur Apperzeption gelangenden Gebilde besteht aber außerdem ein Kommen und Gehen solcher, die bloß perzipiert werden, also in das Blickfeld ein- und aus ihm wieder austreten, ohne in den Blickpunkt zu gelangen. Hierbei können sowohl den apperzipierten wie den perzipierten Gebilden noch verschiedene Grade der Klarheit zukommen. Bei den ersteren macht sich dies darin geltend, daß die Klarheit und Deutlichkeit der Apperzeption überhaupt je nach dem Zustand des Bewußtseins eine wechselnde ist. Dies läßt sich z. B. leicht bestätigen, wenn man einen und denselben Eindruck mehrmals nacheinander apperzipiert: es pflegen dann, falls nur die sonstigen Bedingungen unverändert bleiben, die folgenden Apperzeptionen klarer und deutlicher zu werden. Die verschiedenen Klarheitsgrade der bloß perzipierten Gebilde beobachtet man am leichtesten bei der Einwirkung zusammengesetzter Eindrücke. Man findet dann, namentlich wenn die Eindrücke bloß momentan eingewirkt haben, daß auch unter den an und für sich dunkler gebliebenen Bestandteilen noch verschiedene Abstufungen stattfinden, indem einzelne mehr, andere weniger über die Schwelle des Bewußtseins gehoben zu sein scheinen.

6. Alle diese Verhältnisse lassen sich nicht durch zufällige innere Wahrnehmungen, sondern nur durch planmäßig geleitete experimentelle Beobachtungen mit Sicherheit feststellen. Man benutzt dabei zweckmäßig als zu beobachtende Bewußtseinsinhalte Vorstellungsgebilde, weil sich diese leicht jederzeit durch äußere Reize und zugleich bei nur momentaner Dauer der Reizeinwirkung in solcher Weise hervorbringen lassen, daß sich der im Augenblick des Reizes vorhandene Bewußtseinsinhalt deutlich von den vorangegangenen und nachfolgenden abhebt, wodurch dessen Analyse in der Selbstbeobachtung möglich wird. Denn bei einer zeitlichen Vorstellung steht regelmäßig der dem gegenwärtigen Moment angehörende Bestandteil im Blickpunkt des Bewußtseins (§11,11). Von den vorausgegangenen Bestandteilen gehören die vor kürzerer Zeit dagewesenen Eindrücke noch dem Blickfelde an, während die vor längerer Zeit vorübergegangenen aus dem Bewußtsein entschwunden sind. Eine räumliche Vorstellung dagegen kann bloß dann in ihrem vollen Umfang in einem einzigen Moment apperzipiert werden, wenn sie nur ein beschränktes extensives Ganzes bildet. Ist sie zusammengesetzter, so müssen auch ihre Teile sukzessiv den inneren Blickpunkt durchwandern, um vollständig zu einer klaren Auffassung zu gelangen. Hieraus ergibt sich, daß zusammengesetzte räumliche Vorstellungen (namentlich momentane Gesichtseindrücke) vorzugsweise geeignet sind, um ein Maß für die Menge der in einem einzigen Akt apperzipierten Inhalte oder für den Umfang der Aufmerksamkeit zu gewinnen, während zusammengesetzte zeitliche Vorstellungen (z. B. regelmäßige Folgen von Gehörseindrücken, Taktschlägen) leichter benutzt werden können, um die Menge der in einem gegebenen Moment im Bewußtsein überhaupt vereinigten zusammengehörigen Inhalte oder den Umfang des Bewußtseins für eine komplexe Gesamtvorstellung zu messen. Da nun aber außerdem eine kleinere Anzahl zeitlich aufeinander folgender Eindrücke unmittelbar, gleich einem simultan gegebenen Ganzen, von der Auf-merksamkeit erfaßt werden kann, so lassen sich Bestimmungen des Aufmerksamkeitsumfangs leicht auch bei zeitlichen Vorstellungen, speziell Gehörsvorstellungen, unter geeigneten Bedingungen, namentlich bei geeigneter Schnelligkeit der Zeitfolge, ausführen. Die auf solche Weise angeführten Versuche ergeben für den Umfang der Aufmerksamkeit einen unter diesen wechselnden Bedingungen sehr konstanten Maximalwert von sechs einfachen Eindrücken, für den des Bewußtseins in dem oben angedeuteten Sinne eines komplexen Vorstellungsumfangs dagegen einen sehr wechselnden, der zwischen 6 und 40 einfachen Eindrücken, je nach der Zusammensetzung und Gliederung der zum Maße dienenden Gesamtvorstellung, variiert.

6a. Die Bestimmung des Umfangs der Aufmerksamkeit läßt sich bei Gesichtseindrücken entweder mittels momentaner Erleuchtung durch den elektrischen Funken oder besser durch das Herabfallen eines mit einer Öffnung versehenen Schirmes vor den Gesichtsobjekten (mittels des "Tachistoskops") ausführen. Dem Auge muß zu diesem Zweck vor der momentanen Erleuchtung ein Fixationspunkt in der Mitte der die Eindrücke enthaltenden Fläche gegeben werden. Man kann dann unmittelbar nach der Ausführung des Versuchs konstatieren, daß, wenn die Einrichtungen in der geeigneten Weise getroffen sind, der Umfang der im physiologischen Sinne deutlich gesehenen Objekte größer gewesen ist als der Umfang der Aufmerksamkeit. Man kann nämlich, wenn z. B. der momentane Eindruck aus Buchstaben bestand, einzelne der im Moment der Erleuchtung nur undeutlich aufgefaßten Buchstaben nachträglich im Erinnerungsbild lesen, wenn man den Eindruck möglichst rasch reproduziert. Da dieses Erinnerungsbild zeitlich scharf getrennt ist von dem Eindruck selbst, so wird dadurch die Bestimmung des Umfangs der Aufmerksamkeit nicht gestört; vielmehr ist es bei sorgfältiger subjektiver Beobachtung leicht möglich, den Zustand des Bewußtseins im Moment des Eindrucks zu fixieren und von solchen nachfolgenden Erinnerungsakten zu unterscheiden, die stets durch merkliche Zwischenzeiten getrennt sind. Diese Versuche sowie die analogen mit aufeinander folgenden Gehörseindrücken lehren, daß jener Umfang nur dann bei gleichbleibender maximaler Spannung der Aufmerksamkeit eine konstante Größe ist, wenn die Eindrücke nicht zu zusammengesetzteren verbunden sind, wenn sie also z. B. aus isolierten Linien, Ziffern, Buchstaben oder rhythmisch nicht gegliederten Taktschlägen bestehen. Auch für den Tastsinn scheint derselbe Maximalumfang 6 zu gelten, mit dem Unterschied, daß bei ihm nur die einfachsten dieser Eindrücke, die Punkte, günstigstenfalls in der Sechszahl zusammengefaßt werden können, eine Eigenschaft, von der offenbar die Punktschrift der Blinden praktischen Gebrauch macht (§ 10, 6). Bei geläufigen Eindrücken von verwickelterer Beschaffenheit sinkt auch beim Gesichtssinn die Anzahl der Vorstellungen, während dagegen die der einzelnen Elemente zunimmt. So können bei sinnlosen Silbenverbindungen noch 6-10 Buchstaben auf einmal apperzipiert werden. Bei geläufigen Satzbildungen, Sprichwörtern u. dgl. kann sich der Umfang scheinbar auf 4-5 kurze Wörter mit zusammen 20-30 Buchstaben erweitern. Doch machen sich dabei zugleich die unten (§16) zu erwähnenden Assimilationsvorgänge sehr stark geltend, so daß solche Versuche für die Umfangsbestimmung nicht verwertbar sind. Werden diese reproduktiven Assimilationen durch große Spannung der Aufmerksamkeit auf den Eindruck hintangehalten, so sinkt aber auch in diesen Fällen der Umfang bis zu der bei isolierten Eindrücken beobachteten Grenze. Noch mehr kann eine scheinbare Erweiterung des Umfangs eintreten, wenn die Eindrücke etwas längere Zeit einwirken, wo nun leicht während dieser Zeit die Aufmerksamkeit über die Objekte hinwandert, und sich also die Bedingungen dem gewöhnlichen sukzessiven Lesen mehr oder weniger annähern. Unter allen Umständen ist jedoch die früher zuweilen ausgesprochene Behauptung unrichtig, daß sich unsere Aufmerksamkeit in einem gegebenen Moment nur auf einen Eindruck oder eine einzige Vorstellung richten könne.

Nicht minder widerlegen die obigen Beobachtungen die Annahme, daß die Aufmerksamkeit stetig und mit sehr großer Geschwindigkeit eine Menge einzelner Vorstellungen durchlaufen könne. Versucht man nämlich bei diesen Experimenten das momentan nach geschehenem Eindruck deutlich wahrgenommene Bild mittels der Erinnerung zu ergänzen, so zeigt es sich, daß man einer merklichen Zeit bedarf, um sich einen im ersten Augenblick nicht apperzipierten Eindruck klar zu vergegenwärtigen. Dabei scheint diese sukzessive Bewegung der Aufmerksamkeit über eine Vielheit psychischer Inhalte ein periodischer Vorgang zu sein, der aus einer Mehrzahl aufeinander folgender Apperzeptionsakte besteht. Solche periodische Schwankungen der Aufmerksamkeit, die gewöhnlich wohl in unregelmäßigen Perioden verlaufen, bei besonderer Anregung zu rhythmischen Gliederungen aber auch regelmäßig werden können, lassen sich in der Tat unter günstigen Bedingungen auch direkt nachweisen. Läßt man nämlich, während alle sonstigen Sinnesreize möglichst ferngehalten werden, einen schwachen, kontinuierlich andauernden Eindruck, auf den zugleich die Aufmerksamkeit gerichtet wird, auf ein Sinnesorgan einwirken, so beobachtet man, daß der Eindruck in gewissen, meist unregelmäßigen Intervallen, die bei sehr schwachen Reizen meist 3-6", bei stärkeren bis zu 18-24" betragen können, für eine kurze Zeit undeutlicher wird oder ganz zu verschwinden scheint, um dann wieder hervorzutreten. Diese Schwankungen sind von Intensitätsschwankungen der Reize selbst ohne weiteres zu unterscheiden, wovon man sich leicht überzeugt, wenn man in einer Versuchsreihe absichtlich den Eindruck objektiv abschwächt oder unterbricht. Denn durch zwei Merkmale unterscheiden sich nun jene subjektiven Veränderungen von den objektiv verursachten: erstens hat man bei den ersteren immer die Vorstellung einer Fortdauer des Eindrucks, ähnlich wie man ja auch bei dem Versuch mit momentanen Eindrücken von den nicht apperzipierten eine unbestimmte und dunkle Vorstellung hat; und zweitens sind jene Schwankungen der Aufmerksamkeit außer von der Zu- und Abnahme der Klarheit der Eindrücke stets von charakteristischen Gefühlen und Empfindungen begleitet, die bei den objektiven Veränderungen völlig fehlen. Die Gefühle bestehen in den nachher zu schildernden der Erwartung und der Tätigkeit, die regelmäßig mit der Spannung der Aufmerksamkeit zu- und mit ihrer Entspannung wieder abnehmen; die Empfindungen gehören dem Sinnesorgan des Eindrucks an oder strahlen wenigstens von demselben aus, bestehen also in Spannungsempfindungen des Trommelfells, der Akkommodation und Konvergenz usw. Diese doppelte Reihe von Merkmalen scheidet überhaupt die Begriffe der Klarheit und Deutlichkeit der psychischen Inhalte von der Empfindungsintensität derselben. Ein starker Eindruck kann dunkel, und ein schwacher kann klar bewußt sein. Nur insofern existiert eine Beziehung zwischen diesen an und für sich verschiedenen Begriffen, als sich von Eindrücken verschiedener Intensität im allgemeinen der stärkere mehr zur Apperzeption drängt. Ob er wirklich deutlicher apperzipiert wird, dies hängt aber außerdem immer noch von den sonst stattfindenden Bedingungen ab. Ähnlich verhält es sich mit der Bevorzugung, die bei der Einwirkung von Gesichtseindrücken den auf die Stelle des deutlichsten Sehens fallenden zuteil wird. In der Regel sind die fixierten Gegenstände zugleich die apperzipierten. Aber bei den oben beschriebenen Versuchen mit momentanen Eindrücken läßt sich nachweisen, daß auch dieser Zusammenhang gelöst werden kann. Dies geschieht, sobald man willkürlich auf einen in den Seitenteilen des Sehfeldes gelegenen Punkt die Aufmerksamkeit richtet: dann wird das undeutlich gesehene Objekt zu einem deutlich vorgestellten.

6b. Der nächste Weg, um den Umfang des Bewußtseins für eine regelmäßig gegliederte, komplexe Gesamtvorstellung zu messen, besteht in der Anwendung in gleichen Zeitabständen einander folgender Taktschläge, von denen man einzelne verstärkt, um regelmäßige Taktgliederungen hervorzubringen. Hierbei geht man von der Voraussetzung aus, daß eine Sukzession von Eindrücken nur dann zu einem Vorstellungsganzen vereinigt werden kann, wenn jene wenigstens während eines Moments sämtlich gleichzeitig im Bewußtsein sind. So befinden sich bei der Einwirkung einer Reihe von Taktschlägen offenbar, während der gegenwärtige Schall apperzipiert wird, die unmittelbar vorangegangenen teils noch im Blickpunkt der Aufmerksamkeit, teils wenigstens im Blickfeld des Bewußtseins; ihre Klarheit nimmt aber in diesem um so mehr ab, je weiter sie zeitlich von dem momentan apperzipierten Eindruck entfernt sind, und von einer gewissen Grenze an werden die weiter zurückliegenden Eindrücke ganz aus dem Bewußtsein verschwunden sein. Gelingt es nun, diese Grenze zu bestimmen, so ist damit auch ein Maß für den relativen Umfang des Bewußtseins unter den obwaltenden Bedingungen gefunden. Als Hilfsmittel für die Ermittelung jener Grenze dient hierbei die Fähigkeit der Vergleichung unmittelbar aufeinander folgender Vorstellungen. Solange nämlich eine mehr oder weniger zusammengesetzte Vorstellung noch als ein einheitliches Ganzes in unserem Bewußtsein vorhanden ist, können wir auch eine auf sie folgende mit ihr vergleichen und entscheiden, ob sie ihr gleich ist oder nicht, während eine derartige Vergleichung nicht mehr möglich wird, wenn die vorausgegangene zeitliche Reihe keinen zusammenhängenden Bewußtseinsinhalt bildet, weil ein Teil ihrer Glieder schon in den unbewußten Zustand übergegangen war, ehe ihr Endglied erreicht wurde. Demnach hat man nur nötig, zwei aufeinander folgende Taktreihen dadurch zu begrenzen, daß man den Anfang einer jeden durch ein Signal, z. B. durch einen Klingelschlag, kennzeichnet. Dabei kann zur Erzeugung der Taktschläge ein einfaches Metronom dienen. Solange nun jede Reihe ein im Bewußtsein zusammenzufassendes Ganzes bildet, läßt sich auf

Grund des unmittelbaren Eindrucks und natürlich bei strenger Vermeidung des Zählens der Takte entscheiden, ob die zweite der ersten Reihe gleich ist oder nicht. Hierbei bemerkt man, daß der Eindruck der Gleichheit mittels der früher (§ 11, 12) erwähnten Gefühlselemente der Zeitvorstellungen zustande kommt, indem jedem Taktschlag der zweiten Reihe ein dem analogen der ersten entsprechendes Erwartungsgefühl vorausgeht, so daß eine Reihe mit einem über- oder unterzähligen Glied eine Störung dieser Erwartung mit begleitendem Gefühl der Enttäuschung hervorruft. Hieraus geht hervor, daß nicht etwa beide einander folgende Reihen im Bewußtsem anwesend sein müssen, damit sie verglichen werden können, sondern daß hierzu nur die Zusammenfassung der Eindrücke je einer Reihe in ein Vorstellungsganzes erforderlich ist. Die relativ feste Begrenzung, die in dieser Beziehung der Umfang des Bewußtseins besitzt, verrät sich aber darin, daß die Gleichheit zweier zeitlicher Vorstellungen, solange diese die Grenze nicht erreichen, sicher erkannt wird, wogegen mit dem Überschreiten derselben das Urteil unsicher wird. Dabei zeigt sich zugleich dieser Umfang bei konstant bleibendem Zustand der Aufmerksamkeit teils von der Geschwindigkeit der einander folgenden zeitlichen Eindrücke, teils von der mehr oder minder vollkommenen rhythmischen Gliederung abhängig. Bei einer unteren Grenze der Geschwindigkeit, die etwa bei 4” erreicht wird, ist es überhaupt nicht mehr möglich, einander folgende Eindrücke zu einer zeitlichen Vorstellung zu verbinden: wenn der neue Eindruck kommt, ist der vorangegangene schon aus dem Bewußtsein verschwunden. Bei einer oberen Grenze, von etwa 0,12” an, wird die Bildung deutlich abgegrenzter zeitlicher Vorstellungen unmöglich, weil die Aufmerksamkeit nicht mehr den Eindrücken folgen kann. Die günstigste Geschwindigkeit liegt bei einer mittleren Taktfolge von 0,2-0,3”. Bei der gleichen Geschwindigkeit ist die Zahl der arrhythmischen Eindrücke, die unmittelbar noch als Einheit aufgefaßt werden kann, 6, der für den Umfang der Aufmerksamkeit bei Gesichtseindrücken gewonnenen Zahl entsprechend. Das folgende Schema veranschaulicht diese Verhältnisse für die zwei einfachsten Fälle, den 2/8- und 2/4- Takt:

Der größte nach hinlänglicher Übung erreichbare Umfang entspricht fünf 4/4-Takten (5 · 8 = 40). Demnach ist der Umfang des Bewußtseins für unzusammenhängende einfache Eindrücke mit dem der Aufmerksamkeit identisch; dies ist aber nicht dadurch bedingt, daß sich hier das Bewußtsein überhaupt auf den Umfang der Aufmerksamkeit zurückzieht, sondern lediglich dadurch, daß die von der Aufmerksamkeit erfaßte arrhythmische Reihe der Verbindungen entbehrt, die bei der rhythmischen auf die in die dunkleren Regionen des Bewußtseins eingetretenen Taktelemente hinüberreichen. Eine sonstige Abhängigkeitsbeziehung zwischen Umfang der Aufmerksamkeit und des Bewußtseins existiert dagegen nur insofern, als sich der erstere bei verminderter Spannung etwas weiter ausdehnen kann, wobei aber zugleich die Klarheit und Deutlichkeit der Auffassung abnimmt. Dieser Umfang des Bewußtseins für eine zusammengesetzte Gesamtvorstellung ist übrigens nicht mit dem absoluten Gesamtumfang desselben zu verwechseln. In diesem befinden sich zunächst immer auch Gefühle, und es können außerdem andere isolierte Vorstellungsinhalte vorhanden sein. Hieraus erklärt es sich zugleich, daß für eine unzusammenhängende Reihe von Eindrücken Umfang des Bewußtseins und Umfang der

Aufmerksamkeit zusammenfallen. Sobald nämlich in diesem Fall ein Eindruck aus dem Fokus der Aufmerksamkeit herausfällt, so geht er in der Masse der vielen andern unverbundenen Inhalte unter, die im weiteren Blickfelde des Bewußtseins liegen, und für die selbstverständlich, eben weil sie unter sich und mit dem apperzipierten Inhalt nicht zusammenhängen, eine Umfangsbestimmung unmöglich ist. Sind dagegen die aus dem Blickpunkt getretenen mit den apperzipierten Elementen irgendwie verbunden, so bleiben sie dies, solange sie, wenn auch verdunkelt, überhaupt im Bewußtsein sind.

Infolge der oben erörterten Beziehungen zwischen Spannung der Aufmerksamkeit und Klarheit der Auffassung ist nun sowohl das Optimum für den Umfang der Aufmerksamkeit von annähernd 6 einfachen Eindrücken wie das für den Umfang des Bewußtseins von 40 Eindrücken an einen mittleren, nicht zu hohen und nicht zu niedrigen Grad der Aufmerksamkeitsspannung gebunden. Bei stärkster Spannung tritt stets zugleich eine Konzentration auf einen einzelnen, beschränkteren Inhalt, z. B. bei Leseversuchen mit momentaner Einwirkung der Buchstaben die Konzentration auf einen einzelnen Buchstaben ein, neben dem höchstens noch 2-3 andere benachbarte erkannt werden. Ebenso vermindert sich aber bei der Dissipation der Aufmerksamkeit über einen größeren Teil des Sehfeldes die Anzahl der deutlich aufgefaßten Buchstaben, während sie außerdem sämtlich dunkler apperzipiert werden. Ähnliche Wirkungen der Dissipation werden beobachtet, je nachdem man auf mehrere Eigenschaften der dargebotenen Objekte, z. B. auf ihre Größe, Lage, Helligkeit, oder bloß auf eine einzelne die Aufmerksamkeit richtet. Indirekt üben nun aber die entgegengesetzten Zustände der Konzentration und der Dissipation der Aufmerksamkeit einen entsprechenden Einfluß auf den Umfang des Bewußtseins für eine Reihe in diesem zusammenzufassender Eindrücke aus, so daß auch hier ein mittlerer Spannungsgrad der Aufmerksamkeit für die Gewinnung des Optimums am günstigsten ist. Indem nämlich in diesem Fall die Zusammenfassung zu einem möglichst weit über den Fokus der Aufmerksamkeit hinausreichenden Ganzen an die Bedingung geknüpft ist, daß sich zwischen dem engeren Aufmerksamkeits- und dem weiteren Bewußtseinsfeld möglichst leicht eine Verbindung herstellt, stört einerseits die allzu starke Konzentration auf den einzelnen Eindruck, z. B. bei den obigen Taktierversuchen auf den einzelnen Taktschlag, anderseits aber auch jede Zerstreuung der Aufmerksamkeit die Zusammenfassung und schränkt sie auf einen engeren Umfang ein. Wahrscheinlich hängt hiermit zugleich die Erweiterung des Umfangs der Auffassung bei wiederholter Einwirkung der nämlichen Eindrücke zusammen. Auch dabei handelt es sich nämlich offenbar hauptsächlich um die Entstehung von Verbindungen zwischen dem engeren Aufmerksamkeitsfeld und dem weiteren Umfang des Bewußtseins. Dies erhellt namentlich daraus, daß solche Erweiterungen dann am umfangreichsten werden, wenn die einwirkenden komplexen Eindrücke von bekannter Beschaffenheit sind, also z. B. bei der Einwirkung geläufiger Worte oder Sätze, wo nun freilich die Vorgänge der später zu erörternden reproduktiven Assimilation als wesentliche Faktoren hinzukommen (§ 16 B.).

Literatur. Wirth. Die experimentelle Analyse der Bewußtseinsphänomene, 1908. Umfang der Aufmerksamkeit: Cattell, Phil.Stud., Bd. 3. Zeitler, ebenda, Bd. 16. Wirth, Psycholog. Stud., Bd. 2 u. 3. Mittenzwey, ebenda, Bd. 4. Kraskowski, ebenda, Bd. 8. Schwankungen der Aufmerksamkeit: N.Lange, Phil.Stud., Bd. 4. Eckener, Pace, ebenda, Bd. 8. O. Klemm, Psychol. Stud., Bd. 4. Bewußtseinsumfang: Dietze, ebenda, Bd. 2. Phys. Psych.[6], III, Kap. 18. M. u. T.[5] 16. u. 17. Vorl.

7. Mit jenen Eigenschaften der Bewußtseinsinhalte, die wir als die Grade ihrer Klarheit und Deutlichkeit bezeichnen, sind regelmäßig noch andere verbunden, die von uns unmittelbar als begleitende Vorgänge aufgefaßt werden. Sie bestehen teils in Gefühlen, die für bestimmte Verlaufsformen der Perzeption und Apperzeption kennzeichnend sind, teils in etwas variableren Empfindungen. Insbesondere ist es der Eintritt psychischer Inhalte in das Blickfeld und in den Blickpunkt des Bewußtseins, der je nach den verschiedenen Bedingungen, die dabei stattfinden, ein verschiedenes Verhalten darbietet. Erhebt sich irgendein psychischer Vorgang über die Schwelle des Bewußtseins, so pflegen die Gefühlselemente desselben, sobald sie die hinreichende Stärke besitzen, zuerst merkbar zu werden, so daß sie sich bereits in den Blickpunkt des

Bewußtseins drängen, ehe noch von den Vorstellungselementen etwas wahrgenommen wird. Dies kann sowohl bei der Einwirkung neuer Eindrücke wie bei dem Wiederauftauchen früherer Vorgänge stattfinden. Es entstehen so jene eigentümlichen Stimmungen, von deren Ursachen wir uns meist keine Rechenschaft geben können, und die bald den Charakter der Lust oder Unlust, bald vorzugsweise den der Spannung an sich tragen. Im letzteren Fall wird dann der plötzliche Eintritt der zum Gefühl gehörigen Vorstellungselemente in den Umfang der Aufmerksamkeit von Gefühlen der Lösung oder Erfüllung begleitet. Auch bei dem Besinnen auf eine entschwundene Sache kann sich die nämliche Gemütslage einstellen: häufig ist dabei neben dem regelmäßig vorhandenen Spannungsgefühl der spezielle Gefühlston der vergessenen Vorstellung schon lebhaft gegenwärtig, während sie selbst noch im dunkeln Hintergrund des Bewußtseins weilt. Ähnlich gehen, wie wir unten (in § 16) sehen werden, bei dem Erkennungs- und dem Wiedererkennungsakt der deutlichen Auffassung der Vorstellungen stets eigentümliche Gefühle voraus. Experimentell läßt sich eine ähnliche Gemütslage bei momentaner Erleuchtung des Sehfeldes herstellen, wenn man Eindrücke mit möglichst starker Gefühlsbetonung im indirekten Sehen einwirken läßt. Alle diese Erfahrungen scheinen darauf hinzuweisen, daß jeder Inhalt des Bewußtseins eine Wirkung auf die Aufmerksamkeit ausübt, infolge deren er sich teils durch seine eigene Gefühlsfärbung, teils durch die an die Funktion der Aufmerksamkeit gebundenen Gefühle verrät. Die gesamte Rückwirkung dieser dunkel bewußten Inhalte auf die Aufmerksamkeit verschmilzt dann aber, gemäß den allgemeinen Gesetzen der Verbindung der Gefühlskomponenten (§ 12), mit den an die klar bewußten Inhalte gebundenen Gefühlen zu einem einzigen Totalgefühl.

8. Tritt irgendein psychischer Inhalt in den Blickpunkt des Bewußtseins, so treten nun zu den bisher geschilderten neue eigentümliche Gefühlsprozesse, die sich nach den Bedingungen des Eintritts wieder verschieden gestalten. Diese Bedingungen können nämlich nach zwei Verlaufstypen auseinandergehen, die zum großen Teil mit den obenerwähnten vorbereitenden Gefühlswirkungen der noch nicht apperzipierten Inhalte zusammenhängen.

Erstens: Der neue Inhalt drängt sich plötzlich und ohne vorbereitende Gefühlswirkung der Aufmerksamkeit auf; wir bezeichnen diesen Verlaufstypus als den der unvorbereiteten oder der passiven Apperzeption. Während sich der Inhalt nach seinen Vorstellungs- wie Gefühlselementen zu größerer Klarheit erhebt, verbindet sich hier zunächst mit ihm ein Gefühl des Erleidens, das, der Richtung der deprimierenden Gefühle angehörend, im allgemeinen um so stärker ist, je intensiver der psychische Vorgang, und je größer die Geschwindigkeit seines Eintritts; dieses Gefühl sinkt dann aber rasch wieder, um in das entgegengesetzte, exzitierende Gefühl der Tätigkeit überzugehen. Mit beiden Gefühlen sind zugleich charakteristische Empfindungen in den Muskelapparaten des Sinnesgebiets verbunden, dem die Vorstellungsbestandteile des Vorgangs angehören: das Gefühl des Erleidens ist von einer meist rasch vorübergehenden Erschlaffungs-, das der Tätigkeit von einer darauf folgenden Spannungsempfindung begleitet.

Zweitens: Der neue Inhalt wird durch die oben (7) erwähnten Gefühlswirkungen vorbereitet, und es ist infolgedessen schon vor seinem Eintritt die Aufmerksamkeit auf ihn gespannt; wir bezeichnen diesen Verlaufstypus als den der vorbereiteten oder der aktiven Apperzeption. Hier geht der Auffassung des Inhalts bald nur während sehr kurzer, bald aber auch während längerer Zeit ein Gefühl der Erwartung voran, das im allgemeinen der Richtung der spannenden und zumeist zugleich derjenigen der erregenden Gefühle angehört, während außerdem von den Vorstellungselementen her Lust- oder Unlustgefühle hinzutreten können. Dieses Gefühl der Erwartung pflegt mit ziemlich intensiven Spannungsempfindungen in den zugehörigen Muskelgebieten verbunden zu sein. Im Moment des Eintritts wird dasselbe abgelöst durch das meist nur sehr kurz dauernde Gefühl der Erfüllung, das den Charakter eines lösenden Gefühls besitzt, sonst aber je nach Umständen beruhigender oder erregender Art und mit Lust- oder Unlustgefühlen verbunden sein kann. An dieses Gefühl der Erfüllung schließt sich dann sofort das nämliche Gefühl der Tätigkeit an, das den Abschluß der passiven Apperzeption begleitet, und das wiederum mit einem Anwachsen der Spannungsempfindungen verbunden ist.

8a. Die experimentelle Beobachtung dieser verschiedenen Verlaufsformen geschieht am zweckmäßigsten mit Hilfe der in §14, Pkt. 11 ff. geschilderten Reaktionsversuche, wo man mittels der Benutzung unerwarteter Eindrücke den Typus der passiven, bei der Reaktion auf erwartete Eindrücke den der aktiven Apperzeption herzustellen vermag. Dabei läßt sich dann aber zugleich beobachten, daß zwischen diesen typischen Unterschieden Übergänge stehen, indem entweder die passive der aktiven Form durch schwache Ausbildung des ersten Stadiums, oder die aktive der passiven dadurch sich nähern kann, daß bei einer plötzlichen Entspannung der Erwartung der darauf folgende Gegensatz des Erfüllungsgefühls, die Lösung und Depression, ausgeprägter als gewöhnlich wird. Die Ausdrücke "passiv" und "aktiv" bezeichnen demnach nicht sowohl gegensätzliche Vorgänge als vielmehr Grenzfälle, zwischen denen sich alle möglichen Übergänge vorfinden, die wir dann, je nachdem sie sich der einen oder andern Grenze nähern, dieser oder jener Form zuzählen können. Auch beziehen sich jene Ausdrücke, wie aus der obigen Schilderung hervorgeht, nicht unmittelbar auf den Vorgang der Apperzeption selbst, der im wesentlichen überall der nämliche ist, sondern auf den gesamten Bewußtseinszustand. In diesem Sinn ist also "passive Apperzeption" ein abkürzender Ausdruck für "Apperzeption bei zuvor passiver Bewußtseinslage ".

9. Betrachtet man nun die Gefühlsseite der Aufmerksamkeitsvorgänge genauer, so zeigt sich, daß dieselbe vollständig mit dem allgemeinen Gefühlsinhalt der Willensvorgänge übereinstimmt. Zugleich ist einleuchtend, daß die passive Apperzeption ihrem wesentlichen Charakter nach einer Triebhandlung, die aktive einer Willkürhandlung entspricht. Denn bei der ersteren ist der unvorbereitet sich aufdrängende psychische Inhalt offenbar das allein vorhandene Motiv, das darum ohne Kampf mit andern Motiven die Handlung der Apperzeption anregt, die auch hier mit dem für alle Willenshandlungen charakteristischen Gefühl der Tätigkeit verbunden ist. Bei der aktiven Apperzeption dagegen drängen sich während des vorbereitenden Gefühlsstadiums stets noch andere psychische Inhalte mit ihren Gefühlselementen der Aufmerksamkeit auf, so daß die endlich eintretende Apperzeption als eine Willkürhandlung und in vielen Fällen, wenn nämlich der Kampf verschiedener sich aufdrängender Inhalte selber ein klar bewußter wird, sogar als eine Wahlhandlung erscheint. In diesen letzteren Fällen ist das Vorhandensein einer solchen auch schon von der älteren Psychologie anerkannt worden, indem man bei ihnen von "willkürlicher Aufmerksamkeit" redete. Aber erstens ließ man hier den Willen genau so unvermittelt auftreten, wie bei den äußeren Willenshandlungen, da man den springenden Punkt dieser Entwicklung, die Tatsache, daß die sogenannte "unwillkürliche Aufmerksamkeit" nur eine einfachere Form innerer Willenshandlungen sei, verkannte; und zweitens wurden dabei in der Weise der alten Vermögenstheorie "Aufmerksamkeit" und "Wille" als verschiedenartige, gelegentlich sich verbindende, gelegentlich aber auch sich ausschließende psychische Kräfte einander gegenübergestellt, während doch beide offenbar Begriffsbildungen sind, die sich auf die nämliche Klasse psychischer Prozesse beziehen.

10. An diese inneren Willensprozesse, die wir Aufmerksamkeitsvorgänge nennen, schließt sich nun noch eine für die gesamte psychische Entwicklung äußerst wichtige Begriffsbildung an, die zwar in logischer Form erst unter der Mithilfe der wissenschaftlichen Reflexion zustande kommt, aber doch in jenen Vorgängen selbst ihr reales Substrat hat. Es ist die Bildung des Begriffs des Subjekts und die ihr parallel gehende Voraussetzung von Objekten, die dem Subjekt als eine von ihm unabhängige Wirklichkeit gegenüberstehen.

Von denjenigen Bestandteilen der unmittelbaren Erfahrung, die von dem früher (§ 10, 24) erwähnten Orientierungspunkt aus räumlich geordnet werden, und die wir entweder als Gegenstände, d.h. als ein dem Wahrnehmenden Gegenüberstehendes, oder, wenn wir auf ihre psychologische Entstehungsweise Rücksicht nehmen, als Vorstellungen, d.h. als ein von dem Wahrnehmenden vor sich Hingestelltes, bezeichnen, scheiden sich alle die Erfahrungsinhalte, die an dieser räumlichen Ordnung nicht teilnehmen, wenn sie auch fortwährend zu derselben in Beziehung treten. Diese Inhalte stehen aber, wie wir in § 12-14 gesehen haben, unter sich in einem engen Zusammenhang, indem die Gefühle stets als die momentanen Teilinhalte von Affekten, die Affekte als Bestandteile von Willensvorgängen angesehen werden können. Dabei

kann nun der Prozeß immer auch auf einer der früheren Stufen, verbleiben, indem sehr häufig
ein Gefühl zu keiner merklichen Affekterregung führt, oder der Affekt abklingt, ohne daß der
in ihm vorbereitete Willensakt wirklich entsteht. Darum lassen sich nun alle diese Gemüts-
vorgänge wiederum dem Willensvorgang unterordnen. Denn er ist der vollständige Verlauf, zu
dem jene beiden andern nur Teilinhalte von einfacherer oder zusammengesetzterer Beschaffenheit bilden. Unter diesem Gesichtspunkte wird es begreiflich, daß schon das einfache Gefühl in
den Gegensätzen, zwischen denen es sich bewegt, teils eine Willensrichtung enthält, teils die
Größe der in einem gegebenen Moment vorhandenen Willensenergie zum Ausdruck bringt,
teils endlich einer bestimmten Phase des Willensvorgangs selbst entspricht. Die Willensrichtung ist nämlich offenbar angedeutet in den Hauptrichtungen der Lust und Unlust, die unmittelbar einem irgendwie qualitativ differenzierten Streben oder Widerstreben entsprechen. Die
Willensenergie findet ihren Ausdruck in den Hauptrichtungen der Erregung und Beruhigung.
Entgegengesetzte Phasen eines Willensvorgangs werden endlich durch die Gefühlsgegensätze
der Spannung und Lösung bezeichnet.

11. Erweist sich auf diese Weise das Wollen als die Grundtatsache, in der alle Vorgänge wur-
zeln, deren psychische Elemente die Gefühle sind, so tritt auf der andern Seite diese Grundtatsache in dem Vorgang der Apperzeption, an dem die psychologische Analyse alle Merkmale eines
Willensaktes nachweist, in direkte Beziehung zu den Vorstellungsinhalten des Bewußtseins. Indem nämlich die Willensprozesse als in sich zusammenhängende und bei aller Verschiedenheit
ihrer Inhalte gleichartige Vorgänge aufgefaßt werden, entsteht ein unmittelbares Gefühl dieses
Zusammenhangs, das zunächst an das alles Wollen begleitende Gefühl der Tätigkeit geknüpft
ist, dann aber infolge der obenerwähnten Beziehungen des Wollens über die Gesamtheit der
Bewußtseinsinhalte sich ausdehnt. Dieses Gefühl des Zusammenhangs aller individuellen psychischen Erlebnisse bezeichnen wir als das "Ich". Es ist ein Gefühl, nicht eine Vorstellung, wie
es häufig genannt wird. Es ist jedoch, wie alle Gefühle, an gewisse Empfindungen und Vorstellungen gebunden: diese in nächste Beziehung zu ihm tretenden Vorstellungsbestandteile sind
die Gemeinempfindungen und die Vorstellung des eigenen Körpers.

Den so entstehenden, aus dem gesamten Bewußtseinsinhalt sich aussondernden, mit dem
Ichgefühl verschmelzenden Gefühls- und Vorstellungsinhalt nennen wir nun das Selbstbewußtsein. Es ist ebensowenig wie das Bewußtsein überhaupt eine von den Vorgängen, aus
denen es besteht, verschiedene Realität, sondern es ist nur der Zusammenhang dieser Vorgänge
selbst, der überdies namentlich in seinen Vorstellungselementen von dem übrigen Bewußtsein
niemals scharf gesondert werden kann. Dies zeigt sich vor allem darin, daß die Vorstellungen
des eigenen Körpers in wechselnder Weise bald mit dem Ichgefühl fest verschmolzen, bald
als Objektvorstellungen von ihm gesondert werden, und daß im allgemeinen die Entwicklung
des Selbstbewußtseins einer Zurückziehung desselben auf seine Gefühlsgrundlage immer mehr
zustrebt.

12. In dieser Sonderung des Selbstbewußtseins von dem übrigen Bewußtseinsinhalte wurzelt
dann auch die Gegenüberstellung des Subjekts und der Objekte. Der Begriff des Subjekts hat
gemäß dieser psychologischen Entwicklung drei verschiedene und wechselnd füreinander eintretende Bedeutungen von verschiedenem Umfang. Im engsten Sinn ist das Subjekt der in dem
Ichgefühl zum Ausdruck kommende Zusammenhang der Willensvorgänge. In der nächst weiteren Bedeutung umschließt es den realen Inhalt der Willensvorgänge samt den vorbereitenden
Gefühlen und Affekten. In der weitesten Bedeutung endlich erstreckt es sich außerdem noch
auf die konstante Vorstellungsgrundlage, die jene subjektiven Prozesse in dem den Träger der
Gemeinempfindungen bildenden Körper des Individuums besitzen. Dabei ist aber diese weiteste
Bedeutung in der wirklichen Entwicklung die ursprünglichste; und die engste fällt, weil sie eigentlich nur in der begrifflichen Abstraktion vollständig erreichbar ist, in dem wirklichen Fluß
des psychischen Geschehens immer wieder in eine der weiteren Bedeutungen zurück. Sie bildet
auf diese Weise eigentlich nur eine Grenze, der sich die reale Selbstauffas-sung des Subjekts in
wechselndem Grade nähern kann.

12a. Mit der Unterscheidung des Subjekts und der Objekte oder, wie man diese Begriffe durch Reduktion des ersten auf seine ursprüngliche Gefühlsgrundlage und durch Zusammenfassung des zweiten in einen generellen Begriff auch auszudrücken pflegt, des Ich und der Außenwelt ist erst die Grundlage zu allen jenen Überlegungen gegeben, denen der zunächst in der populären Weltanschauung vorbereitete und dann aus ihr in die philosophischen Systeme übergegangene Dualismus seinen Ursprung verdankt. In diesem Sinne pflegt dann auch die Psychologie selbst als die Wissenschaft von dem Subjekt den andern Wissenschaften und speziell den Naturwissenschaften gegenübergestellt zu werden. Diese Auffassung könnte aber nur dann richtig sein, wenn die Unterscheidung des Ich von der Außenwelt eine aller Erfahrung vorausgehende Urtatsache wäre, und wenn die Begriffe des Subjekts und der Objekte einander ein für allemal eindeutig gegenübergestellt werden könnten. Weder das erste noch das zweite trifft zu. Das Selbstbewußtsein ruht vielmehr auf einer Reihe psychischer Vorgänge; es ist ein Erzeugnis, nicht die Grundlage dieser Vorgänge; und demzufolge bilden auch Subjekt und Objekte weder ursprünglich noch überhaupt jemals absolut verschiedene Erfahrungsinhalte, sondern sie sind Reflexionsbegriffe, die infolge der Wechselbeziehungen der einzelnen Bestandteile des an sich vollkommen einheitlichen Inhalts unserer unmittelbaren Erfahrung entstehen.

Literatur. Zur Geschichte und Theorie des Bewußtseins. Phys. Psych.[6], III, Kap. 18. Siebeck, Geschichte der Psychologie, Bd. I, 1884. Neuere Theorien: Bergmann, Grundlinien einer Theorie des Bewußtseins. Herbart, Werke, Bd. 5. Th. Lipps, Grundtatsachen des Seelenlebens, Leitfaden der Psychologie[3]. A. Oesterreich, Die Phänomenologie des Ich, 1910. Staude, Der Begriff der Apperzeption in der neueren Psychologie, Philos. Stud., Bd. l. Kraskowski, Psych. Stud., Bd. 8. M. u. T.[5] Vorl. 17. Kl. Schriften Bd. 2.

13. Der Zusammenhang der psychischen Vorgänge, der das Wesen des Bewußtseins ausmacht, hat seine letzte Quelle in Verbindungsprozessen, die fortwährend zwischen den Elementen der einzelnen Bewußtseinsinhalte stattfinden. Wie solche Prozesse schon bei der Entstehung der einzelnen psychischen Gebilde wirksam sind, so geht auch aus ihnen sowohl die simultane Einheit des in einem gegebenen Moment vorhandenen Bewußtseinszustandes, wie die Kontinuität der sukzessiven Bewußtseinszustände hervor. Diese Verbindungsprozesse selbst sind von überaus mannigfaltiger Beschaffenheit: jeder einzelne hat seine individuelle, in keinem zweiten Fall sich ganz unverändert wiederholende Färbung. Ihre allgemeinen Unterschiede lassen sich aber jenen Eigentümlichkeiten unterordnen, welche die Aufmerksamkeit einerseits bei der passiven Aufnahme von Eindrücken, anderseits bei der aktiven Apperzeption derselben darbietet. Um kurze Ausdrücke für diese Unterschiede zur Verfügung zu haben, bezeichnen wir die Verbindungen, die sich bei passivem Zustand des Bewußtseins bilden, als Assoziationen, diejenigen, die einen aktiven Zustand voraussetzen, als Apperzeptionsverbindungen.

DIE ASSOZIATIONEN

1. Der Begriff der Assoziation ist in der neueren Entwicklung der Psychologie einem notwendigen und sehr eingreifenden Bedeutungswandel unterworfen worden, der freilich noch nicht überall durchgedrungen ist, da die ursprüngliche Bedeutung des Begriffs namentlich von denjenigen Psychologen festgehalten wird, die auch heute noch den Grundanschauungen, aus denen die Assoziationspsychologie erwuchs, zugetan sind (§ 2, 4 f.). Indem nämlich diese Psychologie, ihrer vorherrschend intellektualistischen Richtung gemäß, nur den Vorstellungsinhalt des Bewußtseins berücksichtigte, beschränkte sie zunächst den Begriff der Assoziation auf die Verbindungen zwischen Vorstellungen. In diesem Sinne führten Hartley und Hume, die beiden Begründer der Assoziationspsychologie, denselben sogleich in der speziellen Bedeutung der "Ideenassoziation" ein, wobei nach englischem Sprachgebrauch das Wort "Idee" unserem Begriff "Vorstellung" entspricht. Indem man ferner die Vorstellungen als Objekte oder doch als Vorgänge betrachtete, die in derselben Beschaffenheit, in der sie zum erstenmal in dem Bewußtsein entstanden sind, auch in diesem sich wieder erneuern könnten (§ 2), sah man in der Assoziation das Erklärungsprinzip für die sogenannte "Reproduktion" der Vorstellungen. Und indem man es endlich nicht für nötig hielt, über die Entstehungsweise der zusammengesetzten Vorstellungen mit Hilfe einer psychologischen Analyse Rechenschaft zu geben, da man annahm, die physische Verbindung der Eindrücke bei der Sinneswahrnehmung erkläre auch ohne weiteres deren psychische Zusammensetzung, so beschränkte man den Assoziationsbegriff überdies auf diejenigen Formen der Reproduktion, bei denen die assoziierten Vorstellungen zeitlich aufeinander folgen. In der Unterscheidung der Hauptformen dieser sukzessiven Assoziationen bediente man sich aber eines schon von Aristoteles für die Erinnerungsvorgänge aufgestellten logischen Schemas. Gemäß dem Prinzip der Zweiteilung nach Gegensätzen wurden einerseits die Assoziationen nach Ähnlichkeit und Kontrast, und anderseits die nach Gleichzeitigkeit und Sukzession unterschieden. Diese durch logische Dichotomie gewonnenen Gattungsbegriffe schmückte man mit dem Namen der "Assoziationsgesetze". Die neuere Assoziationslehre hat dann meistens die Zahl dieser Gesetze zu reduzieren gesucht. Den Kontrast sah man als einen Grenzfall der Ähnlichkeit an, da nur solche kontrastierende Vorstellungen sich assoziieren, die zugleich einer und derselben allgemeinen Gattung angehören; und die Verbindungen nach Gleichzeitigkeit und Sukzession faßte man unter dem Begriff der äußeren oder Berührungsassoziation zusammen, die nun der inneren oder Ähnlichkeitsassoziation gegenübergestellt wurde. Von dieser Vereinfachung auf zwei Formen aus meinten schließlich manche Psychologen noch zu einer Reduktion auf ein einziges "Assoziationsgesetz" fortschreiten zu können, indem sie entweder die Berührung für eine Spezialform der Ähnlichkeit oder, und dies häufiger, die Ähnlichkeit für eine Wirkung gewisser Berührungsverbindungen erklärten. In beiden Fällen führte man übrigens die Assoziation meistens auf das allgemeine Prinzip der Übung und Gewöhnung zurück.

2. Dieser ganzen Betrachtungsweise wird durch zwei Tatsachen, die sich der experimentellen Beobachtung der Vorstellungsprozesse mit zwingender Gewalt aufdrängen, der Boden entzogen. Die erste besteht in dem allgemeinen Ergebnis der psychologischen Analyse der Wahrnehmungen, daß jene zusammengesetzten Vorstellungen, welche die Assoziationspsychologie als unzerlegbare psychische Einheiten voraussetzt, selbst schon aus Verbindungsprozessen entstehen, die offenbar mit den gewöhnlich Assoziationen genannten komplexeren Verbindungen innig zusammenhängen. Die zweite Tatsache besteht in dem Ergebnis der experimentellen Untersuchung der Erinnerungsvorgänge, wonach es eine Reproduktion im eigentlichen Sinne, insofern man nämlich darunter die unveränderte Erneuerung einer früher dagewesenen Vorstellung versteht, überhaupt nicht gibt. Denn die bei einem Erinnerungsakt neu in das Bewußtsein eintretende Vorstellung ist von der früheren, auf die sie bezogen wird, immer verschieden, und ihre Elemente pflegen über mehrere vorausgegangene Vorstellungen verteilt zu sein.

Aus der ersten dieser Tatsachen folgt, daß den gewöhnlich allein so genannten Assoziationen zusammengesetzter Vorstellungen elementarere Assoziationsprozesse zwischen ihren Bestandteilen vorausgehen. Die zweite Tatsache aber beweist, daß jene gewöhnlichen Assoziationen selbst nur die komplexen Produkte solcher elementarer Assoziationen sein können. Mit dieser doppelten Folgerung schwindet dann zugleich jede Berechtigung, diejenigen elementaren Verbindungen, deren Produkte nicht sukzessive, sondern simultane Vorstellungen sind, von dem Begriff der Assoziation auszuschließen; und ebenso liegt durchaus kein Grund für die Beschränkung dieses Begriffs auf die Vorstellungsprozesse vor. Lehrt doch die Existenz der zusammengesetzten Gefühle, der Affekte usw., daß die Gefühlselemente nicht minder regelmäßige Verbindungen eingehen, die sich überdies, wie uns die Entstehung der zeitlichen Vorstellungen (§ 11, Pkt. 7) gezeigt hat, mit den Assoziationen der Empfindungselemente zu komplexeren Produkten verbinden können.

3. Der Begriff der Assoziation kann unter diesen Umständen nur dann eine feste, für jeden einzelnen Fall eindeutig anzugebende Bedeutung gewinnen, wenn jede Assoziation auf elementare Prozesse zurückgeführt wird, die sich uns an den realen psychischen Vorgängen immer nur in mehr oder minder verwickelter Zusammensetzung darbieten, so daß die elementaren Assoziationen selbst aus diesen ihren komplexen Produkten erst durch psychologische Analyse gewonnen werden können. Die gewöhnlich so genannten Assoziationen (die sukzessiven) sind nur einzelne, und zwar die losesten unter diesen Verbindungsprodukten. Ihnen stehen als die im allgemeinen festesten diejenigen gegenüber, aus denen die verschiedenen psychischen Gebilde selbst entspringen. Sie sind eben wegen der Innigkeit der Verbindung schon oben als Verschmelzungen bezeichnet worden (§ 9 ff.). Diesen schließen sich als nächste Stufe diejenigen simultanen Assoziationen an, die in der Veränderung gegebener psychischer Gebilde durch die Einwirkung von Elementen anderer Gebilde bestehen: wir nennen sie nach den bei ihnen stattfindenden Elementarprozessen Assimilationen. Dazu kommen dann endlich die im allgemeinen ebenfalls simultanen Assoziationen psychischer Gebilde disparater Sinnesgebiete, die schon von Herbart so genannten Komplikationen. Auf sie folgen erst die Assoziationen psychischer Gebilde zu einer zeitlichen Aufeinanderfolge: wir bezeichnen diese am leichtesten zu beobachtende und darum ursprünglich allem berücksichtigte Form als sukzessive Assoziationen.

A. DIE VERSCHMELZUNGEN

4. Die verschiedenen Formen, in denen Verschmelzungen psychischer Elemente vorkommen können, sind im einzelnen bereits sämtlich bei der Untersuchung der Entstehung ihrer Produkte, der psychischen Gebilde, geschildert worden. Es bedarf darum hier nur noch einer kurzen zusammenfassenden Betrachtung zum Behuf ihrer Einreihung in die Gesamtheit der Assoziationsvorgänge. In dieser Beziehung besteht der gemeinsame Charakter aller Verschmelzungen darin, daß sie feste Assoziationen psychischer Elemente sind, wobei einzelne dieser Elemente zwar in andern Verbindungen, niemals aber isoliert vorkommen können. Demnach sind die Verschmelzungen diejenigen Prozesse, durch die alle in unserem Bewußtsein wirklich vorhandenen psychischen Gebilde überhaupt erst entstehen, da isolierte Elemente niemals in demselben vorkommen (§ 5, 6a). Auf die Existenz dieser einfachsten Assoziationsprozesse kann übrigens, auch abgesehen von den direkten Zeugnissen, die der Analyse der verschiedenen Formen psychischer Gebilde zu entnehmen sind, schon aus der Existenz der zusammengesetzteren Assoziationen geschlossen werden. Denn es würde kaum begreiflich sein, wie sich zwischen den komplizierten Gebilden bestimmte Verbindungen herstellen sollten, wenn nicht die Anlage dazu schon in ihren Elementen gelegen wäre. In der Tat wird sich zeigen, daß die Assoziationen der zusammengesetzten Gebilde durchweg auf solche zwischen ihren Elementen zurückführen (§ 16, 10).

5. Als Hauptformen psychischer Verschmelzung lassen sich nun nach den in Abschnitt II erörterten Erscheinungen die folgenden unterscheiden: 1) Intensive Verschmelzungen. Sie zerfallen wieder in Empfindungs- und in Gefühlsverschmelzungen, wobei zu den ersteren die Klanggebilde (§ 9), zu den letzteren die zusammengesetzten Gefühle (§ 12) die Hauptbeispiele liefern. Sie sind, abgesehen von den in der Natur und den Verhältnissen der Elemente begründeten spezifischen Unterschieden, sämtlich durch zwei Merkmale charakterisiert: durch die Zusammensetzung aus Empfindungs- und Gefühlsbestandteilen, die einem und demselben Sinnesgebiet angehören, z. B. die Klangverschmelzungen dem Tongebiet, das Gemeingefühl dem Tastgebiet; und durch das Hervortreten dominierender Elemente, wie des Haupttons eines Klanges, des dominierenden Gefühls in einem Totalgefühl. 2) Extensive Verschmelzungen. Zu ihnen gehören die räumlichen, die zeitlichen Vorstellungen, die Affekte und die Willensvorgänge. Sie sind schon deshalb verwickelter aufgebaut als die intensiven Verschmelzungen, weil sie stets Verbindungen disparater Elemente enthalten. Dabei sind aber auch bei ihnen herrschende Elemente zu beobachten, die den entstehenden Produkten ihren einheitlichen Charakter verleihen. Hierher gehören bei den räumlichen Gebilden die äußeren Tast- und Gesichtsempfindungen, bei den Zeitvorstellungen die Spannungs- und Lösungsgefühle, bei den Affekten und Willensvorgängen hauptsächlich die aus diesen und den Erregungs- und Beruhigungsgefühlen entstehenden Partialgefühle (§ 11 Pkt. 9, § 13 Pkt. 10, § 14 Pkt. 7). Hinsichtlich ihrer Zusammensetzung bilden alle diese Gebilde eine Stufenfolge: die räumlichen Vorstellungen stehen als reine Empfindungsvorstellungen, die aber gegenüber den intensiven Klangverbindungen einen komplikativen Charakter besitzen, am Anfang. Dann kommen die zeitlichen Vorstellungen, die Empfindungs- und Gefühlselemente gleichzeitig enthalten, und bei denen bestimmte Empfindungen so innig mit den dominierenden Gefühlen verschmelzen, daß bei ihnen noch der Vorstellungscharakter, d. h. die Beziehung auf Empfindungseindrücke, überwiegt. Den Schluß bilden die Affekt- und Willensvorgänge, die, weil sie sich nur in den abschließenden Prozessen unterscheiden, durchaus zusammengehören. Sie sind übrigens insofern schon Übergänge zu den zusammengesetzteren Assoziationen, als immer bereits komplexe Gebilde, räumliche und zeitliche Vorstellungen, zusammengesetzte Gefühle, als Nebenbestandteile in ihren Verlauf eingehen. Hiernach besitzen alle diese mit den Zeitvorstellungen als ihrer einfachsten Form beginnenden und mit den Willensvorgängen als ihrer verwickeltsten abschließenden Verschmelzungen ebenfalls einen komplikativen Charakter; zugleich enthalten sie aber schon wesentliche Elemente der sukzessiven Assoziation in sich. Auf diese Weise sind die unten zu erörternden zusammengesetzteren Assoziationsformen sämtlich in den verschiedenen Verschmelzungsformen bereits vorgebildet: die Assimilationen in den intensiven Verschmelzungen, die Komplikationen in den extensiven

räumlichen, endlich die sukzessiven Assoziationen in den zeitlichen Verschmelzungen und in den als weitere Komplikationen der letzteren sich darstellenden Affekt- und Willensvorgängen. Auch können demnach die intensiven und die räumlichen Verschmelzungen mit den Assimilationen und Komplikationen als simultane, die Zeitvorstellungen, Affekt- und Willensvorgänge mit den unten zu besprechenden Erinnerungs- und verwandten Vorgängen als sukzessive Assoziationen zusammengefaßt werden.

B. DIE ASSIMILATIONEN

6. Die Assimilation ist eine namentlich bei der Bildung intensiver und räumlicher Vorstellungen fortwährend zu beobachtende und den Prozeß der Verschmelzung ergänzende Form der Assoziation. Am deutlichsten nachweisbar ist sie dann, wenn einzelne Bestandteile des Assimilationsprodukts durch einen äußeren Sinneseindruck gegeben werden, während andere früher gehabten Vorstellungen angehören. In diesem Falle läßt sich das Stattfinden einer Assimilation eben dadurch konstatieren, daß gewisse Bestandteile, die in dem objektiven Eindruck fehlen oder durch andere vertreten sind, nachweisbar aus früheren Vorstellungen stammen. Unter diesen sind, wie die Erfahrung zeigt, solche ganz besonders bevorzugt, die sehr häufig vorhanden waren. Zugleich pflegen aber einzelne Elemente des Eindrucks, analog den dominierenden der Verschmelzungen, für die stattfindende Assoziation vor andern bestimmend zu sein, so daß, falls diese herrschenden Elemente wechseln können, wie das namentlich bei den Assimilationen des Gesichtssinns vorkommt, auch das Assimilationsprodukt entsprechende Veränderungen erfährt.

7. Unter den intensiven Gebilden kommen besonders die Gehörsvorstellungen sehr häufig unter der Mitwirkung von Assimilationen zustande. Zugleich bieten sie die augenfälligsten Beispiele für den Einfluß bereits geläufiger Verbindungen. Hier sind nämlich die leicht verfügbaren Wortvorstellungen in der Regel die geläufigsten, weil ihnen mehr als andern Schalleindrücken unsere Aufmerksamkeit zugewandt zu sein pflegt. Infolgedessen ist das Hören der Worte von fortwährenden Assimilationen begleitet: der Schalleindruck ist unvollständig, aber er wird aus früheren Eindrücken so vollkommen ergänzt, daß wir es nicht bemerken. Nicht das Hören selbst, sondern das Verhören, d. h. die durch unrichtige Assimilationen bewirkte falsche Ergänzung, macht uns daher meistens erst auf diesen Prozeß aufmerksam. Ebenso ist aber dieser aus der Leichtigkeit zu erschließen, mit der man in beliebige Schalleindrücke, z. B. in Tierstimmen, in das Geräusch des Wassers, des Windes, einer Maschine u. dgl., fast nach Willkür Worte hineinhören kann.

8. Bei den intensiven Gefühlen sind Assimilationen daran bemerklich, daß Eindrücke, die von sinnlichen oder ästhetischen Elementargefühlen begleitet werden, häufig unmittelbar noch eine zweite Gefühlswirkung mit sich führen, von der wir uns erst Rechenschaft geben können, wenn wir uns gewisse Vorstellungen vergegenwärtigen, an die jene Eindrücke erinnern. Hierbei pflegt die Assoziation zunächst nur in der Form einer Gefühlsassoziation vor sich zu gehen, und nur insoweit sie dies tut, ist sie eine simultane Assimilation. Die zugehörige Vorstellungsassoziation dagegen pflegt ein erst nachträglich hinzutretender Prozeß zu sein: sie gehört zu den Formen der sukzessiven Assoziation. Aus diesem Grund ist es oft kaum möglich, bei den von bestimmten Gefühlen begleiteten Klang- und Farbeneindrücken oder bei einfachen räumlichen Vorstellungen zu entscheiden, was der unmittelbaren Gefühlswirkung des Eindrucks, und was der Assoziation angehört. In der Regel wird aber in diesen Fällen der Gefühlsvorgang als eine Resultante aus einem unmittelbaren und einem assoziativen Faktor anzusehen sein, wobei sich dann beide, gemäß den allgemeinen Gesetzen der Gefühlsverschmelzung (§ 12, 2), zu einem einheitlichen Totalgefühl verbinden.

9. Von der umfassendsten Bedeutung ist die Assimilation bei den räumlichen Vorstellungen. Im Gebiet des Tastsinns ist sie beim Sehenden wegen der geringen Bedeutung, die hier den Tastvorstellungen im allgemeinen und namentlich für die Erinnerungsvorgänge zukommt, weniger bemerkbar. Beim Blinden dagegen ist sie es, die wesentlich die Fähigkeit der raschen räumlichen Orientierung vermittelt, wie sie z. B. zum geläufigen Lesen der Blindenschrift erforderlich ist. Am auffallendsten sind diejenigen Assimilationswirkungen, an deren Bildung mehrere Tastflächen beteiligt sind, weil sie sich in diesem Falle leicht durch die Illusionen verraten, die infolge irgendwelcher Störungen in dem gewohnheitsmäßigen Zusammenwirken der Empfindungen entstehen können. So hat man z. B., wenn man mit gekreuztem Zeige- und Mittelfinger eine kleine Kugel betastet, die Vorstellung von zwei Kugeln, offenbar weil in der gewöhnlichen Lage der Tastorgane der äußere Eindruck in der Tat zwei Kugeln entspricht. Die auf diese Weise in

zahlreichen früheren Fällen entstandenen Wahrnehmungen wirken assimilierend auf den neuen Eindruck.

Im Gebiet des Gesichtssinns wirkt der Assimilationsprozeß besonders bei den Vorstellungen der Größe, der Entfernung und der körperlichen Beschaffenheit der Gesichtsobjekte mit, und in letzterer Beziehung vervollständigt er die bei dem binokularen Sehen entstehenden unmittelbaren Motive der Tiefenwahrnehmung. So erklären sich die Korrelationen, in denen Entfernungs- und Größenvorstellung der Objekte zueinander stehen, wie z. B. die scheinbaren Größenunterschiede von Sonne und Mond am Horizont und im Zenit. Ebenso beruhen die Einflüsse der zeichnerischen und der malerischen Perspektive auf Assimilationswirkungen. Ein in einer Ebene gezeichnetes oder gemaltes Bild kann uns nur dadurch körperlich erscheinen, daß der Eindruck Elemente früherer Wahrnehmungen erweckt, die den neuen Eindruck assimilieren. Am auffallendsten zeigt sich dies bei unschattierten zweideutigen Zeichnungen, die ebenso erhaben wie vertieft gesehen werden können. Zugleich lehrt aber hier die Beoach-tung, daß ein solcher Wechsel des Reliefs keineswegs ein zufälliger ist, der von dem Belieben der sogenannten "Einbildungskraft" abhängt, sondern daß es stets Elemente des unmittelbaren Eindrucks gibt, die in eindeutiger Weise den Assimilationsprozeß bestimmen. Als solche Elemente sind vor allem die Empfindungen wirksam, die an die Stellungen und Bewegungen des Auges geknüpft sind. So erscheint die lineare Zeichnung eines Prismas, wenn man sie, um die an das binokulare Sehen gebundenen Motive der Tiefenwahrnehmung auszuschließen, monokular betrachtet, abwechselnd erhaben und vertieft, je nachdem man das eine Mal Teile der Zeichnung fixiert, die der gewohnten Betrachtung eines erhabenen, das andere Mal solche, die der eines hohlen Prismas entsprechen. Eine durch drei zusammenstoßende gerade Linien gebildete körperliche Ecke erscheint z. B. erhaben, wenn man von der Spitze aus eine der Geraden durchläuft; sie erscheint vertieft, wenn man bei dem entgegengesetzten Ende der Geraden beginnt und an der Spitze endet, usw. In diesen und allen ähnlichen Fällen wird die Assimilation von der Regel bestimmt, daß das Auge bei der Bewegung über die Fixationslinien der Objekte von den näher zu den entfernter gelegenen Punkten überzugehen, und daß es sich bei ruhender Fixation auf die näher gelegenen Teile eines Objekts einzustellen pflegt. Nicht minder machen sich die Assimilationswirkungen in den Erscheinungen des "Verlesens" geltend, die durchaus den oben erwähnten des Verhörens entsprechen. Wir lesen z. B. über die Druckfehler eines Buches nicht bloß deshalb hinweg, weil wir die falschen Buchstaben nicht bemerken, sondern vor allem deshalb, weil wir statt ihrer die richtigen sehen[10]).

In andern Fällen erzeugen die in § 10 (19 u. 20) erwähnten, in den Bewegungsgesetzen des Auges begründeten geometrisch-optischen Täuschungen als sekundäre Wirkungen bestimmte Tiefenvorstellungen, die eine Ausgleichung zwischen den Strecken- und Richtungstäuschungen und der ihnen widersprechenden normalen Beschaffenheit des Netzhautbildes vermitteln. So erscheint z. B. eine eingeteilte gerade Linie größer als eine gleich große nicht eingeteilte (§ 10, 27); infolgedessen ist man geneigt, die erstere in größere Entfernung zu verlegen als die letztere. Indem hier trotz der von der verschiedenen Bewegungsanstrengung herrührenden abweichenden Größenauffassung beide Linien gleich große Netzhautstrecken einnehmen, entsteht eine Ausgleichung dieses Widerspruchs durch die verschiedene Entfernungsvorstellung. Denn wenn von zwei Linien, deren Netzhautbilder gleich sind, die eine größer erscheint, so muß dieselbe bei den gewöhnlichen Bedingungen des Sehens von einem entfernteren Gegenstand herrühren. Wird eine Gerade durch eine andere unter spitzem Winkel geschnitten, so entsteht vermöge einer andern in den Bewegungsgesetzen begründeten Täuschung eine Überschätzung des spitzen Winkels (§ 10, 20a), die manchmal, wenn die Linie groß ist, als eine Knickung derselben vor der Durchschneidungsstelle erscheint. Auch hier wird dann der Widerspruch zwischen dem Verlaufe der Linie und der Vergrößerung des spitzen Durchschneidungswinkels dadurch ausgeglichen, daß die Linie perspektivisch nach der Tiefe des Raumes zu verlaufen scheint. In allen diesen Fällen erklärt sich demnach die perspektivische Vorstellung aus der assimilierenden Wirkung früherer Vorstellungselemente.

10. Bei keiner der oben geschilderten Assimilationen läßt sich nachweisen, daß irgendeine einzelne früher vorhanden gewesene Vorstellung als Ganzes auf den neuen Eindruck assimilierend gewirkt habe. In den meisten Fällen ist dies schon dadurch ausgeschlossen, daß die assimilierende Wirkung sehr vielen Einzelvorstellungen zugeschrieben werden muß, die sich in zahlreichen Eigenschaften voneinander unterscheiden. So entspricht z. B. eine gerade Linie, die eine Vertikale unter spitzem Winkel schneidet, unzähligen Fällen, in denen eine solche Neigung mit der sie begleitenden Winkelvergrößerung als Bestandteil einer körperlichen Vorstellung vorkam, wobei alle diese Fälle wieder in bezug auf Größe des Winkels, Beschaffenheit der Linien und sonstige begleitende Umstände in der mannigfaltigsten Weise differieren können. Wir haben demnach den Assimilationsprozeß als einen Vorgang aufzufassen, bei dem nicht eine bestimmte Einzelvorstellung und nicht einmal eine bestimmte Verbindung von Elementen früherer Vorstellungen, sondern bei dem eine Menge solcher Verbindungen, die sämtlich nur annähernd mit dem neuen Eindruck übereinzustimmen brauchen, auf das Bewußtsein einwirkt.

Über die Art dieser Einwirkung gibt nun die wichtige Rolle, die bei dem Vorgang gewisse an den Eindruck gebundene Elemente, z. B. bei den Gesichtsvorstellungen die inneren Tastempfindungen des Auges, ausüben, einigermaßen Rechenschaft. Diese unmittelbaren Empfindungselemente sind es offenbar, die aus dem hin- und herwogenden Strom der dem Eindruck entgegenkommenden Vorstellungselemente bestimmte, ihnen selbst adäquate herausheben und sie in die den sonstigen Bestandteilen des unmittelbaren Eindrucks entsprechende Form überführen. Hierbei macht sich zugleich geltend, daß nicht nur unsere Erinnerungsvorstellungen relativ unbestimmt und infolgedessen veränderlich sind, sondern daß auch die Auffassung eines unmittelbaren Eindrucks nach den speziellen Bedingungen in ziemlich weiten Grenzen variieren kann. Auf diese Weise geht der Assimilationsvorgang zunächst von Elementen des unmittelbaren Eindrucks aus, und zwar hauptsächlich von solchen, die für die Vorstellungsbildung von vorherrschender Bedeutung sind, wie z. B. bei Gesichtsvorstellungen von den die Stellungen und Bewegungen des Auges begleitenden Empfindungen. Diese bewirken dann das Aktuellwerden ganz bestimmter, ihnen adäquater Erinnerungselemente. Hierauf üben diese eine assimilierende Wirkung auf den unmittelbaren Eindruck aus, der endlich selbst wieder auf die reproduzierten Elemente assimilierend zurückwirken kann. Diese einzelnen Akte sind, wie der ganze Vorgang, simultan, weshalb auch das Produkt des Vorgangs als eine unmittelbar gegebene einheitliche Vorstellung apperzipiert wird. Die beiden entscheidenden Eigenschaften der Assimilation bestehen demnach darin, daß sie 1) aus einer Summe elementarer Verbindungsvorgänge besteht, d. h. solcher, die sich nicht auf Vorstellungsganze, sondern auf Vorstellungsbestandteile beziehen, und daß bei ihr 2) die sich verbindenden Elemente im Sinn einer wechselseitigen Assimilation verändernd aufeinander einwirken.

11. Dies vorausgesetzt, erklären sich nun die hauptsächlichsten Unterschiede der zusammengesetzten Assimilationsvorgänge ohne Schwierigkeit aus der in den einzelnen Fällen sehr wechselnden Beteiligung der zu jeder Assimilation erforderlichen Faktoren. Bei den gewöhnlichen Sinneswahrnehmungen überwiegen die direkten Faktoren so sehr, daß die reproduktiven meist ganz übersehen werden, obgleich sie in Wirklichkeit nie fehlen und oftmals sogar für die Auffassung der Objekte von großer Bedeutung sind. Beträchtlich mehr drängen sich die reproduktiven Bestandteile unserer Beobachtung auf, wenn die assimilierende Wirkung der direkten Erregungen durch äußere oder innere Einflüsse, wie Undeutlichkeit des Eindrucks, Erregung von Gefühlen und Affekten, gehemmt ist. In allen den Fällen, wo auf diese Weise der Unterschied zwischen dem Eindruck und der wirklichen Vorstellung so groß wird, daß er sich sofort unserer näheren Prüfung verrät, bezeichnen wir das Assimilationsprodukt als eine Illusion.

Die Allgemeinheit der Assimilationen läßt übrigens nicht daran zweifeln, daß diese auch zwischen reproduktiven Elementen vorkommen, derart also, daß irgendeine in uns auftauchende Erinnerungsvorstellung sofort durch die Wechselwirkung mit andern Erinnerungselementen verändert wird. Doch mangeln uns selbstverständlich in diesem Falle die Hilfsmittel zur Nachweisung des Prozesses. Nur dies läßt sich als wahrscheinlich feststellen, daß auch bei solchen sogenannten "reinen Erinnerungsvorgängen" die direkten Elemente in der Form von Empfindungen und sinnlichen Gefühlen, die durch periphere Reize erweckt werden, nicht ganz fehlen. Bei reproduktiven Gesichtsbildern z. B. kommen sie als innere Tastempfindungen des Auges zweifellos vor.

C. DIE KOMPLIKATIONEN

12. Die Komplikationen oder die Verbindungen zwischen ungleichartigen psychischen Gebilden sind nicht minder regelmäßige Bestandteile des Bewußtseins wie die Assimilationen. Gibt es kaum eine intensive oder räumliche Vorstellung oder ein zusammengesetztes Gefühl, die nicht durch den Vorgang wechselseitiger Assimilation zwischen direkten und reproduktiven Elementen irgendwie modifiziert wären, so ist außerdem wohl fast jedes dieser Gebilde zugleich mit andern, ungleichartigen, zu denen es irgendwelche konstante Beziehungen hat, verbunden. In allen Fällen unterscheidet sich aber die Komplikation von der Assimilation dadurch, daß die Ungleichartigkeit der Gebilde die Verbindung, auch wenn sie noch so regelmäßig ist, doch zu einer loseren macht, so daß, wenn etwa der eine Bestandteil ein direkter, der andere ein reproduzierter ist, dieser leicht unmittelbar unterschieden werden kann. Dagegen gibt es eine andere Ursache, die trotz dieser wohl erkennbaren Verschiedenartigkeit der Bestandteile das Produkt einer Komplikation als ein einheitliches Gebilde erscheinen läßt. Diese Ursache besteht auch hier wieder darin, daß unter den verbundenen Gebilden eines das herrschende ist, gegenüber dem die andern in das dunklere Blickfeld des Bewußtseins zurücktreten.

Verbindet die Komplikation einen direkten Eindruck mit reproduzierten Elementen von disparater Beschaffenheit, so ist der direkte Eindruck mit den ihm anhaftenden Assimilationen regelmäßig der herrschende Bestandteil, während die reproduktiven manchmal nur durch ihren Gefühlston einen merklichen Einfluß ausüben. So dominieren, wenn wir sprechen, die akustischen Wortvorstellungen, neben denen die ebenfalls direkt gegebenen Bewegungsempfindungen sowie als Reproduktionen die optischen Wortbilder dunkler anklingen. Umgekehrt treten beim Lesen diese in den Vordergrund, während die erstgenannten Bestandteile schwächer werden. Überhaupt ist daher, vermöge der Eigenschaft der dunkeln Vorstellungen, durch ihren Gefühlston relativ stark auf die Aufmerksamkeit einzuwirken (§ 15), die Existenz einer Komplikation häufig nur an der eigentümlichen Färbung zu bemerken, welche das die herrschende Vorstellung begleitende Totalgefühl annimmt. So rührt z. B. der eigentümliche Eindruck einer rauhen Oberfläche, einer Dolchspitze, einer Schußwaffe von der Komplikation des Gesichtsbildes mit Tast-, im letzteren Fall auch mit Gehörsempfindungen her; in der Regel aber sind diese Komplikationen nur durch ihre Gefühlswirkungen bemerkbar.

13. Die sukzessive Assoziation bildet keinen Vorgang, der durch irgendwelche wesentlichen Eigenschaften von den beiden Formen simultaner Assoziation, der Assimilation und der Komplikation, verschieden wäre. Vielmehr beruht sie auf den nämlichen allgemeinen Ursachen wie diese, und sie unterscheidet sich nur durch die Nebenbedingung, daß der Verbindungsvorgang, welcher dort in einem zeitlich für die unmittelbare Beobachtung unteilbaren Akt vor sich geht, hier eine Verzögerung erfährt, vermöge deren er sich deutlich in zwei Akte sondert. Der erste dieser Akte entspricht dem Auftreten der reproduzierenden, der zweite dem der reproduzierten Elemente. Auch hier wird in sehr vielen Fällen der erste Akt durch einen äußeren Sinneseindruck eingeleitet, der sich in der Regel sofort mit einer Assimilation verbindet. Indem dann aber noch weitere zu einer Assimilation oder auch zu einer Komplikation geneigte reproduktive Elemente durch irgendwelche Hemmungen, z. B. dadurch, daß sich andere Assimilationen vorher der Apperzeption aufdrängen, zurückgehalten werden, um erst nach einiger Zeit zur Wirkung zu gelangen, scheidet sich deutlich von dem ersten ein zweiter Apperzeptionsakt, dessen psychischer Inhalt um so mehr ein wesentlich veränderter geworden ist, je zahlreicher die durch die verzögerte Assimilation und Komplikation neu hinzugetretenen Elemente sind, und je mehr sie durch ihre abweichende Beschaffenheit die zuerst vorhandenen zurückdrängen.

14. In weitaus den meisten Fällen beschränkt sich hiernach eine so entstandene Assoziation auf zwei aufeinander folgende, in der angegebenen Weise durch Assimilations- oder Komplikationswirkungen verbundene Vorstellungs- oder Gefühlsvorgänge, worauf sich dann an das zweite Glied entweder neue Sinneseindrücke oder irgendwelche Apperzeptionsverbindungen (§ 17) anschließen können. Seltener kommt es vor, daß sich die nämlichen Vorgänge, welche die erstmalige Zerlegung einer Assimilation oder Komplikation in einen sukzessiven Prozeß veranlaßten, beim zweiten, ja beim dritten Glied wiederholen, so daß auf diese Weise eine Assoziationsreihe entsteht. Im allgemeinen ereignet sich dieser Fall nur unter Ausnahme-bedingungen, namentlich dann, wenn Störungen in dem normalen Verlaufe der Apperzep-tionsverbindungen eingetreten sind: so z. B. bei der sogenannten "Ideenflucht" der Geistes-kranken. Bei normalen Menschen und unter den gewöhnlichen Lebensbedingungen kommt die mehrgliedrige Assoziation kaum vor.

14a. Am ehesten noch stellt sich eine solche reihenweise Assoziation unter künstlichen Bedingungen der Beobachtung ein, wenn man nämlich absichtlich neue Sinneseindrücke und apperzeptive Verbindungen zu unterdrücken sucht. Aber auch dann zeigt dieselbe einen von dem gewöhnlich angegebenen Schema abweichenden Verlauf, indem nicht jedes folgende Glied an das unmittelbar vorangehende, sondern das dritte, vierte usw. wieder an das erste sich anschließt, bis etwa ein neuer Sinneseindruck oder eine besonders gefühlsstarke Vorstellung einen neuen Anknüpfungspunkt für die folgenden Assoziationen bildet. Den nämlichen Typus des Zurücklaufens auf gewisse dominierende Hauptglieder zeigen meist auch die Assoziationen bei der Ideenflucht der Geisteskranken.

15. Die gewöhnliche zweigliedrige Assoziation läßt sich in ihrer Entstehungsweise aus den simultanen Assimilations- und Komplikationsverbindungen am deutlichsten bei den Vor-gängen des sinnlichen Wiedererkennens und Erkennens beobachten. Das Attribut "sinnlich" gebrauchen wir bei diesen Assoziationsvorgängen, um einerseits darauf hinzuweisen, daß das erste Glied der Verbindung stets ein Sinneseindruck ist, und um sie anderseits von den logischen Erkenntnis Vorgängen zu unterscheiden.

Der psychologisch einfachste Fall einer Wiedererkennung findet statt, wenn wir ein Objekt nur einmal wahrgenommen haben und es nun bei einer erneuten Begegnung als das nämliche wiedererkennen. Ist die erste Begegnung erst vor kurzer Zeit erfolgt, oder ist der Eindruck ein besonders lebhafter, affekterregender gewesen, so pflegt sich die Assoziation unmittelbar als eine simultane Assimilation zu vollziehen. Dabei unterscheidet sich der Vorgang von den sonstigen, bei jeder Sinneswahrnehmung vorkommenden Assimilationen nur durch ein eigentümliches begleitendes Gefühl, das Bekanntheitsgefühl. Da ein solches Gefühl immer nur dann vorhanden ist, wenn zugleich in irgendeinem Grad ein "Bewußtsein" davon existiert, daß der Eindruck schon einmal dagewesen sei, so ist dasselbe offenbar jenen Gefühlen zuzurechnen, die von den dunkleren im Bewußtsein anwesenden Vorstellungen ausgehen. Der psychologische Unterschied von einer gewöhnlichen simultanen Assimilation muß also wohl darin gesehen werden, daß in dem Moment, wo sich bei der Apperzeption des Eindrucks der Assimilationsvorgang vollzieht, zugleich irgendwelche Bestandteile der ursprünglichen Vorstellung, die nicht an der Assimilation teilnehmen, in den dunkleren Regionen des Bewußtseins auftauchen, wobei nun ihre Beziehung zu den Elementen der apperzipierten Vorstellung in jenem Gefühl zum Ausdruck kommt. Solche nicht assimilierte Bestandteile können teils Elemente des früheren Eindrucks sein, die von bestimmten Elementen des neuen so verschieden sind, daß sie der Assimilation widerstreben; teils und besonders können sie in Komplikationen bestehen, die früher deutlich vorhanden waren, jetzt aber zunächst unbeachtet bleiben. Aus dieser Mitwirkung der Komplikationen erklärt es sich, daß bei Gesichtsobjekten die Namen der Gegenstände, z. B. bei Personen die Eigennamen, gelegentlich aber auch andere akustische Merkmale, wie der Klang der Stimme, außerordentlich wirksame Hilfsmittel der Wiedererkennung sind. Sie brauchen aber, um diese Hilfe zu leisten, nicht notwendig als klare Vorstellungen im Bewußtsein zu sein. Wenn wir den Namen eines Menschen gehört haben, so kann das die Wiedererkennung bei der Wiederbegegnung fördern, ohne daß wir uns des Namens sofort deutlich erinnern.

16. Die angeführten Beobachtungen geben nun auch über die Bedingungen Rechenschaft, unter denen sich die Wiedererkennung aus einer simultanen in eine sukzessive Assoziation umwandeln kann. Verfließt nämlich eine gewisse Zeit, bis die allmählich im Bewußtsein aufsteigenden früheren Vorstellungselemente ein deutliches Wiedererkennungsgefühl hervorrufen, so trennt sich der ganze Vorgang in zwei Akte: in den der Auffassung und in den der Wiedererkennung, von denen der erste zunächst nur mit den gewöhnlichen simultanen Assimilationen verbunden ist, während bei dem zweiten die dunkler bleibenden nicht assimilierbaren Elemente der früheren Vorstellung ihre Wirkung geltend machen. Dem entspricht es, daß sich der Wiedererkennungsvorgang um so deutlicher in zwei Akte gliedert, je größer die Unterschiede des früheren und des neuen Eindrucks sind. Es pflegt dann nicht nur eine längere Pause merklicher Hemmung zwischen Auffassung und Wiedererkennung zu liegen, sondern es wirken auch Apperzeptionsvorgänge, wie die dem Zustand des Beginnens entsprechenden Prozesse der Aufmerksamkeit, fördernd auf die Assoziationen ein. Einen Grenzfall dieser Art bildet die Erscheinung, die man als "mittelbares Wiedererkennen" bezeichnet hat. Sie besteht darin, daß ein Gegenstand nicht vermöge der ihm selbst zukommenden Eigenschaften, sondern mittels irgendwelcher begleitender Merkmale, die nur in zufälliger Verbindung mit ihm stehen, wiedererkannt wird, also z. B. eine begegnende Person mittels einer andern, die sie begleitet, u. dgl. Ein wesentlicher psychologischer Unterschied zwischen diesen Fällen und denen des unmittelbaren Wiedererkennens findet sich aber nicht: auch solche, nicht dem wiedererkann-

ten Gegenstand selbst zukommende Merkmale gehören immerhin zu dem ganzen Komplex von Vorstellungselementen, die bei der Vorbereitung und dem schließlichen Zustandekommen der Assoziation zusammenwirken. Doch kommt begreiflicherweise jene zeitliche Verzögerung, die den ganzen Wiedererkennungsvorgang in zwei Vorstellungsprozesse sondert, und die häufig auch noch die Mithilfe des willkürlichen Besinnens in Anspruch nimmt, meist in besonders ausgeprägter Form bei diesen mittelbaren Wiedererkennungen vor.

17. Der einfache Wiedererkennungsvorgang, wie er bei der Begegnung mit einem schon einmal wahrgenommenen Gegenstande sich abspielt, bildet den Ausgangspunkt zur Entwicklung der mannigfachsten andern Assoziationsvorgänge, sowohl solcher, die gleich ihm noch auf der Grenzscheide simultaner und sukzessiver Assoziation stehen, wie auch anderer, bei denen die zur letzteren führende Verzögerung in der Bildung der Assimilations- und Komplikationsverbindungen entschiedener zur Geltung kommt. So ist die Wiedererkennung eines oft wahrgenommenen Gegenstandes ein erleichterter und darum in der Regel simultan sich vollziehender Vorgang, der sich der gewöhnlichen Assimilation auch darin mehr nähert, daß das Bekanntheitsgefühl von weit geringerer Intensität ist. Von dieser Wiedererkennung geläufiger individueller Gegenstände unterscheidet sich der Vorgang des sinnlichen Erkennens in der Regel nur wenig. Der logische Unterschied beider Begriffe besteht darin, daß das Wiedererkennen eine Feststellung der individuellen Identität des neu wahrgenommenen mit einem früher wahrgenommenen Gegenstande, das Erkennen die Subsumtion des Objekts unter einen bereits geläufigen Begriff bezeichnet. Dabei findet jedoch bei dem Vorgang des sinnlichen Erkennens ebensowenig eine wirkliche logische Subsumtion statt, wie ein ausgebildeter Gattungsbegriff existiert, welchem subsumiert werden könnte. Vielmehr liegt das psychologische Äquivalent einer solchen Subsumtion bloß darin, daß der Eindruck mit einer unbestimmt großen Anzahl von Objekten assoziiert wird. Indem nun dies die frühere Wahrnehmung verschiedener Gegenstände, die nur in gewissen Eigenschaften übereinstimmen, voraussetzt, fällt der Erkennungsvorgang psychologisch um so mehr mit einer gewöhnlichen Assimilation zusammen, einer je geläufigeren Klasse von Gegenständen das wahrgenommene Objekt angehört, und je mehr es den häufigsten Objekten der Klasse gleicht. Im selben Maße nimmt dann aber auch das den Erkennungs- und Wiedererkennungsvorgängen eigentümliche Gefühl ab und verschwindet schließlich ganz: daher wir in solchen Fällen der Begegnung mit Objekten von bekannter Beschaffenheit von einem Erkennungsvorgang überhaupt nicht mehr zu reden pflegen. Dieser tritt auch hier erst deutlich hervor, sobald die Assimilation irgendwelchen Hemmnissen begegnet, sei es, weil die Wahrnehmung der betreffenden Klasse von Gegenständen eine ungewohnte geworden ist, sei es, weil der einzelne Gegenstand irgendwelche abweichende Eigenschaften darbietet. Hier kann dann zugleich die simultane der sukzessiven Assoziation weichen, indem Auffassung und Erkennung zu zwei aufeinander folgenden Vorgängen werden. In gleichem Maße tritt nun aber auch erst das Erkennungsgefühl als ein spezifisches Gefühl hervor, das zwar dem Bekanntheitsgefühl verwandt ist, sich aber doch gemäß den abweichenden Bedingungen seiner Entstehung, namentlich durch seinen zeitlichen Verlauf unterscheidet.

B. DIE ERINNERUNGSVORGÄNGE

18. Nach einer wesentlich andern Richtung entwickelt sich der einfache Wiedererkennungsvorgang, wenn jene Hindernisse sofortiger Assimilation, die den Übergang der simultanen in eine sukzessive Assoziation veranlassen, so groß sind, daß die der neuen Wahrnehmung widerstreitenden Vorstellungselemente, entweder nachdem der Wiedererkennungsvorgang abgelaufen ist, oder auch, ohne daß es zu einem solchen kommt, zu einem besonderen Vorstellungsgebilde sich vereinigen, das direkt auf einen früher stattgefundenen Eindruck bezogen wird. Der so eintretende Vorgang ist ein Erinnerungsvorgang, und die auf diese Weise zur Apperzeption gelangende Vorstellung heißt eine Erinnerungsvorstellung oder ein Erinnerungsbild.

18a. Die Erinnerungsvorgänge sind es, auf welche die Assoziationspsychologie zumeist die Anwendung des Begriffs der Assoziation beschränkt hat. Da sie jedoch, wie die obige Darstellung zeigt, Assoziationen sind, die unter besonders verwickelten Bedingungen stattfinden, so wurde dadurch ein genetisches Verständnis der Assoziationen von vornherein unmöglich gemacht, und es ist daher begreiflich, daß die herkömmliche Assoziationslehre sich im wesentlichen auf eine nach logischen, nicht nach psychologischen Gesichtspunkten unternommene Einteilung der bei den Erinnerungsvorgängen zu beobachtenden Assoziationsprodukte beschränkt. Eine Einsicht in die bei den Erinnerungsassoziationen wirksamen psychischen Prozesse ist aber natürlich nur zu gewinnen, wenn man von den einfacheren Assoziationsvorgängen ausgeht. Dann ergeben sich von selbst als die Vorstufen der Erinnerungsassoziation die gewöhnliche simultane Assimilation, der simultane und der sukzessive Wiedererkennungsvorgang. Hier ist nun der erste dieser Wiedererkennungsvorgänge nichts anderes als eine Assimilation, die von einem Gefühl begleitet ist, das auf dunkle im Bewußtsein anwesende, nicht assimilierbare Vorstellungselemente hinweist. Bei dem zweiten Vorgang üben diese abweichenden Elemente eine verzögernde Wirkung aus, so daß sich die Wiedererkennung zur primitiven Form einer sukzessiven Assoziation entwickelt, indem der Eindruck zuerst in gewöhnlicher Weise, und dann in einem zweiten Akt mit begleitendem Bekanntheitsgefühl assimiliert wird. Hier ist dieses Gefühl zugleich ein Symptom stärkerer Beteiligung bestimmter reproduktiver Elemente. Werden bei dieser einfachsten Form sukzessiver Assoziation die beiden aufeinander folgenden Vorstellungen noch auf einen und denselben Gegenstand bezogen, von dem nur in beiden Akten zum Teil abweichende Vorstellungs- und Gefühlselemente apperzipiert werden, so ändert sich das nun wesentlich bei der Erinnerungsassoziation. Indem bei ihr die heterogenen Elemente der früheren Eindrücke vorherrschen, folgt der ersten Assimilation des Eindrucks die Bildung einer Vorstellung, in welcher sowohl Elemente des neuen Eindrucks wie solche früherer, durch gewisse ihrer Bestandteile assimilationsfähiger Eindrücke enthalten sind. Je mehr hierbei die differenten Elemente überwiegen, um so mehr wird jetzt die an zweiter Stelle auftretende Vorstellung als eine von der neuen Wahrnehmung verschiedene, je mehr noch übereinstimmende Elemente sich geltend machen, um so mehr wird sie als eine ihr ähnliche aufgefaßt. Stets aber tritt zugleich die zweite Vorstellung als eine reproduktiv entstandene und demnach als ein selbständiges Gebilde dem neuen Eindruck gegenüber.

19. Auch die allgemeinen Bedingungen, die der Entstehung der Erinnerungsvorstellungen zugrunde liegen, bieten nun Abstufungen und Unterschiede dar, die den bei den Wiedererken-nungs- und Erkennungsvorgängen vorkommenden entsprechen (15, 17). So können insbe-sondere die Wiedererkennung eines schon einmal wahrgenommenen, die eines aus häufigen Wahrnehmungen geläufigen, sowie die Erkennung eines nach seinem allgemeinen Gattungs-charakter bekannten Gegenstandes zu verschiedenen Modifikationen von Erinnerungsvorgän-gen Anlaß geben.

Die einfache Wiedererkennung geht in einen Erinnerungsakt über, sobald der unmittelba-ren Assimilation des Eindrucks solche Elemente hemmend entgegentreten, die nicht dem Gegenstand selbst, sondern den ihn in der früheren Wahrnehmung begleitenden Umständen angehören. Gerade weil die frühere Begegnung nur eine einmalige war, oder doch nur als solche bei der Reproduktion in Betracht kommt, so können solche begleitende Elemente verhältnismäßig klar und bestimmt sein und sich deutlich in ihrem Unterschied von der Umgebung des neuen Eindrucks geltend machen. Auf diese Weise treten hier Mischformen zwischen Wiedererkennung und Erinnerung auf; der Gegenstand wird wiedererkannt, und er wird zugleich auf eine bestimmte frühere Wahrnehmung bezogen, deren begleitende Umstände dem Erinnerungsbild eine bestimmte Raum- und Zeitbeziehung beifügen. Hierbei ist dann der Erinnerungsvorgang besonders in solchen Fällen überwiegend, wo die assimilierend wirkenden Elemente des neuen Eindrucks von den übrigen Bestandteilen des Erinnerungsbildes völlig verdrängt werden, so daß die assoziative Beziehung zwischen diesem und dem vorangehenden Eindruck ganz verborgen bleiben kann.

19a. Man hat in diesen Fällen von "mittelbarer Erinnerung" oder "mittelbarer Assoziation" gesprochen. Auch hier findet sich aber, ebenso wie bei dem "mittelbaren Wiedererkennen", kein prinzipieller Unterschied gegenüber den gewöhnlichen Assoziationen. Jemand erinnert sich z. B., des Abends in seinem Zimmer sitzend, plötzlich und scheinbar unvermittelt an eine Landschaft, die er vor vielen Jahren durchwandert hat; die nähere Nachforschung ergibt, daß sich zufällig im Zimmer eine auffallend riechende Blume befindet, die ihm bei jener Wanderung zum erstenmal aufgestoßen war. Der Unterschied von einem gewöhnlichen Erinnerungsvorgang, bei dem man sich der Verbindung des neuen Eindrucks mit einem früheren Erlebnis deutlich bewußt ist, besteht hier augenscheinlich nur darin, daß die Elemente, welche die Verbindung herstellen, durch andere Vorstellungselemente in den dunkeln Hintergrund des Bewußtseins gedrängt sind. Wahrscheinlich sind die nicht seltenen Erfahrun-gen, wo plötzlich und scheinbar unvermittelt ein Erinnerungsbild in uns auftritt, und die man meist als ein sogenanntes "freies Aufsteigen" der Vorstellungen gedeutet hat, auf solche latente Assoziationen zurückzuführen.

20. Von den Erinnerungsvorgängen, die sich an die einfache Wiedererkennung des schon einmal Erlebten anschließen, unterscheiden sich jene, die von mehrfachen Wiedererkennungen und von Erkennungen ausgehen, wesentlich infolge der größeren Komplikation ihrer Bedingungen. Bei der Wahrnehmung eines individuell oder nach seinem Gattungscharakter geläufigen Gegenstandes ist zunächst der Umfang möglicher Assoziationsbeziehungen ein ungleich größerer, und es hängt daher nun weniger von den einzelnen Erlebnissen, auf denen die Assoziation selbst beruht, als von allgemeinen Anlagen und momentanen Dispositionen des Bewußtseins, namentlich aber auch von dem Eingreifen bestimmter aktiver Apperzeptionsvorgänge und den mit ihnen zusammenhängenden intellektuellen Gefühlen und Affekten ab, in welcher Weise an irgendein bestimmtes Erlebnis Erinnerungsvorgänge sich anschließen. Wichtige Assoziationshilfen bieten dabei auch die Wortvorstellungen, die sich in manchen Fällen mit individuellen Gegenständen (Eigennamen), ganz besonders aber mit den nach ihrem Gattungscharakter bekannten Vorstellungen (Gattungsnamen) verbinden. Bei der Mannigfaltigkeit dieser Bedingungen ist es begreiflich, daß sich im allgemeinen die Assoziationen jeder Vorausberechnung entziehen, während dagegen, sobald der Erinnerungsakt eingetreten ist, die Spuren seiner assoziativen Entstehung selten der aufmerksamen Nachforschung entgehen, so daß wir unter allen Umständen berechtigt sind, die Assoziation als die allgemeine und einzige Ursache von Erinnerungsvorgängen zu betrachten.

Bei dieser Ableitung ist aber nie zu vergessen, daß jeder reale Erinnerungsvorgang, wie das die psychologische Entwicklung desselben aus einer einfachsten Vorstufe, der simultanen Assimilation, zeigt, kein einfacher Prozeß ist, sondern sich aus einer Menge elementarer Prozesse zusammensetzt. Unter diesen stehen auch hier in erster Linie die assimilierenden Wechselwirkungen, in die irgendein gegebener Eindruck oder auch ein schon vorhandenes Erinnerungsbild mit Elementen früherer psychischer Gebilde tritt. Daran schließen sich als zwei weitere für den Erinnerungsvorgang charakteristische Prozesse: erstens die Hemmung der Assimilation durch ungleichartige Elemente, und zweitens die von diesen ungleichartigen Elementen ausgehenden Assimilationen und Komplikationen, die zu dem Auftreten eines von dem ersten Eindruck verschiedenen psychischen Gebildes führen, das namentlich durch die Mitwirkung der Komplikationen mehr oder minder bestimmt auf irgendein vorangegangenes Erlebnis bezogen wird. Diese Rückbeziehung gibt sich auch hier durch ein eigentümliches Gefühl, das Erinnerungsgefühl, zu erkennen, das wiederum dem Bekanntheitsgefühl verwandt ist, aber von ihm, wahrscheinlich infolge der großen Zahl dunkel bewußter Komplikationen, die das Auftreten des Erinnerungsbildes begleiten, in seiner zeitlichen Entstehungsweise abweicht.

Geht man auf die elementaren Prozesse zurück, in die sich hierbei der Erinnerungs- wie jeder zusammengesetzte Assoziationsvorgang zerlegen läßt, so ergeben sich als solche stets Gleichheits- und Berührungsverbindungen. Unter diesen überwiegen im allgemeinen die ersteren, wenn sich der Vorgang einem gewöhnlichen Assimilations- und Wiedererkennungsprozeß nähert, während die letzteren um so stärker zur Geltung kommen, je mehr die Vorgänge den Charakter "mittelbarer" Erinnerungen oder den Schein eines "freien Aufsteigens" von Vorstellungen annehmen.

20a. Es ist augenfällig, daß das übliche Schema, nach welchem alle Erinnerungsvorgänge entweder Ähnlichkeits- oder Berührungsassoziationen sein sollen, völlig unzutreffend wird, wenn man es auf die psychologische Entstehungsweise dieser Vorgänge anwendet, während es anderseits viel zu allgemein und unbestimmt ist, wenn man die Vorgänge ohne Rücksicht auf ihre Entstehung nach ihren Endergebnissen logisch ordnen will. Im letzteren Fall würden die Beziehungen der Unter- und Überordnung, der Koordination, der Kausal- und Zweckbeziehung, die zeitliche Sukzession und Koexistenz, die verschiedenen Arten räumlicher Verhältnisse in den allgemeinen Begriffen der "Ähnlichkeit" und der "Berührung" jedenfalls nur einen ungenügenden Ausdruck finden. Was aber die Entstehung der Erinnerungsvorgänge betrifft, so greifen bei jedem einzelnen derselben Prozesse ineinander ein, die sich in gewissem Sinne teils als Ähnlichkeits-, teils als Berührungswirkungen bezeichnen lassen. Von einer Ähnlichkeitswirkung könnte man nämlich bei jenen Assimilationen reden, die teils den Vorgang einleiten, teils bei der ihn abschließenden Rückbeziehung auf ein bestimmtes früheres Erlebnis mitwirken. Gleichwohl ist auch hier der Ausdruck "Ähnlichkeit" deshalb unpassend gewählt, weil vor allen Dingen gleiche Elementarprozesse assimilierend aufeinander einwirken, und weil, wo eine wirkliche Gleichheit nicht existiert, diese doch stets durch die wechselseitige Assimilation zustande kommt. In der Tat ist der Begriff der "Ähnlichkeitsassoziation" durchaus an die Voraussetzung gebunden, daß die zusammengesetzten Vorstellungen unveränderliche psychische Objekte und die Assoziationen Verbindungen zwischen den fertigen Vorstellungen seien. Jener Begriff wird daher von selbst hinfällig, wenn man diese der psychologischen Erfahrung völlig widersprechende und eine richtige Auffassung derselben unmöglich machende Voraussetzung aufgibt. Wo gewisse Assoziationsprodukte, z. B. zwei sukzessiv auftretende Erinnerungsbilder, einander ähnlich sind, da wird dies stets auf Assimilationsprozesse zurückzuführen sein, die sich aus elementaren Gleichheits- und Berührungsverbindungen zusammensetzen. Die Gleichheitsverbindung kann hierbei ebensogut zwischen ursprünglich gleichen, wie zwischen ursprünglich verschiedenen und erst durch die Assimilation gleich werdenden Bestandteilen zustande kommen. Eine Berührungswirkung läßt sich aber jenen Elementen zuschreiben, die sich zunächst der Assimilation widersetzen und so teils den ganzen Vorgang in eine Sukzession zweier Vorgänge umwandeln, teils in das Erinnerungsbild diejenigen Bestandteile einfügen, die ihm den Charakter eines selbständigen, von dem induzierenden Eindruck verschiedenen Gebildes verleihen. Dieses Zusammenwirken von Gleichheits- und Berührungsverbindungen ergibt sich besonders klar als die naturgemäße Erklärung gerade bei den einfachsten Erinnerungsassoziationen, bei denen einfacher Sinneseindrücke. Wenn z. B. ein gelber Farbeneindruck an das ihm ähnliche Orange erinnert, so kann man vom Standpunkt der reinen Ähnlichkeitstheorie aus behaupten, dies beruhe auf der großen Ähnlichkeit beider Farben, und von dem der Berührungstheorie aus, beide Eindrücke seien unzähligemal, z. B. im Regenbogen, im Spektrum, bei der verschiedenen Abtönung von Malfarben, nebeneinander gesehen worden. Das tatsächliche Verhältnis ist aber offenbar das folgende: die Farben bilden, gleich den Tönen, eine stetige Empfindungsreihe, von denen vermöge der Bedingungen der natürlichen Entstehung und Abänderung der Eindrücke die einander am nächsten stehenden immer auch am engsten assoziiert sind. Mit jedem Farbeneindruck können daher andere Farben, vor allem die nächsten, assoziativ im Bewußtsein anklingen. Das kann aber natürlich nur geschehen, indem die direkt einwirkende Farbe aus irgendeinem Erinnerungskomplex die ihr gleiche und dann durch diese eine ihr nahestehende in das Bewußtsein ruft. Gelb kann also z. B. zunächst die gleiche, zuvor im Spektrum gesehene Farbe (Gleichheitsassoziation) und dann, daran sich anschließend, das benachbarte Orange (Berührungsassoziation) reproduzieren. Die notwendige Verbindung beider Assoziationsformen ist hier deshalb so einleuchtend, weil dieselben bei einfachen Empfindungen deutlicher auseinandertreten als bei zusammengesetzten Vorstellungen, wo sie sich sofort zu einem komplexen Vorgang vermischen.

21. Die Wirkungen der Erinnerungsassoziationen pflegt man in ihrer Beziehung zu den ursprünglichen Eindrücken, auf die sie zurückgehen, unter dem Namen des Gedächtnisses zusammenzufassen. Natürlich bedarf dieser der vulgären Psychologie entnommene und aus ihr in die ehemalige Vermögenspsychologie übergegangene Begriff in jedem einzelnen Fall einer besonderen Analyse in die den Erscheinungen zugrunde liegenden elementaren Assoziationsprozesse und ihre Wirkungen. Diese Analyse begegnet den einfachsten Bedingungen dann, wenn sie bei den Erinnerungsassoziationen einfacher oder mindestens solcher Eindrücke vorgenommen wird, die unter relativ einfachen und gleichförmigen Bedingungen einwirken. Untersucht man auf diese Weise z. B. das Gedächtnis für Tonempfindungen oder für einfachere Gesichtsobjekte, indem man die Genauigkeit desselben nach der in einer gegebenen Zeit vorhandenen Schärfe der Wiedererkennung des früheren Eindrucks bemißt, so ergibt sich stets, daß unmittelbar nach dem Eindruck die Reproduktion desselben verhältnismäßig ungenau ist, daß sie aber sehr bald (bei den Tönen meist schon nach 2 Sek., bei einfachen Gesichtsobjekten nach einer nur wenig größeren Zeit) auf ihr Maximum ansteigt, um dann allmählich mit abnehmender Geschwindigkeit zu sinken und endlich (bei etwa 60 Sek.) ein Minimum zu erreichen, auf dem sie während langer Zeit annähernd konstant bleibt. In diesem Verlauf zeigen sich außerdem Oszillationen vorübergehend ab- und wieder zunehmender Reproduktionsschärfe, die wahrscheinlich mit den früher (§ 15, 10) besprochenen Schwankungen der Aufmerksamkeit zusammenhängen.

Von besonderem Interesse sind mit Rücksicht auf diese zeitlichen Bedingungen der Erinnerungsvorgänge die Erscheinungen des Zeitgedächtnisses, d.h. der Erinnerung für Zeitstrecken, die, ähnlich wie die Eigenschaften der Zeitvorstellungen überhaupt (§ 11, B), am exaktesten an sogenannten leeren, durch Taktschläge begrenzten Zeitstrecken zu untersuchen sind. Hierbei zeigt sich, daß das Verhältnis, in welchem das Erinnerungsbild einer Zeitstrecke zu der objektiven Größe derselben steht, einerseits von dieser Größe, anderseits aber von der zwischenliegenden Zeitdauer abhängt. Von diesen beiden Bedingungen wirkt die erste regelmäßig in dem Sinne, daß kleine Zeitgrößen in der Erinnerung überschätzt, große unterschätzt werden. Zwischen beiden Abweichungen befindet sich ein Indifferenzwert, bei dem die erinnerte der ursprünglichen Zeitgröße durchschnittlich gleich ist. Er hegt, wenn die Reproduktion dem Eindruck nach sehr kurzer Zeit folgt, bei 0,5-0,6 Sek. Läßt man die Zeitstrecken über diese Größe hinaus wachsen, so bieten sich auch hier periodische Erscheinungen dar, die in diesem Falle zugleich einen regelmäßigen Verlauf zeigen, indem bei Zeitwerten, die Multipla jenes Indifferenzwerts betragen, die Zeitschätzung genauer ist als bei zwischenliegenden Werten. Wahrscheinlich beruht dies darauf, daß eine größere Zeit in mehrere Gruppen kleinerer Zeitstrecken gegliedert werden muß, wenn sie im Bewußtsein als Ganzes zusammengefaßt werden soll, wobei als einfachster Bestandteil einer solchen Gliederung die der Indifferenzzeit entsprechende Normalstrecke sich einstellt. Die Erscheinung hängt also wohl mit den oben erörterten Vorgängen der unwillkürlichen rhythmischen Gliederung größerer Zeiten zusammen (§ 11, 9 ff.). Verfließt zwischen der ursprünglichen Zeitstrecke und ihrer Reproduktion eine längere Zeit, so nimmt, wie bei den qualitativen Ton- und Lichtempfindungen, die Genauigkeit allmählich bis zu einem Minimum ab, auf dem sie längere Zeit annähernd konstant bleibt. Zugleich verkürzen sich aber bei längeren Zeitstrecken die reproduzierten im Verhältnis zu den ursprünglichen Zeiten stark mit der Verlängerung der Zwischenzeit. Exaktere Bestimmungen dieser bis zu einem gewissen Grade schon aus der alltäglichen Beobachtung geläufigen Erscheinungen sind jedoch bis jetzt nicht ausgeführt.

21a. Die experimentelle Analyse der Gedächtniserscheinungen hat sowohl wegen ihres theoretischen wie ihres praktisch-pädagogischen Interesses besonders auch in der Anwendung auf komplexe Vorstellungen und Vorstellungsreihen die neuere Psychologie mannigfach beschäftigt. Die zu diesem Zweck ausgebildeten Methoden lassen sich in zwei unterscheiden: die Lernmethode und die Wiedererkennungsmethode. Jede von ihnen zerfällt wieder in verschiedene Unterformen. So die Lernmethode in die eigentliche Lern- oder "Memoriermethode", bei der die Versuchsperson sinnlose Silben, Wörter oder Sätze unter bestimmten, willkürlich variierbaren Bedingungen so lange wiederholt, bis sie dieselben auswendig weiß; und in die "Treffermethode", bei welcher gewisse Kombinationen von Silben einmal oder mehrmals in Gesichtsbildern dargeboten, und darauf bloß Teile einer solchen Kombination wiederholt werden, um den fehlenden Teil reproduzieren zu lassen. Bei der Wiedererkennungsmethode bietet man dagegen einen Eindruck, dem nach einer gegebenen Zeit entweder ein gleicher oder ein davon abweichender folgt, worauf an der genauen Wiedererkennung bzw. mittels der Fehler, die hierbei begangen werden, die Gedächtnisleistung bestimmt wird. Auch diese Methode läßt sich wieder in zwei Untermethoden scheiden: in die der "variierten Wiederholung" und in die der "identischen Reihen". Die erstere, die sich besonders für die Prüfung des Gedächtnisses für einfache Sinnesempfindungen und relativ einfachere Raum- und Zeitvorstellungen eignet, besteht darin, daß man zuerst einen Eindruck (den Normalreiz) und dann nach einer gegebenen Zeit einen zweiten (den Vergleichsreiz) einwirken läßt, und nun diesen in den verschiedenen Einzelversuchen so gegen jenen variiert, daß daraus die unten (§ 17, 10) zu erörternde "Unterschiedsschwelle" bestimmt werden kann. Die Methode der "identischen Reihen", die sich vorzugsweise für zusammengesetztere Inhalte, z. B. Reihen von Wörtern, Zahlen usw., eignet, besteht darin, daß man einer Reihe von Eindrücken, die durch geeignete kurze Intervalle getrennt sind, nach einer längeren Zwischenzeit genau dieselbe Reihe folgen läßt und dann die Anzahl der als richtig wiedererkannten Glieder bestimmt. Unter diesen Methoden sind die "Lernmethoden", namentlich in der Form der Memoriermethoden, am häufigsten angewandt worden. Sie leiden aber an dem Übelstand, daß die bei ihnen obwaltenden psychologischen Bedingungen ungleich komplizierter sind als bei den Wiedererkennungsmethoden, und daß man sich daher nicht selten bei ihnen prinzipiell unzulässiger Maßstäbe für die geleistete Gedächtnisarbeit bedient hat; so z. B. wenn die zum vollständigen Memorieren erforderliche Zeit oder die Zahl von Wiederholungen als ein solches Maß angesehen wird, was voraussetzen würde, daß die psychische Arbeit in diesem Fall proportional der Zeit wachse. Dies trifft aber tatsächlich durchaus nicht zu, da jene Arbeit vielmehr, wie zahlreiche Erfahrungen lehren, im allgemeinen mit der Zeit relativ immer kleiner wird.

Unter Anwendung dieser Methoden lassen sich nun die verschiedenen Faktoren, von denen schon nach der gewöhnlichen Erfahrung die Gedächtnisleistungen abhängen, in mehr oder minder exakter Weise variieren. Solche Faktoren sind: die Anzahl und Dauer der Darbietungen zu behaltender Eindrücke, die Intervalle zwischen ihnen, endlich die Größe der im Gedächtnis zu bewahrenden Reihen, wozu als negatives, die Gedächtnisdisposition allmählich zerstörendes Moment noch die Zwischenzeit zwischen den Darbietungen und ihrer Reproduktion hinzukommt. Hinsichtlich des Einflusses dieser Faktoren ergibt nun die Untersuchung, daß die Menge des im Gedächtnis Behaltenen 1) mit der Anzahl sowie mit der Dauer der einzelnen Eindrücke zuerst sehr schnell und dann immer langsamer zunimmt, daß 2) mit der Länge der Reihen die absolute Menge des Behaltenen zu-, die relative aber (die Anzahl der behaltenen im Verhältnis zur Anzahl der dargebotenen Glieder) abnimmt, 3) daß unter den einzelnen Gliedern einer Reihe die gefühlsbetonten, solche z. B., die durch taktmäßige Betonungen gehoben sind, leichter bewahrt werden als die unbetonten. Eine Folge des letzteren Verhältnisses ist die bekannte Erfahrung, daß rhythmisch gegliederte Reihen überhaupt begünstigt sind. 4) Für die Größe des Intervalls zwischen den einzelnen Darbietungen ergibt sich ein bestimmtes Optimum günstigsten Intervalls, unter und über dem die Menge des Behaltenen abnimmt. Dies erklärt sich leicht aus den Gegenwirkungen, die einerseits Ermüdung und Erholung, und anderseits der Vorgang des Vergessens (der allmählichen Abnahme der reproduktiven Dispositionen) ausüben:

das Optimum wird nämlich offenbar da gelegen sein, wo Erholung und Ermüdung einander zureichend kompensieren, und wo zugleich die reproduktive Disposition noch nicht zu sehr gesunken ist. 5) Mit der zwischen der Einwirkung der im Gedächtnis zu bewahrenden Eindrücke und ihrer Reproduktion verfließenden Zwischenzeit nimmt die Menge des Behaltenen zuerst sehr schnell und dann immer langsamer ab. Aus allen diesen Abhängigkeitsbeziehungen, insbesondere aber aus dem Einfluß der Gefühlsbetonung und der Wechselwirkung zwischen Ermüdung und willkürlicher Einübung geht übrigens zugleich hervor, daß die Gedächtnis- und Erinnerungserscheinungen bereits komplexe Resultanten aus elementaren Assoziationen und aus den im folgenden zu betrachtenden apperzeptiven Prozessen sind. Darin verhalten sich ihnen dann durchaus analog zahlreiche andere komplexe Formen geistiger Arbeit, z. B. Lesen, Schreiben, Zählen, Rechnen usw.

22. Mit der verwickelten Natur der Erinnerungsvorgänge steht die Beschaffenheit der Erinnerungsvorstellungen im engsten Zusammenhang. Wenn diese nicht selten als schwächere, sonst aber im allgemeinen treue Abbilder der direkten Sinneswahrnehmungen bezeichnet werden, so ist diese Schilderung so unzutreffend wie möglich. Erinnerungsbilder und Sinneswahrnehmungen weichen nicht nur qualitativ und intensiv, sondern auch in ihrer elementaren Zusammensetzung durchaus voneinander ab. Wenn wir einen Sinneseindruck noch so sehr an Stärke abnehmen lassen, so bleibt er, solange er nur überhaupt wahrnehmbar ist, immer noch ein von einer Erinnerungsvorstellung wesentlich verschiedenes Gebilde. Was diese viel mehr kennzeichnet als die geringe Intensität ihrer Elemente, das ist die Unvollständigkeit der Vorstellung. Wenn ich mich z. B. eines mir bekannten Menschen erinnere, so stehen nicht bloß die Züge seines Angesichts, seiner Gestalt dunkler in meinem Bewußtsein als bei seinem direkten Anblick, sondern die meisten dieser Züge existieren überhaupt nicht. An die spärlichen Vorstellungselemente, die vorhanden sind, und die höchstens bei absichtlicher Richtung der Aufmerksamkeit etwas vervollständigt werden können, knüpft sich dann aber eine Reihe von Berührungsverbindungen und Komplikationen, wie die Umgebung, in der ich den Bekannten gesehen habe, sein Name, endlich besonders gewisse bei der Begegnung vorhanden gewesene Gefühlselemente; und diese begleitenden Bestandteile sind es erst, die das Bild zu einem Erinnerungsbilde machen.

23. Übrigens bestehen sowohl in der Wirksamkeit dieser begleitenden Elemente wie in der Deutlichkeit der Empfindungsbestandteile- der Erinnerungsbilder selbst große individuelle Unterschiede. So sind bei manchen Menschen die Erinnerungsbilder zeitlich oder räumlich genauer orientiert als bei andern. Die Fähigkeit, sich an Farben oder Töne zu erinnern, ist eine außerordentlich verschiedene. Deutlicher Geruchs- und Geschmackserinnerungen scheinen nur sehr wenige Menschen fähig zu sein; statt ihrer treten dann begleitende Bewegungsempfindungen der Nase und der Geschmacksorgane als stellvertretende Komplikationen ein.

Die Sprache faßt auch diese individuellen Unterschiede unter dem Namen des "Gedächtnisses" zusammen. In der Tat bleibt dasselbe gerade für die Hervorhebung der individuellen Unterschiede der Erinnerungsvorgänge ein brauchbarer Hilfsbegriff, bei dem man freilich niemals vergessen darf, daß er lediglich einen komplexen Tatbestand ausdrückt, der in jedem einzelnen Fall einer besonderen Erklärung bedarf. In diesem Sinne reden wir von einem treuen, umfassenden, leichten Gedächtnis, oder von einem guten Raum-, Zeit-, Wortgedächtnis u. dgl., Ausdrücke, die auf die verschiedenen Richtungen hinweisen, in denen je nach ursprünglicher Anlage und Übung die elementaren Assimilations- und Komplikationsvorgänge verlaufen.

Eine wichtige Rolle unter diesen individuellen Unterschieden spielt der Altersschwund des Gedächtnisses mit dessen Erscheinungen im allgemeinen auch die infolge von Gehirnerkrankungen auftretenden Gedächtnisstörungen übereinstimmen. Diese Erscheinungen sind psychologisch besonders deshalb bemerkenswert, weil in ihnen deutlich der Einfluß der Komplikationen auf die Erinnerungsvorgänge zu erkennen ist. Zu den augenfälligsten Symptomen des normalen wie des pathologischen Gedächtnisschwundes gehört nämlich die Abnahme des Wortgedächtnisses. Sie pflegt in der Regel derart einzutreten, daß am frühesten die Eigennamen, dann die Namen konkreter Gegenstände der täglichen Umgebung, dann erst die ihrer Natur nach abstrakteren Verba und zuletzt die ganz abstrakten Partikeln vergessen werden. Diese Reihenfolge entspricht aber genau der für die einzelnen Wortgattungen vorhandenen Möglichkeit, durch andere, in regelmäßiger Komplikation mit ihnen verbundene Vorstellungen im Bewußtsein vertreten zu werden. Denn jene Möglichkeit ist offenbar bei den Eigennamen am größten, bei den abstrakten Partikeln, die überhaupt nur mittels ihrer Wortzeichen festgehalten werden können, am kleinsten.

Literatur. Bain, The senses and the intellect, 2. edit. (Eingehendste Darstellung der überlieferten Assoziationslehre.) Wundt, Phys. Psych.[6], III, Kap. 19. M. u. T.[5] Vorl. 19 u. 20: Kl. Schriften, Bd. 2. – Wiedererkennen, Streit über Ähnlichkeits- und Berührungsassoziation: Höffding, Vierteljahrsschr. f. wiss. Phil-, Bd. 13 u. 14, Phil. Stud., Bd. 5. Lehmann, ebenda, Bd. 7 u. 8. Assoziationsformen und -zeiten: Trautscholdt, Phil. Stud., Bd. l. Aschaffenburg, Kraepelins Psychol. Arbeiten, Bd. l, 2 u. 3. Mittelbare Assoziation: Soripture, Philos. Stud., Bd. 7. Cordes, ebenda, Bd. 17. Gedächtnis: Wolfe (Tongedächtnis), Phil. Stud., Bd. 3. Radoslawow (Ged. für einfache Gesichtsobjekte), ebenda, Bd. 15. Ebbinghaus, Das Gedächtnis, 1885. Müller u. Schumann, Zeitschr. f. Psych., Bd. 6. Müller u. Pilzecker, ebenda, Ergänzungsbd. l, 1900. Wreschner, Reproduktion und Assoziation, ebenda, Ergänzungsbd. 2 und 3, 1907-09. Poppelreuter, ebenda, Bd. 61. Watt, Arch. f. die ges. Psych., Bd. 4. Messer, ebenda, Bd. 8. Bolton, Franz, Houston, W. G. Smith, Psychol. Review, III, 1896. Meumann, Ökonomie u. Technik des Auswendiglernens, 1901. Fr. Reuther, Psychol. Stud., Bd. l. (Zugleich mit ausführlicher Literaturübersicht.) Berlage, ebenda, Bd. 6. C. Jesinghaus, ebenda, Bd. 6 u. 7. Gedächtnisstörungen: Kußmaul, Störungen der Sprache, 1877. Ranschburg. Das kranke Gedächtnis, 1911. Gedächtnisapparate: Ranschburg, Monatsschrift f. Psychiatrie, Bd. 10. Wirth, Phil. Stud., Bd. 18. Analyse der Bewußtsemsphänomene, Teil II. Zeitgedächtnis: Vierordt, Der Zeitsinn, 1868. Kollert, Estel, Glass, Phil. Stud., Bd. l, 2, 3. Meumann, ebenda, Bd. 8-12. Kahnt, Psychol. Stud., Bd. 9. Katz, Zeitschr. f. Psychol., Bd. 42. Zusammengesetzte geistige Leistungen: Kraepelin, Psychol. Arbeiten, Bd. L–4. Physiol. Psych.[6], III. Gedächtnisstörungen: Ribot, Maladies de la mémoire, 1881. Charlton Bastian, Aphasie und andere Sprachstörungen, 1902. Wundt, Völkerpsychologie[3], I, l, Kap. 5 (Wortgedächtnis).

APPERZEPTIONSVERBINDUNGEN

1. Die Assoziationen in allen ihren Formen werden von uns als passive Erlebnisse aufgefaßt. Denn das für die Willens- und Aufmerksamkeitsvorgänge charakteristische Tätigkeitsgefühl greift immer nur in der Weise in sie ein, daß es bei der Apperzeption gegebener psychischer Inhalte an die bereits gebildeten Verbindungen sich anschließt. (Vgl. § 15, 8 f.) Die Assoziationen sind demnach Erlebnisse, die ihrerseits Willensvorgänge erwecken können, selbst jedoch nicht unmittelbar durch Willensvorgänge beeinflußt werden. Eben dies ist uns aber das Kriterium eines passiven Erlebnisses.

In dieser Hinsicht unterscheiden sich nun wesentlich die Verbindungen zweiter Art, die zwischen verschiedenen psychischen Gebilden und ihren Elementen stattfinden können: die Apperzeptionsverbindungen. Bei ihnen folgt das Gefühl der Tätigkeit, begleitet von wechselnderer Spannungsempfindungen, nicht bloß den Verbindungen als eine von ihnen ausgelöste Wirkung nach, sondern es geht ihnen voraus; daher die Verbindungen selbst unmittelbar als unter der Mitwirkung der Aufmerksamkeit zustande kommend aufgefaßt werden. In diesem Sinne bezeichnen wir sie als aktive Erlebnisse.

2. Die Apperzeptionsverbindungen erstrecken sich über eine Menge psychischer Vorgänge, welche die gewöhnliche Erfahrung durch gewisse Allgemeinbezeichnungen, wie Denken, Reflexion, Phantasie- und Verstandestätigkeit, zu unterscheiden pflegt. Dabei gelten diese zwar sämtlich als höhere Stufen psychischer Prozesse, den sinnlichen Wahrnehmungen und den reinen Erinnerungsvorgängen gegenüber; doch wird ihnen im einzelnen wieder ein völlig verschiedenartiger Charakter zugeschrieben. Insbesondere wird für die sogenannten Phantasie- und Verstandestätigkeiten ein solcher Unterschied angenommen. Gegenüber dieser zersplitternden Auffassung der Vermögenstheorie suchte die Assoziationspsychologie dadurch einen einheitlichen Standpunkt zu gewinnen, daß sie auch die apperzeptiven Vorstellungsverbindungen dem allgemeinen Begriff der Assoziationen subsumierte, wobei sie außerdem an der oben (§ 16) hervorgehobenen Beschränkung dieses Begriffs auf die sukzessive Assoziation festhielt. Bei dieser Reduktion auf die sukzessive Assoziation wurden jedoch entweder die wesentlichen subjektiven wie objektiven Unterschiedsmerkmale der Apperzeptionsverbindungen vernachlässigt ; oder man suchte sich über die Schwierigkeiten einer Erklärung derselben durch die Einführung gewisser der Vulgärpsychologie entnommener Hilfsbegriffe hinwegzusetzen, indem man dem "Interesse" oder der "Intelligenz" einen Einfluß auf die stattfindenden Assoziationen einräumte. Häufig lag dieser Auffassung überdies das Mißverständnis zugrunde, mit der Anerkennung bestimmter Unterschiede zwischen den Apperzeptionsverbindungen und den Assoziationen solle überhaupt eine Unabhängigkeit jener von diesen behauptet werden. Natürlich kann davon keine Rede sein. An die Assoziationen sind gerade so gut wie an die ursprünglichen Sinneseindrücke alle psychischen Vorgänge gebunden. Aber wie die Assoziationen selbst schon überall an den Sinneswahrnehmungen teilnehmen und sich trotzdem in den Erinnerungsvorgängen zu relativ selbständigen Prozessen gestalten, so ruhen wiederum die Apperzeptionsverbindungen ganz und gar auf den Assoziationen, ohne daß es jedoch möglich wäre, ihre wesentlichen Eigenschaften auf diese zurückzuführen.

3. Suchen wir uns nun über diese wesentlichen Eigenschaften der Apperzeptionsverbindungen Rechenschaft zu geben, so lassen sich die in ihnen zum Ausdruck kommenden psychischen Vorgänge zunächst in einfache und in zusammengesetzte Funktionen der Apperzeption unterscheiden. Als einfache begegnen uns die Funktionen der Beziehung und der Vergleichung; als zusammengesetzte die Funktionen der Synthese und der Analyse.

A. DIE EINFACHEN APPERZEPTIONSFUNKTIONEN (BEZIEHUNG UND VERGLEICHUNG)

4. Die elementarste aller Funktionen der Apperzeption ist die Beziehung zweier psychischer Inhalte aufeinander. Die Grundlagen solcher Beziehung sind überall in den einzelnen psychischen Gebilden und ihren Assoziationen gegeben; aber die Ausführung der Beziehung besteht in einer besonderen Apperzeptionstätigkeit, durch die erst die Beziehung selbst zu einem neben den aufeinander bezogenen Inhalten vorhandenen, wenn auch freilich fest mit ihnen verbundenen besonderen Bewußtseinsinhalt wird. Wenn wir uns z. B. bei einer Wiedererkennung der Identität des Gegenstandes mit einem früher wahrgenommenen, oder wenn wir uns bei einer Erinnerung einer bestimmten Beziehung des erinnerten Erlebnisses zu einem gegenwärtigen Eindruck bewußt werden, so verbindet sich hier mit den Assoziationen eine Funktion der Apperzeption in Gestalt beziehender Tätigkeit.

Solange die Wiedererkennung eine reine Assoziation bleibt, beschränkt sich die Beziehung auf das unmittelbar oder nach einer kurzen Zwischenzeit der Assimilation des neuen Eindrucks folgende Bekanntheitsgefühl. Tritt dagegen zur Assoziation die apperzeptive Funktion hinzu, so gewinnt jenes Gefühl ein deutlich bewußtes Vorstellungssubstrat, indem die frühere Wahrnehmung und der neue Eindruck voneinander zeitlich unterschieden und zugleich nach ihren wesentlichen Eigenschaften in ein Verhältnis der Übereinstimmung gebracht werden. Ähnlich verhält es sich, wenn wir uns der Motive eines Erinnerungsakts bewußt werden. Auch dies setzt voraus, daß zu der assoziativen Entstehung des Erinnerungsbildes eine Vergleichung desselben mit den die Assoziation auslösenden Eindrücken hinzukomme, ein Vorgang, der abermals nur als eine Funktion der Aufmerksamkeit möglich ist.

5. Auf diese Weise wird durch die Assoziationen überall da, wo sie oder ihre Produkte zu Gegenständen willkürlicher Beobachtung werden, die Funktion der Beziehung ausgelöst. Diese aber verbindet sich, wie die obigen Beispiele lehren, mit der Funktion der Vergleichung, sobald die aufeinander bezogenen Bewußtseinsinhalte deutlich gesonderte Vorgänge sind, die zugleich einer und derselben Klasse psychischer Erlebnisse angehören. Die Beziehung ist demnach der weitere, die Vergleichung der engere Begriff. Eine Vergleichung ist nur dadurch möglich, daß die verglichenen Inhalte zueinander in Beziehung gebracht werden. Dagegen können Bewußtseinsinhalte aufeinander bezogen werden, z. B. eine Eigenschaft auf einen Gegenstand, oder ein Vorgang auf einen andern, dem er regelmäßig folgt oder vorausgeht, ohne daß sie miteinander verglichen werden. Dieses Verhältnis bringt es zugleich mit sich, daß, wo die Bedingungen zu einer Vergleichung gegeben sind, die nämlichen Erlebnisse bald bloß in Beziehung gebracht, bald miteinander verglichen werden können. So nenne ich es eine Beziehung, wenn ich einen gegenwärtigen Eindruck als den Grund für die Erinnerung an einen früheren auffasse; eine Vergleichung dagegen, wenn ich zwischen dem früheren und dem jetzigen Eindruck bestimmte Übereinstimmungen und Unterschiede feststelle.

6. Die Vergleichung setzt sich wieder aus zwei, in der Regel auf das engste verbundenen Elementarfunktionen zusammen: aus der Übereinstimmung und der Unterscheidung, wobei wir den ersteren Ausdruck als Feststellung von Übereinstimmungen, ähnlich wie den zweiten als solche von Unterschieden verstehen. Es ist ein noch heute in der Psychologie verbreiteter, aus der Vulgärpsychologie überkommener und von der logisch-intellektualistischen Richtung (§ 2, 5 f.) gesteigerter Irrtum, daß man mit der Existenz der psychischen Elemente und Gebilde ohne weiteres ihre apperzeptive Vergleichung zusammenwirft. Danach soll jede Empfindung ein "Empfindungsurteil", die unmittelbare Wahrnehmung einer Entfernung ein "Tiefenurteil" sein usw. Da das Urteilen, in allen diesen Fällen den Empfindungen und Vorstellungen erst nachfolgt, so ist es aber durchaus von diesen zu trennen. Natürlich bestehen in unseren psychischen Vorgängen Übereinstimmungen und Unterschiede, und ohne daß sie vorhanden wären, würden wir sie nicht bemerken können. Immer jedoch bleibt die vergleichende Tätigkeit, die diese Verhältnisse der Empfindungen und Vorstellungen feststellt, eine von ihnen verschiedene Funktion, die zu ihnen hinzutreten kann, aber nicht notwendig hinzutreten muß.

7. Schon die psychischen Elemente, die Empfindungen und einfachen Gefühle, können wir nach solchen Übereinstimmungen und Unterschieden vergleichen. In der Tat beruht es auf einer Reihe derartiger Vergleichungsakte, wenn wir jene Elemente in bestimmte Systeme bringen, deren jedes die näher zusammengehörigen enthält. Innerhalb eines Systems ist dann wieder eine doppelte Vergleichung möglich: die der Intensitätsgrade und der Qualitätsstufen, zu denen überdies, sobald man die Art in Betracht zieht, wie die Elemente bewußt sind, noch die der Klarheitsgrade hinzutreten kann. In gleicher Weise erstreckt sich die Funktion der Vergleichung über die zusammengesetzten intensiven und extensiven Gebilde. Jedes psychische Element und jedes psychische Gebilde ist, sofern es in ein irgendwie gradweise abgestuftes System eingeordnet werden kann, eine psychische Größe. Die Auffassung des Wertes einer solchen Größe ist aber nur dadurch möglich, daß sie mit andern Größen desselben Kontinuums verglichen wird. Kommt daher auch die Größeneigenschaft als solche, und zwar im allgemeinen in verschiedenen Formen, nämlich als Intensität, als Qualität, als extensiver (räumlicher und zeitlicher) Wert, und eventuell, wenn die verschiedenen Bewußtseinszustände berücksichtigt werden, als Klarheitsgrad, jedem psychischen Element und jedem psychischen Gebilde zu, so ist doch eine Größenbestimmung nur mittels der apperzeptiven Funktion der Vergleichung möglich.

8. Hierbei unterscheidet sich nun die psychische von der physischen Größenbestimmung durch die Eigenschaft, daß diese, weil sie an relativ konstanten Objekten ausgeführt werden kann, ein Vergleichungsverfahren gestattet, das in fast beliebig getrennten zeitlichen Akten möglich ist: wir können z. B. heute durch Barometermessung die Höhe eines gewissen Berges und dann über Jahr und Tag die Höhe eines andern Berges bestimmen, und gleichwohl, solange sich nur in der Zwischenzeit keine merklichen Erdrevolutionen ereignet haben, die Resultate beider Messungen vergleichen. Da hingegen die psychischen Gebilde nicht relativ feste Objekte, sondern fortwährend fließende Vorgänge sind, so können wir zwei psychische Größen nur unter der Bedingung vergleichen, daß sie uns unter sonst konstanten Bedingungen des Bewußtseinszustandes in unmittelbarer Aufeinanderfolge gegeben werden. Diese Bedingung führt von selbst die zwei andern mit sich, daß es für die psychische Vergleichung keine absoluten Maßstäbe gibt, sondern daß jede Größenvergleichung ein zunächst für sich alleinstehender und daher bloß relativ gültiger Vorgang ist; und daß femer Größenvergleichungen jeweils nur an Größen einer und derselben Dimension vorgenommen werden können. Eine analoge Übertragung, wie sie bei der Reduktion der verschiedensten physischen Größen, wie Zeitgrößen, Kraftgrößen, auf lineare räumliche Größen ausgeführt wird, ist demnach bei den psychischen Größenvergleichungen unmöglich.

9. Diese Verhältnisse bringen es mit sich, daß nicht psychische Größenverhältnisse von beliebiger Beschaffenheit direkt festgestellt werden können, sondern daß eine unmittelbare Vergleichung nur für gewisse ausgezeichnete Fälle möglich ist. Solche Fälle sind: 1) die Gleichheit zweier psychischer Größen und 2) der eben merkliche Unterschied zweier Größen, z. B. zweier Empfindungsintensitäten von gleicher Qualität oder zweier der nämlichen Dimension angehörender Empfindungsqualitäten von gleicher Intensität. Hierzu kommt dann noch als ein etwas verwickelterer, aber dennoch die Grenzen unmittelbarer Vergleichung noch nicht überschreitender Fall: 3) die Gleichheit zweier Größenunterschiede, namentlich wenn diese unmittelbar aneinander grenzenden Größengebieten angehören. Es ist klar, daß bei jeder dieser drei Arten psychischer Größenmessung die beiden fundamentalen Funktionen apperzeptiver Vergleichung, die Übereinstimmung und Unterscheidung, nebeneinander zur Anwendung kommen. Bei der ersten stuft man von zwei psychischen Größen A und B die zweite B so lange ab, bis sie für die unmittelbare Vergleichung mit A übereinstimmt. Bei der zweiten verändert man von zwei ursprünglich gleichen Größen A und B die eine, B, so lange, bis sie entweder eben merklich größer oder eben merklich kleiner als A erscheint. Die dritte endlich wendet man am zweckmäßigsten in der Form an, daß man eine Strecke psychischer Größen, z. B. von Empfindungsstärken, die von A als unterer bis zu C als oberer Grenze reicht, durch eine mittlere Größe B, die wieder durch stetige Abstufung gefunden wird, so einteilt, daß die Teilstrecken AB und BC als gleich aufgefaßt werden.

10. Die am unmittelbarsten und einfachsten zu verwertenden Ergebnisse unter diesen Vergleichungsmethoden liefert die zweite, die als Methode der minimalen Unterschiede bezeichnet wird. Man nennt bei ihr denjenigen Unterschied der beiden physischen Reize, der den eben unterscheidbaren psychischen Größen entspricht, die Unterschiedsschwelle des Reizes; diejenige Reizgröße aber, bei welcher der zugehörige psychische Vorgang, z. B. eine Empfindung, eben noch apperzipiert werden kann, nennt man die Reizschwelle. Die Beobachtung zeigt nun, daß die Unterschiedsschwelle mit der Entfernung von der Reizschwelle immer mehr wächst, und zwar so, daß ihr Verhältnis zur absoluten Größe des Reizes oder die relative Unterschiedsschwelle konstant bleibt. Muß man z. B. eine Schallstärke 1 um 1/10 vermehren, damit die Schallempfindung eben merklich größer werde, so muß man die Schallstärke 2 um 2/10, 3 um 3/10 wachsen lassen usw. Dieses Gesetz wird nach seinem Entdecker E. H. Weber das Webersche Gesetz genannt. Dasselbe ist ohne weiteres verständlich, wenn wir es als ein Gesetz der apperzeptiven Vergleichung auffassen. Denn unter dieser Voraussetzung hat es offenbar die Bedeutung, daß psychische Größen nur nach ihrem relativen Wert verglichen werden können.

Diese Auffassung des Weberschen Gesetzes als eines allgemeinen Gesetzes der Relativität psychischer Größen setzt voraus, daß die psychischen Größen selbst, die der Vergleichung unterworfen werden, innerhalb der Grenzen der Gültigkeit des Weberschen Gesetzes den sie bedingenden Reizen proportional wachsen. Die Richtigkeit dieser Voraussetzung hat bis jetzt wegen der Schwierigkeit, die Nerven- und Sinneserregungen exakt zu messen, physiologisch noch nicht nachgewiesen werden können. Dagegen spricht für sie die psychologische Erfahrung, daß in gewissen besonderen Fällen, in denen durch die Bedingungen der Beobachtung eine Vergleichung absoluter Größenunterschiede nahegelegt wird, statt der Konstanz der relativen eine Konstanz der absoluten Unterschiedsschwelle gefunden worden ist: so z. B. in weitem Umfang bei der Vergleichung minimaler Tonhöhenunterschiede (§ 6, 11). Ebenso werden bei der Vergleichung von größeren Empfindungsstrecken nach der dritten der oben angegebenen Methoden im allgemeinen gleiche absolute, nicht gleiche relative Reizunterschiede als gleich aufgefaßt. Demnach kann die apperzeptive Vergleichung unter abweichenden Bedingungen zwei verschiedenen Prinzipien folgen: entweder, und dies in der Regel, dem Prinzip der relativen Vergleichung (dem Weberschen Gesetz), oder aber einem Prinzip der absoluten Vergleichung, das unter besonderen, eine solche Auffassung begünstigenden Bedingungen an die Stelle des vorigen tritt.

10a. Das Webersche Gesetz ist in erster Linie für Empfindungs intensitäten und sodann noch in beschränkterem Umfang für die Vergleichung extensiver Gebilde, namentlich zeitlicher Vorstellungen, sowie in gewissen Grenzen auch für die räumlichen Gesichtsvorstellungen und für die Bewegungsvor-stellungen nachgewiesen. Dagegen trifft es für die extensiven Vorstellungen des äußeren Tastsinns, offenbar wegen der verwickelten Abstufungen der Lokalzeichen (§ 10, 4), nicht zu. Ebenso läßt es sich durchgängig bei den Empfindungsqualitäten nicht bestätigen. Allerdings ist die Abstufung der Tonin-tervalle wieder eine relative, indem jedes Intervall einem bestimmten Verhältnis der Schwingungszah-len entspricht (z.B. Oktave 1:2, Quinte 2:3 usw.); dies beruht aber wesentlich auf den durch die Ver-hältnisse eines Grundtons zu seinen Obertönen bestimmten Eigenschaften der Klangverwandtschaft. (Vgl. § 9, 3ff.) Wo an Stelle des Weberschen Relativitätsgesetzes eine absolute Größenvergleichung stattfindet, da ist übrigens diese natürlich nicht mit einer Feststellung absoluter Maße zu verwechseln. Eine solche würde eine absolute Einheit, also die Möglichkeit der Gewinnung eines konstanten Maßstabs, voraussetzen, was, wie oben bemerkt, auf psychischem Gebiet ausgeschlossen ist (s. o. Pkt. 8f.). Vielmehr tritt die absolute Größenvergleichung immer nur in der Form der Gleichschätzung gleicher absoluter Unterschiede auf. Eine solche ist aber von Fall zu Fall möglich, ohne daß eine konstant bleibende Größeneinheit vorhanden wäre. So vergleichen wir z. B. zwei Empfindungsstrecken $A\,B$ und $B\,C$ nach ihrem relativen Wert, wenn wir bei beiden das Verhältnis der oberen zur unteren Grenzempfindung auffassen. In diesem Falle beurteilen wir demnach die Strecken $A\,B$ und $B\,C$ als gleichwertig, wenn ist (Webersches Gesetz). Wir vergleichen dagegen $A\,B$ und $B\,C$ nach ihrem absoluten Werte, wenn uns innerhalb der untersuchten Empfindungsdimension der Abstand von C und B gleich dem von B und A, also $C - B = B - A$ erscheint (Merkelsches Gesetz). Erschwerende Bedingungen treten für die Auffassung von Intensitäts- und Qualitätsunterschieden dann ein, wenn die beiden zu vergleichenden Reize nicht unabhängig voneinander in einer durch eine Zwischenzeit getrennten Sukzession oder beim Gesichts- und Tastsinn räumlich gesondert einwirken, sondern wenn der eine kontinuierlich in den andern übergeht. Demnach wird in diesem Fall die Unterschiedsschwelle größer, und zugleich wächst sie mit der Langsamkeit der Veränderung. So beträgt z. B. die Schwelle für die Vergleichung getrennt einwirkender Helligkeiten 1/100, sehr schnelle, aber kontinuierliche Veränderungen derselben 3/100, für langsame Veränderungen etwa 10/100. Tonhöhen werden sukzessiv bei 1/3Schw., kontinuierlich verändert bei 1/2bis 1 1/2Schw., Druckempfindungen sukzessiv bei 8/100, kontinuierlich verändert bei 10/100- 30/100ihrer Größe unterschieden, wobei die größeren Zahlen jedesmal für die langsameren Veränderungen gelten. Doch bewahrt das Webersche Gesetz in den Gebieten, wo es überhaupt zutrifft, auch unter diesen erschwerenden Bedingungen der Vergleichung seine Geltung.

Indem er das Webersche Gesetz als einen Ausdruck für die funktionelle Beziehung zwischen Empfindung und Reiz betrachtete und voraussetzte, daß es noch für unendlich kleine Änderungen beider gelte, hat ihm Fechner die mathematische Form der Differentialgleichung gegeben, worin E die Empfindungs-, R die Reizgröße bedeutet, und daraus für endliche Empfindungs- und Reizwerte die Form der logarithmischen Funktion abgeleitet: $E = k \cdot \log R + c$, wo k und c aus den Versuchen zu ermittelnde konstante Größen bedeuten (Fechners psycho-physisches Gesetz: die Empfindung wächst proportional dem Logarithmus des Reizes). Doch kommt gerade bei dieser Formel, da sie eine unmittelbare Beziehung zwischen Empfindung und Reiz annimmt, die Tatsache nicht zum Ausdruck, daß das Gesetz aller Wahrscheinlichkeit nach vielmehr auf der relativen Maßbeziehung der Empfindungen selbst beruht. Im Sinne dieser Auffassung läßt sich dasselbe ausdrücken durch die Formel, worin D E die Unterschiedsschwelle und V die Vergleichsfunktion bezeichnet. Diese Formel enthält, der wahrscheinlichen Bedeutung des Weberschen Gesetzes entsprechend, nur psychische Größen.

10b. Die Methoden zur Nachweisung des Weberschen Gesetzes oder anderer Größenbeziehungen zwischen psychischen Elementen und Gebilden pflegt man psycho-physische Methoden zu nennen, ein ungeeigneter Ausdruck, weil die Tatsache, daß man sich physischer Hilfsmittel bedient, auch allen andern Methoden der experimentellen Psychologie eigen ist. Zweckmäßiger werden sie daher "Methoden der psychischen Größenmessung" genannt. Im allgemeinen aber kann man bei diesen Methoden zum Behuf der Auffindung der oben bemerkten ausgezeichneten Punkte in doppelter Weise verfahren. Entweder ermittelt man jene Punkte direkt, indem man von zwei psychischen Größen A und B die eine A konstant läßt und die andere B so lange abstuft, bis sie einem jener ausgezeichneten Punkte entspricht, also entweder gleich A oder eben merklich größer oder eben merklich kleiner ist usw.: Abstufungsmethoden. Dahin gehört namentlich die am häufigsten benutzte und am direktesten zum Ziel führende "Methode der Minimaländerungen" und, als eine Art Modifikation derselben für den Fall der Gleicheinstellung, die "Methode der mittleren Fehler". Oder man vergleicht in oft wiederholten Versuchen zwei beliebig, aber sehr wenig verschiedene Reize A und B und berechnet aus der Zahl der Fälle, in denen $A = B$, $A > B$, $A < B$ geschätzt wurde, die ausgezeichneten Punkte, namentlich die Unterschiedsschwellen: Abzählungsmethoden. Die hauptsächlich hier angewandte Methode hat man als die der richtigen und falschen Fälle bezeichnet. Sie würde richtiger die Methode der drei Fälle (Gleichheit, positiver, negativer Unterschied) genannt werden. Das Nähere über diese und andere Methoden gehört in eine spezielle Darstellung der experimentellen Psychologie.

In der Deutung des Weberschen Gesetzes sind noch immer neben der oben entwickelten psychologischen zwei andere Auffassungen vertreten, die man die physiologische und die psychophysische nennen kann. Jene leitet dasselbe aus irgendwelchen hypothetischen Verhältnissen der Leitung der Erregungen im zentralen Nervensystem ab. Diese betrachtet es als ein spezifisches Gesetz der "Wechselwirkung zwischen Leib und Seele". Von diesen beiden Deutungen ist aber die physiologische nicht nur ganz hypothetisch, sondern auch auf gewisse Fälle, z. B. zeitliche und räumliche Vorstellungen, unanwendbar. Die psycho-physische Deutung Fechners beruht auf einer Auffassung des Verhältnisses von Leib und Seele, die von der heutigen Psychologie nicht mehr festgehalten werden kann. (Vgl. § 22, 8.)

Literatur. E. H. Weber, Tastsinn und Gemeingefühl, Handwörterbuch d. Physiol., III, 2. Fechner, Elemente der Psychophysik, 1860. In Sachen der Psyohophysik, 1877. Revision der Hauptpunkte der Psychoph. 1882. Über die psychischen Maßprinzipien, Philos. Stud., Bd. 4, 1887. G. E. Müller, Zur Grundlegung der Psychophysik, 1878. Delboeuf, Elements de psychophysique, 1883. G. F. Lipps, Grundriß d. Psychophysik, 1899. Arch. f. Psych., Bd. 3. Die psychischen Maßmethoden, 1906. Wirth, Psychol. Stud., Bd. 6. Foucault, La Psychophysique, 1901. Wundt, Phil. Stud., Bd. 1 u. 2, Phys. Psych.[6], I, Kap. 7, III, Kap. 19. M. u. T. Vorl. 2-4. Logik[3], III, Kap. 3 (über psychische Größenmessung im allg.). G. E. Müller, Ergebnisse der Physiologie von Asher u. Spiro, II, 2, 1904. Wirth, Psychophysik, in Hdbch. d. physiol. Methodik, III, 5, 1912.–Spezialarbeiten: Merkel, Phil. Stud., Bd. 4, 5, 7, 8 u. 9. Tischer, Phil. Stud., Bd. 1. Kraepelin, ebenda, Bd. 2. Angell, Bd. 7. Kämpfe, Bd. 8. Keller, Psychol. Stud., Bd. 3. Stephanowitsch, ebenda, Bd. 8. Herfurth, ebenda, Bd. 9. Vergleichung von Empfindungsänderungen: Stanley Hall u. Motora, Amer. Journ., I. Stratton, Phil. Stud., Bd. 12. Stern, Psychologie der Veränderungsauffassung, 1898.

11. Einen Spezialfall der im allgemeinen unter das Webersche Gesetz fallenden apperzeptiven Vergleichung bilden diejenigen Erscheinungen, bei denen die zu vergleichenden Größen als relativ größte Unterschiede oder, wenn es sich um Gefühle handelt, als Gegensätze aufgefaßt werden. Diese Erscheinungen pflegt man unter dem Gesamtnamen des Kontrastes zusammenzufassen. Dabei pflegen jedoch gerade auf demjenigen Gebiete, auf dem die Kontrasterscheinungen bis dahin am genauesten untersucht sind, bei den Lichtempfindungen, zwei in ihren Ursachen offenbar völlig verschiedene, wenn auch in ihren Wirkungen bis zu einem gewissen Grade verwandte Erscheinungen zusammengeworfen zu werden; die der Lichtinduktion oder des physiologischen Kontrastes (§ 6, 24f.), und die des eigentlichen oder psychologischen Kontrastes. Dieser wird bei intensiveren Eindrücken stets durch die stärkeren physiologischen Induktionswirkungen überdeckt. Von ihnen unterscheidet er sich jedoch durch zwei wichtige Merkmale: erstens erreicht er nicht bei den größten Helligkeiten und Sättigungen, sondern bei denjenigen mittleren Stufen, bei denen das Auge für Helligkeits- und Sättigungsänderungen am empfindlichsten ist, seine größte Stärke; und zweitens kann er unter günstigen Bedingungen durch die Vergleichung mit einem unabhängig gegebenen Objekt aufgehoben werden. Besonders durch das letztere Merkmal gibt sich dieser Kontrast ohne weiteres als das Produkt eines Beziehungsvorgangs zu erkennen. Wenn man z. B. ein graues Quadrat auf schwarzem und daneben ein Quadrat vom gleichen Grau auf weißem Grund anbringt und dann das Ganze mit durchsichtigem Seidenpapier überdeckt, so erscheinen die beiden Quadrate ganz verschieden: das auf dem schwarzen Grunde sieht hell, beinahe weiß, das auf dem weißen Grunde dunkel, beinahe schwarz aus. Da die Nachbild- und Irradiationswirkungen bei diesem "Florkontrast" verschwindend klein sind, so kann man annehmen, daß die Erscheinung wesentlich dem psychologischen Kontrast angehört. Hält man nun ein aus schwarzem Karton hergestelltes Lineal, das ebenfalls mit dem durchsichtigen Papier bedeckt ist und daher genau in dem nämlichen Grau wie die beiden Quadrate erscheint, so an die letzteren, daß es die unteren Enden derselben verbindet, so wird der Kontrastunterschied der Quadrate entweder ganz aufgehoben oder doch stark vermindert. Wählt man in diesem Versuch statt des farblosen einen farbigen Hintergrund, so erscheint das graue Quadrat sehr auffallend in der zugehörigen Komplementärfarbe; aber auch dieser Kontrast kann durch die Vergleichung mit einem unabhängigen grauen Objekt zum Verschwinden gebracht werden.

12. Ähnliche Kontrasterscheinungen finden sich nun nicht bloß bei den Empfindungen aller andern Sinnesgebiete, sofern die Bedingungen zu ihrer Nachweisung günstig sind, sondern besonders stark ausgeprägt bei den Gefühlen, und endlich unter geeigneten Umständen bei den extensiven räumlichen und zeitlichen Vorstellungen. Verhältnismäßig am freiesten von ihnen sind die Empfindungen der Tonhöhen, wo die bei den meisten Menschen ziemlich gut ausge-

bildete Fähigkeit, absolute Tonhöhen wiederzuerkennen, wahrscheinlich dem Kontrast entgegenwirkt. Bei den Gefühlen hängt die Wirkung desselben mit den natürlichen Gegensätzen der Gefühle zusammen. So werden Lustgefühle durch unmittelbar vorangegangene Unlustgefühle und manche Entspannungsgefühle durch die vorangegangenen Spannungsgefühle, z. B. das Gefühl der Erfüllung durch das der vorangegangenen Erwartung, gehoben. Bei den räumlichen und zeitlichen Vorstellungen zeigt sich die Wirkung des Kontrastes am deutlichsten, wenn eine und dieselbe Raum- oder Zeitstrecke das eine Mal mit einer kleineren, das andere Mal mit einer größeren Strecke verglichen wird. Die nämliche Strecke erscheint dann beidemal verschieden: dort im Verhältnis zur kleinen vergrößert, hier im Verhältnis zur großen verkleinert. Auch bei den räumlichen Vorstellungen kann man aber den Kontrast beseitigen, wenn man ein Vergleichsobjekt so zwischen den kontrastierenden Strecken anbringt, daß eine gleichzeitige Beziehung beider auf dasselbe leicht möglich ist.

13. Als eine besondere Modifikation des Kontrastes lassen sich die Erscheinungen betrachten, die bei der Auffassung von Eindrücken eintreten, deren wirkliche von ihrer erwarteten Beschaffenheit abweicht. Wenn man z.B. darauf vorbereitet ist, ein schweres Gewicht zu heben, während sich bei der wirklichen Hebung das Gewicht als leicht erweist, oder wenn man umgekehrt statt des erwarteten leichten ein schweres Gewicht hebt, so tritt dort eine Unterschätzung, hier eine Überschätzung des gehobenen Gewichts ein. Stellt man eine Reihe genau gleicher Gewichte her, die von verschiedenen Volumen sind, so daß sie wie ein aufsteigender Gewichtssatz aussehen, so erscheinen bei der Hebung die Gewichte verschieden schwer, und zwar scheint das kleinste Gewicht das schwerste und das größte das leichteste zu sein. Hierbei bestimmt zunächst die geläufige Assoziation des größeren Volumens mit der größeren Masse die Erwartung des Eindrucks, und die abweichende Schätzung wird dann durch den Kontrast der wirklichen mit der erwarteten Empfindung hervorgebracht.

Literatur. Florkontrast: H. Meyer, Poggendorffs Ann. der Physik, Bd. 44. Helmholtz, Physiol. Optik, 2. Abschn., §24. J. Köhler, Arch. f. Psych., Bd. 2. Phys. Psych.[6], II, Kap. 10,4. Baumkontrast: Müller-Lyer, Zeitschr. f. Psychol., Bd. 9. Wundt, Geom.-optische Täuschungen. Abh. d. sächs. Ges, d. W., 1898. Zeitkontrast: Meumann, Phil. Stud., Bd.8. Gefühlskontrast Phys.Psych.[6], II, Kap. II, 3. Gewichtstäuschungen: Müller u. Schumann, Pflügers Arch. f. Physiol., Bd. 37. Seashore, Scriptures Stud. of Yale Psych. Lab., 1895. Raumtäuschungen: Spearman, Psychol. Stud., Bd. I. Menderer, ebenda, Bd. 4. Klemm, ebenda, Bd. 5.

B. DIE ZUSAMMENGESETZTEN APPERZEPTIONSFUNKTIONEN (SYNTHESE UND ANALYSE)

14. Indem die einfachen Funktionen der Beziehung und der Vergleichung in mehrfacher Wiederholung und Verbindung zur Anwendung kommen, gehen aus ihnen die beiden zusammengesetzten psychischen Funktionen der Synthese und der Analyse hervor. Unter ihnen ist die Synthese zunächst das Produkt der beziehenden, die Analyse das der vergleichenden Apperzeption.

Als verbindende Funktion ruht die apperzeptive Synthese auf den Verschmelzungen und Assoziationen. Sie scheidet sich von diesen durch die Willkür, mit der bei ihr von den durch die Assoziation bereitliegenden Vorstellungs- und Gefühlsbestandteilen einzelne bevorzugt und andere zurückgedrängt werden, während zugleich die Motive dieser Auslese im allgemeinen erst aus der ganzen zurückliegenden Entwicklung des individuellen Bewußtseins erklärt werden können. Das Produkt der Synthese ist infolgedessen ein zusammengesetztes Ganzes, dessen Bestandteile sämtlich von früheren Sinneswahrnehmungen und deren Assoziationen herstammen, in welchem sich aber die Verbindung dieser Bestandteile mehr oder minder weit von den ursprünglichen Verbindungen der Eindrücke entfernen kann.

Insofern die Vorstellungsbestandteile eines durch apperzeptive Synthese entstandenen Gebildes als die Träger des übrigen Inhaltes betrachtet werden können, bezeichnen wir ein solches Gebilde allgemein als eine Gesamtvorstellung. Wo die Verbindung der Elemente des Ganzen als eine eigenartige, von den Assoziationsprodukten der Eindrücke erheblich abweichende erscheint, da wird die Gesamtvorstellung, ebenso wie jeder ihrer relativ selbständigen Vorstellungsbestandteile, wohl auch eine Phantasievorstellung oder ein Phantasiebild genannt. Da sich übrigens diese willkürliche Synthese bald mehr, bald weniger von den in den unmittelbaren Sinneswahrnehmungen und ihren Assoziationen gegebenen Verbindungen entfernen kann, so ist praktisch kaum eine scharfe Grenze zwischen Phantasie- und Erinnerungsbild zu ziehen. Auch bildet das positive Merkmal der willkürlichen Synthese ein wesentlicheres Kennzeichen des apperzeptiven Vorgangs als das negative, daß die Beschaffenheit der Verbindung keiner einzelnen bestimmten Sinneswahrnehmung entspricht. Zugleich liegt hierin der augenfälligste äußere Unterschied der Phantasie- von den bloßen Erinnerungsbildern begründet. Er besteht darin, daß jene in ihrer Klarheit und Deutlichkeit wie auch meist in der Vollständigkeit und Stärke ihres Empfindungginhalts den unmittelbaren Sinneswahrnehmungen näher stehen als diese. Dies erklärt sich wohl daraus, daß die hemmenden Wechselwirkungen, welche die frei schwebenden Assoziationen aufeinander ausüben, und welche es zu einer festeren Gestaltung der Erinnerungsbilder nicht kommen lassen, durch die willkürliche Bevorzugung bestimmter Vorstellungsgebilde vermindert oder beseitigt werden. Man kann daher in Phantasiebildern sich ergehen wie in wirklichen Erlebnissen. Bei Erinnerungsbildern ist das nur dann möglich, wenn sie zu Phantasiebildern werden, d. h. wenn man die Erinnerungen nicht mehr bloß passiv in sich aufsteigen läßt, sondern bis zu einem gewissen Grade frei mit ihnen schaltet, wobei dann freilich auch willkürliche Veränderungen derselben, eine Vermengung erlebter und erdichteter Wirklichkeit, nicht zu fehlen pflegt. Darum bestehen alle unsere Lebenserinnerungen aus "Dichtung und Wahrheit". Unsere Erinnerungsbilder wandeln sich unter dem Einfluß unserer Gefühle und unseres Willens in Phantasiebilder um, über deren Ähnlichkeit mit der erlebten Wirklichkeit wir meist uns selbst täuschen.

15. An die so durch apperzeptive Synthese entstandenen Gesamtvorstellungen schließt sich nun in zwei Formen die in entgegengesetzter Richtung wirkende apperzeptive Analyse an. Die erste ist unter dem Vulgärnamen der Phantasietätigkeit, die zweite unter dem der Verstandestätigkeit bekannt. Beide sind übrigens durchaus nicht, wie man nach diesen Namen vermuten könnte, verschiedene, sondern nahe verwandte und immer miteinander verbundene Vorgänge. Was sie zunächst scheidet, und worauf alle weiteren sekundären Unterschiede sowie die Rückwirkungen, die sie auf die synthetische Funktion ausüben, beruhen, ist das sie bestimmende Grundmotiv.

Dieses besteht bei der "Phantasietätigkeit" in der Nacherzeugung wirklicher oder der Wirklichkeit analoger zusammengesetzter Erlebnisse. Unmittelbar an die Assoziationen sich anlehnend, ist daher die Phantasietätigkeit die ursprünglichere Form der apperzeptiven Analyse. Sie beginnt mit einer mehr oder minder umfassenden, aus mannigfachen Vorstellungs- und Gefühlselementen bestehenden Gesamtvorstellung, die den allgemeinen Inhalt eines Erlebnisses umfaßt, in welchem die einzelnen Bestandteile zunächst nur unbestimmt ausgeprägt sind. Diese Gesamtvorstellung zerlegt sich dann in einer Reihe sukzessiver Akte in eine Anzahl bestimmterer teils zeitlich, teils räumlich verbundener Gebilde. So schließen hier an eine primäre willkürliche Synthese analytische Akte sich an, infolge deren wieder Motive einer neuen Synthese und damit einer Wiederholung des ganzen Prozesses mit einer teilweise veränderten oder mit einer beschränkteren Gesamtvorstellung entstehen können.

Die Phantasietätigkeit zeigt zwei Entwicklungsstufen. Die erste, mehr passive, geht unmittelbar aus den gewöhnlichen Erinnerungsfunktionen hervor. Sie findet sich namentlich in der Form der Antizipation der Zukunft fortwährend in unserem Gedankenlauf und spielt als Vorbereitung der Willensvorgänge eine wichtige Rolle in der psychischen Entwicklung. Doch kann sie in analoger Weise als ein beliebiges Hineindenken in imaginäre Lebenslagen oder in äußere Erscheinungsfolgen vorkommen. Die zweite, aktivere Form steht unter dem Einfluß streng festgehaltener Zweckvorstellungen und setzt daher einen höheren Grad willkürlicher Gestaltung der Phantasiebilder und ein höheres Maß teils hemmender, teils auswählender Wirkungen gegenüber den unwillkürlich sich aufdrängenden Erinnerungsbildern voraus. Schon die ursprüngliche Synthese der Gesamtvorstellung ist hier eine planvollere. Eine einmal entstandene Gesamtvorstellung wird strenger festgehalten und durch eine vollständigere Analyse zerlegt, wobei die Bestandteile häufig wieder untergeordnete Gesamtvorstellungen bilden, auf die der nämliche Prozeß der Analyse abermals Anwendung findet. Auf diese Weise beherrscht das Prinzip der zweckmäßigen organischen Gliederung alle Produkte und Prozesse der aktiven Phantasietätigkeit. In deutlichster Weise zeigt sich dies an den Erzeugnissen der Kunst. Doch finden sich auch schon in dem gewöhnlichen freien Spiel der Phantasie mannigfache Übergänge zwischen der passiven, noch unmittelbarer an die Erinnerungsfunktionen sich anlehnenden und der aktiven, von festeren Zwecken geleiteten Phantasietätigkeit.

16. Dieser Nachbildung wirklicher oder als Wirklichkeit vorstellbarer Erlebnisse gegenüber besteht das Grundmotiv der "Verstandestätigkeit" in der Auffassung der Übereinstimmungen und Unterschiede, sowie der aus diesen sich entwickelnden sonstigen logischen Verhältnisse der Erfahrungsinhalte. Demnach geht die Verstandestätigkeit ursprünglich ebenfalls von Gesamtvorstellungen aus, in denen eine Anzahl wirklicher oder als wirklich vorstellbarer Erlebnisse willkürlich in Beziehung gesetzt und zu einem einheitlichen Ganzen verbunden ist. Aber der hierauf folgenden Analyse ist durch das abweichende Grundmotiv ein anderer Weg vorgezeichnet. Die Analyse besteht nämlich hier nicht mehr bloß in einer klareren Vergegenwärtigung der einzelnen Bestandteile der Gesamtvorstellung, sondern in der Feststellung der durch die vergleichende Funktion zu gewinnenden mannigfachen Verhältnisse, in denen jene Bestandteile zueinander stehen. Zum Behuf dieser Feststellung werden dann zugleich, sobald nur einmal mehrfach solche Analysen vollzogen sind, anderweitig gewonnene Ergebnisse der Beziehung und Vergleichung herbeigezogen.

Infolge dieser strengeren Anwendung der beziehenden und vergleichenden Elementarfunktionen folgt die Verstandestätigkeit schon in ihrer äußeren Form, namentlich auf den vollkommeneren Stufen, festeren Regeln. Die im allgemeinen bereits für die Phantasie- und selbst für die bloße Erinnerungstätigkeit gültige Tatsache, daß sich uns die zur Apperzeption gelangenden Beziehungen verschiedener psychischer Inhalte zueinander nicht simultan, sondern sukzessiv darbieten, so also, daß wir jeweils von einer Beziehung zu einer folgenden fortschreiten, wird bei den Verstandesfunktionen zu einer diskursiven Gliederung der Gesamtvorstellungen. Sie findet ihren Ausdruck in dem Gesetz der Dualität der logischen Denkformen, nach welchem die durch beziehende Vergleichung entstehende Analyse den Inhalt einer Gesamtvorstellung zunächst in zwei Teile zerlegt, Subjekt und Prädikat, worauf sich dann an jedem dieser Teile die ähnliche Zweigliederung noch einmal oder mehrmals wiederholen kann. Solche Untergliederungen werden durch die ebenfalls dual einander gegenüberstehenden und nach ihrem logischen Verhältnis dem Subjekt und Prädikat analogen grammatischen Kategorien von Nomen und Attribut, Verbum und Objekt, Verbum und Adverbium bezeichnet. Auf diese Weise geht hier aus dem Vorgang der apperzeptiven Analyse das Urteil, das sprachlich in dem Satze seinen Ausdruck findet, hervor.

Für das psychologische Verständnis der Urteilsfunktion ist es von fundamentaler Bedeutung, daß dieselbe nicht als eine synthetische, sondern als eine analytische Funktion aufzufassen ist. Die ursprüngliche Gesamtvorstellung, die in dem Urteil in ihre aufeinander bezogenen Bestandteile gegliedert wird, stimmt durchaus überein mit einer Phantasievorstellung. Die Zerlegungsprodukte, die so entstehen, sind aber nicht, wie bei der Phantasietätigkeit, Phantasievorstellungen von beschränkterem Umfang und größerer Klarheit, sondern Begriffsvorstellungen. Hierbei bezeichnen wir mit dem letzteren Ausdruck solche Vorstellungen, die zu andern dem nämlichen Ganzen angehörenden Teilvorstellungen in irgendeiner der Beziehungen stehen, die durch die Anwendung der allgemeinen Funktionen der Beziehung und Vergleichung auf Vorstellungsinhalte gewonnen werden. Nennt man die Gesamtvorstellung, die einer derartigen beziehenden Analyse unterworfen wird, einen Gedanken, so ist demnach das Urteil die Gliederung eines Gedankens in seine Bestandteile, und der Begriff ist das Produkt einer solchen Gliederung.

17. Die Begriffe, die auf diesem Wege gewonnen werden, ordnen sich nach der Art der stattgehabten Analyse in gewisse allgemeine Klassen. Solche Klassen sind die Begriffe von Gegenständen, Eigenschaften, Zuständen. Indem sich die Urteilsfunktion in der Gliederung einer Gesamtvorstellung betätigt, setzt sie einen Gegenstand zu einer Eigenschaft oder einem Zustand, oder setzt sie verschiedene Gegenstände zueinander in Beziehung. Da nun hierbei der einzelne Begriff eigentlich niemals isoliert vorgestellt werden kann, sondern in dem Ganzen der Vorstellung stets an einen andern Begriff oder eine Mehrheit anderer Begriffe gebunden ist, so unterscheiden sich die Begriffsvorstellungen in sehr auffallender Weise durch ihre Unbestimmtheit und Veränderlichkeit von den Phantasievorstellungen. Diese Unbestimmtheit wird dann wesentlich noch dadurch vermehrt, daß sich infolge des übereinstimmenden Ablaufs verschiedener Urteilsgliederungen Begriffe bilden, die als Bestandteile vieler in ihrer konkreten Beschaffenheit variabler Vorstellungen vorkommen. Ein Begriff dieser Art kann daher in sehr vielen einzelnen Abwandlungen existieren. Solchen Allgemeinbegriffen, die wegen der Ausdehnung der beziehenden Analyse auf verschiedene Urteilsinhalte die überwiegende Mehrheit der Begriffe überhaupt bilden, entspricht demnach eine mehr oder minder große Anzahl einzelner Vorstellungen. Von diesen wird aber stets irgendeine einzelne als Stellvertreterin des Begriffs gewählt. Dadurch gewinnen nun die Begriffsvorstellungen wieder eine größere Bestimmtheit. Doch verbindet sich zugleich mit jeder solchen Vorstellung das in der Regel nur in der Form eines eigentümlichen Gefühls zum Ausdruck kommende Bewußtsein der bloß stellvertretenden Bedeutung. Dieses Begriffsgefühl läßt sich wohl darauf zurückführen, daß sich dunklere Vorstellungen, die sämtlich die zur Vertretung des Begriffs geeigneten Eigenschaften besitzen, in der Form wechselnder Erinnerungsbilder zur Auffassung drängen. Hierfür spricht besonders die Tatsache, daß das Begriffsgefühl so lange sehr intensiv ist, als irgendeine der konkreten Verwirklichungen des allgemeinen Begriffs als repräsentative Vorstellung gewählt wird, wie z. B. ein individueller Mensch für den Begriff des Menschen, wogegen es fast ganz verschwindet, sobald die repräsentative Vorstellung ihrem Inhalte nach völlig von den Objekten des Begriffs abweicht. Darin, daß die Wortvorstellungen diesen Zweck erfüllen, liegt zu einem großen Teil die Bedeutung, die ihnen als allgemeingültigen Hilfsmitteln des Denkens zukommt. Da dem einzelnen Bewußtsein diese Hilfsmittel bereits in fertigem Zustand überliefert werden, so muß übrigens die Frage nach der psychologischen Entwicklung der in der Sprache sich betätigenden Hilfsfunktionen des Denkens der Völkerpsychologie überlassen bleiben. (Vgl. § 21, A.)

18. Phantasie- und Verstandestätigkeit sind nach allem dem nicht spezifisch verschiedene, sondern zusammengehörige, in ihrer Entstehung und in ihren Äußerungen gar nicht zu trennende Funktionen, die in letzter Instanz auf die nämlichen Grundfunktionen der apperzeptiven

Synthese und Analyse zurückführen. Auch mit den Begriffen Phantasie und Verstand verhält es sich daher ähnlich wie mit dem des Gedächtnisses (§ 16, 21). Sie bezeichnen nicht einheitliche Kräfte oder Vermögen, sondern komplexe Erscheinungsformen elementarer psychischer Vorgänge, nicht von spezifischer, sondern von allgemeingültiger Art. Wie das Gedächtnis ein Allgemeinbegriff für die Erinnerungsvorgänge, so sind Phantasie und Verstand Allgemeinbegriffe für bestimmte Richtungen der apperzeptiven Funktionen. Einen gewissen praktischen Nutzen haben auch sie nur insofern, als sie bequeme Hilfsmittel abgeben, um die mannigfaltigen Unterschiede individueller Beanlagung für die intellektuellen Prozesse in gewisse Klassen zu ordnen, innerhalb deren dann freilich wieder unendlich viele Abstufungen und Nuancen möglich sind. So lassen sich als Hauptarten der Phantasiebegabung, abgesehen von den allgemeinen Gradunterschieden, die anschauliche und die kombinierende Phantasie, als Hauptar-ten der Verstandesbegabung der vorzugsweise den einzelnen logischen Beziehungen und ihren Verknüpfungen zugekehrte induktive und der mehr auf allgemeine Begriffe und ihre Analyse gerichtete deduktive Verstand unterscheiden. Als das Talent eines Menschen bezeichnen wir dann die Gesamtanlage, die ihm infolge der besonderen Richtungen sowohl seiner Phantasie- wie seiner Verstandesbegabung eigen ist.

Literatur. Denkvorgänge: M. u. T. Vorl. 21. Logik[3], I, Kap. l. Völkerpsychologie[2], I, 2, Kap. 6. Phantasie: Ebenda, III, 2, Kap. l.

PSYCHISCHE ZUSTÄNDE

1. Der normale Zustand des Bewußtseins, der den Betrachtungen der vorangegangenen §§ zugrunde gelegt wurde, kann in so mannigfaltiger Weise Veränderungen erfahren, daß die allgemeine Psychologie um so mehr darauf verzichten muß, diese Veränderungen eingehender zu schildern, als die wichtigeren derselben, diejenigen nämlich, die bei den verschiedenen Nerven-, Gehirn- und Geisteskrankheiten zu beobachten sind, besonderen, an die Psychologie angrenzenden oder teilweise auf sie sich stützenden Gebieten der Pathologie zugehören. Hier kann es sich daher nur darum handeln, auf die hauptsächlichsten psychologischen Bedingungen solcher Zustände hinzuweisen. Dieser Bedingungen lassen sich im allgemeinen drei unterscheiden. Sie können bestehen: l) in der abweichenden Beschaffenheit der psychischen Elemente, 2) in der Art der Zusammensetzung der psychischen Gebilde, und 3) in der Verbindungsweise der Gebilde. Bei dem engen Zusammenhang dieser verschiedenen Faktoren ist in der Regel keine dieser drei Bedingungen für sich allein wirksam, sondern sie pflegen sich zu verbinden, indem namentlich die abweichende Beschaffenheit der Elemente auch eine solche der Gebilde, und die letztere hinwiederum Veränderungen in dem allgemeinen Zusammenhang der Bewußtseinsvorgänge herbeiführt.

2. Die psychischen Elemente, die Empfindungen und einfachen Gefühle, zeigen stets nur in dem Sinne Veränderungen, daß das normale Verhältnis zwischen ihnen und ihren physiologischen Bedingungen irgendwie gestört ist. Bei den Empfindungen lassen sich solche Veränderungen auf ein Ab- und Zunehmen der Erregbarkeit gegenüber den Sinnesreizen (Anästhesie und Hyperästhesie) zurückführen, wie sie namentlich in den Sinneszentren infolge verschiedener physiologischer Einflüsse vorkommen. Als psychologisches Symptom ist hierbei vorzugsweise die erhöhte Erregbarkeit von Bedeutung, da sie einer der häufigsten Bestandteile zusammengesetzter psychischer Störungen ist. Ähnlich verraten sich Veränderungen der einfachen Gefühle als Ab- und Zunahme der Gefühlserregbarkeit in den Depressions- oder Exaltationszuständen, die sich in der Art des Verlaufs der Affekte und Willensvorgänge zu erkennen geben. Auf diese Weise werden die Veränderungen der psychischen Elemente überhaupt erst durch den Einfluß, den sie auf die Beschaffenheit der verschiedenen psychischen Gebilde ausüben, nachweisbar.

3. Unter den Veränderungen der Vorstellungsgebilde besitzen die auf peripherer oder zentraler Anästhesie beruhenden Vorstellungsdefekte im allgemeinen eine beschränkte Bedeutung; sie üben auf den Zusammenhang der psychischen Vorgänge keine tieferen Wirkungen aus. Wesentlich anders verhält sich dies mit der durch zentrale Hyperästhesie hervorgerufenen relativen Steigerung der Empfindung. Ihre Wirkung ist namentlich deshalb eine sehr eingreifende, weil durch sie reproduktive Empfindungselemente die Stärke äußerer Sinneseindrücke erreichen können. Infolgedessen kann es geschehen, daß entweder reine Erinnerungsbilder als Wahrnehmungen objektiviert werden: Halluzinationen; oder daß, wenn direkt erregte und reproduktive Elemente sich verbinden, durch die Intensität der letzteren der Sinneseindruck wesentlich verändert erscheint: phantastische Illusionen[11]). Praktisch sind beide nur insofern zu unterscheiden, als sich in sehr vielen Fällen bestimmte Vorstellungen als phantastische Illusionen nachweisen lassen, während das Vorhandensein einer reinen Halluzination fast immer zweifelhaft bleibt, da irgendwelche direkte Empfindungselemente sehr leicht übersehen werden können. In der Tat ist es nicht unwahrscheinlich, daß weitaus die meisten sogenannten Halluzinationen Illusionen sind. Diese aber gehören ihrer psychologischen Natur nach durchaus zu den Assimilationen (§ 16, Bff.). Sie können geradezu als Assimilationen mit starkem Übergewicht der reproduktiven Elemente definiert werden. Wie die normalen Assimilationen mit den sukzessiven Assoziationen in Zusammenhang stehen, so sind daher auch die phantastischen Illusionen mit den unten (5) zu besprechenden Veränderungen des assoziativen Vorstellungsverlaufs auf das engste verknüpft.

4. Bei den zusammengesetzten Gefühls- und Willensvorgängen scheiden sich die Abweichungen von dem normalen Verhalten deutlich in Depressions- und Exaltationszustände. Jene bestehen in dem Vorwalten der hemmenden, asthenischen, diese in einem solchen der erregenden,

sthenischen Affekte, während dort zugleich Verzögerung oder völlige Hemmung der Willensentschlüsse, hier übermäßig rasche, triebartige Wirksamkeit der Motive zu beobachten ist. Da
schon das normale Seelenleben einen fortwährenden Wechsel der Gemütsbewegungen darbietet,
so ist es bei diesen im allgemeinen schwerer, die Grenze zwischen normalem und abnormem
Verhalten zu bestimmen, als bei den Vorstellungsgebilden. Ebenso erscheint der in pathologischen Fällen häufig sehr auffallende Wechsel zwischen Depressions- und Exaltationszuständen
nur als eine Steigerung des normalen Schwankens der Gefühle und Affekte um eine Indifferenzlage (§ 7, § 13ff.). Diese Depressions- und Exaltationszustände bilden besonders charakteristische Symptome allgemeiner psychischer Störungen, weshalb auch ihre nähere Schilderung der
psychischen Pathologie überlassen werden muß. Da die psychischen Allgemeinerkrankungen
stets zugleich Symptome von Gehirnerkrankungen sind, so sind übrigens zweifellos diese Abweichungen der Gefühls- und Willensvorgänge, ähnlich wie diejenigen der Empfindungen und
Vorstellungen, von physiologischen Veränderungen begleitet. Die Natur derselben ist uns aber
noch unbekannt; man kann nur vermuten, daß sie, gemäß der zusammengesetzteren Beschaffenheit der Gemütsbewegungen, entweder einen ausgedehnteren Sitz haben als die zentralen
Erregbarkeitsänderungen bei den Halluzinationen und Illusionen, oder daß sie sich auf zentra-
lere, direkter an den Apperzeptionsprozessen beteiligte Gehirngebiete erstrecken.

5. Mit den sensoriellen Erregbarkeitsänderungen, den Depressions- und Exaltationszustän-
den, verbinden sich in der Regel zugleich Veränderungen in dem Zusammenhang und Verlauf
der psychischen Vorgänge, die wir, gemäß dem für diesen Zusammenhang gebildeten Begriff des
Bewußtseins (§ 15), als abnorme Veränderungen des Bewußtseins bezeichnen. Solange sich die
Abweichung von der Norm auf die einzelnen psychischen Gebilde, die Vorstellungen, Affekte,
Willensvorgänge, beschränkt, ist zwar selbstverständlich durch die Veränderungen dieser seiner
Bestandteile auch das Bewußtsein verändert. Aber von einer Abnormität des Bewußtseins als
solcher reden wir doch immer erst dann, wenn nicht bloß die einzelnen psychischen Gebilde, sondern auch ihre Verbindungen irgendwelche erheblichere Abweichungen darbieten. Diese stellen sich freilich, sobald jene elementareren Störungen tiefere sind, immer ein, da ja die
Verbindungen der Elemente zu Gebilden und der Gebilde untereinander Vorgänge sind, die kontinuierlich ineinander übergehen. Entsprechend den verschiedenen Verbindungsprozessen, die
den Zusammenhang des Bewußtseins ausmachen (§ 15, 12a), lassen sich hiernach im allgemeinen drei Arten von Abnormitäten des Bewußtseins unterscheiden: 1) Assoziationsänderungen,
2) Veränderungen der Apperzeptionsverbindungen, 3) Veränderungen in dem Verhältnis beider
Verbindungsformen zueinander.

6. Assoziationsänderungen entstehen zunächst als unmittelbare Folgen der elementaren Störungen. Indem die sensorielle Erregbarkeitssteigerung die normalen Assimilationen in phantastische Illusionen umwandelt, werden zugleich die assoziativen Wiedererkennungsvorgänge
(§ 16, 15) wesentlich alteriert: bald kann das Bekannte als ein Unbekanntes, bald das Unbekannte als ein Bekanntes erscheinen, je nachdem die reproduktiven Elemente auf bestimmte
frühere Vorstellungen zurückgreifen oder weit voneinander entfernten Wahrnehmungsvorgän-
gen entlehnt sind. Ferner wirkt die gesteigerte sensorielle Erregbarkeit auf eine Beschleunigung
der Assoziationen hin, infolge deren wieder die äußerlichsten, durch zufällige Eindrücke oder
Gewohnheitsübung nächstliegenden vorherrschen. Die Depressions- und Exaltationszustände
dagegen werden vorzugsweise für die Qualität und Richtung der Assoziationen bestimmend.

Ähnlich wirken die elementaren Vorstellungs- und Gefühlsänderungen auf die Apperzeptionsverbindungen teils hemmend oder beschleunigend, teils richtunggebend ein. Zugleich führen jedoch alle erheblicheren Abweichungen der Vorstellungs- und Gefühlsprozesse hier die
weitere Folge mit sich, daß die an die Aufmerksamkeit gebundenen Vorgänge mehr oder minder erschwert werden, so daß in vielen Fällen nur noch einfachere Apperzeptionsverbindungen,
ja manchmal überhaupt nur noch solche möglich sind, die sich durch Übung- zu Assoziationen
verdichtet haben. Hiermit hängen schließlich auch die Veränderungen zusammen, die in dem
Verhältnis der Apperzeptionsverbindungen zu den Assoziationen eintreten. Indem nämlich die
bisher erörterten Einflüsse im allgemeinen fördernd auf die Assoziationen, dagegen hemmend

auf die Apperzeptionen einwirken, entsteht als häufigstes Symptomenbild irgend tiefer greifender psychischer Störungen ein starkes Übergewicht der Assoziationen. Am deutlichsten tritt dies dann hervor, wenn, wie bei vielen Geisteskrankheiten, die Bewußtseinsstörung ein stetig zunehmender Prozeß ist. Hier beobachtet man dann, daß die Funktionen der Apperzeption, die sogenannten Phantasie- und Verstandestätigkeiten, immer mehr von Assoziationen überwuchert werden, bis diese endlich allein übrigbleiben. Erst bei noch weiter fortschreitender Störung werden allmählich auch die Assoziationen beschränkt und ziehen sich auf gewisse vorzugsweise eingeübte Verbindungen (fixe Ideen) zurück, ein Zustand, der endlich in vollständige geistige Paralyse übergeht.

7. Abgesehen von den eigentlichen Geisteskrankheiten finden sich nun die soeben erörterten Abweichungen des Bewußtseins vorzugsweise noch in zwei in die Breite des normalen Lebens fallenden Zuständen: im Traum und in der Hypnose.

Die Vorstellungen des Traumes gehen jedenfalls zum größten Teil von Sinnesreizen, namentlich auch von solchen des allgemeinen Sinnes aus, und sie sind daher zumeist phantastische Illusionen, wahrscheinlich nur zum kleineren Teil reine, zu Halluzinationen gesteigerte Erinnerungsvorstellungen. Auffallend ist außerdem das Zurücktreten der Apperzeptionsverbindungen gegenüber den Assoziationen, womit die oft vorkommenden Veränderungen und Vertauschungen des Selbstbewußtseins, die Verwirrungen des Urteils u. dgl. zusammenhängen. Das Unterscheidende des Traumes von andern, ähnlichen psychischen Zuständen liegt übrigens weniger in diesen positiven Eigenschaften, als in der Beschränkung der Erregbarkeitserhöhung auf die sensorischen Funktionen, während die äußeren Willenstätigkeiten beim gewöhnlichen Schlaf und Traum vollständig gehemmt sind. Verbinden sich die phantastischen Traumvorstellungen zugleich mit Willenshandlungen, so entstehen die im ganzen seltenen, bereits gewissen Formen der Hypnose verwandten Erscheinungen des Schlafwandelns. Am häufigsten kommen solche motorische Begleiterscheinungen beschränkt auf die Sprachbewegungen, als Sprechen im Traume, vor.

8. Als Hypnose bezeichnet man gewisse dem Schlaf und Traum verwandte Zustände, die durch bestimmte psychische Einwirkungen hervorgerufen werden, und in denen das Bewußtsein im allgemeinen ein zwischen Wachen und Schlaf in der Mitte stehendes Verhalten darbietet. Die hauptsächlichste Entstehungsursache der Hypnose ist die Suggestion, d. h. die Mitteilung einer gefühlsstarken Vorstellung, welche in der Regel von einer fremden Persönlichkeit in Form eines Befehls geschieht (Fremdsuggestion), zuweilen aber auch von dem Hypnotisierten selbst hervorgebracht werden kann (Autosuggestion). Der Befehl oder Vorsatz, zu schlafen, bestimmte Bewegungen auszuführen, nicht vorhandene Gegenstände wahrzunehmen oder vorhandene nicht wahrzunehmen u. dgl., sind die häufigsten derartigen Suggestionen. Gleichförmige Sinnesreize, namentlich Tastreize, wirken unterstützend. Außerdem ist der Eintritt der Hypnose an eine bestimmte, in ihrer Natur noch unbekannte Disposition des Nervensystems gebunden, die durch wiederholtes Hypnotisieren bedeutend gesteigert wird.

Das nächste Symptom der Hypnose besteht in einer mehr oder minder vollständigen Hemmung von äußeren Willenshandlungen, welche zugleich mit einer einseitigen Richtung der Aufmerksamkeit, meist auf die vom Hypnotisator gegebenen Befehle, verbunden ist (Befehlsautomatie). Der Hypnotisierte schläft nicht nur auf Befehl, sondern behält auch in diesem Zustande jede noch so gezwungene Stellung bei, die man ihm gibt (hypnotische Katalepsie). Steigert sich der Zustand, so führt der Hypnotische ihm aufgetragene Bewegungen anscheinend automatisch aus und gibt zu erkennen, daß er Vorstellungen, die ihm suggeriert werden, halluzinatorisch für wirkliche Gegenstände hält (Somnambulie). In diesem Zustande können endlich motorische oder sensorische Suggestionen für den Eintritt des Erwachens oder sogar für einen bestimmten späteren Zeitpunkt (Terminsuggestionen) gegeben werden. Die solche "posthypnotische Wirkungen" begleitenden Erscheinungen machen es wahrscheinlich, daß sie auf einer partiellen Fortdauer der Hypnose oder (bei der Terminsuggestion) auf einem Wiedereintritt derselben beruhen.

9. Nach allen diesen Erscheinungen sind Schlaf und Hypnose verwandte, nur infolge der verschiedenen Entstehungsweise sich unterscheidende Zustände. Gemeinsam sind beiden gewisse Hemmungserscheinungen im Gebiet der Willens- und Aufmerksamkeitsvorgänge, sowie eine Disposition zu gesteigerter Erregbarkeit der Sinneszentren, die eine halluzinatorische Assimilation der Sinneseindrücke bewirkt. Unterscheidende Merkmale sind dagegen die namentlich die Apperzeptionsvorgänge und die motorischen Funktionen intensiv wie extensiv vollständiger ergreifende Willenshemmung im Schlaf, und die einseitige, durch die Suggestion bedingte und zugleich weitere Suggestionen begünstigende Richtung der Apperzeption in der Hypnose. Doch haben diese Unterschiede keine absolute Bedeutung: so fällt beim Schlafwandeln auch im Traum die äußere Willenshemmung hinweg, während sie im lethargischen Anfangsstadium der Hypnose ähnlich wie im Schlafe vorhanden ist.

Hiernach sind die psychophysischen Bedingungen von Schlaf, Traum und Hypnose wahrscheinlich im wesentlichen übereinstimmende. Da diese Bedingungen psychologisch als eigentümlich veränderte Dispositionen zu Empfindungs- und Willensreaktionen auftreten, so können sie, wie alle Dispositionen, physiologisch nur aus den vorauszusetzenden Funktionsänderungen bestimmter Zentralgebiete erklärt werden. Direkt sind diese Funktionsänderungen noch nicht erforscht. Doch läßt sich nach den psychologischen Symptomen annehmen, daß sie sich in der Regel aus einer Funktionshemmung der bei den Willens- und Apperzeptionsvorgängen wirksamen Zentralgebiete und aus einer Erregbarkeitssteigerung der Sinneszentren zusammensetzen.

9a. Die Theorie von Schlaf, Traum und Hypnose ist demnach zunächst eine physiologische Aufgabe. Neben der allgemeinen Voraussetzung der Funktionshemmung bestimmter Teile der Großhirnrinde und der Funktionssteigerung anderer, die wir den psychischen Symptomen entnehmen, läßt sich aber hier vorläufig nur ein allgemeines neurologisches Prinzip mit einiger Wahrscheinlichkeit verwerten, nämlich das Prinzip der Kompensation der Funktionen, wonach sich die Funktionshemmung eines bestimmten Zentralgebiets mit einer Funktionssteigerung anderer, in Wechselbeziehung stehender Gebiete verbindet. Diese Wechselbeziehung kann aber wieder teils eine direkte, neurodynamische, teils eine indirekte, vasomotorische, sein. Die erstere beruht mutmaßlich darauf, daß die durch die Funktionshemmung angehäufte Energie durch die nervösen Verbindungen nach andern Zentralgebieten abfließt; die zweite beruht darauf, daß die Funktionshemmung von einer Verengerung der kleinsten Blutgefäße und diese von einer kompensatorischen Erweiterung der Gefäße anderer Gebiete, der erhöhte Blutzufluß aber wieder von einer Funktionssteigerung begleitet ist. Ein wesentlicher Unterschied zwischen Traum und Hypnose scheint dann, wie die psychologischen Symptome erschließen lassen, darin zu liegen, daß beim Traume die zu den Apperzeptionsvorgängen in Beziehung stehenden Zentralgebiete sich mehr oder weniger vollständig im Zustand der Hemmung befinden, so daß fast die gesamte kompensatorische Erregung den Sinneszentren zufließt, wogegen bei der Hypnose unter Umständen innerhalb des Apperzeptionszentrums selbst schon kompensatorische Erregbarkeitssteigerungen gegenüber vorhandenen partiellen Hemmungen stattfinden. Auf diese Verhältnisse dürften namentlich die bei gesteigerter Anlage vorkommenden Erscheinungen partieller Hypnose hinweisen, bei denen teils verwickelte Handlungen von automatischem Charakter bei sonst scheinbar wachem Zustand, teils psychische Akte geschärfter Unterscheidung oder auffallend genauer Wiedererkennung und Erinnerung innerhalb eines bestimmten Vorstellungs- oder Gefühlsgebiets bei gleichzeitiger Ausschaltung anderer Elemente sich finden. Dieser Zustand partieller Hypnose mit einseitig gerichteter Aufmerksamkeit ist zugleich der einzige, bei dem möglicherweise eine direkte psychologische Verwertung derselben auf Grund der durch experimentelle Reizeinwirkungen ausgelösten Selbstbeobachtungen der Hypnotisierten in Frage kommen kann. Die sorgfältig zu vermeidende Klippe solcher Selbstbeobachtungen im partiell hypnotischen Zustand wird aber freilich immer darin bestehen, daß täuschende Fremdsuggestionen und Autosuggestionen stattfinden.

Traum und Hypnose sind häufig Gegenstände mystischer und phantastischer Hypothesen gewesen. Man redete von einer gesteigerten Seelentätigkeit im Traum, von geistigen Fernwirkungen in Traum und Hypnose. Besonders der Hypnotismus ist in dieser Beziehung zur Stütze spiritistischer Vorstellungen verwendet worden. Dabei wirkten schon bei dem durchaus auf Suggestion und Hypnose zurückzuführenden "tierischen Magnetismus" und "Somnambulismus" vielfach Selbsttäuschungen und absichtliche Täuschungen zusammen. In Wirklichkeit ist alles, was bei diesen Erscheinungen der exakten Prüfung standhält, im allgemeinen psychologisch und physiologisch erklärbar. Höchstens kann man zweifeln, auf welche der beiden hier in Betracht kommenden Seiten, auf die psychologische oder die physiologische, bei dem heutigen Stand unserer Kenntnisse der Schwerpunkt der Interpretation zu legen sei. So sind verschiedene psychologische Deutungen namentlich in dem Sinne versucht worden, daß man, anknüpfend an die zum Teil auch in das normale Seelenleben hereinreichenden Dämmerzustände, qualitative oder intensive Stufen des Bewußtseins zu Hilfe nahm. Dahin gehören besonders die in das Gebiet der Neuropathologie herüberspielenden, im übrigen von willkürlichen Hypothesen stark getrübten Theorien von Sigmund Freud. Mit strengerer Methodik hat Max Dessoir diese und andere Abweichungen der Bewußtseinszustände unter übereinstimmende Gesichtspunkte zu bringen gesucht und dabei zugleich die mystischen und abergläubischen Verirrungen, an denen es in diesem Gebiet noch heute nicht fehlt, einer strengen und sachlichen Kritik unterworfen. Immerhin hat, wo die Beziehung zu bekannten nervenphysiologischen Erscheinungen nahe liegt, wie bei den oben erwähnten neurologischen Wechselbeziehungen der Kompensation und der Steigerung der Funktionen die physiologische Deutung jedenfalls den Vorzug der Anlehnung an bekannte neurologische Tatsachen, während sie zugleich eine parallelgehende psychologische Auffassung nicht ausschließt.

Literatur. Psychische Störungen im allgemeinen: Kraepelin, Psychiatrie, 8. Aufl., Bd. 1, 1909. Störring, Vorlesungen über Psychopathologie, 1900. Weygandt, Atlas und Grundriß der Psychiatrie, 1902, Kap. IV. P. Janet, Névroses et idées fixes, 2 Bde., 1898. Sommer, Lehrbuch der psychopathol. Untersuchungsmethoden, 1899. Phys. Psych.[6], III, Kap. 20. M. u. T[5]Vorl. 21 u. 22. Schlaf und Traum: Purkinje, Wachen, Schlaf und Traum, Handwörterb. d. Physiol., III, 2. Radestock, Schlaf und Traum, 1879. Gießler, Aus den Tiefen des Traumlebens, 1890. Weygandt, Entstehung der Träume, 1893, und Phil. Stud., Bd. 20. Michelsen, Tiefe des Schlafes, Kraepelins Psychol. Arbeiten, Bd. 2. Freud, Die Traumdeutung, 1909. Mittenzwey, Darstellung und Kritik der Freudschen Neurosenlehre (Zeitschr. f. Pathopsyohologie, Bd. 2). M. Dessoir, Vom Jenseits der Seele, 1917. Voldt, Über den Traum, 2 Bde., 1910-12. H. Ellis, Die Welt der Träume, 1911. Hypnose: Bernheim, Die Suggestion, 1888. Forel, Der Hypnotismus, 4. Aufl., 1902. Lehmann, Die Hypnose, 1890. O. Vogt, Zeitschr. f. Hypnotismus, Bd. 3-6. Lipps, ebenda, Bd. 2. Wundt, Kl. Schriften, Bd. 2.

IV. DIE PSYCHISCHEN ENTWICKLUNGEN

DIE PSYCHISCHEN EIGENSCHAFTEN DER TIERE

l. Das Tierreich bietet uns eine Reihe geistiger Entwicklungen dar, die wir als Vorstufen der geistigen Entwicklung des Menschen betrachten können, da sich das seelische Leben der Tiere überall als ein dem des Menschen in seinen Elementen und in den allgemeinsten Gesetzen der Verbindung dieser Elemente gleichartiges verrät.

Schon die niedersten Tiere (Protozoen, Cölenteraten u. a.) zeigen Lebensäußerungen, die auf Vorstellungs- und Willensvorgänge schließen lassen. Sie ergreifen anscheinend spontan ihre Nahrung, entfliehen verfolgenden Feinden u. dgl. Ebenso finden sich Spuren von Assoziationen und Reproduktionen, namentlich Vorgänge des sinnlichen Erkennens und Wiedererkennens (§ 16, 15), schon auf sehr niederen Stufen, und sie vervollkommnen sich bei den höheren Tieren wesentlich nur durch die Zunahme der Zeit, über die sich die Erinnerungsvorgänge erstrecken. Nicht minder sind, wie wir aus der gleichartigen Anlage und Entwicklung der Sinnesorgane schließen müssen, die Formen der Sinnesvorstellungen im allgemeinen übereinstimmend; nur daß sich bei den niedersten Wesen die Sinnesfunktionen, entsprechend dem primitiven Zustand in der individuellen Entwicklung höherer Organismen, auf den allgemeinen Tastsinn beschränken (§ 6, A).

Gegenüber dieser Gleichartigkeit der psychischen Elemente und ihrer einfacheren Verbindungen bestehen aber sehr große Unterschiede in allen den Vorgängen, die mit der Entwicklung der Apperzeption zusammenhängen. Während passive Apperzeptionen als die Grundlagen der überall vorkommenden einfachen Triebhandlungen niemals fehlen, finden sich dagegen aktive Apperzeptionsprozesse, in der Form willkürlicher Aufmerksamkeit auf gewisse Eindrücke und einer Wahl zwischen verschiedenen Motiven, wahrscheinlich nur bei den entwickelteren Tieren. Auch bei ihnen bleiben sie jedoch beschränkt auf die von unmittelbaren Sinneseindrücken angeregten Vorstellungen und nächsten Assoziationen, so daß von intellektuellen Funktionen im engeren Sinne des Wortes, von Phantasie- und Verstandestätigkeiten, selbst bei den geistig entwickeltsten Tieren nicht oder doch höchstens in vereinzelten Spuren und Anfängen die Rede sein kann. Hiermit hängt zugleich zusammen, daß zwar die höheren Tiere durch mannigfache, oft den menschlichen verwandte Ausdrucksbewegungen ihre Affekte und selbst ihre Vorstellungen, insoweit sie an Affekte gebunden sind, nach außen kundgeben können, daß ihnen aber eine entwickelte Sprache mangelt.

2. Soweit demnach die Entwicklung der Tiere im allgemeinen trotz der qualitativen Gleichartigkeit der fundamentalen psychischen Vorgänge, hinter der des Menschen zurückbleibt, so ist sie derselben anderseits in vielen Fällen in doppelter Beziehung überlegen: erstens in der Geschwindigkeit der psychischen Ausbildung, und zweitens in gewissen einseitigen Funktionsrichtungen, die durch die besonderen Lebensverhältnisse begünstigt werden. Die größere Geschwindigkeit der Ausbildung zeigt sich darin, daß sehr viele Tiere weit früher, manche unmittelbar nach der Geburt fähig sind, relativ deutliche Sinneswahrnehmungen zu bilden und zweckmäßige Bewegungen auszuführen. Finden sich auch in dieser Beziehung bei den höheren Tieren sehr große Unterschiede – so beginnt z. B. das aus dem Ei geschlüpfte Hühnchen sofort Körner zu picken, während der neugeborene Hund blind ist und noch längere Zeit ungeschickt in seinen Bewegungen bleibt, – so scheint es doch, daß die menschliche Entwicklung die langsamste und die am meisten von äußerer Hilfe und Pflege abhängige ist.

3. Auffallender noch ist die einseitige Funktionsausbildung gewisser Tiere, die sich in bestimmten, regelmäßig mit den Nahrungs-, Fortpflanzungs- oder Schutzbedürfnissen zusammenhängenden Triebhandlungen und in der Ausbildung, von Sinneswahrnehmungen und Assoziationen äußert, die als Motiv in jene Triebhandlungen eingehen. Solche einseitig ausgebildete Triebe nennt man Instinkte. Die Annahme, daß der Instinkt eine nur dem tierischen, nicht dem menschlichen Bewußtsein zukommende Eigenschaft sei, ist natürlich völlig unpsychologisch und steht in Widerspruch mit der Erfahrung. Die Anlage zur Äußerung

der allgemeinen tierischen Triebe, namentlich des Nahrungs- und Geschlechtstriebs, ist dem Menschen so gut wie jedem Tier angeboren. Eigentümlich ist nur vielen Tieren die besondere, in verwickelteren zweckmäßigen Handlungen bestehende Äußerungsweise dieser Triebe. Doch verhalten sich in dieser Beziehung die Tiere selbst außerordentlich verschieden. Es gibt zahlreiche sowohl niedere wie höhere Tiere, bei denen die von angeborenen Instinkten ausgehenden Handlungen ebensowenig wie beim Menschen besonders augenfällige Eigenschaften zeigen. Auch ist bemerkenswert, daß die Züchtung der Tiere meist die ihnen im wilden Zustande zukommenden Instinktäußerungen abschwächt, daß sie aber auf der andern Seite neue Instinkte, die sich meist als Modifikationen jener wilden Instinkte betrachten lassen, wie z. B. die gewisser Jagdhunde, besonders der Hühnerhunde, Vorstehhunde u. dgl, hervorbringen kann. Die relativ hohe Ausbildung bestimmter Instinktrichtungen bei den Tieren im Vergleich mit dem Menschen hängt übrigens wohl mit ihrer einseitigen Ausbildung überhaupt zusammen, vermöge deren das psychische Leben der Tiere fast ganz in den dem vorwaltenden Instinkt zugehörigen Vorgängen aufzugehen pflegt.

4. Die Instinkte im allgemeinen lassen sich als Triebhandlungen betrachten, die aus bestimmten sinnlichen Empfindungen und Gefühlen entspringen. Die physiologischen Ausgangsorte der für die Instinkte vornehmlich maßgebenden Empfindungen sind hierbei die Nahrungs- und die Fortpflanzungsorgane. Demnach lassen sich wohl alle tierischen Instinkte schließlich auf die beiden Klassen der Nahrungs- und der Fortpflanzungsinstinkte zurückführen, wobei jedoch namentlich zu den letzteren bei ihren verwickelteren Äußerungen stets auxiliäre Schutztriebe und soziale Triebe hinzukommen, die nach ihrer Entstehung als besondere Modifikationen der Fortpflanzungstriebe aufzufassen sind. Hierher gehört der Trieb vieler Tiere zum Häuser- und Nestbau, wie der Biber, der Vögel, zahlreicher Insekten (z. B. Spinnen, Wespen, Bienen, Ameisen), ferner die hauptsächlich in der Klasse der Vögel verbreitete Tierehe, die bald die monogamische, bald die polygamische Form zeigt. Endlich sind auch die sogenannten "Tierstaaten" der Bienen, Ameisen, Termiten hierher zu rechnen. Sie sind in Wirklichkeit nicht Staaten, sondern Geschlechtsverbindungen, bei denen sich der die Individuen eines Stockes zusammenhaltende soziale Trieb sowie der ihnen gemeinsame Schutztrieb dem Fortpflanzungstrieb unterordnen.

Bei allen Instinkten gehen die individuellen Triebhandlungen von äußeren oder inneren Empfindungsreizen aus. Die Handlungen selbst sind aber den Trieb- oder einfachen Willenshandlungen zuzurechnen, weil bestimmte Vorstellungen und Gefühle als einfache Motive ihnen vorausgehen und sie begleiten (§ 14, 5). Die zusammengesetzte, auf angeborener Anlage beruhende Beschaffenheit der Handlungen läßt sich hierbei nur aus generell erworbenen Eigenschaften des Nervensystems erklären, infolge deren durch gewisse Reize sofort und ohne individuelle Einübung angeborene Reflexmechanismen ausgelöst werden. Die zweckmäßige Wirksamkeit dieser Mechanismen kann aber nur als ein Produkt genereller psychophysischer Entwicklung betrachtet werden. Hierfür spricht auch die Tatsache, daß die Instinkte nicht bloß mannigfache individuelle Abänderungen, sondern eine gewisse Vervollkommnung durch individuelle Übung zulassen. So lernt der Vogel allmählich sein Nest zweckmäßiger bauen. Die Biene paßt sich veränderten Bedürfnissen an. Statt neue Kolonien zu gründen, erweitert ein Bienenstock den vorhandenen Bau, wenn man ihm den erforderlichen Raum gibt. Selbst abnorme Gewohnheiten kann sich ein einzelner Bienen- oder Ameisenschwarm zulegen, der erstere z. B. die Gewohnheit, benachbarte Stöcke auszurauben, statt selbst den Blütenhonig zu suchen, oder der letztere die merkwürdige Gewohnheit, die Individuen anderer Ameisenarten zu Sklaven zu machen, oder Blattläuse als nahrunggebende Haustiere zu züchten. Die nachweisbare Entstehung, Befestigung und Vererbung solcher Gewohnheiten zeigt uns deutlich den Weg, auf dem überhaupt verwickelte Instinkte entstanden sein können. Niemals kommt ein Instinkt isoliert vor, sondern bei verwandten Gattungen und Arten zeigen sich einfachere Formen des nämlichen Instinkts. So kann das Loch, welches die Mauerwespe in eine Wand bohrt, um ihre Eier zu legen, als das primitive Vorbild des Baues der Honigbiene gelten. Zwischen beiden steht der einfache, aus wenigen sechseckigen Zellen mittels verklebter Pflanzenstoffe gebildete Bau der gemeinen Wespe als ein natürliches Mittelglied.

Hiernach lassen sich die verwickelten Instinkte als Entwicklungserzeugnisse ursprünglich einfacher Triebe erklären, die sich im Laufe zahlloser Generationen durch allmählich hinzutretende, sich befestigende und vererbende individuelle Gewohnheiten immer mehr differenziert haben. Hierbei ist jeder einzelne Gewohnheitsvorgang als eine Stufe in dieser psychischen Entwicklung aufzufassen; der allmähliche Übergang desselben in eine angeborene Anlage ist aber aus den psychophysischen Vorgängen der Übung abzuleiten, durch die allmählich zusammengesetzte Willenshandlungen in automatische Bewegungen übergehen, die unmittelbar und reflektorisch auf den zugehörigen Eindruck folgen.

5. Sucht man nun auf Grund der psychologischen Vergleichung die allgemeine Frage nach dem genetischen Verhältnis des Menschen zu den Tieren zu beantworten, so muß in Anbetracht der Gleichartigkeit der psychischen Elemente sowie der einfachsten und allgemeinsten Verbindungsformen derselben die Möglichkeit zugestanden werden, daß sich das menschliche Bewußtsein aus einer niedrigeren tierischen Bewußtseinsform entwickelt hat. Auch ist diese Annahme psychologisch schon deshalb wahrscheinlich, weil einerseits die Tierreihe selbst wieder verschiedene psychische Entwicklungsstufen darbietet, anderseits aber jeder individuelle Mensch eine analoge Entwicklung durchläuft. Führt somit die psychische Entwicklungsgeschichte im allgemeinen zu einem die physische Entwicklungstheorie bestätigenden Ergebnis, so darf aber doch nicht übersehen werden, daß die psychischen Unterschiedsmerkmale zwischen Mensch und Tier, wie sie in den von den Apperzeptionsverbindungen ausgehenden intellektuellen und Gemütsvorgängen ihren Ausdruck finden, ungleich tiefer greifen als die physischen Merkmale. Zugleich macht es die große Stabilität in dem psychischen Zustand der Tiere, welcher sogar durch die Einflüsse der Züchtung nur geringe Veränderungen erfährt, äußerst unwahrscheinlich, daß jemals eine der jetzt lebenden Tierformen erheblich die in psychischer Beziehung erreichten Grenzen überschreiten werde.

5a. Die Versuche, das Verhältnis zwischen Mensch und Tier psychologisch zu definieren, schwanken zwischen zwei Extremen, nämlich zwischen der in der alten Psychologie herrschenden Anschauung, daß die höheren "Seelenvermögen", namentlich die "Vernunft", dem Tiere vollständig fehlen, oder daß dieses sogar, wie Descartes annahm, eine bloße Reflexmaschine ohne Seele sei, und der bei Vertretern der speziellen Tierpsychologie verbreiteten Meinung, die Tiere seien in allem, auch in der Fähigkeit zu überlegen, zu urteilen und zu schließen, in ihren moralischen Gefühlen usw., wesentlich dem Menschen gleich. Mit der Beseitigung der Vermögenspsychologie ist die erste dieser Anschauungen unhaltbar geworden. Die zweite beruht auf der in der populären Psychologie verbreiteten Neigung, alle möglichen objektiv beobachteten Erscheinungen in menschliche Denkweisen und namentlich in logische Reflexionen umzudeuten. Die nähere Analyse der sogenannten Intelligenzäußerungen der Tiere zeigt aber durchweg, daß sie vollständig aus einfachen sinnlichen Wiedererkennungsakten und Assoziationen zu erklären sind, wogegen ihnen die den eigentlichen Begriffen und logischen Operationen zukommenden Merkmale fehlen. Da nun die assoziativen in die apperzeptiven Prozesse kontinuierlich übergehen, und da Anfänge der letzteren, einfache aktive Aufmerksamkeits- und Wahlakte, bei den höheren Tieren zweifellos vorkommen, so ist übrigens auch diese Differenz schließlich mehr als eine solche des Grades und der Zusammenhang denn als eine solche der Art der psychischen Prozesse aufzufassen.

Eine besondere Schwierigkeit boten den älteren Richtungen der Psychologie, wie der Vermögenslehre und den intellektualistischen Theorien (§ 2), die tierischen Instinkte. Da der Versuch, sie aus individuellen Bedingungen abzuleiten, zu einer gar zu unwahrscheinlichen Schätzung der psychischen Leistungen, namentlich bei den verwickelteren Instinkten, führte, so entschloß man sich vielfach, sie für unbegreiflich oder, was auf dasselbe hinauskam, für Wirkungen angeborener Vorstellungen u. dgl. zu erklären. Dieses "Rätsel der Instinkte" hört auf, ein prinzipiell unlösbares zu sein, wenn man diese, wie oben geschehen, als spezielle Formen von Triebercheinungen auffaßt und mit den psychologisch verständlichen einfacheren Triebercheinungen bei Tieren und Menschen in Parallele bringt. Hier ist dann an den namentlich bei Menschen leicht zu verfolgenden Übungserscheinungen, z. B. bei der Einübung komplizierter Bewegungen, wie des Klavierspielens, der Übergang ursprünglich zusammengesetzter Willenshandlungen in trieb- und reflexartige Bewegungen unmittelbar zu beobachten (§ 14, 10 f.). Gegen diese Auffassung der Instinkte ist eingewandt worden, die bei ihr vorausgesetzte Vererbung individuell erworbener Abänderungen lasse sich in der Erfahrung nicht nachweisen, da z. B. für die früher oft behaup- tete Vererbung von Verstümmelungen durchaus keine sicheren Beobachtungen beizubringen seien. Manche Biologen nehmen deshalb an, alle Eigenschaften der Organismen seien aus der Auslese, die durch das Überleben der den Naturbedingungen besser angepaßten Individuen entstehe, also aus "äußerer Naturzüchtung" abzuleiten, und demnach könne nur diese äußere Naturzüchtung Veränderungen der Keimanlage hervorbringen, die sich auf die Nachkommen vererben. Wenn nun auch zuzugeben ist, daß eine von einem Individuum erworbene Eigenschaft im allgemeinen noch keine Vererbungswirkung ausübt, so ist doch nicht einzusehen, warum Ge- wohnheiten des Handelns, die zwar indirekt durch äußere Naturbedingungen angeregt werden, zunächst aber auf den inneren psychologischen Eigenschaften der Organismen selbst beruhen, nicht, falls sie Generationen hindurch geübt werden, gerade so gut Veränderungen der Keim- anlage bewirken sollen wie die direkten Einflüsse der Naturzüchtung. Hierfür spricht überdies die Beobachtung, daß sich namentlich beim Menschen gewisse eigentümliche Ausdrucksbewe- gungen oder technische Fertigkeiten in Familien vererben. Dies schließt selbstverständlich die Mitwirkung der äußeren Natureinflüsse in keinem Fall aus, sondern es wird nur im Einklang mit den Tatsachen der Beobachtung eine doppelte Wirkungsweise dieser Einflüsse gefordert: er- stens eine direkte, bei welcher der Organismus selbst lediglich passiv durch die Wirkungen der Naturzüchtung verändert wird, und zweitens eine indirekte, bei der die äußeren Reize zunächst psychophysische Reaktionen auslösen, die dann die nächsten Ursachen der entstehenden Verän- derungen sind. Leugnet man die letztere Wirkungsweise, so verschließt man sich damit nicht bloß eine der wichtigsten Quellen für die Erkenntnis der Zweckmäßigkeit der Organismen, sondern es wird dadurch insbesondere auch das psychologische Verständnis der allmählichen Entwicklung der Willenshandlungen und ihrer Rückverwandlung in zweckmäßige Reflexe, wie eine solche bei einer Menge angeborener Ausdrucksbewegungen uns entgegentritt, unmöglich gemacht (§ 20, 1).

Literatur. Kafka, Einführung in die Tierspychologie, 1914, Bd. l (Die Sinne der Wirbellosen). Schneider, Der tierische Wille, 1880. Romanes, L'intelligence des animaux, 2 vol., 2me édit. 1889. Espinas, Die tierischen Gesellschaften, 1889. Lubbock, Ameisen, Bienen und Wespen, 1883. Forel, Die psychischen Fähigkeiten der Ameisen, 1901. Wasmann, Instinkt und Intelli- genz im Tierreich, 1897. 4. Aufl. 1908. Die psychischen Fähigkeiten der Ameisen, Zoologica, Heft 26, 2. Aufl. 1909. Bethe, Pflügers Archiv f. Physiol., Bd. 70 (sucht die Instinkthandlungen der Ameisen und Bienen auf rein mechanische Reflexe zurückzuführen). C. v. Hess, Die Na- turwissenschaften, 2. Jahrg. 1914, H. 34/35 (Lichtsinn der Bienen). G. u. E. Peckham, Wasps social and solitary, 1905. H. Volkelt, Die Vorstellungen der Tiere, 1912. M. Ettlinger, Sammel- berichte über Tierpsychologie, 1-4, Zeitschr. f. Psychologie. F. Pax, Zeitschrift für angewandte Psychologie, Bd. 9. Groos, Die Spiele der Tiere, 1896. M. u. T. Vorl. 23, 24, 27 u. 28.

DIE PSYCHISCHE ENTWICKLUNG DES KINDES

1. Die im allgemeinen langsamere psychische Entwicklung des Menschen gegenüber derjenigen der meisten Tiere gibt sich an der sehr allmählichen Ausbildung der Sinnesfunktionen zu erkennen. Das Kind reagiert zwar sofort nach der Geburt auf Sinnesreize jeder Art, am deutlichsten auf Tast- und Geschmackseindrücke, am unsichersten auf Schallerregungen. Doch ist es zweifellos, daß hierbei die besonderen Formen der Reaktionsbewegung auf vererbten Reflexmechanismen beruhen. Insbesondere gilt das auch von dem Schreien des Kindes bei Kälte- und anderen Tastreizen, sowie von den ebenfalls von Anfang an zu beobachtenden mimischen Reflexen auf süße, saure und bittere Geschmacksstoffe. Daher ist es zwar wahrscheinlich, daß alle diese Eindrücke von dunkeln Empfindungen und Gefühlen begleitet sind; aber die Beschaffenheit der Reaktionsbewegungen kann nicht aus den Gefühlen, als deren Symptome wir sie betrachten, sondern nur aus den angeborenen zentralen Reflexverbindungen abgeleitet werden.

Etwas klarer bewußte, wenn auch, wie der rasche Wechsel der Stimmungen zeigt, immer noch sehr vergängliche Empfindungen und Gefühle geben sich vom Ende des ersten Lebensmonats an kund, indem nun nicht bloß Unlust-, sondern auch Lustsymptome, Lachen, lebhafte rhythmische Bewegungen der Arme und Beine nach bestimmten Sinneseindrücken beobachtet werden. Auch die Reflexmechanismen sind übrigens in der ersten Lebenszeit noch nicht vollständig ausgebildet, wie dies durch die anatomische Tatsache, daß manche der Faserverbindungen zwischen Großhirnzentren erst nach der Geburt entstehen, verständlich wird. So fehlen namentlich noch die assoziierten Reflexbewegungen der beiden Augen. Zwar wendet sich meist schon von Anfang an das einzelne Auge einem Lichte zu, aber die Bewegungen beider Augen sind noch unregelmäßig, und erst im Laufe der drei ersten Monate stellt sich allmählich die normale Koordination der Bewegungen mit gemeinsamem Fixationspunkt beider Augen ein. Auch hier ist jedoch die eintretende Regelmäßigkeit nicht als eine Folge ausgebildeter Gesichtswahrnehmungen aufzufassen, sondern als das Symptom eines in Funktion tretenden Reflexzentrums, dessen Wirkungen vielmehr erst vollkommenere Wahrnehmungen möglich machen.

2. Über die qualitativen Verhältnisse der psychischen Elemente beim Kinde lassen sich keine zureichenden Aufschlüsse gewinnen, weil es uns an sicheren objektiven Symptomen mangelt. Wahrscheinlich ist die Mannigfaltigkeit der Tonempfindungen, vielleicht auch die der Farbenempfindungen eine beschränktere. Wenn aber Kinder noch im zweiten Lebensjahr nicht selten Farbenbezeichnungen verwechseln, so darf dies nicht ohne weiteres auf einen Mangel der Empfindungen bezogen werden, sondern es ist viel wahrscheinlicher, daß der Mangel an Aufmerksamkeit und die Verwechslung der Farbennamen hieran die Schuld tragen.

Augenfällig gibt sich dagegen die hauptsächlich gegen Ende des ersten Lebensjahres erfolgende Differenzierung der Gefühle und die damit zusammenhängende Entwicklung mannigfaltiger Affekte in den allmählich entstehenden charakteristischen Ausdrucksbewegungen kund. So treten zu der Unlust und der Freude nacheinander Erstaunen, Erwartung, Zorn, Scham, Neid u. a. hinzu. Auch hier beruht übrigens die Anlage zu den kombinierten Bewegungen, an denen sich die einzelnen Affekte zu erkennen geben, auf vererbten physiologischen Eigenschaften des Nervensystems, die jedoch meist erst im Laufe der ersten Lebensmonate in Funktion treten. Für eine solche Vererbung spricht zudem die Beobachtung Darwins, daß nicht selten besondere Eigentümlichkeiten der Ausdrucksbewegungen in bestimmten Familien vorkommen.

3. Zur Entstehung räumlicher Vorstellungen bringt das Kind zwar in den vererbten Reflexverbindungen physische Anlagen zur Welt mit, die eine verhältnismäßig rasche Entwicklung dieser Vorstellungen ermöglichen. Aber gerade beim Menschen scheinen doch, im Unterschiede von vielen Tieren, die räumlichen Wahrnehmungen zunächst noch äußerst unvollkommen zu sein. Auf Hautreize folgen zwar Schmerzäußerungen, aber keine deutlichen Lokalisationssymptome. Erst allmählich entwickeln sich aus den schon in den ersten Lebenstagen zu bemerkenden ziellosen Bewegungen der Hände deutliche Greifbewegungen, die in der Regel dann von der 12. Woche an unter der Mitwirkung der Gesichtswahrnehmungen sicherer und zweckbewußter werden. Die meist schon nach den ersten Tagen zu beobachtende Richtung des Auges nach einer

Lichtquelle ist, ebenso wie die allmählich eintretende Koordination der Augenbewegungen, als Reflex zu deuten. Doch entwickeln sich wahrscheinlich unmittelbar mit diesen Reflexen zugleich räumliche Vorstellungen, so daß sich wegen der Stetigkeit des Prozesses und seines Zusammenhangs mit den ursprünglichen physiologischen Funktionsanlagen nur eine fortwährende Ausbildung der Raumvorstellungen von sehr unvollkommenen Anfängen an beobachten läßt. Zugleich erscheint schon beim Kinde der Gesichtssinn entschieden als der dem Tastsinn vorauseilende Sinn, da Symptome der Gesichtslokalisation jedenfalls früher zu beobachten sind als solche der Tastlokalisation, und da sich die Greifbewegungen, wie oben bemerkt, erst unter der Mithilfe des Gesichtssinns entwickeln. Weit später als die in der Unterscheidung der Richtungen des Raumes sich kundgebende Entwicklung des Sehfeldes fällt die des binokularen Sehens. Die Anfänge dieses Prozesses hängen zwar jedenfalls mit der eintretenden Koordination der Augenbewegungen zusammen, gehören also wohl schon der zweiten Hälfte des ersten Lebensjahrs an. Die Auffassung von Größen, Entfernungen und von verwickelteren körperlichen Formen bleibt aber noch lange sehr unvollkommen. Namentlich werden durchweg entfernte Objekte für nahe gehalten, daher sie dem Kinde verhältnismäßig klein erscheinen.

4. Zugleich mit den räumlichen entwickeln sich die zeitlichen Vorstellungen. An den rhythmischen Bewegungen seiner Tastorgane und namentlich an der Neigung, gehörte Rhythmen mit taktmäßigen Bewegungen zu begleiten, verrät sich schon in den ersten Lebensmonaten die Fähigkeit der Bildung regelmäßiger zeitlicher Vorstellungen und das Wohlgefallen an solchen. Auch können manche Kinder, noch ehe sie sprechen, die Rhythmen gehörter Melodien in Lauten und Betonungen richtig wiedergeben. Dagegen bleiben die Vorstellungen größerer Zeiten bis über die ersten Lebensjahre hinaus äußerst unvollkommen, so daß das Kind nicht nur über die Dauer verschiedener Zeiten, sondern auch über die Zeitfolgen äußerst schwankende Urteile abgibt.

5. Mit der Entwicklung der räumlichen und zeitlichen Vorstellungen geht die der Assoziationen und der einfacheren Apperzeptionsverbindungen Hand in Hand. Symptome des sinnlichen Wiedererkennung (§ 16, 15) sind von den ersten Lebenstagen an zu beobachten: so an der raschen Übung in dem Auffinden der Mutterbrust, an der sichtbaren Angewöhnung an die Gegenstände und Personen der Umgebung u. dgl. Aber noch während längerer Zeit erstrecken sich die Assoziationen nur über sehr kurze Zeitstrecken, zuerst nur über Stunden, dann über Tage; und noch im 2. und 3. Lebensjahre werden Personen nach der Abwesenheit von einigen Wochen entweder vollständig vergessen oder zunächst nur unvollkommen wiedererkannt.

Entsprechend verhält sich die Aufmerksamkeit. Anfänglich vermag sie nur während ganz kurzer Zeit einen und denselben Gegenstand festzuhalten; und sichtlich funktioniert sie zugleich nur in der Form der passiven, stets dem vorwaltenden, namentlich gefühlsstärkeren Reize folgenden Apperzeption (§ 15, 8). Aber schon in den ersten Lebenswochen verrät sich in der Art, wie das Kind während längerer Zeit Objekte, besonders bewegte, fixiert und verfolgt, eine dauerndere Aufmerksamkeit; und gleichzeitig tritt die Fähigkeit hervor, zwischen verschiedenen Eindrücken willkürlich zu wechseln, also die erste Spur einer aktiven Aufmerksamkeit. Von nun an bildet sich dann diese Fähigkeit allmählich weiter aus, so jedoch, daß noch in dem späteren Kindesalter die Aufmerksamkeit viel schneller ermüdet als beim Erwachsenen und teils einen größeren Wechsel der Gegenstände, teils häufigere Ruhepausen verlangt.

6. Mit der Entwicklung der Assoziationen und Apperzeptionen hält die des Selbstbewußtseins gleichen Schritt. Bei der Beurteilung dieser Entwicklung muß man freilich sich hüten, einzelne Symptome, wie die Unterscheidung der Teile des eigenen Leibes von Gegenständen der Umgebung, den Gebrauch des Wortes "Ich" oder gar die richtige Erkennung des eigenen Bildes im Spiegel u. ä., für Kennzeichen des Selbstbewußtseins anzusehen. Das Bild im Spiegel hält auch der erwachsene Wilde, wenn er es noch nie gesehen hat, für die Person eines andern. Der Gebrauch des persönlichen Pronomens beruht auf einer äußeren Aneignung, bei der das Kind dem Beispiel seiner Umgebung folgt. Diese Aneignung tritt bei sonst gleicher geistiger Entwicklung bei verschiedenen Kindern zu sehr verschiedener Zeit ein; und jedenfalls ist sie das Symptom eines bereits vorhandenen Selbstbewußtseins, dessen

erste Entstehung demnach dieser sprachlichen Unterscheidung bald kürzere, bald längere Zeit vorausgehen kann. Nur ein solches Symptom ist endlich auch die Unterscheidung des eigenen Leibes und seiner Teile von andern Gegenständen. Die Erkennung des ersteren ist zwar ein Vorgang, der im allgemeinen der richtigen Beurteilung des Bildes im Spiegel vorangeht, der aber doch ebensowenig wie diese ein Kriterium des beginnenden Selbstbewußtseins ist, sondern vielmehr die Existenz eines gewissen Grades desselben voraussetzt. Wie noch dem entwickelten Selbstbewußtsein eine Mehrheit von Bedingungen zugrunde liegt (§ 15, 10 f.), so ist auch das des Kindes von Anfang an ein Produkt mehrerer Komponenten, die zur einen Hälfte den Vorstellungen, zur andern dem Fühlen und Wollen angehören. In der ersteren Beziehung ist es namentlich die Aussonderung einer konstanten Vorstellungsgruppe, in der letzteren die Ausbildung zusammenhängender Aufmerksamkeitsvorgänge und Willenshandlangen, die als solche Komponenten anzusehen sind. Dabei kann aber die konstante Vorstellungsgruppe ebensogut gelegentlich einen Teil des eigenen Leibes, z. B. die Beine, falls dieselben gewöhnlich zugedeckt sind, nicht umfassen, wie sie noch häufiger äußere Gegenstände, z. B. die gewöhnlich getragenen Kleider, mitenthalten kann. Von größerem Einfluß sind darum die subjektiven Komponenten der Gefühle und des Wollens und die Beziehungen, in die jene Vorstellungsbestandteile zu ihnen bei den äußeren Willenshandlungen treten. Dieser Einfluß der subjektiven Komponenten gibt sich auch darin zu erkennen, daß starke Gefühle, besonders Schmerzgefühle, sehr oft in der individuellen Erinnerung den Zeitpunkt bezeichnen, bis zu welchem ein zusammenhängendes Selbstbewußtsein zurückreicht. Aber da zweifellos schon vor diesem ersten Moment deutlich bewußter Erinnerung, der in der Regel dem 3. bis 6. Lebensjahre angehört, ein wenn auch minder zusammenhängendes Selbstbewußtsein existiert, und da die objektive Beobachtung des Kindes anfänglich keine unzweifelhaften Kriterien an die Hand gibt, so läßt sich ein bestimmter Zeitwert für den Anfang desselben nicht festsetzen. Wahrscheinlich gehören die ersten Spuren schon den frühesten Lebenswochen an, worauf es dann unter dem fortwirkenden Einfluß der erwähnten Bedingungen stetig an Klarheit und, wie das Bewußtsein überhaupt, an zeitlicher Ausdehnung zunimmt.

7. Mit der Entwicklung des Selbstbewußtseins hängt die des Willens nahe zusammen. Sie läßt sich teils aus der schon oben geschilderten Entwicklung der Aufmerksamkeit, teils aus der Entstehung und allmählichen Vervollkommnung der äußeren Willenshandlungen erschließen. Die unmittelbare Beziehung der Aufmerksamkeit zum Willen tritt hierbei darin hervor, daß deutliche Symptome aktiver Aufmerksamkeit und willkürlichen Handelns auch in der Zeit ihres Auftretens zusammenfallen. Während sehr viele Tiere unmittelbar nach der Geburt schon ziemlich vollkommene Triebbewegungen ausführen, die unter der Mithilfe vererbter zusammengesetzter Reflexapparate zustande kommen, zeigt das neugeborene Kind noch keine Spur derselben. Doch treten schon in den ersten Lebenstagen infolge der von den Hungerempfindungen ausgehenden Reflexe und der mit der Stillung des Hungers verbundenen Sinneswahrnehmungen in dem augenscheinlichen Suchen nach der Nahrungsquelle die ersten Anfänge einfacher triebartiger Willenshandlungen auf. Mit dem deutlicheren Erwachen der Aufmerksamkeit erscheinen zunächst die an Eindrücke des Gesichts- und Gehörssinns gebundenen Willensbewegungen: das Kind verfolgt gesehene Gegenstände mit Absicht, nicht bloß reflektorisch, oder wendet den Kopf gehörten Geräuschen zu. Viel später folgen die äußeren Skelettmuskeln nach. Diese, namentlich die Muskeln der Arme und Beine, zeigen von Anfang an lebhafte, meistens oft wiederholte Bewegungen, welche alle möglichen Gefühle und Affekte begleiten und mit der Differenzierung der letzteren allmählich gewisse, für die Qualitäten derselben charakteristische Unterschiede zeigen, deren hauptsächlichster darin besteht, daß sich die Lustaffekte in rhythmischen, die Unlustaffekte in arrhythmischen und in der Regel heftigeren Bewegungen äußern. Diese Ausdrucksbewegungen, die als Reflexe mit begleitenden Gefühlen gedeutet werden müssen, gehen dann gelegentlich, sobald die Aufmerksamkeit auf die Umgebung rege geworden ist, in gewollte Ausdrucksbewegungen über, bei denen das Kind durch verschiedene begleitende Symptome verrät, daß es nicht bloß Schmerz, Verdruß, Ärger u. dgl. fühlt, sondern daß es diese Affekte auch nach außen kundgeben will. Die ersten Bewegungen aber, bei

denen zweifellos ein der Bewegung vorausgehendes Motiv zu erkennen ist, sind die von der 12. bis 14. Woche an auftretenden Greifbewegungen, an denen sich namentlich anfänglich neben den Händen die Füße beteiligen, und die, ebenso wie sie zu den ersten deutlichen Symptomen von Sinneswahrnehmungen gehören, so auch zum ersten Male die Existenz eines aus Motiv, Entscheidung und Handlung zusammengesetzten einfachen Willensvorgangs verraten. Etwas später sind absichtliche Nachahmungsbewegungen zu beobachten, unter denen die einfachsten mimischen Nachahmungen, wie Zuspitzen des Mundes, Stirnrunzeln, den pantomimischen, wie dem Ballen der Faust, den Taktbewegungen u. dgl., vorausgehen. Ganz allmählich, in der Regel erst vom Beginn der zweiten Hälfte des ersten Lebensjahrs an, entwickeln sich aus diesen einfachen zusammengesetzte Willenshandlungen, indem deutlich entweder ein der Handlung vorausgehendes Schwanken des Entschlusses oder auch eine willkürliche Unterdrückung einer beabsichtigten oder schon begonnenen Handlung beobachtet wird.

Bei dieser Entwicklung der eigentlichen Willenshandlungen spielt das Gehenlernen des Kindes, das im letzten Drittel des ersten Lebensjahrs zu beginnen pflegt, eine große Rolle, da das Gehen nach bestimmten Zielen besonders häufig den Anlaß zur Entstehung einer Mehrheit miteinander streitender Motive bildet. Das Gehenlernen selbst ist aber als ein Vorgang aufzufassen, bei dem die Entwicklung des Willens und die Wirksamkeit vererbter Anlagen zu bestimmten kombinierten Bewegungen fortwährend ineinander eingreifen. Dabei geht der erste Impuls zur Bewegung von Willensmotiven aus, die zweckmäßigste Art der Ausführung ist aber zunächst eine Wirkung der zentralen Koordinationsmechanismen, und diese gestalten sich endlich wieder infolge der unter der Leitung des Willens stattfindenden individuellen Übungen fortwährend zweckmäßiger.

8. Die Sprache des Kindes schließt sich in ihrer Entwicklung den übrigen Willenshandlungen an. Auch sie beruht auf einem Zusammenwirken vererbter, in den Zentralorganen des Nervensystems begründeter Anlagen und äußerer, insbesondere von der redenden Umgebung herrührender Einflüsse. In dieser Beziehung entspricht die Entwicklung der Sprache durchaus derjenigen der übrigen Ausdrucksbewegungen, zu denen sie nach ihrem allgemeinen psychologischen Charakter gehört. Die frühesten artikulierten Lautbildungen der Sprachorgane treten als reflexartige Erscheinungen, namentlich in Begleitung angenehmer Gefühle und Affekte, schon im Laufe des 2. Lebensmonats auf; sie nehmen in der folgenden Zeit an Mannigfaltigkeit zu, auch zeigt sich immer mehr die Neigung zu Lautwiederholungen (wie ba-ba-ba, da-da-da-da u. dgl.). Diese Ausdruckslaute unterscheiden sich nur durch ihre größere und immer wechselnde Mannigfaltigkeit von den Ausdruckslauten zahlreicher Tiere. Sie haben, da sie bei allen möglichen Gelegenheiten und ohne jede Absicht der Mitteilung hervorgebracht werden, noch durchaus nicht die Bedeutung von Sprachlauten. In diese gehen sie allmählich, in der Regel vom Anfang des 2. Lebensjahrs an, durch den Einfluß der Umgebung über. Die hauptsächlichste Wirkung üben hierbei die Nachahmungsbewegungen aus, die speziell als Schallnachahmungen eine doppelte Richtung zeigen, indem nicht nur das Kind den Erwachsenen, sondern auch dieser das Kind. nachahmt. In der Regel ist sogar zuerst der Erwachsene der Nachahmende: er wiederholt die unwillkürlichen Artikulationslaute des Kindes, während er ihnen zugleich eine bestimmte Bedeutung beilegt, wie z. B. "Pa-pa" für Vater, "Ma-ma" für Mutter, "da" für alle möglichen Wörter von hinweisender Bedeutung (hier, dieser, nimm u. dgl.). Erst später, und nachdem es durch absichtliche Nachahmung solche Laute in bestimmter Bedeutung hat gebrauchen lernen, ahmt das Kind selbst beliebige Wörter aus der Sprache der Umgebung nach, assimiliert sie aber dem Lautbestand seiner eigenen Artikulationsbewegungen.

Als ein wichtiges Hilfemittel, durch das der Erwachsene mehr instinktiv als willkürlich das Verständnis des Kindes für die von ihm gebrauchten Wörter fördert, dient dabei die Gebärde, meist in der Form der auf den Gegenstand hinweisenden, seltener, gewöhnlich nur bei Wörtern, die Tätigkeiten, wie schlagen, schneiden, gehen, schlafen u. dgl., bedeuten, als darstellende Gebärde. Für die Gebärde hat das Kind ein natürliches Verständnis, für das Wort nicht. Selbst die Onomatopoetika der Kindersprache (wau-wau für Hund, hott-hott für Pferd u. a.) werden ihm stets erst durch mehrfaches Hinweisen auf den Gegenstand verständlich. Auch ist nicht das

Kind selbst der Schöpfer dieser Onomatopoetika, sondern der Erwachsene, der auch in dieser Beziehung instinktiv der Bewußtseinsstufe des Kindes sich anzupassen sucht.

Nach allem dem beruht die Entwicklung der Sprache auf einer Reihe von Assoziationen und Apperzeptionen, an deren Bildung das Kind und dessen sprechende Umgebung gleichmäßig beteiligt sind. Mit gewissen, den natürlichen Ausdruckslauten des Kindes entnommenen oder nach dem Vorbild derselben frei erfundenen onomatopoetischen Wortbildungen bezeichnet die Mutter oder Amme willkürlich bestimmte Vorstellungen. Das Kind apperzipiert diese ihm durch Gebärden verständlich gemachte Verbindung von Wort und Vorstellung und assoziiert sie mit den imitativ erzeugten eigenen Artikulationsbewegungen. Nach dem Vorbild dieser ersten Apperzeptionen und Assoziationen führt dann das Kind andere aus, indem es mehr und mehr aus eigenem Antrieb zufällig gehörte Wörter und Wortverbindungen aus der Sprache der Umgebung nachahmt und die zugehörigen Bedeutungsassoziationen bildet. Der ganze Prozeß der Sprachentwicklung beruht demnach auf einer psychischen Wechselwirkung zwischen dem Kind und seiner redenden Umgebung, bei welcher im Anfang jenem ausschließlich die Lautbildung, dieser die sprachliche Verwendung der kindlichen Laute zufällt.

9. Aus der Gesamtheit der erörterten einfacheren Entwicklungen gehen die zusammengesetzten Funktionen der Apperzeption, die beziehende und vergleichende Tätigkeit mit den aus ihnen bestehenden Phantasie- und Verstandesfunktionen hervor (§ 17).

Zunächst vollziehen sich die Apperzeptionsverbindungen ausschließlich in der Form der Phantasie, d. h. als ein Verbinden, Zerlegen und Beziehen konkreter sinnlicher Vorstellungen. Die individuelle Entwicklung bestätigt also das oben im allgemeinen über das genetische Verhältnis dieser Funktionen Bemerkte (§ 17 ff.). Auf der Grundlage der mehr und mehr sich ausbildenden Assoziationen unmittelbarer Eindrücke mit früheren Vorstellungen entsteht in dem Kinde, sobald die aktive Aufmerksamkeit erwacht ist, die Neigung, willkürlich solche Verbindungen zu bilden, bei denen dann zugleich die Mannigfaltigkeit der zu dem Eindruck hinzugefügten Erinnerungsbestandteile ein Maß für den Grad der individuellen Phantasiebegabung abgibt. Diese kombinierende Phantasietätigkeit äußert sich, sobald sie einmal erwacht ist, mit einer triebartigen Macht, der das Kind um so weniger zu widerstehen vermag, weil noch nicht, wie beim Erwachsenen, die Verstandesfunktionen und die durch sie gesetzten intellektuellen Zwecke regulierend und hemmend auf das freie Schweifen der Einbildungsvorstellungen einwirken.

Indem sich diese ungehemmte Beziehung und Verknüpfung der Phantasiebilder mit Willensantrieben verbindet, die den Vorstellungen gewisse, wenn auch noch so dürftige Anhaltspunkte in der unmittelbaren Sinneswahrnehmung zu schaffen suchen, entsteht der Spieltrieb des Kindes. Das ursprüngliche Spiel des Kindes ist ganz und gar Phantasiespiel, während umgekehrt das des Erwachsenen (Kartenspiel, Schachspiel, Lotteriespiel u. dgl.) fast ebenso einseitig Verstandesspiel ist. Nur wo das ästhetische Bedürfnis einwirkt, ist auch noch hier das Spiel in erster Linie ein Erzeugnis der Phantasie (Schauspiel, Kartenspiel u. dgl.), aber nicht mehr, wie ursprünglich beim Kind, einer völlig ungebundenen, sondern einer durch den Verstand geregelten Phantasie. Das Spiel des Kindes in den verschiedenen Zeiten seiner Entwicklung zeigt, wenn es seiner Natur gemäß geübt und gelenkt wird, alle Übergänge von jenem reinen Phantasiespiel zu dieser Verbindung von Phantasie- und Verstandesspiel. In den ersten Lebensmonaten beginnt es als Erzeugung rhythmischer Bewegungen der eigenen Glieder, der Arme und Beine, die dann auch auf größere Gegenstände, mit Vorliebe namentlich auf schallerregende oder auf lebhaft gefärbte, übertragen werden. In ihrem Ursprung sind diese Bewegungen offenbar Triebäußerungen, die durch bestimmte Empfindungsreize ausgelöst werden, und deren zweckmäßige Koordination auf vererbten Anlagen des zentralen Nervensystems beruht. Die rhythmische Ordnung der Bewegungen sowie der von ihnen hervorgerufenen Gefühls- und Schalleindrücke erzeugt dann aber sichtlich Lustgefühle, die sehr bald die willkürliche Wiederholung solcher Bewegungen veranlassen. Hierauf geht das Spiel in den ersten Lebensjahren allmählich in die willkürliche Nachbildung von Beschäftigungen und Szenen der Umgebung über. Dieses Nachahmungsspiel zieht endlich weitere Kreise, indem es nicht mehr auf die Nachbildung des

Gesehenen beschränkt bleibt, sondern zur freien Nacherzeugung des in Erzählungen Gehörten wird. Gleichzeitig beginnt der Zusammenhang der Vorstellungen und Handlungen sich einem festeren Plane zu fügen: damit tritt bereits die regulierende Verstandestätigkeit ein, die bei den Spielen des späteren Kindesalters in der Feststellung bestimmter Spielregeln ihren Ausdruck findet. Mögen auch diese Übergänge durch die Einflüsse der Umgebung und durch die künstlichen Spielformen, die, zumeist Erfindungen Erwachsener, sich nicht immer der kindlichen Phantasie zureichend anpassen, beschleunigt werden, so ist doch diese Entwicklung durch ihre Übereinstimmung mit der gesamten Ausbildung der intellektuellen Funktionen als eine natürliche, in dem wechselseitigen Zusammenhang der assoziativen und apperzeptiven Prozesse begründete zu erkennen. Zugleich macht es die Art, wie hierbei die allmähliche Beschränkung der Phantasievorgänge mit der Zunahme der Verstandesfunktionen zusammengeht, wahrscheinlich, daß jene Beschränkung überhaupt ursprünglich nicht sowohl auf einer quantitativen Abnahme der Phantasiebegabung, als vielmehr auf einer Hemmung durch das begriffsmäßige Denken beruht, worauf dann freilich durch die vorwaltende Übung des letzteren schließlich die Phantasietätigkeit ihrerseits durch Mangel an Übung beeinträchtigt werden kann. Dies scheint durch das Verhalten des Naturmenschen bestätigt zu werden, der zeitlebens einen dem kindlichen verwandten phantastischen Spieltrieb zu betätigen pflegt.

10. Aus der ursprünglichen phantasiemäßigen Form des Denkens entwickeln sich nun sehr allmählich die Verstandesfunktionen, indem in der früher (§ 17, 16 f.) angegebenen Weise die in der Wahrnehmung gegebenen oder durch kombinierende Phantasietätigkeit gebildeten Gesamtvorstellungen in ihre begrifflichen Bestandteile, wie Gegenstände und Eigenschaften, Gegenstände und Handlungen, Verhältnisse verschiedener Gegenstände zueinander, gegliedert werden. Das entscheidende Symptom für die Entstehung der Verstandesfunktionen ist daher die Bildung von Begriffen. Handlungen, die von seiten des Beobachters mittels einer logischen Reflexion erklärt werden können, beweisen dagegen durchaus nicht die Existenz einer solchen, da sie, gerade so wie bei den Tieren, sehr häufig offenbar aus Assoziationen abzuleiten sind. Aus demselben Grunde kann die Sprache ohne ein eigentlich begriffsmäßiges Denken in ihren ersten Anfängen vorhanden sein, indem ursprünglich das Wort nur einen konkreten sinnlichen Eindruck bezeichnet. Wohl aber ist ein vollkommener Gebrauch der Sprache nicht möglich, ohne daß begriffsmäßige, wenn auch noch durchaus konkret sinnliche Zerlegungen, Beziehungen und Übertragungen der Vorstellungen stattfinden. Demgemäß fällt denn auch schließlich die Entwicklung der Verstandesfunktionen mit der der Sprache zusammen, und diese ist dabei zugleich ein unentbehrliches Hilfsmittel für die Festhaltung der Begriffe und für die Fixierung der Denkoperationen.

10a. Die Psychologie des Kindes leidet, wie die der Tiere, häufig an dem Fehler, daß die Beobachtungen nicht objektiv interpretiert, sondern durch subjektive Reflexionen ergänzt werden. Infolgedessen werden dann nicht bloß die frühesten, tatsächlich rein assoziativ entstandenen Vorstellungsverbindungen als Akte einer logischen Reflexion gedeutet, sondern es werden auch die ursprünglichen mimischen Ausdrucksbewegungen, wie z. B. die des Neugeborenen auf Geschmacksreize, für Gefühlsreaktionen angesehen, obgleich sie sichtlich zunächst nur die Bedeutung angeborener Reflexe besitzen, bei denen zwar eine dunkle Gefühlsbegleitung möglich, aber nicht sicher nachzuweisen ist. An dem ähnlichen Mangel leidet die gewöhnliche Auffassung der Entwicklung der Willenshandlungen und der Sprache. Insbesondere die Kindersprache ist man meist geneigt, wegen ihrer besonderen Eigentümlichkeiten für eine Schöpfung des Kindes selbst zu halten, während doch die genauere Beobachtung zeigt, daß sie zum größten Teil eine Schöpfung der Umgebung ist, bei der nur diese dem Lautvorrat und, so gut es geht, auch dem Bewußtseinszustand des Kindes sich anpaßt. Einige zum Teil sehr eingehende und dankenswerte Schilderungen der seelischen Entwicklung des Kindes in der neueren Literatur können deshalb, da sie überall auf dem Standpunkt dieser reflexionsmäßigen Vulgärpsychologie stehen, nur in bezug auf den objektiven Tatbestand als Quellen dienen, während die daraus gezogenen psychologischen Schlußfolgerungen durchweg einer Korrektur in dem oben angedeuteten Sinne bedürfen. Dagegen lassen sich die mehrfach unternommenen Versuche auch in die Psychologie des Kindes die experimentelle Methode einzuführen, mit einigem Erfolg nur auf einer etwas fortgeschrittenen Lebensstufe, z. B. bei Schulkindern, durchführen. Sie haben hier zum Teil pädagogisch wichtige Resultate über Verlauf und Dauer der Aufmerksamkeitsspannung, Verhältnis zwischen körperlicher und geistiger Ermüdung usw. geliefert. Auf das frühere Kindesalter ist aber die experimentelle Methode so gut wie unanwendbar, und die Ergebnisse der gleichwohl unternommenen Versuche dieser Art sind wegen des ungeheuern Übergewichts der Fehlerquellen wohl als reine Zufallsresultate zu betrachten. Aus diesen Gründen ist auch die zuweilen ausgesprochene Meinung, das Seelenleben des erwachsenen Menschen könne erst auf Grund einer Analyse der Kindesseele begriffen werden, irrig. Gerade das Gegenteil trifft zu. Da uns bei der psychologischen Untersuchung des Kindes, ebenso wie bei der des Naturmenschen, im allgemeinen nur objektive Symptome zu Gebote stehen, so ist eine psychologische Beurteilung dieser Symptome immer nur auf Grund der durch experimentelle Hilfsmittel unterstützten Selbstbeobachtung des reifen Bewußtseins möglich, und erst die so psychologisch analysierten Ergebnisse der Beobachtung des Kindes und des Naturmenschen gestatten dann wiederum Rückschlüsse auf die geistige Entwicklung überhaupt.

Literatur. Kußmaul, Untersuchungen über das Seelenleben des neugeborenen Menschen, 1859. Preyer, Die Seele des Kindes, 1882, 16. Aufl. 1905. Sully, Untersuchungen über die Kindheit, 1892. Compayre, Die Entwicklung der Kindesseele, 1900. Egger, Développement de l'intelligence et du langage chez les enfants, 1879. Groos, Das Seelenleben des Kindes, 1904. Darwin, Der Ausdruck der Gemütsbewegungen, 1872. Ament, Entwicklung von Sprechen und Denken beim Kinde, 1899. E. Meumann, Die Sprache des Kindes, 1903. 2. Aufl. 1908. Vorlesungen zur Einführung in die experimentelle Pädagogik, 2. Aufl., Bd. l, 2; 1911-13. Groos, Spiele des Menschen, 1899. Clara und W. Stern, Die Kindersprache, 1907. Wundt, Völkerpsychologie[3], I, Kap. 3, II u. Kap. 7, IV, 6 (Sprache des Kindes). M. u. T. Vorl. 27. Rauschburg, Psychologische Studien (ungar.) 2 Bde. 1913-14. Außerdem Aufsätze in der Zeitschrift für Pädagog. Psychol. u. exp. Pädagogik von Meumann u. Scheibner, dem Archiv für Pädagogik von Brahn u. Döring, den Pädagogisch-psychol. Arbeiten von M. Brahn und den Wissenschaftl. Beiträgen zur Pädagogik von G. Deuchler u. D. Katz.

DIE ENTWICKLUNG GEISTIGER GEMEINSCHAFTEN

l. Wie die psychische Entwicklung des Kindes aus der Wechselwirkung mit seiner Umgebung hervorgeht, so steht auch noch das reife Bewußtsein in fortwährenden Beziehungen zu der geistigen Gemeinschaft, an der es empfangend und selbsttätig teilnimmt. Bei den meisten Tieren fehlt eine solche Gemeinschaft völlig; in den Tierehen, Tierstaaten und Tierschwärmen sind nur unvollkommene, auf einzelne Zwecke beschränkte Vorstufen derselben zu finden. Die dauernden unter ihnen, die Tierehen und die fälschlich so genannten Tierstaaten (§ 19, 4), haben die Bedeutung von Geschlechtsgemeinschaften, die vorübergehenderen, die Tierschwärme, wie z. B. die Schwärme der Wandervögel, die von Schutzgemeinschaften. In allen diesen Fällen sind es gewisse durch Vererbung bestimmte Instinkte, die den Zusammenhalt der Individuen bewirken; und dieser zeigt daher die nämliche, nur äußerst wenig durch individuelle Einflüsse abzuändernde Konstanz, die dem Instinkt überhaupt zukommt.

Sind auf diese Weise die Vereinigungen der Tiere stets nur auf gewisse physische Lebenszwecke ausgehende Ergänzungen des individuellen Daseins, so ist dagegen die menschliche Entwicklung von Anfang an darauf gerichtet, daß sich das Individuum mit seiner geistigen Umgebung zu einem Ganzen verbindet, das ebensowohl der Befriedigung der physischen Lebensbedürfnisse wie der Verfolgung der verschiedenen geistigen Zwecke dient und in diesen Zwecken die mannigfaltigsten Veränderungen zuläßt. Infolgedessen sind die Formen menschlicher Gemeinschaft ungemein wechselnd, während zugleich die vollkommeneren Formen in eine Kontinuität geschichtlicher Entwicklung treten, die das geistige Zusammenleben der einzelnen über die Grenzen der unmittelbaren räumlichen und zeitlichen Verbindung hinaus fort und fort erweitert. Das Resultat dieser Entwicklung ist daher schließlich die mit Bewußtsein erfaßte Idee der Menschheit als der allgemeinen geistigen Gemeinschaft, die sich nach den besonderen Bedingungen ihres Daseins in einzelne konkrete Gemeinschaften, Völker, Staaten, Kulturgesellschaften verschiedener Art, Stämme und Familien, gliedert. Darum ist die geistige Gemeinschaft, in welcher der einzelne steht, nicht eine Verbindung, sondern eine wechselnde Vielheit geistiger Verbindungen, die in der mannigfaltigsten Weise übereinander greifen und mit zunehmender Entwicklung immer reicher werden.

2. Die Aufgabe, diese Entwicklung in ihren konkreten Gestaltungen oder auch nur in ihrem allgemeinen Zusammenhang zu verfolgen, fällt der Kultur- und Universalgeschichte zu, nicht der Psychologie. Diese hat jedoch über die allgemeinen psychischen Bedingungen und über die aus diesen Bedingungen entspringenden seelischen Vorgänge Rechenschaft zu geben, durch die sich das Leben der Gemeinschaft von dem des einzelnen sondert.

Diejenige Bedingung, durch die überall eine geistige Gemeinschaft erst möglich wird, und die an der Entwicklung derselben fortwährend teilnimmt, ist nun die Funktion der Sprache. Sie ist es zugleich, die den Übergang von dem Einzeldasein zu der geistigen Gemeinschaft psychologisch vermittelt, indem sie ihrem Ursprunge nach zu den individuellen Ausdrucksbewegungen gehört, aber durch die Entwicklung, die sie erfährt, zur unerläßlichen Form für alle gemeinsamen geistigen Inhalte wird. Diese letzteren oder die der Gemeinschaft eigenen geistigen Vorgänge zerfallen dann wieder in zwei Klassen, die in der Wirklichkeit freilich, ebenso wie das individuelle Vorstellen und Wollen, nicht sowohl gesonderte Vorgänge als zusammengehörige Bestandteile des Gemeinschaftslebens sind: erstens in gemeinsame Vorstellungen, in denen sich namentlich die übereinstimmenden Gefühle und die Affekte der Furcht und Hoffnung niedergelegt finden, die mythologischen Vorstellungen; und zweitens in gemeinsame Motive des Wollens, die den gemeinsamen Vorstellungen und den sie begleitenden Gefühlen und Affekten entsprechen, die Normen der Sitte. Aus den mythologischen Vorstellungen entwickeln sich unter der Mitwirkung der in der Sitte herangereiften sittlichen Normen die religiösen Vorstellungen und Gefühle. Ihren Ausdruck finden endlich die mythologischen und religiösen Vorstellungen teils in dem Kultus, teils unter der Mitwirkung der ästhetischen Elementargefühle in der Kunst, in der sie mit diesen zu den höheren ästhetischen Gefühlen verschmelzen.

3. Über die allgemeine Entwicklung der Sprache gibt uns ihre individuelle Entstehung beim Kinde deshalb keine Rechenschaft, weil diese ein Vorgang ist, an dem die sprechende Umgebung überwiegend beteiligt ist (§ 20, 8 f.). Immerhin zeigt das Sprechenlernen des Kindes, daß bei ihm physische und psychische Anlagen der Mitteilung der Sprache begünstigend entgegenkommen. In der Tat läßt sich annehmen, daß diese Anlagen selbst dann, wenn die äußere Mitteilung unterbliebe, zu irgendwelchen von Lauten begleiteten Ausdrucksbewegungen führen müßten, welche die Bedeutung einer unvollkommenen Sprache besäßen. Diese Vermutung wird durch die Beobachtung der Taubstummen, namentlich solcher taubstummer Kinder bestätigt, die ohne absichtlichen Unterricht aufwachsen, und zwischen denen sich trotzdem ein reger geistiger Verkehr entwickeln kann. Dieser beruht aber in solchem Falle, da der Taubstumme ausschließlich auf gesehene Zeichen angewiesen ist, in der natürlichen Entwicklung einer Gebärdensprache, die sich aus bedeutungsvollen Ausdrucksbewegungen zusammensetzt. Die Gefühle werden dabei im allgemeinen durch mimische, die Vorstellungen durch pantomimische Zeichen ausgedrückt, indem mit dem Finger entweder auf die Vorstellungsobjekte hingewiesen oder ein ungefähres Bild der Vorstellung in der Luft gezeichnet wird: hinweisende und darstellende Gebärden (§ 13, 4 f.). Indem solche Zeichen aneinandergefügt werden, entsteht eine Art von Satzbildung, mittels deren Wünsche und Fragen ausgedrückt oder auch Dinge beschrieben, Ereignisse erzählt werden. Diese natürlich entstandene Gebärdensprache beschränkt sich jedoch stets auf die Mitteilung konkreter sinnlicher Vorstellungen und ihres Zusammenhangs; an Zeichen für abstrakte Begriffe fehlt es ihr vollständig.

4. Die ursprüngliche Entwicklung einer Lautsprache läßt sich nun nicht wohl anders als nach Analogie dieser Entstehung der natürlichen Gebärdensprache denken; nur daß die Hörfähigkeit zu den mimischen und pantomimischen Gebärden noch als eine dritte Form die Lautgebärden hinzufügen wird, die, weil sie nicht bloß leichter wahrnehmbar sind, sondern auch ungleich reichere Modifikationen zulassen, notwendig bald den Vorzug vor jenen gewinnen müssen. Wie aber die Gebärde ihre Verständlichkeit der unmittelbaren Beziehung verdankt, die bei ihr zwischen der Beschaffenheit der Bewegungen und ihrer Bedeutung besteht, so wird eine solche Beziehung auch für die ursprünglichen Lautgebärden vorauszusetzen sein. Überdies ist es nicht unwahrscheinlich, daß dieselben zuerst durch begleitende mimische und pantomimische Bewegungen unterstützt wurden, entsprechend der durchgängig zu beobachtenden ungehemmteren Äußerung solcher beim Naturmenschen, sowie der Rolle, die ihnen beim Sprechenlernen des Kindes zukommt. Demnach ist die Entwicklung der Lautsprache wahrscheinlich als ein Vorgang der Differenzierung zu denken, bei welchem aus einer Menge verschiedenartiger, sich wechselseitig unterstützender Ausdrucksbewegungen allmählich die Lautgebärde als die allein übrigbleibende hervorging, die jene andern Hilfsmittel erst abstreifte, als sie selbst sich zureichend fixiert hatte. Psychologisch läßt sich daher dieser Vorgang in eine Aufeinanderfolge von zwei Akten zerlegen: in die in der Form triebartiger Willenshandlungen von den einzelnen Mitgliedern einer Gemeinschaft erzeugten Ausdrucksbewegungen, von denen diejenigen der Sprachorgane unter dem Einfluß des Strebens nach Mitteilung vor den andern den Vorzug gewinnen; und in die hieran sich anschließenden Assoziationen zwischen Laut und Vorstellung, die sich allmählich befestigen und zugleich von ihren anfänglichen Ursprungszentren aus über größere Kreise der redenden Gemeinschaft verbreiten.

5. In die Entstehung der Sprache greifen dann aber von Anfang an weitere physische und psychische Bedingungen ein, die stetige und unablässige Veränderungen ihrer Bestandteile hervorbringen. Solcher Veränderungen lassen sich zwei unterscheiden: der Lautwandel und der Bedeutungswandel.

Der erstere hat seine physiologische Ursache in den allmählich in der physischen Veranlagung der Sprachorgane eintretenden Änderungen. Solche scheinen teils aus den allgemeinen Einflüssen zu entspringen, die der Wechsel der Natur- und Kulturbedingungen auf die gesamte psychophysische Organisation ausübt, teils aus den speziellen Bedingungen, welche die zunehmende Übung für die Artikulationsbewegungen mit sich führt. In letzterer Beziehung dürfte nach manchen Erscheinungen der allmählich zunehmenden Geschwindigkeit der Artikulationsbewegungen eine besondere Bedeutung zukommen. Außerdem wirken aber die verschiedenen, irgendwie einander analogen Bestandteile des Wortschatzes aufeinander ein, indem direkte psychologische Assoziationen namentlich zwischen solchen Sprachvorstellungen stattfinden, die irgendwie, sei es bloß durch den Laut, sei es zugleich durch ihren begrifflichen Inhalt, miteinander verwandt sind (sogenannte Analogiebildungen).

Wie der Lautwandel das äußere Gerüst, so verändert der Bedeutungswandel den inneren Gehalt der Wörter. Die ursprüngliche Assoziation zwischen dem Wort und der durch dasselbe bezeichneten Vorstellung wird verändert, indem eine von der ersten abweichende Vorstellung an deren Stelle tritt, ein Prozeß, der sich im Laufe der Zeit an dem nämlichen Wort mehrmals wiederholen kann. Hiernach beruht der Bedeutungswandel auf allmählich sich vollziehenden Veränderungen in denjenigen Assoziations- und Apperzeptionsbedingungen, welche die bei dem Hören oder Sprechen des Wortes in den Blickpunkt des Bewußtseins tretende Vorstellungskomplikation bestimmen. Er kann daher auch kurz als ein Prozeß bald mehr assoziativer, bald mehr apperzeptiver Verschiebung der mit der Lautvorstellung verbundenen Vorstellungskomponente der sprachlichen Komplikationen definiert werden (§ 16).

Laut- und Bedeutungswandel wirken nun in dem Sinne zusammen, daß sie die ursprünglich vorauszusetzende Beziehung zwischen Laut und Bedeutung immer mehr schwinden lassen, so daß das Wort schließlich nur noch als ein äußeres Zeichen der Vorstellung aufgefaßt wird. Dieser Vorgang ist ein so tiefgreifender, daß selbst diejenigen Lautzeichen, bei denen jene Beziehung noch erhalten zu sein scheint, die onomatopoetischen Wortbildungen, zumeist wohl verhältnismäßig späte Produkte einer sekundär eingetretenen Assimilation zwischen Laut und Bedeutung sind, durch die sich die verloren gegangene ursprüngliche Affinität zwischen Laut und Bedeutung wiederherzustellen strebt.

Eine weitere wichtige Folge jenes Zusammenwirkens von Laut- und Bedeutungswandel besteht darin, daß zahlreiche Wörter allmählich ihre ursprüngliche konkret sinnliche Bedeutung ganz verlieren und in Zeichen für allgemeine Begriffe und für den Ausdruck der apperzeptiven Funktionen der Beziehung und Vergleichung und ihrer Produkte übergehen. Auf diese Weise entwickelt sich das abstrakte Denken, das, weil es ohne den zugrunde liegenden Bedeutungswandel nicht möglich wäre, selbst erst ein Erzeugnis jener psychischen und psychophysischen Wechselwirkungen ist, aus denen sich die Entwicklung der Sprache zusammensetzt.

6. Wie die Bestandteile der Sprache, die Wörter, in Laut und Bedeutung einer fortwährenden Umwandlung unterworfen sind, so vollziehen sich endlich allmähliche, wenngleich im allgemeinen langsamere Veränderungen in der Verbindung dieser Bestandteile zu einem zusammengesetzten Ganzen, dem Satze. Keine Sprache ist ohne eine syntaktische Wortfolge zu denken. Satz und Wort sind daher gleich wesentliche Formen des Denkens, und der Satz ist sogar die ursprünglichere von beiden, da der Gedanke zunächst als Ganzes gegeben ist und dann erst in seine Bestandteile gegliedert wird (§ 17, 16). Auf unvollkommeneren Sprachstufen sind daher die Wörter eines Satzes oft nur unsicher gegeneinander abzugrenzen. Auch für die Wortfolge gibt es nun so wenig wie für das Verhältnis von Laut und Bedeutung irgendeine allgemeingültige Norm. Insbesondere hat diejenige Wortfolge, die von der Logik mit Rücksicht auf die Verhältnisse der wechselseitigen logischen Abhängigkeit der Begriffe bevorzugt wird, keine psychologische Allgemeingültigkeit; ja sie erscheint als ein ziemlich spätes und zum Teil durch willkürliche Konvention entstandenes Entwicklungsprodukt, dem nur manche der neueren, syntaktisch beinahe erstarrten Sprachformen in dem gewöhnlichen Prosastil nahekommen. Das ursprüngliche Prinzip, dem die sprachlichen Apperzeptionsverbindungen folgen, ist dagegen sichtlich dieses, daß die Wortfolge der Vorstellungsfolge entspricht; darum gehen namentlich diejenigen Redeteile voraus, welche die am stärksten das Gefühl erregenden und die Aufmerksamkeit fesselnden Vorstellungen ausdrücken. Infolgedessen bilden sich dann in einer bestimmten redenden Gemeinschaft gewisse Regelmäßigkeiten der Wortfolge aus. In der Tat ist eine solche schon an den natürlichen Gebärdezeichen der Taubstummen zu beobachten. Doch ist es begreiflich,

daß in dieser Beziehung unter speziellen Bedingungen die mannigfachsten Abweichungen vorkommen können. Im allgemeinen zeigt sich aber hierbei, daß die assoziative Übung mehr und mehr zur Fixierung bestimmter syntaktischer Formen führt, so daß allmählich durch eine von den am meisten gebrauchten Formen ausgehende assoziative Attraktion eine immer größere Regelmäßigkeit einzutreten pflegt.

Die näheren Eigenschaften der syntaktischen Verbindungen und ihrer allmählichen Veränderungen sind übrigens, abgesehen von den bei der allgemeinen Betrachtung der Apperzeptionsverbindungen hervorgehobenen Gesetzen, die aus den allgemeingültigen psychischen Funktionen der Beziehung und der Vergleichung hervorgehen (§ 17, A), so sehr von den spezifischen Anlagen und Kulturbedingungen der Sprachgemeinschaften abhängig, daß ihre Erörterung trotz ihres hervorragenden psychologischen Interesses der Völkerpsychologie zuzuweisen ist.

Literatur. Steinthal, Einleitung in die Psychologie und Sprachwissenschaft, 1. (einziger) Band, 1871. Lazarus, Lebender Seele[2], Bd. 2, 1878. Paul, Prinzipien der Sprachgeschichte, 4. Aufl., 1909. Wundt, Völkerpsychologie, I.[3](Die Sprache), 1911. Delbrück, Grundfragen der Sprachforschung, 1901. Wundt, Sprachgeschichte und Sprachpsychologie, 1901; Probleme der Völkerpsychologie, 1911. H. Oertel, Lectures on the Study of Language, 1901. O. Dittrich, Grundzüge der Sprachpsychologie, Bd. 1, 1902. Probleme der Sprachpsychologie, 1913.

7. Als die Grundfunktion, auf deren verschiedenartiger Betätigung alle mythologischen Vorstellungen beruhen, ist eine eigentümliche, dem naiven Bewußtsein überall zukommende Art der Apperzeption anzusehen, die man als die beseelende Apperzeption bezeichnen kann. Sie besteht darin, daß die apperzipierten Objekte ganz und gar durch die eigene Natur des wahrnehmenden Subjekts bestimmt werden, so daß dieses nicht bloß seine Empfindungen, Affekte und willkürlichen Bewegungen in den Objekten wiederfindet, sondern daß es insbesondere auch durch seinen augenblicklichen Gemütszustand jeweils in der Auffassung der wahrgenommenen Erscheinungen bestimmt und zu Vorstellungen über die Beziehungen derselben zu dem eigenen Dasein veranlaßt wird. Infolge dieser Auffassung werden dann auf den Gegenstand die persönlichen Eigenschaften, die das Subjekt an sich selbst vorfindet, übertragen. Unter diesen Eigenschaften fehlen namentlich die inneren der Gefühle, Affekte usw. niemals, während die äußeren der willkürlichen Bewegungen und sonstiger menschenähnlicher Lebensäußerungen meist von wirklich wahrgenommenen Bewegungen abhängen. So kann der Naturmensch bei Steinen, Pflanzen, Kunstobjekten an ein inneres Empfinden und Fühlen und davon ausgehende Wirkungen glauben; ein unmittelbares äußeres Handeln pflegt er aber nur bei bewegten Gegenständen, wie Wolken, Gestirnen, Winden u. dgl., vorauszusetzen. Begünstigt wird in allen Fällen dieser Prozeß durch assoziative Assimilationen, die sich leicht zur phantastischen Illusion steigern (§ 16, 11 f.).

8. Diese mythologische oder beseelende Form der Apperzeption ist jedoch nicht als eine besondere oder gar normwidrige Abart der Apperzeption überhaupt zu betrachten, sondern sie ist die natürliche Anfangsstufe derselben. Das Kind zeigt deutliche Spuren einer solchen: sie verraten sich teils in der spielenden Phantasietätigkeit (§ 20, 9), teils darin, daß bei ihm lebhafte Affekte, besonders Furcht und Schreck, leicht phantastische Illusionen von entsprechendem Gefühlscharakter hervorrufen. Aber diese Äußerungen eines mythenbildenden Bewußtseins werden hier durch die Einflüsse der Umgebung und Erziehung früh ermäßigt und bald ganz unterdrückt. Anders beim Natur- und primitiven Kulturmenschen, wo umgekehrt die Umgebung dem Einzelbewußtsein eine Fülle mythischer Vorstellungen zuführt, die, auf übereinstimmende Weise ursprünglich individuell entstanden, allmählich sich in einer bestimmten Gemeinschaft befestigt haben und mittels der Sprache von Generation zu Generation übertragen werden, wobei sie sich allmählich mit den Veränderungen der Natur- und Kulturbedingungen selber verändern.

9. Für die Richtung, in der diese Veränderungen erfolgen, ist nun im allgemeinen die Tatsache bestimmend, daß der jeweilige Gemütszustand die besondere Art der mythologischen Apperzeption wesentlich beeinflußt. Über die Art, wie sich dieser Gemütszustand von den ersten Anfängen geistiger Entwicklung an verändert hat, gibt uns aber wieder bei dem gänzlichen Mangel anderer Zeugnisse hauptsächlich die Entwicklungsgeschichte der mythologischen Vorstellungen selbst Rechenschaft. Sie zeigt, daß durchgehends die frühesten mythischen Gedankenbildungen einerseits sich auf das eigene Schicksal in der nächsten Zukunft beziehen, anderseits von den Affekten bestimmt sind, die durch den Tod der Genossen, durch die Erinnerung an sie, dabei besonders auch durch die Erinnerungsvorstellungen des Traumes, erweckt werden. Hierin liegt der Ursprung des sogenannten "Animismus", d. h. aller jener Vorstellungen, bei denen teils die Geister Verstorbener, teils Dämonen, die man sich an bestimmte Gegenstände, Orte oder den Zwecken des Lebens dienende Vorgänge (Vegetation, Ackerbau, Schiffahrt u. dgl.) gebunden denkt, die Rolle von Schicksalsmächten spielen, die bald glück-, bald unheilbringend in das Leben des Menschen eingreifen. Abzweigungen dieses Animismus sind der "Fetischismus" und der "Totemismus", bei denen die Vorstellung der Schicksalsmacht auf einzelne Gegenstände der Umgebung, wie Pflanzen, Steine, Kunstobjekte, die durch zufällige äußere Umstände das Gefühl erregen, oder auf gewisse Tiere, die Totemtiere, übertragen wird, in welchen letzteren der Naturmensch teils die Seelen seiner Ahnen teils besondere Schutzgeister verkörpert glaubt. Unter diesen Erscheinungen sind besonders die des Animismus und

Fetischismus dadurch ausgezeichnet, daß sie nicht nur die primitivsten, sondern auch die dauerhaftesten Erzeugnisse der mythologischen Apperzeption sind, da sie nach Verdrängung aller andern in den mannigfachsten Formen des Kulturaberglaubens, wie des Gespenster-, Zauber-, Amulettglaubens, noch fortleben.

10. Erst auf einer gereifteren Stufe des Bewußtseins betätigt sich die beseelende Apperzeption auch an den großen, durch ihre Veränderungen sowie durch ihren direkten Einfluß auf das Leben des Menschen eindrucksvollen Naturerscheinungen, wie den Wolken, Flüssen, Stürmen, großen Gestirnen usw. Hierbei regt zugleich die Regelmäßigkeit gewisser Naturerscheinungen, wie des Wechsels von Tag und Nacht, von Winter und Sommer, der Vorgänge beim Gewittersturm u. dgl., zu poetischen Mythenbildungen an, in denen eine Reihe zusammengehöriger Vorstellungen zu einem in sich geschlossenen Ganzen verknüpft wird. So entsteht der Naturmythus. Sein Hauptunterschied von dem Geister- und Dämonenglauben besteht in der Erzeugung persönlicher Göttervorstellungen. Indem hierbei die einzelnes Götter mit einer größeren Zahl bleibender Eigenschaften ausgestattet und allmählich von der Gebundenheit an bestimmte Orte, Zeiten und Vorgänge gelöst werden, bilden sie sich ganz und gar zu menschenähnlichen Personen von übermenschlicher Macht um. Sie werden so als die Lenker ebensowohl der Naturerscheinungen wie der menschlichen Schicksale verehrt. Infolge dieser Bildung umfassenderer Göttervorstellungen treten dann allmählich die Dämonen und Sondergötter im Bewußtsein zurück oder verschmelzen mit jenen, um als Attribute oder als besondere Erscheinungen der persönlichen Götter nachzuwirken. Dieser Vorgang der Verbindung und Verdichtung der Vorstellungen und Gefühle pflegt aber weiterhin auch auf die persönlichen Götter überzugreifen, indem eine einzelne dieser Gestalten zuerst in wechselnder Weise, dann dauernd einen Vorrang gewinnt vor den übrigen. So bemächtigt sich des von Haus aus polytheistischen Naturmythus frühe schon ein monotheistischer Trieb. Auf der andern Seite kann aber auch im Gegensatz hierzu jene Verschmelzung mit den früheren Sondergöttern und Schicksalsdämonen wieder eine Spaltung der Götterpersönlichkeiten herbeiführen. Namentlich bilden sich auf diese Weise einzelne Lokal- und Stammesgötter, die dann gleichfalls vermöge ihrer persönlichen Natur leicht von den besonderen Bedingungen ihrer Entstehung gelöst werden können und so den vielgestaltigen Formen des Heroenmythus den Ursprung geben. Da sich mit diesem meist zugleich Züge geschichtlicher Erinnerung verweben, so schrei-tet in ihm die im Naturmythus begonnene Vermenschlichung weiter fort. Durch diese Eigenschaften fordert der Heroenmythus unmittelbar die Gestaltungskraft einzelner Dichter zu seiner weiteren Ausbildung heraus. Dadurch geht er in einen Bestandteil zuerst der Volks-, dann der Kunstpoesie über. Zugleich erfährt er aber in bezug auf die einzelnen mythischen Gestalten durch das Verblassen ursprünglicher und das Hervortreten neuer Züge einen Bedeutungswandel, der, dem der sprachlichen Vorstellungen analog und durchweg von ihm begleitet, eine fortschreitende innere Umwandlung möglich macht. Bei diesem Vorgang gewinnen dann einzelne Dichter und Denker einen wachsenden Einfluß.

Auf diesem Wege vollzieht sich schließlich unter starker Beteiligung des zunächst gleichfalls noch in halbmythischen Vorstellungen befangenen philosophischen Denkens die Scheidung des gesamten ursprünglichen Mythengehalts in Wissenschaft und Religion. Dabei machen in dieser die Naturgötter und Heroen mehr und mehr ethischen Göttervorstellungen Platz, eine Scheidung, die zum Teil an die Wechselwirkungen zwischen Religion und Philosophie gebunden ist. Wie bei dem Naturmythus, so ereignen sich aber auch noch auf der Stufe der ethischen Religion unter der dauernden Wirkung der alten Motive fortwährende Rückbildungen. Sondergötter, Dämonen und Geister drängen sich bald beharrlicher, bald nur für Augenblicke in den Vordergrund des Bewußtseins. Teils bilden sie mythologische Nebenbestandteile der Religion selbst, teils führen sie, von dieser verworfen, im Aberglauben ein selbständiges Dasein.

Literatur. Tylor, Anfänge der Kultur, 2 Bde., 1873. Frazer, The golden Bough, 12 Bde., 3. Aufl. Totemism and Exogamy. Wundt, Völkerpsychologie, Bd. 4-6, Mythus und Religion, 2 Aufl. Ethik[3], Abschn. I, Kap. 2. Die Anfänge der Philosophie und die Philosophie der primitiven Völker. Reden und Aufsätze, 1913. Rohde, Psyche (Seelenkult und Unsterblichkeitsglaube der Griechen), 1894, [3]1903. Usener Götternamen, 1896. Chantepie de Saussaye, Lehrb. der Religionsgeschichte, 2 Bde., 1902. N. Söderblom, Tieles Kompendium der Religionsgeschichte, 4. Aufl., 1912. Das Werden des Gottesglaubens, 1915. P. W. Schmidt, Der Ursprung der Gottesidee, 1912 (Fleißige Zusammenstellung vom katholischen Standpunkte aus). Ferner zahlreiche Aufsätze im Archiv für Religionswissenschaft von A. Dieterich und R. Wünsch.

C. SITTE UND KULTUR

11. Die Sitte tritt uns, soweit wir sie auch zurückverfolgen mögen, in zwei Gestaltungen entgegen, die sich als individuelle und als soziale Willensnormen unterscheiden lassen. Die ersteren regeln das Verhalten des einzelnen bei seinen Beschäftigungen und bei seinem Verkehr mit andern Menschen; die letzteren bestimmen die Formen des Zusammenlebens in Horde, Familie, Staat und sonstigen Gesellschaftsverbänden. Hiernach sind die individuellen so gut wie die sozialen Normen der Sitte an das gesellschaftliche Leben gebunden; aber jene beziehen sich auf das Verhalten des einzelnen in der Gesellschaft, diese auf das der Gesellschaftsglieder in ihrer gemeinsamen, die Formen des Zusammenlebens bestimmenden Tätigkeit.

Die individuellen Willensnormen der Sitte pflegen in ihren freilich vielfach noch dunkeln Anfängen mit der Entwicklung des Mythus in einer Weise zusammenzuhängen, die dem Verhältnis der inneren Motive zur äußeren Willenshandlung entspricht. Überall, wo wir den Ursprung solcher Sitten mit einiger Wahrscheinlichkeit erforschen können, da verraten sie sich nämlich als Reste der Umwandlungsprodukte bestimmter Kultformen. So weisen der Leichenschmaus und andere Bestattungszeremonien der Kulturvölker auf den primitiven Ahnenkultus, so zahlreiche an bestimmte Tage, an den Wechsel der Jahreszeiten, an die Bestellung des Feldes und die Ernte geknüpfte Feste oder Sitten auf einstige Dämonenkulte und Naturmythen hin; so verrät die Sitte des Grußes in manchen ihrer Formen ihre Herkunft aus Gebetszeremonien, usw.

Dagegen führen die sozialen Normen der Sitte im allgemeinen überall auf den Zwang der Lebensbedingungen und auf die durch diesen Zwang in ihrer Äußerungsweise bestimmten Triebe der Selbsterhaltung und der Erhaltung der Gattung als ihre nächsten Motive zurück. So sind es äußere Lebensbedingungen, die für die Beschaffung von Kleidung und Wohnung, die Bereitung der Nahrung und für die Formen gesellschaftlicher Gliederung ursprünglich maßgebend waren. Ebenso folgen dann aber auch die Veränderungen, die in diesen Arten der Lebenshaltung durch allmähliche Umgestaltungen der Natur- und Kulturverhältnisse eintreten, den Geboten praktischer Zweckmäßigkeit. Insbesondere gehören hierher die frühesten Formen des Zusammenlebens und die aus diesen allmählich hervorgehenden engeren und weiteren gesellschaftlichen Verbände. So hat sich wesentlich unter dem Zwange der äußeren Lebensbedingungen und der wachsenden Individuenzahl die Horde, in der der Mensch ursprünglich wohl überall lebte, zunächst in Unterhorden geschieden. Diese bildeten dann meist einen noch nach der Trennung fortdauernden Schutzverband, der durch den Verkehr der Geschlechter getrennter Horden zur Bildung von Gesamtfamilien den Anstoß gab, aus denen auf einer noch höheren Stufe die Einzelfamilie hervorging. Die Horde selbst aber wandelte sich in dem Maß, als die zunächst nach dem Bedürfnis des Augenblicks stattfindenden Wechselbeziehungen der einzelnen einer dauernden Regelung unterworfen wurden, in die Geschlechterorganisation (Gentilverfassung) um. Unabhängig von ihr hatten sich endlich wahrscheinlich schon in der primitiven Horde Männerverbände gebildet, die unter der Wirkung zunehmenden Schutzbedürfnisses und kriegerischer Unternehmungen allmählich eine festere Gestaltung gewannen und so, die ursprünglichen Sippenverbände auflösend, die Geschlechtsverfassung in die Formen der politischen Organisation überführten.

12. Wie bei Sprache und Mythus, so pflegt nun aber auch bei der Sitte ein Bedeutungswandel umgestaltend in diese Entwicklungen einzugreifen. Bei den individuellen Normen treten infolgedessen hauptsächlich zwei Metamorphosen hervor. Bei der einen geht das ursprüngliche mythische Motiv verloren, ohne daß überhaupt ein neues an dessen Stelle tritt: die Sitte dauert dann bloß infolge der assoziativen Übung fort, indem sie zugleich ihren zwingenden Charakter verliert und sich in ihren äußeren Erscheinungsformen abschwächt. Bei der zweiten Metamorphose werden die ursprünglichen mythisch-religiösen durch sittlich-soziale Zwecke ersetzt. Beide Arten der Umwandlung können sich im einzelnen Fall auf das engste verbinden; und selbst da, wo eine Sitte nicht unmittelbar einem bestimmten sozialen Zwecke dient, wie das z. B. bei gewissen Regeln des Anstandes, der Höflichkeit, der Art sich zu kleiden, zu essen u. dgl. zutrifft, schafft sie sich mittelbar einen solchen, indem die Existenz irgendwelcher über-

einstimmender Normen für die Mitglieder einer Gemeinschaft das Zusammenleben und eben damit die gemeinsame Kultur fördert.

In umgekehrter Richtung vollziehen sich im allgemeinen die Veränderungen der sozialen Normen der Sitte; dabei pflegt aber mehr wie im vorigen Falle die alte Bedeutung neben der neuen bestehen zu bleiben. Die Metamorphose beruht darum hier meist auf Assoziationen des ursprünglichen Zwecks mit weiteren Motiven, indem zu dem Zwang der Lebensbedingungen bald früher, bald später namentlich religiös-mythologische Motive hinzutreten. Die zuerst unter der Nötigung bestimmter Lebenstriebe entstandenen Normen werden nun als Gebote der Götter aufgefaßt oder mindestens mit einem sie heiligenden religiösen Kultus umgeben. Die Einnahme des gemeinsamen Mahles, die Errichtung gemeinsamer Wohnstätten, Verträge und Bündnisse, Kriegserklärung und Friedensschluß, das Eingehen der Ehe treten mit dem Mythus in Verbindung oder wirken selbständig auf die mythologische Apperzeption, so daß neue Göttergestalten aus diesem Kreise sozialer Sitten entspringen. Durch allmähliche Verdunklung der mythologischen Vorstellungen kann sich endlich auch hier eine rückwärts schreitende Metamorphose anschließen, indem die religiösen Begleiterscheinungen einer Sitte entweder verschwinden oder als eingeübte bedeutungslose Gewohnheiten zurückbleiben.

Die angedeuteten psychologischen Umwandlungen bilden zugleich die Vorbereitung zu der Verzweigung in die drei Lebensgebiete der Sitte, des Rechtes und der Sittlichkeit, von denen die beiden letzteren als besondere Ausgestaltungen der auf soziale Zwecke gerichteten Sitten zu betrachten sind. Die nähere Untersuchung der Vorgänge dieser Entwicklung und Differenzierung gehört jedoch wiederum in das spezielle Gebiet der Völkerpsychologie, die Schilderung der Entstehung von Recht und Sittlichkeit außerdem in das der Kulturgeschichte und Ethik.

Literatur. Lubbook, Die vorgeschichtliche Zeit, 2 Bde., 1874. L. H. Morgan, Die Urgesellschaft, 1891. H. Schurtz, Urgeschichte der Kultur, 1900. Altersklassen und Männerverbände, 1902. Spencer, Soziologie, Bd. 2 u. 3, 1887-1889. Frazer, Totemism and Exogamy, 4 vol., 1910. Westermarck, Ursprung und Entwicklung der Moralbegriffe, 2 Bde., 1907-09. von Ihering, Der Zweck im Recht, Bd. 1, 2, 1877-1883. Wundt, Elemente der Völkerpsychologie, 1912. Ethik[4], Abschn. I, Kap. 3. Völkerpsychologie, Bd. 7, 8 u. 9.

13. Sprache, Mythus und Sitte bilden unter sich eng verbundene geistige Entwicklungen, die für die allgemeine Psychologie vorzugsweise deshalb von großer Wichtigkeit sind, weil sich in ihnen wegen ihrer relativ dauernden Beschaffenheit gewisse allgemeingültige psychische Vorgänge deutlicher erkennen und analysieren lassen, als es bei den vergänglicheren Gebilden des individuellen Bewußtseins möglich ist. Überdies bilden sie für das letztere selbst die Voraussetzung aller zusammengesetzteren geistigen Prozesse, die besonders an die Sprache gebunden und in ihrem individuellen Verlaufe daher von den in der Sprache verdichteten Gesetzen des gemeinsamen Denkens abhängig sind. In diesem Sinne mußte schon oben bei der Schilderung der Vorgänge der apperzeptiven Analyse und Synthese auf die in der Sprache zum Ausdruck kommenden Wirkungen dieser Vorgänge hingewiesen werden (§ 17, 16 f.). Wie in diesem für das individuelle Bewußtsein maßgebenden Falle, so geben sich nun auch bei den völkerpsychologischen Entwicklungen selbst die den beobachteten Erscheinungen zugrunde liegenden psychischen Prozesse zunächst an den Eigenschaften und den Veränderungen der in der Sprache ausgedrückten Vorstellungen zu erkennen, während auf die begleitenden Gefühlserregungen zumeist erst indirekt, aus dem gesamten Zusammenhange der Tatsachen und unter Zuhilfenahme bekannter Bedingungen zurückgeschlossen werden kann.

Als wesentliche und bei allen Entwicklungen von Sprache, Mythus und Sitte immer wiederkehrende Vorgänge im Vorstellungsgebiete treten uns nun vornehmlich die drei untereinander eng verbundenen Erscheinungen der Verdichtung, der Verdunkelung und der Verschiebung der Vorstellungen entgegen. Die Vorstellungen verdichten sich, indem mehrere ursprünglich gesonderte infolge wiederholter oder durch starke Gefühlskomponenten gehobener Assoziation vereinigt und zuletzt in der Apperzeption zu einem unteilbaren Ganzen verbunden werden. Da bei diesem Vorgang einzelne Bestandteile wiederum zumeist infolge ihrer intensiveren Gefühlswirkung klarer als andere apperzipiert werden, so verdunkeln sich diese letzteren und können endlich ganz aus dem komplexen Produkt verschwinden. Auf diesem Weg ereignen sich dann von selbst Verschiebungen der Vorstellungen, deren Endprodukte namentlich dann, wenn die Prozesse der Verdichtung und der Verdunkelung mehrmals nacheinander eingetreten sind und wechselnde Bestandteile ergriffen haben, gänzlich von der Anfangsvorstellung verschieden sein können. Es sind nur Modifikationen dieser Prozesse, die auf der einen Seite dem Bedeutungswandel in der Sprache, auf der andern den Metamorphosen der mythologischen Vorstellungen und der Sitten zugrunde liegen; und dabei kann jeder dieser Umwandlungsprozesse zugleich auf die andern zurückwirken. So erregt der Bedeutungswandel der Wörter leicht eine Veränderung der an sie gebundenen mythologischen Vorstellungen, und diese sind ihrerseits wieder für den ersteren Vorgang maßgebend. Nicht minder kann die Sprache durch mythologische Namendeutung, wenn sonst die Motive dazu vorliegen, direkt mythologische Vorstellungen erzeugen, oder diese können die Namen- und Wortbildung in ihrer Richtung bestimmen.

So sehr nun aber auch bei allen völkerpsychologischen Erscheinungen die Vorstellungsprozesse zunächst in die Augen fallen, so lehrt doch die psychologische Analyse, daß die entscheidenden Faktoren sowohl bei der ursprünglichen Bildung der Vorstellungen wie bei ihrer allmählichen Umwandlung die begleitenden Gefühls- und Willensvorgänge sind. So können schon jene ursprünglichen Lautgebärden, die wir als den Anfang der Sprache voraussetzen müssen, nur als einfache Triebhandlungen gedacht werden, die einem gefühlsstarken Eindruck folgen und diesen zugleich in einer für die Genossen unmittelbar oder durch mitwirkende sonstige Gebärden leicht zu erkennenden Weise bezeichnen (s. o., A). Der Einfluß der Gefühle auf den Fortgang der so begonnenen Entwicklung des gemeinsamen Denkens verrät sich jedoch ganz besonders bei den mythologischen Vorstellungen in deutlich erkennbaren Spuren. Hier unterscheidet sich jene personifizierende Apperzeption des Mythus von dem entwickelten Bewußtsein vor allem dadurch, daß nicht bloß die allgemeinen formalen Bedingungen und der sinnliche Empfindungsinhalt der Wahrnehmung aus dem Subjekt in die Gegenstände hinüberwandern, sondern daß jenes seinen gesamten Gefühls- und Willenszustand in diese hineinträgt. Dem Hoffenden wird das Objekt zum Schutzgeist, dem Fürchtenden zum Schreckdämon; in den Naturerscheinungen wird ein Wille gesehen, der ebensowohl der Assoziation mit den eigenen Willenshandlungen wie ihrer Wirkung auf das eigene Gemüt entspricht. Ebenso sind jene Vorgänge der Verdichtung, der Verdunkelung und der Verschiebung der Vorstellungen in erster Linie als Symptome von Veränderungen der Gefühlslage zu betrachten, die zunächst einen Bedeutungswandel von Mythus und Sitte hervorbringen und dann von hier aus auch auf die Sprache zurückwirken.

14. In den geistigen Gemeinschaften und in den in ihnen sich ausbildenden Entwicklungen von Sprache, Mythus und Sitte treten uns demnach geistige Zusammenhänge und Wechselwirkungen entgegen, die sich zwar in sehr wesentlichen Beziehungen von dem Zusammenhange der Gebilde im individuellen Bewußtsein unterscheiden, denen aber darum doch nicht weniger wie diesem Wirklichkeit zuzuschreiben ist. In diesem Sinne kann man den Zusammenhang der Vorstellungen und Gefühle innerhalb einer Volksgemeinschaft als ein Gesamtbewußtsein und die gemeinsamen Willensrichtungen als einen Gesamtwillen bezeichnen. Dabei ist freilich nicht zu vergessen, daß diese Begriffe ebensowenig etwas bedeuten, was außerhalb der individuellen Bewußtseins- und Willensvorgänge existiert, wie die Gemeinschaft selbst etwas anderes ist als die Verbindung der einzelnen. Indem aber diese Verbindung geistige Erzeugnisse hervorbringt, zu denen in dem einzelnen Menschen nur spürweise Anlagen vorhanden sind, und indem sie für die Entwicklung desselben von früh an bestimmend wird, ist sie gerade so gut wie das individuelle Bewußtsein ein Objekt der Psychologie. Denn für diese entsteht notwendig die Aufgabe, über jene Wechselwirkungen Rechenschaft zu geben, aus denen die Erzeugnisse des Gesamtbewußtseins und Gesamtwillens und ihre Eigenschaften entspringen,

14a. Die Tatsachen, die aus dem Dasein der geistigen Gemeinschaften hervorgehen, sind erst in neuester Zeit in den Umkreis psychologischer Aufgaben eingetreten. Man wies früher die hierher gehörigen Probleme entweder gewissen einzelnen Geisteswissenschaften (Sprachwissenschaft, Geschichte, Jurisprudenz u.dgl.) oder, soweit sie allgemeinerer Natur waren, der Philosophie d. h. Metaphysik zu. Soweit die Psychologie sich auf dieselben einließ, war sie aber, ebenso wie die einschlagenden Einzelwissenschaften, meist beherrscht von jenem Reflexionsstandpunkt der Vulgärpsychologie, der geneigt ist, alle geistigen Erzeugnisse der Gemeinschaften so viel wie möglich als willkürliche, von Anfang an auf bestimmte Nützlichkeitszwecke gerichtete Erfindungen zu behandeln. Ihren hauptsächlichsten philosophischen Ausdruck fand diese Anschauung in der Lehre vom “Staatsvertrage”, nach welcher die geistige Gemeinschaft überhaupt nichts Ursprüngliches und Natürliches sein sollte, sondern auf eine willkürliche Vereinigung einer Summe von Individuen zurückgeführt wurde. Eine Nachwirkung dieser unpsychologischen und gegenüber den Problemen der Völkerpsychologie völlig ratlosen Auffassung ist es, wenn heute noch die Begriffe eines Gesamtbewußtseins und Gesamtwillens den gröbsten Mißverständnissen begegnen. Statt sie einfach als einen Ausdruck für die tatsächliche Übereinstimmung und die tatsächlichen Wechselwirkungen der Individuen einer Gemeinschaft zu betrachten, meint man hinter ihnen irgendein mythologisches Wesen oder mindestens eine metaphysische Substanz zu wittern. Daß solche Meinungen verkehrt sind, bedarf nach dem oben Gesagten keines weiteren Nachweises. Es ist aber augenfällig, daß sie selbst aus jener mißbräuchlichen Anwendung des Substanzbegriffs hervorgegangen sind, die so lange die Psychologie beherrscht hat und die dazu rührte, Substanz und Realität einander gleich zu setzen. Auch in dieser Vermengung der Begriffe verrät sich wiederum deutlich die innere Verwandtschaft des vulgären Spiritualismus mit dem von ihm bekämpften Materialismus. (Vgl. hierzu § 2, S. 7.)

Literatur. Lazarus u. Steinthal, Ztschr. f. Völkerpsychologie u. Sprachwissenschaft, I, 1860. Wundt, Völkerpsychologie, I[3], Einleitung. Logik[3], III, S. 458ff., Bd. 2. Elemente der Völkerpsychologie, 1912.

V. DIE PRINZIPIEN UND GESETZE DER PSYCHISCHEN KAUSALITÄT

DER BEGRIFF DER SEELE

l. Jede Erfahrungswissenschaft hat zu ihrem nächsten Inhalt bestimmte Tatsachen der Erfahrung, deren Beschaffenheit und wechselseitige Beziehungen sie zu erforschen sucht. Bei der Lösung dieser Aufgabe erweisen sich aber allgemeine Hilfsbegriffe, die selbst nicht unmittelbar in der Erfahrung enthalten sind, sondern erst auf Grund einer logischen Bearbeitung derselben gewonnen werden, als unerläßlich, falls man nicht auf die Zusammenfassung der Tatsachen unter leitende Gesichtspunkte gänzlich verzichten will. Der allgemeinste Hilfsbegriff dieser Art, der in allen Erfahrungswissenschaften seine Rechte geltend macht, ist der Begriff der Kausalität. Er entstammt dem Bedürfnis unseres Denkens, alle uns gegebenen Erfahrungen nach Gründen und Folgen zu ordnen und überall, wo sich der Herstellung eines auf diesem Weg erstrebten widerspruchslosen Zusammenhangs Widerstände entgegensetzen, dieselben durch sekundäre Hilfsbegriffe, eventuell von hypothetischer Art, zu beseitigen. In diesem Sinne lassen sich alle für die Interpretation eines Erfahrungsgebiets überhaupt in Frage kommenden Hilfsbegriffe als Anwendungen des allgemeinen Kausalprinzips betrachten: sie sind gerechtfertigt, insoweit sie durch dieses gefordert oder mindestens als wahrscheinlich nahegelegt sind; sie sind nicht gerechtfertigt, sobald sie sich als willkürliche Fiktionen herausstellen, die, aus irgendwelchen fremdartigen Motiven entstanden, für die Interpretation der Erfahrung nichts leisten.

2. So ist der Begriff der Materie ein fundamentaler Hilfsbegriff der Naturwissenschaft. In seiner allgemeinsten Fassung bezeichnet er das im Weltraum vorausgesetzte beharrende Substrat, als dessen Wirkungen wir alle Naturerscheinungen betrachten. In diesem Sinne kann keine naturwissenschaftliche Erklärung den Begriff der Materie entbehren. Wenn daher in neuerer Zeit versucht wurde, den Begriff der Energie zum beherrschenden Prinzip zu erheben, so ist damit nicht der Begriff der Materie selbst beseitigt, sondern es ist ihm nur ein anderer Inhalt gegeben. Diesen Inhalt gewinnt aber der Begriff stets erst durch einen zweiten Hilfsbegriff, der sich auf die kausale Wirksamkeit der Materie bezieht. Der bisher in der Naturwissenschaft gültige Begriff der Materie, der sich auf die mechanische Physik Galileis stützt, benutzt als solchen Hilfsbegriff den als Produkt von Masse und momentaner Beschleunigung definierten Begriff der Kraft. Eine Physik der Energie sucht statt dessen auf allen Gebieten den Begriff der Energie einzuführen, der in der speziellen Form der mechanischen Energie als das halbe Produkt der Masse in das Quadrat der Geschwindigkeit zu definieren ist. Da nun die Energie ebenso wie die Kraft in dem objektiven Raum ihren Sitz hat, und da unter bestimmten Bedingungen die Punkte, von denen Energie ausgeht, ebenso ihren Ort im Raum verändern können, wie die Punkte, von denen Kräfte ausgehen, so bleibt der Begriff der Materie als eines im Raum enthaltenen Substrats in beiden Fällen bestehen, und der einzige, allerdings wichtige Unterschied ist der, daß man bei der Zuhilfenahme des Kraftbegriffs die Reduzierbarkeit aller Naturerscheinungen auf mechanische Bewegungen voraussetzt, während man bei der Zuhilfenahme des Energiebegriffs, neben der Eigenschaft der Bewegung bei unveränderter Energieform, der Materie auch noch die Eigenschaft der Transformierbarkeit qualitativ verschiedener Energieformen ineinander bei unverändert bleibender Energiegröße zuschreibt.

3. In ähnlicher Weise wie der Begriff der Materie ein Hilfsbegriff der Naturwissenschaft, so ist nun der Begriff der Seele ein Hilfsbegriff der Psychologie. Auch er ist insofern unentbehrlich, als wir durchaus eines die Gesamtheit der psychischen Erfahrungen des individuellen Bewußtseins zusammenfassenden Begriffs bedürfen, wobei aber natürlich auch hier der Inhalt dieses Begriffs ganz und gar von den weiteren Hilfsbegriffen abhängt, in denen die Natur der psychischen Kausalität näher bestimmt wird. In der Definition dieses Inhalts hat ursprünglich die Psychologie darin das Schicksal der Naturwissenschaft geteilt, daß der Begriff der Seele, ebenso wie der der Materie, zunächst nicht sowohl aus dem empirischen Erklärungsbedürfnis als vielmehr aus dem Streben nach einer phantasievollen Konstruktion des allgemeinen Weltzusammenhangs hervorging. Aber während die Naturwissenschaft längst diesem mythologischen Stadium der

Begriffsbildung entwachsen ist und einzelne in demselben entstandene Vorstellungen nur benutzt hat, um bestimmte Ausgangspunkte für eine strengere Begriffsbildung zu gewinnen, ist in der Psychologie der mythologisch-metaphysische Seelenbegriff bis in die neueste Zeit herrschend geblieben und zum Teil noch herrschend. Man bedient sich desselben nicht als eines allgemeinen Hilfsbegriffs, der in erster Linie die Zusammenfassung der psychischen Tatsachen und in zweiter Linie die kausale Interpretation derselben ermöglichen soll, sondern als eines Mittels, um dem Bedürfnis nach einem allgemeinen, die Natur und das individuelle Dasein gleichmäßig umfassenden Weltbilde soviel als möglich entgegenzukommen.

4. In diesem mythologisch-metaphysischen Bedürfnis wurzelt der substantielle Seelenbegriff in seinen verschiedenen Gestaltungen. Hat es auch in der Entwicklung desselben keineswegs an Bestrebungen gefehlt, auf dem durch ihn geschaffenen Boden den Forderungen psychologischer Kausalerklärung einigermaßen gerecht zu werden, so sind doch solche Bestrebungen überall erst nachträglich entstanden; und unverkennbar würde nicht bloß die psychologische Erfahrung unabhängig von jenen ihr fremden metaphysischen Motiven niemals zu einem substantiellen Seelenbegriff geführt haben, sondern es hat auch dieser zweifellos schädigend auf die Auffassung der Erfahrung zurückgewirkt. Die Ansicht z. B., daß alle psychischen Inhalte ihrem Wesen nach Vorstellungen, und daß die Vorstellungen mehr oder minder unvergängliche Objekte seien, würde ohne solche Voraussetzungen kaum verständlich sein. Überdies spricht hierfür der enge Zusammenhang, in welchem der substantielle Seelenbegriff mit dem Begriff der materiellen Substanz steht. Entweder wird er nämlich als identisch mit diesem, oder er wird zwar als eigenartiger Begriff betrachtet, bei dem aber gleichwohl die allgemeinsten formalen Merkmale auf einen bestimmten Begriff materieller Substanzelemente, nämlich auf den des Atoms, zurückführen.

5. Hiernach lassen sich zwei Gestaltungen des substantiellen Seelenbegriffs unterscheiden, entsprechend den in § 2 unterschiedenen beiden Richtungen der metaphysischen Psychologie: die materialistische, welche die psychischen Vorgänge als Wirkungen der Materie oder gewisser materieller Komplexe, wie der Gehirnbestandteile, betrachtet; und die spiritualistische, welche dieselben als Zustände und Veränderungen eines unausgedehnten, darum unteilbaren und beharrenden Wesens von spezifisch geistiger Natur ansieht. Im letzteren Falle wird dann entweder auch die Materie als bestehend aus ähnlichen geistigen Atomen niederen Grades gedacht (monistischer oder monadologischer Spiritualismus), oder es wird das Seelenatom als spezifisch verschieden von der eigentlichen Materie angenommen (dualistischer Spiritualismus). (Vgl. das Schema § 2.)

In beiden Formen leistet der Substanzbegriff für die Interpretation der psychologischen Erfahrung nichts. Der Materialismus beseitigt die Psychologie überhaupt, um an ihre Stelle eine imaginäre Gehirnphysiologie der Zukunft oder, soweit er sich auf Theorien einläßt, zweifelhafte und unzulängliche gehirnphysiologische Hypothesen zu setzen. Mit dem Verzicht auf eine eigentliche Psychologie verzichtet endlich dieser Standpunkt selbstverständlich zugleich ganz und gar auf die Aufgabe, den Geisteswissenschaften eine für sie brauchbare Grundlage zu geben. Der Spiritualismus läßt zwar die Psychologie als solche bestehen, aber die wirkliche Erfahrung wird in ihm von völlig willkürlichen metaphysischen Hypothesen überwuchert, welche die unbefangene Beobachtung der psychischen Vorgänge trüben. Dies spricht sich in der Regel schon darin aus, daß diese metaphysische Richtung die Aufgabe der Psychologie von vornherein unrichtig bestimmt, indem sie innere und äußere Erfahrung als völlig heterogene, aber in irgendwelchen äußeren Wechselwirkungen stehende Gebiete bezeichnet.

6. Nun sind, wie in § 1 bereits hervorgehoben wurde, beide, die naturwissenschaftliche und die psychologische Erfahrung, überhaupt die Bestandteile einer Erfahrung, die von verschiedenen Standpunkten aus, dort als ein Zusammenhang objektiver Erscheinungen und daher, infolge der Abstraktion von dem erkennenden Subjekt, als mittelbare, hier dagegen als unmittelbare und ursprüngliche Erfahrung betrachtet wird.

Mit der Erkenntnis dieses Verhältnisses tritt aber von selbst an die Stelle des Substantialitäts- der Aktualitätsbegriff als der für die Auffassung der psychischen Vorgänge maßgebende. Da die psychologische Betrachtung die Ergänzung der naturwissenschaftlichen ist, insofern die erstere die unmittelbare Wirklichkeit des Geschehens zu ihrem Inhalte hat, so liegt darin eingeschlossen, daß in ihr hypothetische Hilfsbegriffe, wie sie in der Naturwissenschaft durch die Voraussetzung eines von dem Subjekt unabhängigen Gegenstandes notwendig werden, keine Stelle finden können. In diesem Sinn ist der Aktualitätsbegriff der Seele kein Begriff, der, wie derjenige der Materie, hypothetischer Bestimmungsstücke bedarf, um ihn seinem näheren Inhalte nach zu definieren, sondern er schließt im Gegenteil solche Elemente von vornherein aus, indem er als das Wesen der Seele die unmittelbare Wirklichkeit der Vorgänge selbst bezeichnet. Da aber ein wichtiger Bestandteil dieser Vorgänge, nämlich die Gesamtheit der Vorstellungsobjekte, zugleich den Inhalt der naturwissenschaftlichen Betrachtungsweise ausmacht, so ist damit auch ausgesprochen, daß Substantialität und Aktualität Begriffe sind, welche sich auf eine und dieselbe allgemeine Erfahrung beziehen, die nur bei jedem von ihnen unter einem wesentlich andern Gesichtspunkte betrachtet wird. Abstrahieren wir bei der Erfahrungswelt von dem erkennenden Subjekt, so erscheint sie uns als eine Mannigfaltigkeit in Wechselwirkung stehender Substanzen; fassen wir sie umgekehrt als den gesamten, das Subjekt selbst einschließenden Inhalt der Erfahrung dieses Subjekts auf, so erscheint sie uns als eine Mannigfaltigkeit unter sich verbundener Ereignisse. Indem dort die Erscheinungen in dem Sinn als äußere erscheinen, daß sie auch dann noch unverändert stattfinden würden, wenn das erkennende Subjekt überhaupt nicht vorhanden wäre, wird die naturwissenschaftliche Form der Erfahrung auch die äußere Erfahrung genannt. Indem dagegen hier alle Erfahrungsinhalte als unmittelbar in dem erkennenden Subjekt selbst gelegene betrachtet werden, heißt der psychologische Standpunkt der der inneren Erfahrung. In diesem Sinne sind daher äußere und innere Erfahrung durchaus identisch mit mittelbarer und unmittelbarer oder auch mit objektiver und subjektiver. Sie bezeichnen gerade so wie diese Ausdrücke nicht verschiedene Erfahrungsgebiete, sondern verschiedene sich ergänzende Standpunkte in der Analyse der an sich vollkommen einheitlich gegebenen Erfahrungswelt.

7. Daß von diesen beiden Betrachtungsweisen die naturwissenschaftliche früher ihre Ausbildung erlangt hat, ist angesichts des praktischen Interesses, das sich an die Feststellung der von dem Subjekt unabhängig gedachten regelmäßigen Naturerscheinungen knüpft, vollkommen begreiflich; und daß diese Priorität der naturwissenschaftlichen Erkenntnis lange Zeit eine unklare Vermengung des naturwissenschaftlichen und des psychologischen Standpunkts herbeiführte, wie eine solche in den verschiedenen psychologischen Substanzbegriffen ihren Ausdruck fand, war fast unvermeidlich. Darum ist nun aber auch jene Reform der Grundanschauungen, welche die Eigenart der psychologischen Aufgabe nicht in der Besonderheit des Erfahrungsgebiets, sondern in der Auffassungsweise aller uns gegebenen Erfahrungsinhalte in ihrer unmittelbaren, nicht durch hypothetische Hilfsbegriffe veränderten Wirklichkeit sieht, zunächst nicht von der Psychologie, sondern von den einzelnen Geisteswissenschaften ausgegangen. In diesen war die unter dem Gesichtspunkt des Aktualitätsbegriffs stehende Auffassung der geistigen Vorgänge längst heimisch, ehe sie in der Psychologie Eingang fand. In dieser an sich unzulässigen Verschiedenheit der grundlegenden Anschauungen in Psychologie und Geisteswissenschaften ist daher auch der Grund dafür zu suchen, daß die Psychologie ihrer Aufgabe, der Gesamtheit der Geisteswissenschaften als Grundlage zu dienen, bisher nur wenig nachgekommen ist.

8. Vom Gesichtspunkt des Aktualitätsbegriffs aus erledigt sich nun zugleich eine Streitfrage, die lange Zeit die metaphysischen Systeme der Psychologie entzweite: die Frage nach dem Verhältnis von Leib und Seele. Betrachtet man Leib und Seele beide als Substanzen, so bleibt jenes Verhältnis ein Rätsel, wie man auch die zwei Substanzbegriffe bestimmen möge. Sind sie gleichartige Substanzen, so ist der verschiedene Inhalt der naturwissenschaftlichen und der psychologischen Erkenntnis unbegreiflich, und es bleibt nur übrig, die selbständige Bedeutung irgendeiner dieser beiden Erkenntnisformen ganz zu leugnen. Sind sie ungleichartige Substanzen, so ist ihre Verbindung ein immerwährendes Wunder. Vom Standpunkte der Aktualitätstheorie aus ist aber die unmittelbare Wirklichkeit des Geschehens in der psychologischen Erfahrung enthalten. Unser physiologischer Begriff des körperlichen Organismus ist lediglich ein Teil dieser Erfahrung, den wir, wie alle andern naturwissenschaftlichen Erfahrungsinhalte, auf

Grund der Voraussetzung eines von dem erkennenden Subjekt unabhängigen Objekts gewonnen haben. Gewisse Bestandteile dieser mittelbaren können gewissen Bestandteilen jener unmittelbaren Erkenntnis entsprechen, ohne daß darum die eine auf die andere zurückzuführen oder aus ihr abzuleiten wäre. Vielmehr ist eine solche Ableitung infolge des in beiden Fällen völlig abweichenden Standpunkts der Auffassung an sich ausgeschlossen. Da es sich hier nirgends um verschiedene Erfahrungsobjekte, sondern überall nur um verschiedene Standpunkte gegenüber einer und derselben Erfahrung handelt, so müssen jedoch zwischen beiden Betrachtungsweisen, der naturwissenschaftlichen und der psychologischen, durchgängige Beziehungen bestehen; und nicht minder ist es begreiflich, daß die erstere niemals den ganzen Inhalt der Wirklichkeit erschöpfen kann, sondern daß es eine Anzahl wichtiger Tatsachen gibt, die uns nur in der Form der unmittelbaren oder psychologischen Erfahrung zugänglich sind. Dahin gehört in unserem subjektiven Bewußtsein alles, was nicht den Charakter eines Vorstellungsobjekts besitzt, d. h. eines Inhalts, der direkt auf äußere Gegenstände bezogen wird, also unsere gesamte Gefühlswelt, solange wir sie ausschließlich nach ihrer subjektiven Bedeutung betrachten.

9. Den Satz, daß alle diejenigen Erfahrungsinhalte, die gleichzeitig der mittelbaren, naturwissenschaftlichen und der unmittelbaren, psychologischen Betrachtungsweise angehören, zueinander in Beziehung stehen, indem innerhalb jenes Gebiets jedem elementaren Vorgang auf psychischer Seite ein solcher auf physischer entspricht, bezeichnet man als das Prinzip des psychophysischen Parallelismus. Dasselbe ist in seiner empirisch-psychologischen Bedeutung durchaus verschieden von gewissen metaphysischen Sätzen, die zuweilen mit dem nämlichen Namen bezeichnet wurden, in Wahrheit aber einen völlig abweichenden Sinn besitzen. Diese metaphysischen Sätze stehen nämlich sämtlich auf dem Boden der psychologischen Substanzhypothesen, und sie suchen das Problem der Wechselbeziehung zwischen Leib und Seele zu lösen, indem sie entweder zwei reale Substanzen annehmen, deren Eigenschaften verschieden seien, aber in ihren Veränderungen einander parallel gehen, oder indem sie eine Substanz mit zwei verschiedenartigen Attributen voraussetzen, deren Modifikationen einander entsprechen sollen. In beiden Fällen beruht das metaphysische Parallelprinzip auf dem Satze: jedem Physischen entspricht ein Psychisches, und umgekehrt; oder auch: die geistige Welt ist ein Spiegelbild der körperlichen, die körperliche eine objektive Realisierung der geistigen Welt. Dieser Satz ist aber eine völlig unerweisbare Annahme, und er führt in seinen psychologischen Anwendungen zu einem aller Erfahrung widerstreitenden Intellektualismus. Das psychologische Prinzip in seiner oben gegebenen Formulierung hingegen geht davon aus, daß es an und für sich nur eine Erfahrung gibt, die jedoch, sobald sie zum Inhalt wissenschaftlicher Analyse wird, in bestimmten ihrer Bestandteile eine doppelte Form wissenschaftlicher Betrachtung zuläßt: eine mittelbare, die die Gegenstände unseres Vorstellens in ihren objektiven Beziehungen zueinander, und eine unmittelbare, die sie in ihrer anschaulichen Beschaffenheit inmitten aller übrigen Erfahrungsinhalte des erkennenden Subjekts untersucht. Soweit es nun Objekte gibt, die dieser doppelten Betrachtung unterworfen sind, fordert das psychologische Parallelprinzip eine durchgängige Beziehung der beiderseitigen Vorgänge zueinander. Diese Forderung stützt sich aber darauf, daß sich beide Formen der Analyse in diesen Fällen in Wirklichkeit auf einen und denselben Erfahrungsinhalt beziehen. Dagegen kann sich das psychologische Parallelprinzip der Natur der Sache nach nicht beziehen auf alle die Erfahrungsinhalte, die nur Gegenstände naturwissenschaftlicher Analyse sind, oder doch auf diese nur insofern, als sie zu den Vorstellungsinhalten unseres subjektiven Bewußtseins gehören. Ebensowenig kann es sich aber auf diejenigen Bewußtseinsinhalte beziehen, die den spezifischen Charakter der psychologischen Erfahrung ausmachen. Zu den letzteren gehören zunächst die eigentümlichen Verbindungs- und Beziehungsformen der psychischen Elemente und Gebilde; Ihnen werden zwar Verbindungen physischer Prozesse insofern parallel gehen, als überall, wo ein psychischer Zusammenhang auf eine regelmäßige Koexistenz oder Sukzession physischer Vorgänge zurückweist, diese direkt oder indirekt ebenfalls in einer kausalen Verknüpfung stehen müssen; von dem eigentümlichen Inhalte der psychischen Verbindung kann aber die letztere Verknüpfung nichts enthalten. So werden z. B. die Elemente, die eine räumliche oder zeitliche Vorstellung konstituieren, auch in ihren physiologischen Substraten in

einem regelmäßigen Verhältnis der Koexistenz oder Sukzession stehen; oder den Vorstellungselementen, aus denen sich ein Vorgang der Beziehung und Vergleichung psychischer Inhalte zusammensetzt, werden irgendwelche Verbindungen physiologischer Prozesse korrespondieren, die sich, wenn jene psychischen Vorgänge wieder eintreten, ebenfalls wiederholen. Aber von dem, was die spezifische Natur der räumlichen und zeitlichen Vorstellungen, der Beziehungs- und Vergleichungsvorgänge als solcher ausmacht, werden jene physiologischen Prozesse deshalb nichts enthalten können, weil eben von allem dem bei der naturwissenschaftlichen Betrachtung geflissentlich abstrahiert worden ist. Hieraus folgt dann weiterhin, daß auch die Wert- und Zweckbegriffe, zu deren Bildung die psychischen Verbindungen herausfordern, und die mit ihnen zusammenhängenden Gefühlsinhalte gänzlich außerhalb des Gesichtskreises der dem Parallelprinzip subsumierbaren Erfahrungsinhalte liegen. Die Formen der Verbindung, die uns in den Verschmelzungsprozessen, den Assoziationen und Apperzeptionsverbindungen entgegentreten, sowie die Werte, die ihnen in dem gesamten Zusammenhang der psychischen Entwicklung zukommen, können daher ebenso nur durch eine psychologische Analyse erkannt werden, wie die objektiven Erscheinungen von Schwere, Schall, Licht, Wärme usw. oder die Prozesse im Nervensystem nur einer physikalischen oder physiologischen, d. h. mit den substantiellen Hilfsbegriffen der naturwissenschaftlichen Erkenntnis operierenden Analyse zugänglich sind.

10. Auf diese Weise führt das Prinzip des psycho-physischen Parallelismus in der ihm unbestreitbar zukommenden empirisch-psychologischen Bedeutung mit Notwendigkeit zugleich zur Anerkennung einer selbständigen psychischen Kausalität, die zwar überall Beziehungen zur physischen Kausalität darbietet und niemals in Widerspruch mit derselben geraten kann, gleichwohl aber von ihr nicht minder verschieden ist, wie der in der Psychologie festgehaltene Standpunkt der unmittelbaren subjektiven Erfahrung von dem für die Naturwissenschaft geltenden mittelbarer, abstrakt objektiver Erkenntnis abweicht. Wie sich uns nun das Wesen der physischen Kausalität in gewissen Prinzipien zu erkennen gibt, die, wie z. B. das Prinzip der Trägheit, der Zusammensetzung der Kräfte, der Konstanz der Energie, für alle Naturerscheinungen gültig sind, so werden wir uns auch über die Eigenart der psychischen Kausalität nur Rechenschaft geben können, indem wir aus der Gesamtheit der psychischen Vorgänge die Prinzipien des psychischen Geschehens zu abstrahieren suchen. Wie sich ferner aus der Anwendung der Prinzipien der Naturkausalität auf bestimmte Zusammenhänge des physischen Geschehens gewisse allgemeine Naturgesetze, wie z. B. das Gravitationsgesetz, die Fallgesetze, die Gesetze der Schwingungen elastischer Medien u. a. ableiten lassen, so werden auch die empirischen Gesetze des psychischen Geschehens auf jene allgemeingültigen psychischen Prinzipien zurückzuführen sein. Unter diesen Gesetzen sind dann wieder für den Gesamtcharakter des seelischen Lebens diejenigen von besonderer Bedeutung, die der Entwicklung der geistigen Erzeugnisse in ihrem geschichtlichen Werden zugrunde liegen, und die wir demnach als die allgemeinen psychischen Entwicklungsgesetze bezeichnen können.

Literatur. Volkmann, Lehrbuch der Psychologie, I, l. Hauptstück (Substanzbegriff der Herbartschen Schule, zugleich historische Übersicht seiner Entwicklung). Lotze, Medizin. Psychol., Kap. 1 (Substanzbegriff mit Hinneigung zur Aktualitätstheorie). Bain, Leib und Seele, 1874 (Physiologische Auffassung). L. Busse, Geist u. Körper, Seele u. Leib (Annahme einer psychophysischen Wechselwirkung). Aktualitätstheorie: Wundt, Kleine Schriften, Bd. 2. (Über psychische Kausalität.) Die Definition der Psychologie, Logik[3], III, l. Abschn., Kap. III. Phys. Psych.[6], III, Kap. 21 u. 22. M. u. T. Vorl. 30. Paulsen, Einleitung in die Philosophie, 1892. 14. Aufl. 1906. Edm. König, Ztschr. f. Philos., Bd. 119 (Prinzip des Parallelismus).

DIE PRINZIPIEN DES PSYCHISCHEN GESCHEHENS

1. Der allgemeinen Prinzipien des psychischen Geschehens lassen sich drei unterscheiden. Wir bezeichnen sie als die der psychischen Resultanten, Relationen und Kontraste.

2. Das Prinzip der psychischen Resultanten findet seinen Ausdruck in der Tatsache, daß jedes psychische Gebilde Eigenschaften zeigt, die zwar, nachdem sie gegeben sind, aus den Eigenschaften seiner Elemente begriffen werden können, die aber gleichwohl keineswegs als die bloße Summe der Eigenschaften jener Elemente anzusehen sind. Ein Zusammenklang von Tönen ist nach seinen Vorstellungs- wie Gefühlseigenschaften mehr als eine bloße Summe von Einzeltönen. Bei den räumlichen und den zeitlichen Vorstellungen ist die räumliche und die zeitliche Ordnung zwar in durchaus gesetzmäßiger Weise in dem Zusammenwirken der Elemente begründet, die diese Vorstellungen bilden; dabei können aber doch jene Ordnungen keinesfalls als Eigenschaften angesehen werden, die den Empfindungselementen selbst bereits inhärieren. Die nativistischen Theorien, die dies voraussetzen, verwickeln sich vielmehr in unlösbare Widersprüche und müssen, indem sie nachträgliche Veränderungen der ursprünglichen Raum- und Zeitanschauungen infolge bestimmter Erfahrungseinflüsse zulassen, schließlich selbst in einem gewissen Umfang eine Neuentstehung von Eigenschaften annehmen. Bei den apperzeptiven Funktionen endlich, den Phantasie- und Verstandestätigkeiten, kommt das nämliche Prinzip in einer klarbewußten Form zum Ausdruck, da nicht nur die durch apperzeptive Synthese verbundenen Bestandteile neben der Bedeutung, die sie im isolierten Zustande besitzen, eine neue Bedeutung in der durch ihre Verbindung entstehenden Gesamtvorstellung gewinnen, sondern da namentlich auch die Gesamtvorstellung selbst ein neuer psychischer Inhalt ist, der zwar durch jene Bestandteile ermöglicht wird, darum aber doch in ihnen noch nicht enthalten ist. Dies zeigt sich wieder am augenfälligsten an den verwickelteren Erzeugnissen apperzeptiver Synthese, wie an dem Kunstwerk, an dem logischen Gedankenzusammenhang.

3. In den psychischen Resultanten kommt auf diese Weise ein Prinzip zur Geltung, das wir im Hinblick auf die entstehenden Wirkungen auch als das Prinzip schöpferischer Synthese bezeichnen können. Für die höheren geistigen Schöpfungen längst anerkannt, ist es zumeist für die Gesamtheit der übrigen psychischen Vorgänge nicht zureichend gewürdigt, ja durch eine falsche Vermengung mit den Gesetzen der physischen Kausalität in sein Gegenteil verkehrt worden. Auf einer ähnlichen Vermengung beruht es, wenn man zuweilen zwischen dem Prinzip der schöpferischen Synthese auf geistigem Gebiet und den allgemeinsten Prinzipien der Naturkausalität, namentlich dem der Erhaltung der Energie, einen Widerspruch hat finden wollen. Ein solcher Widerspruch ist schon deshalb von vornherein ausgeschlossen, weil die Gesichtspunkte der Beurteilung und darum auch die Gesichtspunkte der Maßbestimmungen, wo solche anwendbar sind, beidemal andere sein müssen, da sich ja eben Naturwissenschaft und Psychologie nicht mit verschiedenen Erfahrungsinhalten, sondern mit einer und derselben Erfahrung von verschiedenen Standpunkten aus beschäftigen (§ 1, S. 3). Die physischen Maßbestimmungen beziehen sich auf objektive Massen, Kräfte und Energien, Hilfsbegriffe, zu deren Abstraktion wir durch die Beurteilung der objektiven Erfahrung genötigt werden, und deren Gesetze sämtlich das Prinzip der Konstanz der Materie zu ihrer Voraussetzung haben. Die psychischen Maßbestimmungen dagegen, die bei der Vergleichung psychischer Komponenten mit ihren Resultanten in Frage kommen, beziehen sich auf subjektive Werte und Zwecke. Der subjektive Wert eines Ganzen kann zunehmen, der Zweck desselben kann gegenüber demjenigen seiner Bestandteile ein eigenartiger und vollkommenerer sein, ohne daß darum die Massen, Kräfte und Energien irgendwelche Veränderungen erfahren. Die Muskelbewegungen bei einer äußeren Willenshandlung, die physischen Vorgänge, welche die Sinneswahrnehmungen, die Assoziationen und die apperzeptiven Funktionen begleiten, folgen darum unwandelbar dem Prinzip der Erhaltung der Energie. Aber bei gleichbleibender Größe dieser Energie können die in ihr repräsentierten geistigen Werte und Zwecke von sehr verschiedener Größe sein.

4. Die physische Messung hat es, wie diese Unterschiede zeigen, mit quantitativen Größenwerten zu tun, d. h. mit Größen, die eine Wertabstufung nur nach den quantitati-

ven Verhältnissen der gemessenen Erscheinungen zulassen. Die psychische Messung dagegen bezieht sich in letzter Instanz immer auf qualitative Wertgrößen, d.h. auf Werte, die bloß mit Rücksicht auf ihre qualitative Beschaffenheit nach Graden abgestuft werden können. Der rein quantitativen Wirkungsfähigkeit, die wir als physische Energiegröße bezeichnen, läßt sich daher die qualitative Wirkungsfähigkeit in der Erzeugung von Wertgraden als psychische Energiegröße gegenüberstellen.

Dies vorausgesetzt, ist nun eine Zunahme der psychischen Energie nicht nur mit der für die naturwissenschaftliche Betrachtung gültigen Konstanz der physischen Energie vereinbar, sondern beide bilden sogar die sich ergänzenden Maßstäbe der Beurteilung unserer Gesamterfahrung. Denn die Zunahme der psychischen Energie rückt dadurch erst in die richtige Beleuchtung, daß sie die geistige Kehrseite der physischen Konstanz bildet. Wie übrigens die erstere in ihrem Ausdruck unbestimmt ist, indem das Maß derselben unter verschiedenen Bedingungen ein außerordentlich verschiedenes sein kann, so gilt sie überhaupt nur unter der Voraussetzung der Kontinuität der psychischen Vorgänge. Als ihr in der Erfahrung unzweifelhaft sich aufdrängendes psychologisches Korrelat steht ihr darum die Tatsache des Verschwindens psychischer Werte gegenüber.

6. Das Prinzip der psychischen Relationen bildet eine Ergänzung zu dem der Resultanten, indem es sich nicht auf das Verhältnis der Bestandteile eines psychischen Zusammenhangs zu dem in diesem zum Ausdruck kommenden Wertinhalte, sondern auf das Verhältnis der einzelnen Bestandteile zueinander bezieht. Wie das Prinzip der Resultanten für die synthetischen, so gilt daher das der Relationen für die analytischen Vorgänge des Bewußtseins. Jede Zerlegung eines Bewußtseinsinhalts in einzelne Glieder, wie sie bei der sukzessiven Auffassung der Teile eines zuerst nur im allgemeinen vorgestellten Ganzen schon bei den Sinneswahrnehmungen und Assoziationen, und dann in klarer bewußter Form bei der Gliederung der Gesamtvorstellungen stattfindet, ist ein Akt beziehender Analyse. Ebenso ist jede Apperzeption ein analytischer Vorgang, als dessen zwei Faktoren die Hervorhebung eines Einzelinhalts und die Abgrenzung desselben gegenüber andern Inhalten zu unterscheiden sind. Auf dem ersten dieser Faktoren beruht die Klarheit, auf dem zweiten die Deutlichkeit der Apperzeption (§ 15, 4). Zu einem vollkommensten Ausdruck gelangt endlich das Prinzip der Relationen in den Vorgängen der apperzeptiven Analyse und den ihnen zugrunde liegenden einfacheren Funktionen der Beziehung und der Vergleichung (§ 17, A u. § 17, B). Bei den letzteren insbesondere erweist sich als der wesentliche Inhalt jenes Prinzips die Tatsache, daß jeder einzelne psychische Inhalt seine Bedeutung empfängt durch die Beziehungen, in denen er zu andern psychischen Inhalten steht. Wo sich uns diese Beziehungen als Größenbeziehungen darbieten, da nimmt dann das Prinzip von selbst die Form eines Gesetzes der relativen Größenvergleichung an: so in dem Weberschen Gesetze (§ 17, 10).

6. Das Prinzip der psychischen Kontraste ist wieder eine Ergänzung zu dem der Relationen. Denn es bezieht sich gleich diesem auf die Verhältnisse psychischer Inhalte zueinander. Es selbst gründet sich aber auf jene in den Bedingungen der psychischen Entwicklung gelegene fundamentale Unterscheidung der unmittelbaren Erfahrungsinhalte in objektive und subjektive, wobei die letzteren alle diejenigen Elemente und Verbindungen von Elementen umfassen, die, wie die Gefühle und Affekte, als wesentliche Bestandteile von Willensvorgängen auftreten. Indem diese subjektiven Erfahrungsinhalte sämtlich nach Gegensätzen sich ordnen, denen die früher (§ 7) erwähnten Hauptrichtungen der Gefühle, Lust und Unlust, Erregung und Beruhigung, Spannung und Lösung, entsprechen, folgen diese Gegensätze zugleich in ihrem Wechsel dem allgemeinen Gesetz der Kontrastverstärkung. In der konkreten Anwendung wird jedoch dieses Gesetz stets von besonderen zeitlichen Bedingungen mitbestimmt, da jeder subjektive Zustand einerseits einer gewissen Zeit zu seiner Entwicklung bedarf, anderseits, wenn er sein Maximum erreicht hat, durch längere Dauer in seiner kontrasterregenden Wirkung sich abschwächt. Hiermit hängt zusammen, daß es für alle Gefühle und Affekte ein gewisses mittleres, übrigens mannigfach variierendes Maß der Geschwindigkeit der psychischen Vorgänge gibt, welches für ihre Stärke das günstigste ist.

Hat nun aber das Kontrastprinzip seinen Ursprung in den Eigenschaften der subjektiven psychischen Erfahrungsinhalte, so überträgt es sich doch von diesen aus auch auf die Vorstellungen und ihre Elemente, da an sie stets mehr oder minder ausgeprägte Gefühle geknüpft sind, mögen solche mit dem Inhalt der einzelnen Vorstellungen oder mit der Art ihrer räumlichen oder zeitlichen Verbindung zusammenhängen. Auf diese Weise findet sich die Kontrastverstärkung namentlich auch bei gewissen Empfindungen, wie den Gesichtsempfindungen, sowie den räumlichen oder zeitlichen Vorstellungen.

7. Schließlich steht das Kontrastprinzip wiederum zu den beiden vorangegangenen Prinzipien in naher Beziehung. Auf der einen Seite läßt es sich als eine Anwendung des allgemeinen Relationsprinzips auf den speziellen Fall betrachten, wo sich die aufeinander bezogenen psychischen Inhalte zwischen Gegensätzen bewegen. Auf der andern Seite aber bildet die Tatsache, daß sich unter geeigneten Bedingungen entgegengesetzt gerichtete psychische Vorgänge verstärken, eine besondere Anwendung des Prinzips der schöpferischen Synthese.

Literatur. Wundt, Über psychische Kausalität, (Kl. Schr., Bd. 2). Logik³, III, 4. Abschn., Kap. II, 4. Phys. Psych.⁶, III, Kap. 22. System der Philosophie³, II, 6. Abschn. Logik³, II, S. 243ff. Einführung in die Psychol., S. 101 ff.

DIE ALLGEMEINEN PSYCHISCHEN ENTWICKLUNGSGESETZE

1. Den drei Prinzipien der psychischen Kausalität stehen ebensoviele allgemeine Entwicklungsgesetze gegenüber, die sich als Anwendungen der ersteren auf umfassendere psychische Zusammenhänge betrachten lassen. Wir bezeichnen dieselben als die Gesetze des geistigen Wachstums, der Heterogonie der Zwecke und der Entwicklung in Gegensätzen.

2. Das Gesetz des geistigen Wachstums ist ebensowenig wie irgendein anderes der psychischen Entwicklungsgesetze ein überall und auf alle psychischen Erfahrungsinhalte anwendbares Prinzip. Vielmehr gilt es unter der beschränkenden Bedingung, unter der auch das Resultantenprinzip, dem es zunächst zugeordnet ist, allein zur Anwendung kommen kann: unter der Voraussetzung der Kontinuität der Vorgänge. (Siehe oben Pkt. 4/5.) Da aber Umstände, die dieser Bedingung entgegenwirken, bei den eine große Anzahl psychischer Synthesen umfassenden geistigen Entwicklungen selbstverständlich viel häufiger vorkommen als bei den einzelnen Synthesen selbst, so läßt sich das Gesetz des geistigen Wachstums nur an bestimmten, unter normalen Bedingungen erfolgenden Entwicklungen, und auch hier nur zwischen gewissen Grenzen nachweisen. Innerhalb dieser Grenzen haben jedoch gerade die umfassenderen Entwicklungen, z. B. die geistige Entwicklung des normalen einzelnen Menschen, die Entwicklung geistiger Gemeinschaften, offenbar die frühesten Bewährungen des diesen Entwicklungen zugrunde liegenden fundamentalen Prinzips der Resultanten gebildet.

3. Das Gesetz der Heterogonie der Zwecke steht in nächster Verbindung mit dem Prinzip der Relationen, gründet sich aber zugleich auf das in einem größeren Zusammenhang psychischer Entwicklung stets mit in Rücksicht zu ziehende der Resultanten. In der Tat läßt es sich als ein Gesetz betrachten, welches die infolge der sukzessiven schöpferischen Synthesen entstehenden Veränderungen in den Relationen der einzelnen Teilinhalte psychischer Gebilde beherrscht. Indem die Resultanten zusammengehöriger psychischer Vorgänge Inhalte umfassen, die in den Komponenten nicht vorhanden waren, treten diese Inhalte gleichwohl in Beziehung zu den bisherigen Komponenten, so daß damit die Relationen derselben und infolgedessen die aus ihnen neu entstehenden Resultanten abermals verändert werden. Diese fortschreitende Veränderlichkeit der Relationen springt am deutlichsten in die Augen, wenn sich auf Grund gegebener Relationen eine Zweckvorstellung bildet. Denn nun wird die Beziehung der einzelnen Faktoren zueinander als ein Zusammenhang von Mitteln betrachtet, zu dem das sich ergebende Produkt als der erstrebte Zweck gehört. Hier stellt sich daher das Verhältnis der Wirkungen zu den vorgestellten Zwecken so dar, daß in den ersteren stets noch Nebeneffekte gegeben sind, die in den vorausgehenden Zweckvorstellungen nicht mitgedacht waren, die aber gleichwohl in neue Motivreihen eingehen und auf diese Weise entweder die bisherigen Zwecke umändern oder neue zu ihnen hinzufügen.

Das Gesetz der Heterogonie der Zwecke in dieser allgemeinsten Bedeutung beherrscht alle psychischen Vorgänge; in der besonderen teleologischen Färbung, die ihm den Namen gegeben hat, ist es aber zunächst im Gebiet der Willensvorgänge zu finden, weil in diesen die von Gefühlsmotiven begleiteten Zweckvorstellungen hauptsächlich von Bedeutung sind. Unter den angewandten Gebieten der Psychologie ist es daher besonders die Ethik, für welche dasselbe eine hervorragende Bedeutung hat.

4. Das Gesetz der Entwicklung in Gegensätzen ist eine Anwendung des Prinzips der Kontrastverstärkung auf umfassendere, in Entwicklungsreihen sich ordnende Zusammenhänge. Diese besitzen nämlich infolge jenes fundamentalen Prinzips die Eigenschaft, daß Gefühle und Triebe, die zunächst von geringer Intensität sind, durch den Kontrast zu den während einer gewissen Zeit überwiegenden Gefühlen von entgegengesetzter Qualität allmählich stärker werden, um endlich die bisher vorherrschenden Motive zu überwältigen und nun selbst während einer kürzeren oder längeren Zeit die Herrschaft zu gewinnen. Hierauf kann sich dann der nämliche Wechsel noch einmal oder sogar mehrmals wiederholen. Doch pflegen bei solchen Oszillationen in der Regel zugleich das Gesetz des geistigen Wachstums und das der Heterogonie der Zwecke wirksam zu werden, so daß die nachfolgenden Phasen zwar in der allgemeinen Gefühls-

richtung den vorangegangenen gleichartigen Phasen ähnlich, in ihren einzelnen Bestandteilen aber wesentlich verschieden erscheinen.

Das Gesetz der Entwicklung in Gegensätzen macht sich schon in der individuellen geistigen Entwicklung teils in individuell wechselnder Weise innerhalb kürzerer Zeiträume, teils mit einer gewissen allgemeingültigen Regelmäßigkeit in dem Verhältnis einzelner Lebensperioden zueinander geltend. In diesem Sinne hat man längst beobachtet, daß die vorwiegenden Temperamente der verschiedenen Lebensalter gewisse Kontraste darbieten. So geht die leichte, aber selten tiefgehende sanguinische Erregbarkeit des Kindesalters in die die Eindrücke langsamer verarbeitende, aber energischer festhaltende und häufig melancholisch angehauchte Gemütsrichtung des Jünglingsalters, dieses wieder in das bei ausgereiftem Charakter im allgemeinen am meisten zu raschen, tatkräftigen Entschlüssen und Handlungen angelegte Mannesalter, und letzteres endlich allmählich in die zu beschaulicher Ruhe sich neigende Stimmung des Greisenalters über. Mehr als im individuellen tritt jedoch die Entwicklung in Gegensätzen im sozialen und geschichtlichen Leben, in dem Wechsel der geistigen Strömungen und ihren Rückwirkungen auf Kultur und Sitte, auf soziale und politische Entwicklungen hervor. Wie das Gesetz der Heterogonie der Zwecke für das sittliche, so hat daher das der Entwicklung in Gegensätzen seine Bedeutung vorzugsweise für das allgemeinere Gebiet des geschichtlichen Lebens.

Literatur. Vgl. § 23 (Literarturangabe)

Fußnoten

1. Mathematisch werden die pendelartigen Schwingungen auch als Sinusschwingungen bezeichnet, weil dabei die Abweichung aus der Gleichgewichtslage in jedem Augenblick proportional ist dem Sinus der verflossenen Zeit.

2. Dabei ist allerdings zu bemerken, daß sich das wirkliche Zusammenfallen dieser Empfindungen nur für das Minimum der Helligkeit empirisch nachweisen läßt; Helligkeiten, die sich dem Maximum nähern, sind für das Auge so angreifend, daß man sich hier im allgemeinen mit der Nachweisung der Annäherung an Weiß begnügen muß.

3. Der nämliche falsche Schluß von der sprachlichen Bezeichnung auf die Empfindung hat sogar zu der Annahme veranlaßt, die Empfindung Blau habe sich später entwickelt als andere Farbenempfindungen, weil z. B. noch bei Homer die Bezeichnung für Blau mit der für "Dunkel" zusammenfällt. (Laz. Geiger, Zur Entwicklungsgeschichte der Menschheit, 1871.) Zum Überfluß hat in diesem Falle die Prüfung der Farbenempfindlichkeit bei Naturvölkern, deren sprachliche Unterscheidung der Farben oft noch viel mangelhafter ist, als die der Griechen zur Zeit Homers war, die Grundlosigkeit dieser Annahme erwiesen. (Grant Allen, Der Farbensinn, 1880.)

4. Allerdings glaubten manche Physiker in dieser Beziehung ein analoges Verhalten der Tonhöhen darin zu finden, daß zu jedem Ton in seiner Oktave ein ihm verwandter Ton wiederkehre. Aber diese Verwandtschaft der Oktave besteht, wie wir unten (§ 9) sehen werden, nicht für die einfachen Tonempfindungen, sondern sie beruht auf dem wirklichen Mittönen des Oktavtons bei allen zusammengesetzten Klängen. Auch sind die Versuche, dieser vermeintlichen Analogie zuliebe in der Farbenlinie Intervalle aufzufinden, die dem Verhältnis der Terz, Quarte, Quinte usw. entsprächen, völlig vergeblich gewesen.

5. In der Nähe des Grün trifft in der Tat dies nicht mehr zu; die Mischungen zeigen hier stets einen geringeren Sättigungsgrad als die zwischenliegende einfache Farbe, ein deutliches Zeugnis dafür, daß die Wahl der drei angegebenen Grundfarben zwar die praktisch zweckmäßigste, prinzipiell aber eine willkürliche ist, und im Grunde nur auf dem bekannten geometrischen Satze beruht, daß das Dreieck die einfachste Figur ist, die eine irgendwie in einer Ebene geordnete endliche Mannigfaltigkeit umschließen kann.

6. Neben den Differenztönen können, wie Helmholtz nachwies, infolge der nämlichen Bedingungen der Interferenz auch Summationstöne entstehen, deren Schwingungszahl der Summe der Schwingungen der beiden primären Töne entspricht. Sie und die Differenztöne zusammen werden als Kombinationstöne bezeichnet. Doch sind die Summationstöne im allgemeinen sehr schwach und koinzidieren meist mit Obertönen. Sie sind daher für die Klangwahrnehmung ohne wesentliche Bedeutung.

7. Hiermit steht im Zusammenhang, daß der blinde Fleck auch in bezug auf den Empfindungsinhalt nicht als eine Lücke im Sehfeld, sondern in der allgemeinen Helligkeits- und Farbenqualität des Sehfeldes erscheint, also z. B. weiß, wenn wir auf eine weiße, schwarz, wenn wir auf eine schwarze Fläche blicken, usw. Da diese Ausfüllung des blinden Flecks nur durch reproduzierte Empfindungen möglich ist, so ist sie wohl auf die später zu betrachtenden Assoziationserscheinungen (§ 16) zurückzuführen.

8. Die Gewöhnung an das binokulare Sehen bedingt jedoch Ausnahmen hiervon, indem häufig bei Verschluß des einen Auges die Orientierungslinie von der Blicklinie im Sinne der binokularen Orientierungslinie abweicht. Dem entspricht es, daß das geschlos-

sene die Bewegungen des sehenden Auges bis zu einem gewissen Grad im Sinne der Einstellung auf einen gemeinsamen Fixationspunkt mitzumachen pflegt.

9.   Außerdem unterscheiden sich beide Reaktionsformen in charakteristischer Weise dadurch, daß in einer größeren Anzahl von Versuchen bei der vollständigen Reaktion niemals, bei der verkürzten dagegen sehr häufig vorzeitige Reaktionen und Fehlreaktionen auftreten. Beide werden nur beobachtet, wenn in oft wiederholten Versuchen dem eigentlichen Reiz ein auf ihn vorbereitender Signalreiz in konstanter Zwischenzeit vorangeht. Eine vorzeitige Reaktion besteht dann darin, daß vor dem wirklichen Eintritt des verabredeten Reizes, eine Fehlreaktion darin, daß auf irgendeinen andern zufälligen Sinnesreiz reagiert wird. – Außer Betracht geblieben sind bei den obigen Zahlen die Reaktionszeiten für Geschmacks- und Geruchs-, für Temperatur- und Schmerzreize. Sie sind durchweg größer gefunden worden. Da aber diese Unterschiede offenbar auf Rechnung rein physiologischer Bedingungen kommen (langsameres Vordringen der Reize zu den Nervenenden, bei den Schmerzreizen langsamere zentrale Leitung), so bieten sie kein erhebliches psychologisches Interesse dar.

10.   Die Assimilationserscheinungen des "Verlesens" lassen sich experimentell besonders deutlich bei kurz dauernder Einwirkung von Wörtern mittels des § 15, erwähnten Tachistoskops studieren.

11.   Den Ausdruck "phantastische Illusionen" wählt man, wenn diese Art Illusionen von den bei normalem Bewußtseinszustand vorkommenden Sinnestäuschungen, wie z. B. der Strahlenfigur der Sterne infolge der Lichtzerstreuung in der Kristallinse, der verschiedenen scheinbaren Größe von Sonne und Mond am Horizont und Zenit usw., unterschieden werden soll.